Las armas de la nación
Independencia y ciudadanía en Hispanoamérica (1750-1850)

Manuel Chust
Juan Marchena (eds.)

Las armas de la nación

Independencia y ciudadanía en Hispanoamérica
(1750-1850)

Manuel Chust
Juan Marchena (eds.)

Iberoamericana · Vervuert · 2007

Bibliographic information published by Die Deutsche Nationalbibliothek.
Die Deutsche Nationalbibliothek lists this publication in the Deutsche Nationalbiografie; detailed bibliographic data are available on the Internet at <http://dnb.ddb.de>

Reservados todos los derechos

© Iberoamericana, Madrid 2007
Amor de Dios, 1 – E-28014 Madrid
Tel.: +34 91 429 35 22
Fax: +34 91 429 53 97
info@iberoamericanalibros.com
www.ibero-americana.net

© Vervuert, 2007
Elisabethenstr. 3-9 – D-60594 Frankfurt am Main
Tel.: +49 69 597 46 17
Fax: +49 69 597 87 43
info@iberoamericanalibros.com
www.ibero-americana.net

ISBN 978-84-8489-332-5 (Iberoamericana)
ISBN 978-3-86527-373-4 (Vervuert)

Depósito Legal:

Cubierta: Marcelo Alfaro
Impreso en España por
The paper on which this book is printed meets the requirements of ISO 9706

ÍNDICE

Manuel Chust y Juan Marchena. De milicianos de la Monarquía a guardianes de la Nación 7

PRIMERA PARTE
LAS MILICIAS DEL REY

Ángel Luis Guerrero Domínguez. *Lex et bellum*. Fuero militar y milicias en el norte del virreinato del Perú a finales del siglo XVIII ... 15

José Luis Belmonte Postigo. El color de los fusiles. Las milicias de pardos en Santiago de Cuba en los albores de la revolución haitiana 37

José Alfredo Rangel Silva. Milicias en el oriente de San Luis Potosí, 1793-1813 53

SEGUNDA PARTE
LOS CIUDADANOS EN ARMAS

Manuel Chust y José Antonio Serrano Ortega. Milicia y revolución liberal en España y en México 81

Ivana Frasquet. El estado armado o la nación en armas: ejército *versus* milicia cívica en México, 1821-1823 111

Gabriel Di Meglio. Milicia y política en la ciudad de Buenos Aires durante la Guerra de Independencia, 1810-1820 137

Natalia Sobrevilla Perea «Ciudadanos armados»: las Guardias Nacionales en la construcción de la nación en el Perú de mediados del siglo XIX 159

Clément Thibaud. Definiendo el sujeto de la soberanía: repúblicas y guerra en la Nueva Granada y Venezuela, 1808-1820 185

TERCERA PARTE
LOS GUARDIANES DE LA NACIÓN

Alicia Hernández Chávez. La Guardia Nacional en la construcción del orden republicano 223

Marisa Moroni y José Manuel Espinosa Fernández. El reclutamiento para la Guardia Nacional la Pampa central argentina, 1884-1902 247

Flavia Macías. De «cívicos» a «guardias nacionales». Un análisis del componente militar en el proceso de construcción de la ciudadanía. Tucumán, 1840-1860 263

Juan Ortiz Escamilla. La nacionalización de las fuerzas armadas en México, 1750-1867 291

Bibliografía 325

Siglas y referencias 349

DE MILICIANOS DE LA MONARQUÍA A GUARDIANES DE LA NACIÓN

Manuel Chust y Juan Marchena

Decir que el Antiguo Régimen revistió signos diferentes en América que en la península no es ninguna novedad. Y no nos referimos al debate sobre los modos de producción o el desarrollo historiográfico que tuvo la teoría de la Dependencia en los años setenta en Iberoamérica. Con todo, importante, diferenciador y singular. América, sus territorios, sus materias primas, sus rentas, sus réditos comerciales y sus plusproductos ofrecieron un crisol de riquezas que no pasaron desapercibidas para las monarquías europeas durante más de trescientos años. Y a su defensa se encaminó desde los inicios de la colonización la Corona española. Rentas indianas superiores a las peninsulares que fueron objeto de anhelo por otros estados europeos, desde la colonización hasta 1808.

Y la Corona preservó su riqueza americana. En el mar se idearon los sistemas de flotas, en el continente americano se encaminaron a crear fortalezas en las costas y a amurallar las ciudades. No bastó. La problemática se agudizó en el siglo XVIII. Especialmente durante y tras la guerra de los Siete Años. Y los sistemas de defensa y, de lo que nos vamos a ocupar en este libro, las fuerzas armadas, también evolucionaron. Especialmente las milicias.

A la altura del siglo XVIII, la monarquía española, al socaire de una nueva dinastía y de una nueva corona, va a implementar toda una revolución de las fuerzas armadas y de los sistemas de defensa. Y ello sintetizado en una máxima que aplicarán a todo su Estado, tanto peninsular como americano y filipino. Los súbditos y los territorios americanos, tras doscientos años de régimen colonial, debían de ser no sólo autosuficientes sino también más rentables. Y en ese sentido, la organización y mantenimiento de las fuerzas armadas tuvo un papel trascendental y hegemónico. Piedra angular del estado monárquico, las ordenanzas de reformas en las milicias bajo estas premisas provocaron la incorporación a las fuerzas armadas de aspectos que no eran inherentes al Antiguo Régimen, es más, éstos incorporaban, latentemente y sigilosamente, premisas que se van a revelar como antagónicas y que van a anticipar cuestiones clave del nuevo estado independiente: como el reclutamiento de los vecinos en milicias, el armarlos e instruirlos, el ascenso militar de individuos no privilegiados, alcanzar el fuero militar, etc.

Si en un principio las dos premisas centrales –ahorrar costos y crear sistemas de autodefensa– parecieron suficientes razones para las reformas, pronto, a principios del siglo XIX, se revelaron como fundamentales embriones para la defensa armada, no sólo de la metrópoli sino también de las nuevas naciones americanas.

Así, como demuestran los tres estudios que integran el primer capítulo, el reglamento para las Milicias de Infantería y Caballería de la isla de Cuba, que sustituyó al Reglamento de milicias de 1734, sirvió de ejemplo, tras lo ocurrido con la invasión de La Habana en 1762, a los demás territorios en disputa. Especialmente la aplicación del nuevo Reglamento miliciano se aplicó en primer lugar a los centros costeros de los virreinatos de Nueva España, caso de Cuba y también del Perú con El Callao; en segundo lugar, a los que estaban establecidos o que servían de frontera, natural o política, como el ejemplo de la frontera norte de Nueva España con el nuevo Santander; o bien, en tercer lugar, a los que tenían no sólo problemas de defensa exterior sino también en donde habían eclosionado revueltas indígenas y mestizas, como en el Cuzco.

De esta forma es pertinente y obedece a este diseño editor los tres ejemplos de milicias coloniales del siglo XVIII. El estudio de Ángel Guerrero estudia el impacto de la reforma miliciana setecentista para el caso del Perú, demostrando el ascenso que por la vía armada, que no necesariamente militar, empieza a acontecer con las diversas contiendas y problemáticas, tanto exteriores como interiores, peruanas.

En segundo lugar, José Luis Belmonte indaga en el caso cubano. Belmonte nos ofrece aquí un ejemplo pormenorizado de análisis del sujeto miliciano, del impacto de las reformas carolinas introduciendo una variable tremendamente importante como es la cuestión racial, su vertiente socioprofesional, su problemática social.

En tercer lugar, para el caso del conflicto de frontera e indios nómadas, el trabajo de José Alfredo Rangel plantea las complicadas cuestiones de la colonización del norte novohispano y la asunción del miliciano como parte de la forma de vida de los colonos para defender sus tierras y posesiones en un territorio en donde el estado monárquico no ofrecía una cobertura defensiva y protectora fiable. Es aquí donde emerge la figura del capitán de milicias que será unas de las señas de identidad de la posterior nueva nación mexicana para estas provincias.

La segunda parte del libro se estructura ofreciendo un panorama de surgimiento de la Milicia Nacional para el caso gaditano, de la Milicia cívica para el caso mexicano, de las milicias bonaerenses para el rioplatense, de la evolución de la guerra y las guerrillas para el caso neogranadino y de la guardia nacional para el peruano. Quedan, de esta forma, también estudiados los cuatro antiguos virreinatos.

En esa segunda parte se advierten claros indicios de evolución de las anteriores milicias del Antiguo Régimen hacia unas milicias que, sin abandonar algunas de las características anteriores, tienen un significado diferente así como unos objetivos totalmente antagónicos con los anteriores.

El término miliciano debe adjetivarse para descubrir no sólo las continuidades sino también los cambios y rupturas, para adivinar y perseguir su evolución, su transformación –y con ella los elementos revolucionarios. Las milicias inauguradas en el siglo XIX obedecen a unos apellidos que expresan su significado. No es la defensa del Rey –como monarca absolutista– y de sus posesiones americanas o peninsulares el destinatario, en última instancia, de la razón de su organización, justificada desde los parámetros que los autores precedentes magníficamente han advertido, sino que aparecen unos parámetros nuevos: la Nación, su soberanía, el vecino, el ciudadano, el ciudadano soldado. Es decir, la «Nación en armas». Lo cual devino, no *a priori* sino *a posteriori*, en la independencia de las repúblicas americanas y en la revolución en España. En donde, en todas, el liberalismo acabó triunfando. Que no, la democracia.

La complejidad del sexenio 1808-1814 –para Buenos Aires dos años antes– se expresa con el surgimiento de varias propuestas reformistas y revolucionarias que abogarán por la Nación en armas. Todas ellas incidirán en armar a los «vecinos» –categoría antigua que adquiere un valor hegemónico ahora y, con todo, empieza a sustituir a la de súbdito. Es más, junto a vecinos acontece asimismo otra de igual significación que, según los casos, se suma, yuxtapone o, incluso, la sustituye: ciudadanos. Así, la vecindad se convierte en derecho cuando antes era un privilegio, ésa es una de las radicales diferencias. Mientras que los vecinos «privilegiados» eran incorporados o se incorporaban a las milicias en el setecientos, en el ochocientos el liberalismo tratará de acabar con el privilegio para transformarlo en un «derecho». El que todo vecino y ciudadano tiene con respecto a «servir» y «defender» a su Nación, a su Patria.

La estratagema es de admirar, y también de señalar. De esta forma, las Cortes de Cádiz –en la Constitución de 1812– establecerán la Milicia Nacional, si bien se organizará escasamente en esta primera década alcanzando su verdadero esplendor en el segundo régimen doceañista de 1820, en el cual se organizará en «todos los territorios de la Monarquía española» que aún permanecían «fieles».

Y en ese diseño de las fuerzas armadas de la Nación, paralela al ejército que está dominado por una oficialidad no estrictamente constitucionalista –dado que la guerra había permitido la permeabilidad del ejército del Antiguo Régimen y aún su quiebra aboliendo entre otras, las pruebas de nobleza para ser oficial– está el surgimiento de las características de la Milicia Nacional, de su formación, de su composición, de su dirección, de su organización, de sus antagonismos y de sus contradicciones. Milicia Nacional que dará paso, para el caso de México, a la Milicia cívica, como exponen los trabajos de Manuel Chust, José Antonio Serrano e Ivana Frasquet.

Pero no todo fue transposición de la vía autonomista gaditana, para el caso rioplatense –específicamente bonaerense y tucumano– la singularidad de su surgimiento parte de la organización, reorganización y evolución de su particular situación. Con todo, importantísimo para explicar el triunfo de la independencia desde el año 1810 del Río de la Plata. Como hemos escrito en otros estudios, estamos convencidos de que una de las facturas de la derrota naval de Trafalgar de la armada del rey español y la francesa napoleónica fue para la monarquía española la invasión británica de Buenos Aires. Gabriel Di Meglio dibuja una interesante trayectoria, desde esa fecha hasta los años veinte, de la evolución de la Milicia y de la independencia del Río de la Plata, al igual que Natalia Sobrevilla, para el caso, distinto, del Perú.

Para el caso neogranadino Clement Thibaud ofrece una reflexión de la significación de la guerra en la independencia de estos territorios. Guerra de guerrillas que supondrá no sólo una movilización de la sociedad, sino también su reubicación étnica y racial en Venezuela y Colombia.

La tercera parte se ocupa de la consolidación de la Nación, en esta ocasión no es gratuita la unificación de sus nomenclaturas de las milicias en diversos países para los años centrales del siglo XIX. No se trata ya de ganar la Nación sino de «guardarla», de conservarla bien de un enemigo exterior –los Estados Unidos para el caso de México– como plantea el trabajo de Alicia Hernández, bien de un «enemigo» interior analizado en el trabajo de Marisa Moroni y José Manuel Espinosa –la colonización y sus resistencias en el caso de argentino en la Pampa– o bien, para asentar las conquistas liberales como muestra el capítulo de Flavia Macías para Tucumán.

Segundo tercio del siglo XIX en donde las cuestiones centrales han cambiado para América Latina. No se trata de vencer a las antiguas metrópolis sino de construir la Nación desde la construcción del Estado. Y aquí los caminos serán paralelos, tangentes e, incluso diversos. Pero forman parte todos ellos de una premisa central: la construcción de la ciudadanía en sentido liberal que no democrático se realizó desde la organización ciudadana armada. La imbricación que harán los diferentes estados de defensa de la ciudadanía con la de la Nación será toda una constante. Así, como explica Alicia Hernández, los guardias nacionales no sólo acceden por ello a la condición de ciudadanos, sino también a los derechos políticos e, incluso al reparto de tierras. Y, evidentemente, también acontecerán los problemas, no sólo sociales y personales para los guardias al tener que combinar, no siempre fácilmente, la obligación laboral con la armada-cívica, sino con la «otra» fuerza armada por excelencia: el ejército. Difícil binomio que acabará por decantarse en los estados nacionales por el segundo, en especial al no poder controlar la politización de los ciudadanos-armados.

Resta también señalar otro de los aspectos centrales de las milicias en estos años. La divergencia de su dirección y su finalidad, que como muestran los estudios de este libro, aconteció de manera diversa. Nos referimos a la organización federal o centralista del Estado. En ella, en su mantenimiento y apoyo será la milicia y la guardia un elemento decisivo, especialmente para el caso mexicano. Guardia que dependerá, a diferencia del ejército, de las autoridades civiles bien municipales, departamentales, provinciales, estatales, o como que se llamara la autoridad político-administrativa del momento y del estado republicano. Y ésa será una de las características centrales que diferenciarán tajantemente las milicias o guardias nacionales de las de Antiguo Régimen o los diversos cuerpos del ejército que con nomenclatura similar puedan confundir al investigador.

En resumen, hubo en este espacio de tiempo, complicado, cambiante, dinámico, convulso y revolucionario un cambio de significante miliciano: de las milicias reformistas del setecientos –privilegiadas y del Rey español– se pasó a la creación de milicias de la Nación. Acontecieron dos vías en esta dinámica: la primera autonomista heredera del gaditanismo doceañista, la segunda insurgente y partidaria de la independencia. Pero entre ambas hubo una transición, o con todo, una interacción. Mientras el significante era el mismo, el significado cambió. Del privilegio se pasó a los derechos, del súbdito a la condición de vecino-ciudadano, del Rey a la nación liberal e independiente. Vías, las dos revolucionarias, por cuanto sus cambios estructurales fueron cualitativos, alumbraban nuevas naciones a la vez que convertían en cenizas el anterior estado absolutista. Sin que con ello queramos decir que todo fue tabla rasa.

Por último, la milicia pasó a ser la «guardiana» de la Nación. Al vecino-ciudadano se le nacionalizó dotándole no sólo de un derecho –diferente al privilegio, por eso no se les concedió el fuero militar– sino de una obligatoriedad de servir en las fuerzas armadas que defendía, ahora sí, a la Patria de «peligros interiores o exteriores».

PRIMERA PARTE
LAS MILICIAS DEL REY

LEX ET BELLUM.
FUERO MILITAR Y MILICIAS EN EL NORTE
DEL VIRREINATO DEL PERÚ A FINALES DEL SIGLO XVIII

Ángel Luis Guerrero Domínguez
Universidad Pablo de Olavide (Sevilla)

Numerosos son los trabajos que han analizado las medidas tomadas por los Borbones para construir una nueva administración (sobre la obsoleta estructura de los Austrias), que fuera capaz de gestionar y revitalizar el debilitado imperio español a principios del siglo XVIII[1]. Durante las primeras décadas de gobierno de la nueva dinastía, las reformas se centraron fundamentalmente en la administración peninsular, y recién en el reinado del Carlos III estas medidas tomaron como objetivo las posesiones americanas, especialmente en lo referente a la política defensiva.

Este artículo trata de estudiar uno de los ejes centrales de dicha política: el sistema de milicias, y los mecanismos que se utilizaron para su implantación, concretamente el fuero militar; un tema éste de hondas repercusiones sobre la sociedad tardo colonial, aunque aquí nos centraremos en la región norte del virreinato del Perú, la Intendencia de Trujillo.

La toma de La Habana y Manila a manos de las tropas inglesas en 1762, durante el transcurso de la Guerra de los Siete Años, supuso una llamada de atención para los ministros de Carlos III acerca de la fragilidad del dominio español sobre las colonias americanas. La inmediata respuesta de la Corona, ante lo que había sido catalogado como un auténtico desastre, fue el envío a América de un nutrido grupo de expertos militares con la misión de determinar las causas de la pérdida de la plaza cubana, evaluar la situación defensiva de todos los territorios y diseñar las medidas necesarias para evitar que algo similar volviese a repetirse en cualquier enclave de la monarquía.

---

[1] Entre otros puede citarse a: Archer, 1983; Campbell, 1988; Campbell, 1978, pp. 33-51; Campbell, 1977, pp. 1-28; Campbell, 1975, pp. 117-133;, Campbell, 1973; Campbell, 1972a, pp. 1-25. Kuethe, 2005; Kuethe, 1993; Kuethe, 1986; Fisher, 1990; Marchena Fernández, 2005a; Marchena Fernández, 2005b y Marchena Fernández, 1983.

La conclusión fue unánime: la ciudad había sido conquistada debido a la precariedad de su obsoleto sistema defensivo y a la falta de medios y preparación de las tropas encargadas de protegerla. Para solventar aquella situación, el comité de expertos militares designado por la Corona propuso el envío de regimientos veteranos peninsulares, experimentados en campañas europeas, así como el desmantelamiento de las unidades tradicionales americanas de guarnición (los conocidos como «Fijos») y su sustitución por una tropa regular peninsular, que sería relevada periódicamente.

En 1767 la administración borbónica decidió poner en marcha el plan. Sin embargo, las cuantiosas inversiones que requería, no sólo el transporte intercontinental de tantas unidades –necesarias para defender tan vastos territorios– sino su mantenimiento y distribución por las áreas a defender, obligaron a Madrid a desestimar la idea. La alternativa, más viable, fue el empleo de las milicias, hasta entonces un cuerpo más simbólico que real.

Las reacciones ante esta medida suscitaron una agria polémica entre las más altas instancias coloniales que se extendería hasta inicios del siglo XIX[2]. Finalmente, sería el mariscal de campo, Alejandro de O'Reilly, el encargado de reestructurar y modernizar las milicias americanas. O'Reilly diseñó para ello el *Reglamento para las Milicias de Infantería y Caballería de la isla de Cuba*[3], una minuciosa ordenanza que regulaba todos los aspectos legales, disciplinarios y de régimen interior de las nuevas milicias levantadas en la isla caribeña, que sería de obligada aplicación en toda la América española.

Las milicias eran una institución de origen medieval[4] instalada en todas las posesiones españolas en América. Las milicias coloniales, al igual que las peninsulares, se encontraban reguladas por el Reglamento de 1734. Sin embargo, mientras las unidades milicianas peninsulares eran adiestradas habitualmente, y contaban con el armamento y los per-

---

[2] Para conocer con mayor profundidad la discusión suscitada en torno al empleo de las milicias como fuerza defensiva y las posturas de los distintos virreyes ante la nueva estrategia ver Marchena Fernández, 1990-92, pp. 187-199.

[3] Madrid, 1769. Archivo General de Indias (en adelante AGI), Indiferente General, 1885.

[4] McAlister, 1982, p. 18 y Campbell, 1988, p. 49.

trechos necesarios para ser consideradas operativas, las coloniales, debido a su casi nula instrucción y su escasa experiencia, eran por completo obsoletas.

Las milicias coloniales se dividían en dos categorías: provinciales y urbanas. Las primeras debían recibir instrucción de modo habitual y realizar tareas de control del territorio en las áreas costeras, caminos y pequeñas ciudades, así como labores de mantenimiento del orden público en las zonas rurales. Los integrantes de estas unidades eran los vecinos de las provincias en las que estaban establecidas, y al menos en teoría debían estar movilizados casi de forma permanente.

Las milicias urbanas radicaban en las capitales y grandes ciudades y se hallaban formadas por los propios vecinos, quienes sólo eran llamados a las armas en caso de peligro para la ciudad, y, dado que esto rara vez sucedía, este tipo de milicias no solían ser adiestradas y mucho menos equipadas[5]. Con la reforma de las milicias se pretendía que los súbditos americanos de la monarquía española tomasen parte activa en su defensa, y se disminuyera así los costos generales.

El nuevo sistema defensivo basado en las milicias tuvo una irregular acogida en las colonias. Mientras que en el virreinato de Nueva España[6] no se recibió de buen grado, en Cuba y en el resto de islas del Caribe español fue acogida de un modo diferente[7]. Sin embargo, fue en el Perú donde el sistema se instaló más rápida y abiertamente.

Al parecer, el virreinato del Perú poseía todos los elementos para que el ordenamiento miliciano no hubiera gozado de una gran aceptación. El Pacífico no era un océano tan peligroso como el Atlántico o el mar Caribe expuesto a los ataques navales del enemigo. Lima remitía situados a Buenos Aires[8] y otras partes del imperio por lo que sus oligarquías no veían con buen grado un aumento de los gastos de sus cajas reales, y por último el Cabo de Hornos y la vasta costa desértica peruana constituían una formidable línea de defensa. Aun así, el Perú fue una de las regiones americanas donde más calurosamente se acogió la reforma mili-

---

[5] McAlister, 1982, p. 18.
[6] Kuethe, 2005, p. 120.
[7] Kuethe, 1986.
[8] Kuethe, 2005.

tar de O'Reilly; y ello no era fortuito sino que respondía a razones coyunturales tanto políticas como sociales.

En 1769, año de publicación del *Reglamento para las Milicias de Infantería y Caballería de la isla de Cuba*, el virrey del Perú era el coronel Manuel de Amat y Junient (1761-1776) que había tomado posesión del cargo después de haber desempeñado funciones de presidente de la Audiencia de Chile desde 1755, destino que había conseguido por sus méritos en las campañas de África e Italia al mando del Regimiento de Dragones de Sagunto. Estamos, pues, ante un auténtico militar de carrera para el que los asuntos castrenses poseían una vital importancia y que, por tanto, se hallaba dispuesto a afrontar las reformas necesarias para asegurar la integridad de su virreinato. De hecho, con la entrada de España en la Guerra de los Siete Años en 1762, Amat decretó el estado de guerra, y la formación de milicias a lo largo de toda la costa, por lo que a finales de 1763 los efectivos milicianos del Perú ascendieron nominalmente a 54.580 hombres, además de los componentes del Ejército Regular[9].

A este clima bélico que envolvía a la sociedad peruana a mediados de la década de 1760 habría que sumar el interés de las elites por pertenecer a las milicias, ya que además de un grado militar y todo lo que éste aparejaba (desde el uso del vistoso uniforme en la pomposa sociedad virreinal, hasta la distinción que de él emanaba), la pertenencia a las milicias deleitaba al fuero militar.

El fuero estaba compuesto por una serie de normas y privilegios que regulaban la situación jurídica de los militares, un auténtico corpus legal que eximía a los miembros del ejército y de las milicias de la justicia civil u ordinaria. El origen del fuero militar o fuero de guerra debe buscarse en dos estatutos reales promulgados en 1551 y 1587, según los cuales se concedía jurisdicción militar tanto en las causas civiles como penales a todos los integrantes del ejército ya fueran de tierra o mar[10]. Algunos autores como McAlister señalan que el fuero de guerra podría remontar sus orígenes al *magister militum*, la jurisdicción extraordinaria que gozaban los soldados romanos ante sus tribunales[11].

---

[9] Campbell, 1988, p. 43.
[10] McAlister, 1982, p. 23.
[11] McAlister, 1982.

Las Reformas Borbónicas fijaron y regularon el fuero de guerra mediante las *Ordenanzas de S.M. para el Régimen, Disciplina, Subordinación y Servicio de sus Ejércitos* de 1768. Establecían la división del *fuero de guerra* en *fuero militar* (aplicable a oficiales, soldados y milicianos del rey) y *fuero político* referido al personal civil del ejército y la armada[12].

El fuero militar se subdividía en *fuero privilegiado*, ocupado por cuerpos especiales tales como ingenieros, artilleros y milicias provinciales, y el *fuero ordinario* concedido al resto de militares. Si en un principio el fuero se aplicaba tanto a cuestiones civiles como penales en función del cuerpo y la calidad social de los militares, tras la publicación de las *Ordenanzas* de Carlos III, su aplicación pasó a estar regulada; es decir, cuando los privilegios alcanzaban ambas esferas (civil y criminal) se decía que el *fuero era completo*, mientras que si sólo se contemplaba en causas penales, éste recibía el nombre de *fuero criminal*.

Otra de las divisiones con las que contaba el complejo sistema de justicia militar era la de *fuero activo* o *pasivo*. Se denominaba *activo* a aquel que permitía a los militares que gozaran de este privilegio demandar en sus tribunales castrenses a individuos adscritos a otras jurisdicciones especiales, tales como mineros o comerciantes, quienes también contaban con corpus legales independientes al de la justicia ordinaria. Por su parte, el *fuero pasivo* tan sólo impedía que su titular fuese demandado ante otros tribunales que no fueran los militares. Esta última modalidad de fuero militar fue la más extendida.

Todas estas preeminencias no se ceñían exclusivamente al personal que prestaba servicio de armas al rey, sino que incluía, tanto en las causas civiles como penales, a las esposas e hijos dependientes del militar, a sus viudas y a sus hijos mientras que éstos dependieran de sus madres, así como a sus sirvientes domésticos.

La aplicación de los derechos mencionados dependía, en el caso de las milicias, del estado de operatividad de la unidad. Cuando ésta se encontraba en servicio activo, todos sus integrantes y familiares gozaban de las ventajas anteriormente descritas; en cambio si las milicias no estaban movilizadas, sólo los oficiales y sus familias gozaban del fuero

---

[12] McAlister, 1982, pp. 24-26.

TIPOS DE FUERO MILITAR

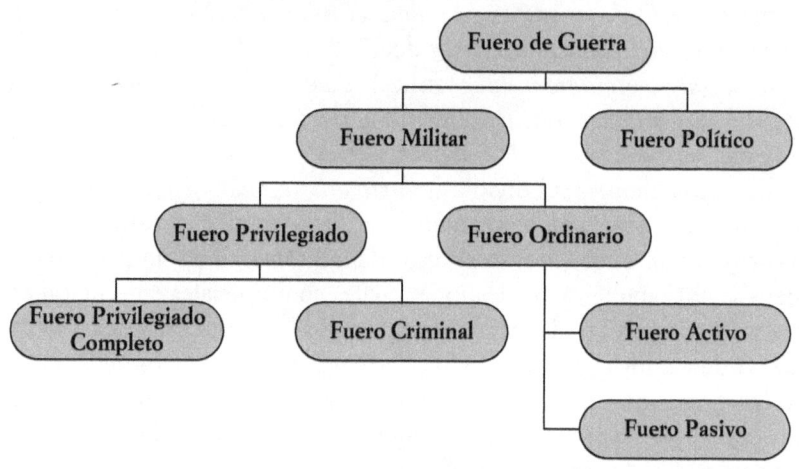

Esquema confeccionado con los datos extraídos de McAlister, 1982.

completo, mientras que la tropa tan sólo disponía de él para causas penales[13].

A estas ventajas judiciales que conllevaba la concesión del fuero militar había que sumarle el hecho de que los milicianos sujetos a él no podían ser forzados a tomar cargos concejiles, estaban exentos de proporcionar alojamiento y víveres al ejército regular, así como del pago de varios tributos, derechos e impuestos personales, una cuestión muy importante si tenemos en cuenta que los súbditos negros libres del rey estaban obligados a pagar un tributo anual de dos pesos. En efecto, muchos hombres trataban de librarse de dicho tributo ingresando en la milicia, sobre todo en la zona del Caribe y norte del Perú, y ello significaba la consiguiente merma en la recaudación de la Real Hacienda[14]. En el caso de que los milicianos fueran menores de edad y no estuviesen sujetos a dichas obligaciones, los privilegios recaían en sus padres.

Todas las ventajas que otorgaba el fuero militar no se perdían al jubilarse. Tanto los miembros del ejército regular como de las milicias reci-

[13] Campbell, 1988, p. 52.
[14] McAlister, 1982, p. 29.

bían cédulas de licencia en las que se especificaban los derechos que ostentaban, que variaban según la graduación, el tiempo de servicio y las circunstancias de la jubilación[15].

En la práctica, perder el fuero militar era difícil. Aunque existían algunas circunstancias en las que éste podría ser retirado (los denominados casos o motivos de desafuero), lo cierto es que era considerado un privilegio inherente a la condición del militar y profundamente arraigado en su imaginario colectivo, lo cual explica el empeño tanto de los altos oficiales como de la tropa por defender su jurisdicción aun en los casos más evidentes de improcedencia o desafuero.

Las situaciones que el reglamento consideraba válidas para la retirada del fuero eran las siguientes: en materia civil, los pleitos por disposiciones de bienes de mayorazgos, los originados por deudas y obligaciones contraídas antes del ingreso al servicio, así como por acciones mercantiles; en asuntos de carácter penal, la retirada del fuero estaba justificada si el acusado era enjuiciado por delitos cometidos antes del ingreso al servicio, por incurrir en faltas en el desempeño de algún cargo público, por participación en desórdenes o sedición, apuestas prohibidas, faltas de respeto o resistencia a magistrados civiles, violación de reglamentos municipales de policía y fraudes contra la Real Hacienda[16]. Aunque, como ya indicamos, los militares y milicianos no escatimaron esfuerzos para poder mantener sus privilegios.

Ante este panorama de prebendas, derechos y exenciones, era comprensible que las elites limeñas y peruanas en general mostrasen un inusitado interés por la nueva política de defensa de la Corona, ya que la pertenencia a las milicias les acarreaba más ventajas que inconvenientes; aun cuando el mantenimiento y equipamiento así como los salarios de los soldados, si estaban movilizados, corriesen por su cuenta. El fuero suponía para los grandes terratenientes, comerciantes y nobles un subterfugio más con el que guarecerse de la justicia ordinaria, que en general les acechaba debido a sus negocios o actuaciones, casi siempre al límite de la legalidad cuando no claramente ilegales.

Es probable que O'Reilly y el propio Consejo Supremo de Guerra fueran conscientes de lo que suponía la concesión del fuero militar a

---

[15] Marchena Fernández, 1983.
[16] McAlister, 1982, p. 25.

todos los milicianos y en especial a los más pudientes. Sin embargo, también supondrían que las rivalidades y competencias entre estos mismos milicianos generarían un aumento del número y calidad de las milicias[17]. Asimismo, contaban con el prestigio social de las elites para atraer a los sectores populares hacia las milicias, por una cuestión de emulación. El resto del virreinato, a excepción de las grandes ciudades, también fue objeto de la militarización, al fundarse en todos los pueblos y ciudades compañías de milicias o al reformarse las ya existentes.

Los violentos acontecimientos que desangraron al Perú durante la década de 1780 demostraron la ineficacia de las reformas emprendidas durante el gobierno de Amat[18] y pusieron en entredicho la utilidad y lealtad de las milicias. De hecho, el visitador general José Antonio de Areche, el hombre más poderoso del virreinato en aquel periodo, abogó por el desmantelamiento de la mayoría de ellas[19].

Durante los siguientes años cada uno de los virreyes trató de llevar a cabo sus propias reformas destinadas a asegurar la defensa de su jurisdicción, tanto ante el ataque de enemigos externos como internos. Sin embargo, ninguna de ellas fue eficaz: algunas porque habían sido mal diseñadas desde su origen; otras, porque la grave crisis económica que atenazaba al virreinato impedía su aplicación.

En 1793, durante el gobierno de Francisco Gil de Taboada, se llevó a cabo la primera reforma integral del sistema defensivo del Perú, siguiendo el plan diseñado por el subinspector general brigadier Gabriel de Avilés; un plan que tuvo un cierto éxito. Se había decidido aplicar de forma íntegra el *Reglamento para las Milicias de Infantería y Caballería de la isla de Cuba*, y se introdujo una novedad en la política defensiva del virreinato, con motivo de la nueva guerra con Francia: la división de

---

[17] Al menos en la ciudad de Lima el patriciado local se entusiasmó con la reforma militar entrando en una especie de competencia que generó la creación de nuevas unidades como la Compañía del Comercio y el Regimiento de Nobles, el cual estaba encabezado por el propio Amat.

[18] El virrey había tomado las medidas que consideró oportunas para la defensa del virreinato y, si bien el fuero militar se había extendido, lo cierto es que no se había aplicado el *Reglamento para las Milicias de Infantería y Caballería de la isla de Cuba*, de hecho el plan de O'Reilly no se ejecutó en el Perú hasta 1782.

[19] Campbell, 1988, pp. 194-196.

todo el virreinato en tres grandes comandancias cuyo gobierno estaría en manos de tres oficiales veteranos de alta graduación que tendrían total autonomía y responsabilidad en la defensa de sus demarcaciones. Cada comandancia sería dividida en distritos militares bajo el control de una plana mayor compuesta por un comandante, un sargento mayor, tres cabos y un tambor. La más septentrional estaba situada entre el río Tumbes (Piura) y el río Santa (Trujillo). Trujillo sería la sede del cuartel general de la comandancia del norte que repartiría los cuadros de mando de sus distritos militares entre Huarura, Lambayeque y Paita.

La Intendencia[20] de Trujillo fue una de las zonas en las que se arraigó el sistema miliciano desde un primer momento, posiblemente debido a su estructura social y productiva. La intendencia abarcaba un espacio inmenso, desde las calurosas y semi-selváticas tierras de Chachapoyas hasta los arenales costeros de Tumbes, pasando por la sierra cajamarquina[21]. En

---

[20] De especial interés sobre la instauración del régimen de intendencias en el Perú es Fisher, 1981.

[21] Para conocer en mayor profundidad aspectos geográficos, económicos, demográficos, etc., sobre la intendencia de Trujillo ver Bueno, 1951, pp. 49-68.

todas ellas el principal sistema de producción era la hacienda[22]. Los hacendados constituían así la elite económica del norte del virreinato, a los que se sumaban los comerciantes con los que solían estar emparentados. Debido a que en sus haciendas contaban con decenas, y a veces cientos, de trabajadores, se convertían automáticamente en los candidatos perfectos para dirigir los nuevos cuerpos milicianos. Posiblemente fueran conscientes de que, al inscribirse en la milicia, y con ellos a sus braceros y trabajadores como tropa para las unidades que comandarían, transformarían su tradicional relación patrón/peones en la de oficial/soldado, reforzando así su autoridad por medio de la obediencia debida, lo cual, sumado al disfrute del fuero militar, fue incentivo más que suficiente para que corrieran a alistarse.

Paralelamente a las múltiples reformas y a las idas y venidas de la política defensiva, las milicias fueron constituyéndose como un elemento más de la sociedad virreinal peruana, aunque precisamente por esos continuos cambios sufridos en tan pocos años se había generado una gran confusión con respecto al fuero militar y aquellos que podían ejercerlo.

Los jueces civiles aborrecían las jurisdicciones especiales, en especial el fuero, porque constituían un menoscabo a su autoridad. Si tenemos en cuenta que a finales del siglo XVIII el alistamiento en las milicias de los varones comprendidos entre quince y cuarenta y cinco años fue obligatorio, y recordamos que el alcance del fuero militar se extendía a sus familiares directos y a sus sirvientes, podemos calcular el porcentaje de personas que quedaban amparadas por él. Numerosos son los ejemplos, tanto en el Perú como en otros territorios, de quejas emitidas por los jueces civiles de pequeñas ciudades o pueblos respecto del desprecio que les hacían los milicianos, que cometían todo tipo de atropellos escudados en su jurisdicción privilegiada. Aunque no debemos pensar que el malestar mostrado por los jueces civiles y alcaldes mayores respondió sólo a motivaciones de índole profesional o cívicas, sino que detrás de ellas se encontraba el hecho de que muchos de ellos vivían de las multas y sanciones que imponían, y habían visto recortados drásticamente sus ingresos debido a la expansión del fuero militar.

---

[22] O'Phelan, 1977, pp. 199-219 y, O'Phelan, 1979, pp. 1-17.

Esta situación era compartida por los subdelegados del intendente[23], que cada vez tenían más dificultades para cobrar los tributos debido al creciente número de personas adscritas al fuero militar y, por lo tanto, exentas de pago. Las exenciones fiscales eran un grave problema para el erario público, sobre todo en aquellas regiones como la intendencia de Trujillo donde la población negra era elevada, y se perdían sus tributos. Además, cuando por algún motivo la administración se empeñaba en cobrar a estos individuos el tributo o algún impuesto especial, como la denominada *contribución militar,* esto solía culminar en motines y sublevaciones como la protagonizada por la Compañía de Pardos Libres de Lambayeque durante el gobierno del virrey Guirior[24].

El clima de enfrentamiento entre jurisdicciones generaba toda una serie de tensiones que se transmitían a la población. Especialmente significativo fue el caso de la localidad de Guadalupe, al norte de la ciudad de Trujillo, cuando en 1795 su alcalde ordinario Antonio de los Santos acumuló numerosas quejas del comandante militar de Lambayeque don Manuel de Torres, y del coronel de Dragones del Escuadrón de Pacasmayo Francisco Alduví de Ayovín contra el trato despótico que dispensaba a los milicianos residentes en el pueblo. Sus demandas interpuestas sirven para ilustrar algunos de los problemas más comunes originados entre la justicia militar y la civil.

José Crisanto Alzamora era un miliciano negro que, acusado de «ladrón cuatrero»[25], fue arrestado por el alcalde De los Santos. Al conocer la noticia, la esposa de Alzamora se personó en la cárcel municipal para interesarse por la situación de su marido, iniciando una disputa con el alcalde al que, en sus propias palabras, menospreció «…con un desaforo e insolencia indecibles, perdiendo el respeto a la jurisdicción

---

[23] Las figuras administrativas que sustituyeron a los corregidores tras la instauración del régimen de intendencias en 1784. Más datos sobre la estructura de poder en las intendencias en Fisher, 1981.

[24] Campbell, 1972b, pp. 140-152.

[25] *Oficio remitido por el Comandante militar D. Manuel de Torres al Sr.Comandante General D. Joaquín Valcárcel, remitiendo el recurso contra el alcalde de Guadalupe D. Antonio de los Santos; por atropellamiento a los milicianos, mirando a estos con el mayor desaire y desprecio,* Archivo Regional de la Libertad (en adelante ARL), Intendencia, Juzgado Militar (1792-1820), Legajo 428, Documento 3144. Sin numerar.

Real que ejerzo...»[26] y tratando a la esposa de uno de los presentes «de puta»[27], esto, sumado a la amenaza realizada por parte del marido de la injuriada de «...que mataba a su mujer, o se le daba satisfacción [a su honor]...»[28] resolvió el alcalde poner bajo arresto a la esposa del miliciano. Mientras tanto, los cabos y sargentos del miliciano encarcelado se personaron ante el alcalde De los Santos para informarle que el reo gozaba de fuero militar, a la vista de lo cual accedió a ponerlo en libertad pero no así a su esposa, ya que afirmaba que el fuero no incluía a los familiares de los aforados.

Toda la actuación de De los Santos es un claro ejemplo del desconocimiento que del fuero militar tenía la mayoría de los alcaldes ordinarios, ya que como citamos anteriormente, los privilegios y excepciones que otorgaba el fuero alcanzaban tanto a los cónyuges como a los hijos de los milicianos. De hecho, la mujer fue puesta en libertad, no sin problemas[29], cuando el coronel de Dragones del Escuadrón de Pacasmayo le confirmó al alcalde que sí gozaba del fuero militar.

Sin embargo, no debemos caer en el error de pensar que los militares y mucho menos los milicianos conocían los límites del fuero militar, ni los derechos que éste les otorgaba. El caso de Anselmo Bravo es bastante ilustrativo en este sentido. Bravo era un amarrador de tabacos al que trató de alistar el teniente Fernando Ramos para que formase parte de la tercera compañía del Escuadrón de Dragones Disciplinados de Pacasmayo que él mismo dirigía. Bravo se negó alegando su pertenencia al gremio de amarradores y cultivadores de tabaco[30], algo que en consideración del teniente no era motivo para no servir en las milicias, y trató de reclutarlo por la fuerza, ante lo cual Bravo intentó zafarse de los sargen-

---

[26] Ibíd.
[27] Ibíd.
[28] Ibíd.
[29] El alcalde desoyó el oficio presentado previamente por el sargento primero de la segunda compañía del Escuadrón de Dragones Disciplinados de Pacasmayo, Agustín Sorogartúa en el que le indicaba «...no ser de su jurisdicción la referida mujer [la esposa de Alzamora]...».
[30] Profesionales que por trabajar para uno de los reales estancos se encontraban exentos de servir en la milicia al igual que los notarios, médicos, panaderos y todos los profesionales que en general diesen servicio público.

tos y cabos que trataban de prenderlo «...metiendo mano al cuchillo que siempre cargaba con el que les hizo frente...»[31] aunque finalmente fue reducido y «...depositado en una tienda, por no franquearse la cárcel...»[32].

Vemos, pues, cómo el teniente desconoce los límites del fuero militar ya que efectivamente los amarradores de tabacos no tenían por qué servir en las milicias. Sin embargo, el periplo de Bravo no acaba aquí, porque consiguió fugarse y días después fue visto junto al alcalde Antonio de los Santos realizando labores de *corchete* o ayudante municipal. Llama la atención que un prófugo de la justicia militar termine trabajando para la justicia ordinaria, cuando era obligación del alcalde haber entregado a Bravo a la justicia militar para que se aclarasen los hechos. No obstante, conociendo la relación que el alcalde mantenía con los milicianos, no es descabellado pensar que actuaba de mala fe, tratando de entorpecer la justicia militar, aunque lo cierto es que la falta de cooperación entre la justicia civil y la militar era la tónica general en la intendencia de Trujillo, y en otros tantos puntos de la geografía del Perú.

La falta de cooperación se plasma en la resolución de la Intendencia de Trujillo en la que se obligaba al alguacil mayor de Lambayeque a revocar la orden de «...no recibir en las cárceles de aquel Partido individuos milicianos...»[33]. Los motivos que habían empujado al alguacil a no admitir milicianos en la prisión bajo su mando se centraban en que sus costos de estancia así como los daños que producían en sus intentos de fuga corrían a cargo de los responsables de las cárceles, y no de las unidades milicianas o de los propios soldados, ante lo cual la intendencia ordenó que «...los jefes subalternos repongan los daños en los casos de fuga...»[34]. No debemos olvidar, como ya indicamos, que la expansión del fuero militar entre todas las clases sociales, especialmente en las más bajas, exoneró a un buen porcentaje de la población «asidua» a los tribunales de justicia civil, privando con ello a los jueces de la posibilidad de imponer multas o cobrar costas, las que en muchas ocasiones consti-

---

[31] *Oficio remitido por el Comandante militar.*
[32] *Ibíd.*
[33] *Ibíd.*
[34] *Ibíd.*

tuían sus únicos ingresos. Por ello no resultan extrañas estas tensiones entre ambas jurisdicciones.

Sin embargo, los problemas que originaba la expansión del fuero militar a través de la sociedad civil no se limitaban a los roces suscitados entre la justicia civil y la militar, sino que la complejidad del sistema de fueros[35] y la superposición de jurisdicciones privilegiadas –fueran éstas militares o civiles– generaban tal confusión legal que incluso para los militares de carrera –qué decir para los milicianos– resultaba muy complicado reconocer los límites de sus derechos y competencias.

En este sentido, el pleito por competencias jurisdiccionales presentado por el capitán de artillería urbana de la ciudad de Trujillo Antonio Quevedo contra el comandante general de la región norte, el brigadier Joaquín Valcárcel[36], constituye un magnífico ejemplo. Allí se trataba de dilucidar el derecho de un ex-capitán miliciano de artillería de la ciudad de Trujillo a gozar del fuero privilegiado de su arma ante una demanda de impago interpuesta por el síndico del convento de Santa Clara de la misma localidad. Si la resolución era favorable al miliciano, la causa de impago habría tenido que ser juzgada por un tribunal constituido en el seno de la antigua compañía del capitán, y no en la Comandancia General, lo que hacía dudar, no sin razón, a las hermanas del convento sobre la imparcialidad del tribunal[37] formado por sus compañeros de la artillería.

Este hecho que *a priori* podría parecer menor se desgrana a lo largo de un prolijo expediente configurando un detallado retrato de la compleja sociedad virreinal de finales del siglo XVIII, sobre todo al describir cuán enrevesado era el sistema legal, la confusión reinante entre las altas instancias del virreinato encargadas de velar por la aplicación de las Reformas Borbónicas y los conflictos de intereses surgidos entre las eli-

---

[35] Empleamos «fueros» en atención a las múltiples jurisdicciones militares existentes.

[36] *Competencia de jurisdicción provocada por el Capitán de Artillería urbana de la ciudad de Trujillo D. Antonio Quevedo, al Comandante General de las Armas y Costa del Norte del Perú, el Brigadier de los Reales Ejércitos D. Joaquín Valcárcel, 24 de abril de 1795*, ARL, Intendencia, Juzgado Militar (1792-1820), Legajo 428, Documento 3146.

[37] La causa de las hermanas del convento de Santa Clara contra el ex-capitán de artillería urbana Pedro Ignacio de Lizarzaburu es un claro ejemplo de las nocivas consecuencias de la expansión «indiscriminada» del fuero militar, que venía a proteger tras una jurisdicción propia a las elites comerciales y terratenientes.

tes locales y los oficiales enviados por la Corona para imponer a como dé lugar las nuevas políticas.

Como indicamos, el detonante del pleito por competencias jurisdiccionales fue la demanda presentada por las hermanas del convento de Santa Clara contra el ex-capitán de artillería[38] urbana Pedro Ignacio de Lizarzaburu por los arriendos de unas haciendas[39] ante el juzgado de la Comandancia General. En efecto, Lizarzaburu era un rico hacendado con contactos y redes sociales bien establecidos en toda la intendencia, por lo que no es de extrañar que su sucesor en el cargo –y más que posible amigo personal–, Antonio Quevedo, presentase un escrito ante la Comandancia General en el que declaraba que los sujetos adscritos al fuero privilegiado de artillería no podían ser juzgados por los tribunales de dicha institución, sino que debían serlo en los que se constituyesen en el seno de la propia compañía de artillería, correspondiéndole por tanto a él y no al comandante general Joaquín Valcárcel instruir la causa.

Joaquín Valcárcel[40] era un brigadier peninsular del ejército regular que había sido destinado en 1793 como oficial superior de la recién creada Comandancia General del Norte, una demarcación tan inmensa que ocupaba casi un tercio del virreinato del Perú[41], por lo que parecía difícil que un oficial de tan alta graduación y con tanto poder fuera a plegarse a las exigencias de un «simple» capitán de milicias urbanas[42]. El conflicto estaba servido.

---

[38] Lizarzaburu había sido hasta inicios de 1795 (el pleito se inició a finales de abril) capitán de la compañía de artillería urbana, lo que nos indica el peso y la posición de la que gozaba dentro de la elite de Trujillo ya que la artillería junto con los dragones constituía una de las armas más prestigiosas tanto por su fuero privilegiado como por la importancia que siempre les había otorgado la Corona. El rango de capitán estaba, pues, reservado –en las milicias al menos– a los más distinguidos caballeros del patriciado local.

[39] Para profundizar en el sistema de propiedad de la tierra en la provincia de Trujillo ver Burga, 1976.

[40] Los datos relativos a la hoja de servicio de Joaquín Valcárcel han sido extraídos de Marchena Fernández, 2005a.

[41] Hay que considerar que el Alto Perú había pasado a depender del virreinato de La Plata en 1776.

[42] En la mayoría de las intendencias, los encargados de juzgar cuestiones tanto civiles como militares eran los propios intendentes –quienes solían ser militares–, sin embargo, en 1795 el intendente de Trujillo era Vicente Gil de Taboada, un civil que no recibió el título honorario de intendente de ejército hasta 1803. AGI, Gobierno, Lima, 1120.

Valcárcel defendió su derecho a instruir la causa alegando:

> ...que por mi decreto de 24 del corriente le tengo mandado a aquel [Lizarzaburu], que ínterin no presente la cedula que supone lo inhibe de mi Jurisdicción, he de proceder en la causa que se le sigue a pedimento del Monasterio de Santa Clara, sin embarazo alguno, y por todos aquellos medios que le hagan entender la autoridad que tengo sobre él, y los demás individuos de la dicha compañía; lo que le servirá a vm [Quevedo] de gobierno, para desistir de la competencia que provoca, obedeciendo desde luego lo expresado...[43]

Además, adujo la incapacidad por falta de formación y competencias, del capitán Quevedo para entender de asuntos que, en el hipotético caso de que dependieran del cuerpo de artillería, serían «...sólo peculiar del Señor Comandante General de Artillería, que reside en Lima, y no a otro oficial de milicias como lo es vm...»[44]; no olvidando mencionar la carencia de oficiales necesarios para constituir un tribunal militar en la compañía de artillería. Del mismo modo, el brigadier Valcárcel indicó a Quevedo que si en el pasado había instruido alguna causa relacionada con los milicianos de su compañía, esto había sido con total desconocimiento suyo y debido a un error de los jueces ordinarios, que le habían remitido los expedientes a él en lugar de a la Comandancia General, y que por tanto en lo sucesivo debía guardase de seguir ninguna causa, y remitirle de inmediato cualquier expediente de similar naturaleza que llegase a sus manos[45]. No obstante, Valcárcel animaba a Quevedo a:

> ...consultar la duda que le ocurra a la Superioridad [...], para que en su vista tenga vm mayor desengaño de la equivocación que padece de juzgarse con competente Jurisdicción para conocer privativamente en las causas de los comprendidos en su compañía meramente urbana...[46]

Para Quevedo las palabras de Valcárcel constituían una grave ofensa, pues como él mismo expresaba:

---

[43] *Competencia de jurisdicción...*, f.4.
[44] *Ibíd.*, f.4.
[45] *Ibíd.*, f.4.
[46] *Ibíd.*, f.4.

...tengo el honor de ser por mi cuna hijo de la Casa de Quevedo, conocido por lo ilustre de ella; notorio por mi proceder, casado en una familia de las más ilustres; y este Cuerpo Ilustre de Ciudad [el cabildo] me ha distinguido con sus empleos, y actualmente con el de alcalde ordinario...[47]

Luego continuaba retando al brigadier a que «...vea VS. si otro capitán vecino de los que VS. tiene a su comando podrá administrar justicia a esta compañía mejor que yo...»[48].

Este incidente refleja un hecho bastante común en la sociedad virreinal, y en el mundo andino en general a finales del siglo XVIII, como es el enfrentamiento entre peninsulares y criollos. El sevillano Valcárcel representaba a la Corona y a su espíritu reformador, dispuesto a aplicar con mano firme las ordenanzas, reglamentos y reales cédulas emitidas desde Madrid, y a no perder ni un ápice de su autoridad que le impidiese cumplir con su deber. Por su parte, Antonio Quevedo encarnaba el prototipo de criollo adinerado, miembro del cabildo[49] y oficial de milicias. Ambos eran el vivo reflejo de dos mundos destinados a colisionar tarde o temprano, debido a las incoherencias de un sistema que comenzaba a decaer y que en la revuelta de Tupac Amaru ya había tenido su amargo prólogo.

No en vano ésta no era la primera ocasión en la que el comandante general y el capitán de artillería tenían un desencuentro: en 1794 el por entonces alcalde de barrio y teniente de artillería Antonio Quevedo propinó una brutal paliza al alférez de la compañía de morenos José de los Santos Sarvosa, y a decir de los testigos: «le pegó de bofetones y puñetes al Alférez hasta traerlo al suelo, y lo hizo amarrar sin haber tenido motivo»[50] diciéndole «amarren a este perro negro que mucho deseo lo tenia»[51], llegando incluso a amenazarlo de muerte cuando estaba maniatado «y que le decía mira negro este puñal ha de ser para abrirte de arriba abajo»[52], conduciéndolo preso al cuartel «sin haber dado motivo»[53]

---

[47] *Ibíd.*, f.7.
[48] *Ibíd.*, f.7.
[49] *Ibíd.*, f.9.
[50] *Ibíd.*, f.25.
[51] *Ibíd.*, f.25.
[52] *Ibíd.*, f.26.
[53] *Ibíd.*, f.25.

donde incluso le aplicaron el cepo[54]. A la mañana siguiente Valcárcel liberó al alférez, quien presentó cargos contra Quevedo, que desembocaron en una causa criminal que aun seguía abierta cuando se inició el pleito por competencias jurisdiccionales que nos ocupa.

Parece innegable que el interés del capitán por juzgar a su predecesor al frente de la compañía de milicias respondía más a un deseo revanchista contra Valcárcel y a un *esprit de corps*, tanto militar como clasista, que a un firme convencimiento de su legitimidad como juez en aquella causa.

Aun así, Quevedo fundamentó su demanda sobre la base de una carta que había recibido a comienzos de febrero, firmada por el comandante general de artillería Francisco Cossio en la que le anunciaba:

>...los oficiales y tropa de esa Compañía, solamente están sujetos a ese Señor Comandante General en funciones de Armas, como son salidas, o formaciones; pero en lo Gobernativo y causas civiles y criminales están sujetas a Vm, y remitiéndome las que se formasen para que se vean y determinen en este Juzgado de mi cargo, dándome Vm parte de cuanto ocurriese desde su principio, en la inteligencia de que en lo contrario será Vm responsable[55].

La carta complicaba aún más la situación, ya que la cuestión había pasado de ser una simple disputa local a convertirse en una polémica que involucraba a dos de los más altos responsables militares del virreinato y cuya resolución tendría repercusiones para todo el Perú. Consciente de contar con el apoyo de Cossio, Quevedo resolvió solicitarle un informe en que reflejara, en su opinión, quién debía instruir las causas de los milicianos de artillería de Trujillo, mientras Cossio, haciendo gala de una gran «solidaridad» con su subalterno de la misma arma, escribió un informe en el que ratificaba la postura del capitán[56]. Parecía claro

---

[54] El relato de la actuación de Quevedo para con el alférez de morenos deja claro qué tipo de persona era y hasta dónde estaba dispuesto a llegar con tal de imponer su autoridad.
[55] *Competencia de jurisdicción...*, f.2.
[56] Obviamente Cossio no quería que su poder se viese disminuido ya que, si Valcárcel lograba la jurisdicción sobre las milicias de artillería de Trujillo, los otros dos jefes de las restantes comandancias militares en las que estaba dividido el virreinato no tardarían en solicitar lo mismo, quedando entonces su autoridad circunscrita a las unidades artilleras de Lima.

que Quevedo había decidido convertir la situación en un duelo de poder entre él y el comandante general, y éste había recogido el guante.

El brigadier Valcárcel, dispuesto a solventar la disputa de forma rápida y definitiva, escribió a Lima para averiguar si la compañía de artillería de Trujillo gozaba o no de fuero militar, ya que, según él entendía, el hecho de que fuera una unidad catalogada como urbana y no como disciplinada impedía que sus integrantes tuvieran derecho no sólo al fuero privilegiado, sino también al ordinario; a menos que estuvieran movilizados e integrados en unidades regulares de su misma arma[57]. De esta manera, la situación daba un giro de ciento ochenta grados, ya que si se resolvía que las unidades urbanas –a las que pertenecían la mayoría de los grandes hacendados, nobles y comerciantes del virreinato– no gozaban de fuero militar, las protestas no se harían esperar.

La cuestión comenzó a volverse cada vez más tensa, en una escalada de acusaciones y reproches cruzados, estaba claro que ambos hombres habían decidido llegar hasta las últimas consecuencias para resolver el problema. Con su actitud, habían convertido el sencillo pleito sobre el fuero de Pedro Ignacio de Lizarzaburu en un caso cuya resolución sentaría jurisprudencia sobre los límites del fuero privilegiado de artillería, los ámbitos en los que éste podía ejercerse y a quién correspondería juzgarlo en el virreinato del Perú.

En Lima las opiniones también estaban divididas: mientras el inspector general de artillería, Francisco Cossio, apoyaba las tesis sostenidas por Quevedo y Lizarzaburu, el subinspector general del ejército, marqués de Avilés, emitió un demoledor informe en el que, haciendo gala de una exquisita y brillante retórica, desmontaba todos y cada uno de los argumentos esgrimidos tanto por Quevedo como por Cossio. Ambos informes fueron elevados al virrey.

El 17 de agosto de 1795 se resolvió el pleito a favor de Joaquín Valcárcel, señalando la sentencia que Lizarzaburu sólo gozaba del fuero militar ordinario, ya que era oficial retirado. En cuanto al resto de los miembros de la compañía de artillería de Trujillo, sólo gozaban de fuero

---

[57] *Expediente promovido por el Señor Comandante General de la Costa del Norte D. Joaquín Valcárcel sobre si la Compañía Artillería de Milicias Urbanas de Trujillo goza del fuero militar* en Competencia de jurisdicción…

militar ordinario los oficiales y sargentos mientras que la tropa carecía de él, pues quedaba sujeta a los tribunales ordinarios.

Pero ¿qué había ocurrido con el controversial fuero privilegiado de artillería? ¿Se había desvanecido en la tormenta de papeles que habían desencadenado Quevedo y Lizarzaburu? La sentencia reconocía el derecho de los milicianos de artillería[58] a gozar del fuero privilegiado siempre y cuando se encontrasen en servicio activo. Ello suponía que mientras no estuviesen movilizados, sus causas civiles y penales serían juzgadas en la comandancia de Valcárcel; lo que de seguro no debió agradar al litigioso capitán. Por desgracia para él, sus infortunios no terminaron ahí ya que la sentencia hacía mención expresa a su actitud durante el proceso:

> ...Prevéngale que para lo sucesivo [a Quevedo], guarde todo el respeto, moderación, y buena armonía, para con los jefes militares o justicias con quien las promueva [competencias], sin dar lugar a notas como la presente, que han sido del mayor desagrado de esta superioridad, como directamente opuestas a lo que Su Majestad tiene encargado...[59]

Con aquella sentencia se dejaba bien claro quién gozaba del fuero militar. Con una sola resolución se había eliminado al grupo más numeroso, la tropa, del amparo que proporcionaba el fuero, aliviando la carga que soportaban los tribunales militares por estos temas, pero perjudicando una vez más a los más desfavorecidos, ya que no se suprimía el fuero de los hacendados, ni de los nobles ni de los comerciantes, sino el de los campesinos, trabajadores de las haciendas –la mayor parte de ellos negros libres– y en definitiva de todos aquellos que siempre se habían visto sometidos al yugo de los poderosos.

El desconocimiento del fuero por parte de la justicia civil y su manipulación a manos de los milicianos convirtieron un instrumento, que la Corona había otorgado como incentivo para que sus súbditos se sumasen a la defensa territorial, en un elemento que entorpecía la aplicación de la justicia, contribuyendo a incrementar el clima preexistente de ten-

---

[58] Tanto oficialidad como tropa.
[59] *Competencia de jurisdicción...*

sión y malestar entre criollos y peninsulares, sumándose así a la larga serie de desencuentros que desembocarían en la declaración de independencia que en 1820 (un año antes que en el resto del virreinato) firmarían las oligarquías trujillanas. Una vez más en la Historia, como si se tratase de una profecía propia de tragedia griega, un imperio había sembrado el germen de su destrucción intentando evitar su desmoronamiento.

EL COLOR DE LOS FUSILES.
LAS MILICIAS DE PARDOS EN SANTIAGO DE CUBA EN LOS ALBORES DE LA REVOLUCIÓN HAITIANA

José Luis Belmonte Postigo
Universidad Pablo de Olavide (Sevilla)

> Dirán algunos que la diferencia de libres y esclavos separará sus intereses y será para nosotros en cualquier caso una barrera respetable. Todos son negros: poco más o menos tienen las mismas quejas y el mismo motivo para vivir disgustados de nosotros. La opinión pública, el uniforme modo de pensar del mundo conocido los ha condenado a vivir en el abatimiento y en la dependencia del blanco, y esto solo basta para que jamás se conformen con su suerte.
>
> Francisco Arango y Parreño. *Obras*.

Con estas palabras Francisco Arango y Parreño, considerado como el principal vocero de los hacendados azucareros cubanos, describía, en su muy conocido informe para el fomento de la agricultura y la reforma de las milicias de pardos, el estado de opinión de buena parte de la oligarquía cubana tras el estallido de la revolución haitiana. Atrás habían quedado las impresiones iniciales que, a su juicio, imposibilitaban que se reprodujeran en suelo cubano hechos como los que acontecían en el Saint Domingue[1].

La activa participación de los afranchís en el proceso revolucionario del Saint Domingue y la propagación de rebeliones de esclavos por todo lo largo y ancho de la región del Circuncaribe[2] provocaron un cambio

---

[1] Arango y Parreño, 1952. Las razones que argüía Arango eran que hasta entonces la población parda había dado muestras del «espíritu de obediencia de todos los mulatos libres de Cuba a su soberano», p. 110.

[2] Geggus, 1982; Leyburn, 1941; James, 1989; Martin, 1989.

sustancial en la percepción que la hipotética amenaza de la población libre de color suponía para el mantenimiento del orden social vigente[3]. Arango identificaba como un potencial peligro a la población parda, especialmente a los veteranos de las milicias disciplinadas que vivían retirados en el agro y que poseían un gran conocimiento del arte de la guerra[4]. El conflictivo contexto que desencadenaron los sucesos haitianos incentivó la creencia de que las sutiles diferencias pigmentocráticas, étnicas, jurídicas y económicas que habían conformado la sociedad colonial cubana habían comenzado a derrumbarse por el empuje de los nuevos tiempos que parecían llegar con fuerza a la región del Caribe[5].

Nuestro trabajo pretende retratar la fisonomía socioeconómica de los milicianos pardos que tenían como base la ciudad de Santiago de Cuba, prestando especial atención a su condición de propietarios de bienes inmuebles y de esclavos en los albores de la revolución del Saint Domingue.

---

[3] Craton, 1982. Craton define que, en ocasiones, la clase propietaria de esclavos tuvo la percepción de vivir coyunturas en las que era más que posible una gran rebelión de esclavos o de población libre de color, lo que incentivó un mayor grado de vigilancia y represión hacia los sectores poblacionales potencialmente peligrosos, desencadenando en ocasiones lo que el autor ha calificado como «rebeliones involuntarias», p. 165. En este mismo sentido se expresan los siguientes trabajos: Tardieu, 2000. Gaspar, 1985, p. 6. Al margen de incrementar los mecanismos de vigilancia, represión y coacción sobre la población de color, el propio Arango señalaba la necesidad de eliminar las milicias disciplinadas de pardos, ya que existía a su juicio un número de pobladores blancos lo suficientemente importante para sustituirlos. Arango y Parreño, 1952. El temor a que se reprodujeran los fenómenos haitianos en suelo cubano fue una constante en el discurso y acciones políticas de las autoridades coloniales de la isla de Cuba, que impulsó y fomentó la emigración blanca ante el incremento demográfico de la población de origen africano. Naranjo Orovio, 2004. Al mismo tiempo, la percepción del esclavo y de la amenaza que éste suponía fue transformándose a lo largo del siglo XIX ante la importancia demográfica de los esclavos bozales radicados en la isla. Stanley, 1957.

[4] Arango y Parreño, 1952, p. 150.

[5] En este sentido, cabría mencionar los trabajos de John Garrigus sobre la población libre de color en el Saint Domingue prerrevolucionario, donde analiza tanto la importancia económica de este sector poblacional como la formación militar que algunos de sus miembros adquirieron desde su participación en la Guerra de Independencia de los Estados Unidos y como estos elementos se convirtieron en definitorios para sus reclamaciones políticas y su posterior lucha armada. Garrigus, 2001. Garrigus, 1996a. Garrigus, 1996b. Garrigus, 1993, pp. 233-263. Garrigus, 1992. Para un análisis detenido de la temprana rebelión de Vicente Ogé en el Saint Domingue ver Rivers Rodríguez, 2006.

DE LA NECESIDAD VIRTUD. LA INTEGRACIÓN DE LA POBLACIÓN PARDA EN EL SERVICIO DE LAS ARMAS

La derrota militar española a manos de la tropas británicas en la Guerra de los Siete Años, cuyo momento culminante lo representaría la toma de La Habana del año 1762, evidenció a las autoridades de Madrid que, para el mantenimiento y preservación de las posesiones americanas, era necesario realizar una serie de reformas que mejoraran los sistemas defensivos de las principales plazas americanas[6]. Así, la integración de los criollos en la carrera de las armas constituyó una de las principales preocupaciones de las autoridades coloniales. Si bien los criollos, tanto blancos como libres de color, habían participado de las defensas de las plazas americanas en coyunturas en las que el peligro de ataque o invasión enemigos era notable, las reformas que planteaban establecían la necesidad de una mayor imbricación de los americanos en la defensa del imperio. Por ello, tras la restitución de la plaza de La Habana a la soberanía española, se articuló un plan orquestado por O'Reilly y Ricla que pretendía involucrar a los vecinos de las ciudades en la institución militar. En opinión de Allan Kuethe, el prestigio social de la institución y el disfrute del fuero militar fueron los elementos que más influyeron en la activa participación de las élites cubanas en las nuevas milicias disciplinadas de Cuba, comportamiento que fue rápidamente emulado por otros sectores poblacionales[7]. Para las autoridades metropolitanas, dada la estructura demográfica de la isla, era del todo necesario incluir dentro de este proyecto político-militar a la población libre de color, fundamentalmente a los pardos. Para asegurar la defensa de las ciudades cubanas había que integrar a un segmento poblacional que en ocasiones era tan numeroso como el blanco y que había dado muestras de fidelidad a la Corona cuando la ocasión así lo había requerido[8].

Las milicias de pardos tuvieron acopladas un cuerpo de oficiales blancos, cuya función era el adiestramiento militar de los milicianos y

---

[6] Gómez y Marchena 1992. Marchena Fernández, 2002, pp. 3-38.
[7] Kuethe, 1986, pp. 42-45.
[8] Ibarra, 2007. En este trabajo, Ibarra comenta la importancia de la acción de los pardos tras el intento de invasión británico de Vernon en 1741, quien tras su derrota en Cartagena de Indias trató de invadir el Oriente cubano desde la zona de Guantánamo.

vigilar que éstos acudieran anualmente a revista, así como su recluta, sobre los que los oficiales pardos no tenían una autoridad real[9]. El éxito que alcanzó la medida vino determinado por el extraordinario prestigio que la vida castrense tenía en las Antillas españolas, lo que favorecía que el miliciano ascendiera dentro de su grupo étnico-social[10], dado que la incorporación al servicio miliar les ofreció una serie de privilegios, como portar armas, que estaban prohibidos legalmente para el resto de la población libre de color[11]. La institución militar, en opinión de George Reid Andrews, fue el organismo más abierto y que con mayor fuerza promovió el ascenso social de la población libre de color[12]. Al mismo tiempo, como señala Ben Vinson, la participación en las milicias de la población libre de color fue un instrumento utilizado por ésta para mejorar su posicionamiento social, dado que la asignación del fuero militar y otros privilegios sirvieron para que éstos pudieran expresarse en términos raciales, pues el hecho de ser pardos no acarreaba el bagaje legal tradicionalmente asociado a su raza[13]. Los oficiales se encargaron de reclutar a los milicianos pardos; debían elegir a los sujetos más distinguidos, que tuvieran «las calidades de ilustres, mozos de espíritu, honor, aplicación, desinterés, conducta y caudal suficiente como para mantener con decencia el empleo»[14].

De esta forma se organizó la milicia de voluntarios pardos de Santiago de Cuba con 640 miembros, de los que medio batallón residía en la villa de Bayamo y 80 en Holguín, debiendo acudir a la defensa de la capital oriental cuando el gobernador se lo ordenase en momentos en que la seguridad de la plaza requiere verse reforzada[15]. De esta forma, la milicia de pardos fue compuesta por la elite parda de las principales localidades del oriente cubano, por lo que su estudio socioeconómico

---

[9] Kuethe, 1986, p. 75.
[10] Duharte 1988, p. 32.
[11] Kuethe, 1986, p. 74.
[12] Andrews, 2004, p.46.
[13] Vinson, 2005, p.60.
[14] Kuethe, 2000, p. 334.
[15] Archivo General de Indias (en adelante AGI) Cuba 1434. Estado que demuestra el batallón fijo de La Habana y los batallones de milicias blancos y pardos. Santiago de Cuba, 22 de julio de 1790.

nos revela la importancia de este segmento poblacional en el conjunto de la región.

IDENTIDADES SOCIALES E IMAGINARIOS PERSONALES

Antes de proseguir con el análisis de las milicias pardas de Santiago de Cuba, consideramos imprescindible realizar una aproximación al término pardo para, de este modo, definir exactamente al grupo social al que hacemos referencia a lo largo de este trabajo. Buena parte de las investigaciones realizadas en torno a la cuestión de las milicias de color han incidido sobremanera en la importancia estratégica o militar de la incorporación de los pardos al servicio de las armas. Sin embargo, el problema «identitario» ha sido frecuentemente soslayado, por lo que la identificación del grupo social que representaban los milicianos ha sido en ocasiones algo confusa.

El ingreso de una persona en las milicias de pardos requería que tanto el individuo como el entorno social lo identificasen bajo esta denominación. La construcción de la categoría de pardos es mucho más significativa que la de mulatos, ya que esta última designaría específicamente el mestizaje racial[16]. Así, el término «pardo» designaba a un segmento poblacional, libre, que tenía ascendencia africana y europea, siendo esta última considerada como un valor fundamental que los diferenciaba y los elevaba dentro de la sociedad colonial por encima de los esclavos y morenos libres[17].

Desde el punto de vista de la población blanca antillana, la denominación de «pardo» indicaba impureza de sangre, una mancha social que impedía el acceso a los cargos políticos de máxima representatividad a escala local. La estricta normativa colonial impedía que personas que tuvieran antepasados africanos pudieran optar a cargos públicos de gran notoriedad. De esta forma, para individuos de cierto éxito económico y cuya piel no denotaba claramente ancestros de origen africano, la catalogación de pardos marcaba el fin de sus aspiraciones políticas y una considerable lacra social, por lo que frecuentemente se identificaban

---

[16] Mattos, 2000, pp. 17-18.
[17] Díaz, 2001, p. 187.

con el grupo blanco[18]. Un ejemplo lo hemos encontrado en el análisis de las actas capitulares de Santiago de Cuba, donde se recoge el caso de D. Manuel Vidal, comerciante, que pretendía ocupar un cargo público de relevancia por lo que solicitó al cabildo de Santiago de Cuba el indispensable certificado de pureza de sangre. Las dudas sobre su origen étnico motivó la denuncia de Francisco Xavier Infante, vecino de Bayamo, quien lo acusaba de ser en realidad pardo. En cabildo ordinario del 18 de enero de 1779, el cabildo santiaguero declaró formalmente que D. Manuel Vidal tenía limpieza de sangre y era acreedor de obtener cualquier cargo honorífico. Esta decisión dejaba sin efecto otra decisión del cabildo del 20 de octubre de 1777 en la que se ordenó que se inscribiera en el libro de bautismo de pardos el nombre de D. Manuel Vidal, para que no quedara duda de su origen[19]. Sin embargo, las autoridades capitulares fueron incapaces de llevar a cabo dicha actuación por la oposición decidida de una parte del cabildo, que consideraba como «público y notorio» el origen mulato de la madre del referido Vidal, por lo que la votación terminó suspendiéndose[20]. El caso siguió adelante ante la fractura del patriciado local, que fue incapaz de tomar una decisión definitiva sobre el asunto por la inasistencia de los miembros que se negaban revocar la decisión tomada en 1777[21]. Finalmente, ante la incapacidad

---

[18] Buen ejemplo de esto lo supone el extraordinario impacto que tuvieron las reales cédulas de «gracias al sacar», medida aplicada desde 1795 por la que los individuos de libres de color, a través del pago de un impuesto, eran considerados socialmente blancos. El éxito de la medida generó un gran desconcierto en los patriciados criollos locales, quienes presionaron para la revocación de tal medida, cosa que finalmente lograron. AGI. Ultramar 92. Real Orden para que no se concedan dispensas de gracias al sacar. Aranjuez, 1803. En este mismo sentido Moreno Fraginals apuntaba que la medida incentivó la integración de un buen número de hacendados azucareros en el espacio oligárquico criollo. Moreno Fraginals, 1978, p. 127.

[19] Archivo de la Oficina del Historiador Oficial de la ciudad de Santiago de Cuba (en adelante AOHOSC). Cabildo ordinario, Santiago de Cuba, 18 de enero de 1779.

[20] Entre los miembros capitulares que se negaron a considerar como blanco a D. Manuel Vidal encontramos a parte del patriciado criollo de la ciudad, como a D. José Mustelier, D. Gregorio del Castillo, D. Esteban de Palacio, D. Juan Garbey y D. José del Castillo.

[21] AOHCSC. Cabildo Ordinario. Santiago de Cuba, 20 de junio de 1785. Las continuas suspensiones sobre el particular se justificaban por «la experiencia de los muchos inconvenientes que resultan de aprobarse las informaciones de legitimidad y limpieza de sangre sin hallarse pleno de vocales, con perjuicio de las familias más distinguidas de esta isla».

del cabildo para adoptar un acuerdo, terminó por actuar en el conflicto el propio obispo de Cuba, quien dictaminó, como recoge el cabildo ordinario del 8 de octubre de 1787, que D. Manuel Vidal era blanco, ordenando que se borrasen de los libros del cabildo las actas capitulares del 20 de octubre de 1777 en las que quedaba memoria del posible pasado mulato de D. Manuel Vidal, por ser un «daño irreparable» para la imagen y el buen nombre del comerciante[22].

La actitud de D. Manuel Vidal no constituye una excepción dentro de la sociedad colonial santiaguera, si no que reflejaba las aspiraciones de un grupo social que pretendía ser reconocido como blanco[23]. En definitiva, la pertenencia al grupo pardo requería de la aceptación «identitaria» tanto del entorno social como del individuo en cuestión, en consecuencia a lo largo de este trabajo hemos considerado como pardos a un grupo social, jurídicamente libre, descendientes de africanos y europeos, que se expresaba en términos de identidad racial y social propia, quedando al margen de esta catalogación individuos que, por encima de cuestiones raciales, consideraban su calidad personal, su estatus social y sus patrones culturales como blancos.

POBLACIÓN LIBRE DE COLOR EN EL ORIENTE CUBANO

En opinión de Herbert Klein, para entender la importancia de la población libre de color en las regiones americanas debemos atender fundamentalmente al estudio de su número, su crecimiento y ocupación sociolaboral dentro de un área geográfica localizada[24]. Una de las características demográficas que han caracterizado al oriente cubano es la importancia de la población libre de color. En el año 1778 se realizó un censo de la población de la isla de Cuba en el que esta realidad quedó perfectamente expresada[25]:

---

[22] AOHCSC. Cabildo Ordinario. Santiago de Cuba, 8 de octubre de 1787.
[23] Amores, 2000. Amores recoge el testimonio de un patricio santiaguero que expresaba la necesidad de facilitar la movilidad social de la población libre de color, p. 155.
[24] Klein, 1969, p. 30.
[25] AGI. Indiferente General 1527. En cumplimiento de Orden General del 10 de noviembre de 1776, se remite el adjunto estado de empadronamiento de todos los habitantes de la diócesis de Cuba. La Habana, 8 de septiembre de 1778.

TABLA 1
Datos de población de la Jurisdicción de Santiago de Cuba en 1778[26]

Etnia	Blancos	Mulatos libres	Negros libres	Mulatos esclavos	Negros esclavos	Total
Hombres	3.130	1.812	760	537	2.531	8.770
Mujeres	1.896	1.993	891	693	1.317	6.790
Total	5.026	3.805	1.651	1.230	3.848	15.560

FUENTE: Elaboración propia. AGI. Indiferente General 1527. En cumplimiento de Orden General del 10 de noviembre de 1776, se remite el adjunto estado de empadronamiento de todos los habitantes de la diócesis de Cuba. La Habana, 8 de septiembre de 1778.

En función de los datos obtenidos, y analizando exclusivamente a la población libre, observamos que el 47,95% de esta población es blanca, mientras que el 52,05% restante era libre de color, conformando la población racialmente mulata el 36,3% y los negros libres el 15,75%. Como primer elemento de nuestro análisis podemos destacar que la sociedad de libres no era patrimonio exclusivo en la jurisdicción de Santiago de Cuba de la población blanca. De hecho, la población libre de color conformaba la mayor parte de la población libre, lo que da una buena muestra de la importancia demográfica de este sector. La paridad entre los índices de masculinidad y feminidad –sólo rota para el caso de los negros esclavos– sugiere que el grupo de la población libre de color disponía de un potencial crecimiento natural. Además, en opinión de Olga Portuondo, no hay que desdeñar la elevada frecuencia de las manumisiones, característica de la esclavitud en el oriente de Cuba, que incidió en la importancia demográfica de la población libre de color[27]. De hecho, recientes trabajos que analizan las manumisiones en Santiago de Cuba reflejan que esta institución tuvo una gran importancia, no sólo por la alta frecuencia con la que se concedieron, si no por el modo en el

---

[26] En el empadronamiento aparece reflejada la existencia de 112 eclesiásticos varones, pero, al no tener la menor información sobre su origen étnico, hemos optado por no incluirlos en nuestro análisis.

[27] Portuondo, 2003.

que se otorgaron, ya que los esclavos compraron de forma mayoritaria su libertad[28]. Podemos observar la evolución de la población libre de color en el censo elaborado por las autoridades cubanas en el año 1792, que muestra los siguientes resultados:

TABLA 2
Población de la Jurisdicción de Santiago de Cuba, 1792

Etnia	Blancos	Mulatos libres	Negros libres	Mulatos esclavos	Negros esclavos	Total
Hombres	3.992	2.048	1.079	456	3.013	10.588
Mujeres	4.220	2.245	1.145	466	2.072	10.148
Total	8.212	4.293	2.224	922	5.085	20.736

FUENTE: Andreo, 2006.

Como observamos en la comparación de las dos tablas, asistimos a un crecimiento significativo de la población en tan sólo catorce años, que se incrementaría en los últimos años del siglo XVIII, en opinión de Andreo por la pujanza económica que estaba adquiriendo la región[29]. A pesar de que se produce un crecimiento de todos los sectores étnicos de la población, el espectacular crecimiento de la población blanca femenina difumina la relevancia global del crecimiento numérico de la población libre de color. El aumento de la población blanca femenina podía deberse al margen de factores de crecimiento natural, a la llegada de emigrantes procedentes del Saint Domingue donde, desde 1791, la revolución había comenzado a prender con fuerza. Como medio de preservar a las familias, probablemente los colonos blancos del Santo Domingo francés comenzaron a enviar al extranjero a sus familias[30]. En

---

[28] Belmonte 2005a. Kemner, J., «Libre en fin. Un análisis de las cartas de libertad entregadas en Santiago de Cuba en el último tramo de la esclavitud». Inédito, consultado gracias a la amabilidad del autor.
[29] Andreo, 2006, p. 300.
[30] Yacou, 1975. Para Yacou, el proceso migratorio de los colonos franceses del Saint Domingue comenzó con la generalización de la gran rebelión de esclavos de 1791. Si

cualquier caso, a pesar de la distorsión que las cifras de la población blanca femenina puede suponer, observamos un crecimiento cuantitativo de la población libre de color, que aún conformaba el 44,24% del total de la población libre, integrándose de facto como un elemento destacado de la sociedad colonial santiaguera.

Un análisis socioeconómico de los milicianos pardos

Como sosteníamos anteriormente, los milicianos pardos eran aceptados en la institución militar entre el resto de los miembros de su grupo en virtud a la calidad moral y a la capacidad económica de la que disponían. Debemos señalar, para contextualizar los datos económicos referidos a los milicianos pardos que expondremos a continuación, que la región oriental cubana, y fundamentalmente la capital de la Gobernación, Santiago de Cuba, había quedado excluida de los grandes circuitos económicos coloniales desde época temprana. Además, la normativa metropolitana apoyó de manera decidida una serie de reformas a lo largo de todo el siglo XVIII que impulsaron el crecimiento del puerto de La Habana y su *hinterland* en detrimento de otras ciudades del interior y el oriente de la isla. Sólo a partir de 1778, el puerto de Santiago de Cuba logró insertase de manera directa al comercio con la península, pero la plaza para el comercio negrero a embarcaciones españolas recién fue habilitada en 1789[31]. Por ello, el crecimiento económico de la región, que iba aparejado al auge del esclavismo y del fomento de los productos de exportación, fue completamente diferente, hasta el punto de que algunos autores consideran que esta etapa de la historia económica de Santiago de Cuba estuvo dominada por una agricultura semi-pastoril, que se nutría del contacto comercial con las colonias extranjeras vecinas y con el resto del Caribe hispánico[32].

---

bien existieron grandes oleadas de refugiados, para Yacou los colonos franceses llegaron a las costas orientales cubanas a un ritmo constante a lo largo de toda la década de los noventa y primeros años del siglo XIX.
[31] Aimes, 1967.
[32] Portuondo, 1996.

En este contexto debemos entender el afán de las autoridades coloniales españolas en conocer la realidad socioeconómica de los milicianos pardos, por lo que ordenaron la realización de un censo de las propiedades agrarias de los milicianos pardos en el año 1767. El interés radicaba no sólo en disponer de una información completa de los individuos que tomarían las armas en defensa del rey, si no en conocer de primera mano el poder económico real de la población parda en el oriente de Cuba. Los resultados obtenidos revelan la importancia económica de la población parda en el agro oriental, ofreciendo los siguientes datos[33]:

TABLA 3
Explotaciones agroganaderas en manos de milicianos pardos en Santiago de Cuba, 1767

Ingenios azucareros	Vegas	Hatos	Estancias	Corrales
3	232	10	125	5

FUENTE: Elaboración propia. Archivo Nacional de Cuba (en adelante ANC) Correspondencia de los Capitanes Generales, Leg. 25, N° orden 161.

Del total de 640 hombres que componían el batallón de pardos, 368 confesaban ser propietarios al menos de una explotación agroganadera, lo que denotaba la importancia del sector agrario al interior del grupo pardo. El proceso por el cual la población libre de color se transformó en campesina fue uno de los elementos que caracterizaron el desarrollo de la estructura de la propiedad de la tierra en el agro oriental. Tanto pardos como morenos libres, en la medida en la que sus ingresos económicos lo permitían, trabajaron la tierra, bien en calidad de arrendatarios, bien en calidad de propietarios[34]. Para el caso que nos ocupa, el rol que jugaron como propietarios, nos parece fundamental para entender

---

[33] Archivo Nacional de Cuba (en adelante ANC). Correspondencia de los Capitanes Generales, leg. 25, n° orden 161. «Relación de individuos que del Batallón de Pardos de Santiago de Cuba se hallan con haciendas de labor, con distinción de sus clases, nombre de las haciendas y distancia a la que se encuentran de las cabezas de partido». Santiago de Cuba, 4 de agosto de 1767.

[34] Belmonte, 2005b.

en buena medida su actitud hacia la expansión de los ideales que emanaban desde la revolución haitiana. Los datos obtenidos también nos alejan de la mirada dicotómica sobre el agro cubano que dividía la estructura de la propiedad de la tierra entre grandes propietarios blancos y campesinos de color pobres. Esta afirmación no niega que estos extremos se cumplieran, todo lo contrario. Más bien expresamos la necesidad de establecer con mayor rigor la estructura de la propiedad de la tierra, atendiendo a la capacidad de progreso económico que pese a las dificultades, disfrutó la población libre de color.

La mayor parte eran pequeñas o medianas explotaciones, se destacaba por un lado la mayoritaria presencia de los pardos en el sector tabaquero y, por otro lado, la existencia de explotaciones azucareras. El sector tabaquero estaba en franca crisis ya en la segunda mitad del siglo XVIII, lo que motivó la preocupación de las autoridades coloniales que pretendieron recuperar un sector económico que ofrecía beneficios a la Corona[35]. Entre los principales obstáculos que encontraba el fomento del cultivo del tabaco en la región oriental se encontraban las estrictas medidas de monopolio que la Real Factoría de tabacos de La Habana imponía, el escaso valor en que la Compañía tasaba las cosechas, el fraude de las tasaciones, las dificultades de liquidez en el pago de las cosechas, el contrabando de tabaco que realizaban los vegueros y, finalmente, el alto precio que los vegueros arrendatarios debían pagar a los grandes terratenientes para el transplante de las matas de tabaco[36]. El

---

[35] AGI, Santo Domingo 2002. Memoria de la decadencia del cultivo de tabaco en la parte oriental de la isla de Cuba. Santiago de Cuba, 1797.

[36] AGI, Santo Domingo 2002. Informe sobre la cultura del tabaco en la isla de Cuba, 7 de junio de 1788. La propia estructura del cultivo de tabaco demandaba la disponibilidad de diferentes tipos de tierra. La siembra del tabaco se realizaba por lo común en lugares cercanos a las principales localidades, debiendo ser transplantada la mata a zonas cercanas a los ríos una vez alcanzado el punto de maduración y resistencia suficiente. Si el veguero era propietario de la vega, no encontraba el menor problema para realizar el transplante de la mata. Sin embargo, si el veguero era arrendatario, debía hacer frente al pago de un importante alquiler que imponía el propietario, que era calificado en la época como cosechero, que fue creciendo a lo largo de la segunda mitad del siglo XVIII. La situación de los vegueros arrendatarios llegó a describirse de la siguiente forma: «sólo sigue la labranza cuando no halla otro destino o tarea a la que aplicarse, por lo cual, desanimado y sin estímulo alguno ya no es labrador, sino un triste jornalero cuya escasa y precaria subsistencia depende de la voluntad de un propietario rico o avariento

carácter de propietarios de las vegas de los milicianos pardos indicaba que dentro de los cultivadores de tabaco constituían una excepción.

En cuanto a las explotaciones azucareras en manos de los milicianos pardos, debemos señalar que no se trataban de grandes ingenios azucareros al modelo de la Cuba occidental con grandes dotaciones de esclavos. La documentación refleja que estas explotaciones eran dos ingenios de tamaño medio y un trapiche. Debemos tener en cuenta que, para el año 1787, las dotaciones de esclavos de los ingenios azucareros de Santiago de Cuba aún estaban lejos de los cubano-occidentales en cuanto a las dotaciones de esclavos que trabajaban en ellos[37]. Por tanto, debemos entender la importancia de estas explotaciones azucareras en el contexto del agro oriental, lo que les confiere mayor valor.

En las sociedades esclavistas, la mera posesión de explotaciones agrarias no era un indicador del todo fiable, ya que éstas cobraban mayor o menor importancia económica en función del número de esclavos que las explotasen. Era el trabajo esclavo el que otorgaba valor a la tierra, por lo que para analizar de forma fiable la importancia económica del grupo pardo en el oriente cubano debemos atender al rol que jugaron como propietarios en el agro oriental. Para ello, analizaremos los datos obtenidos del listado de posesiones de los milicianos pardos del año 1767 con el censo agrícola realizado para la jurisdicción de Santiago de Cuba del año 1779[38]. A nuestro juicio, es un censo agrícola parcial, pero que pone de relieve parte de la estructura de la propiedad de la tierra y de la mano de obra en el agro oriental cubano. La necesidad de relacionar los datos de ambos documentos viene determinada por la indefini-

---

cosechero, resultando de este trastorno la decadencia de la población y escasez general de frutos».

[37] AGI, Indiferente General 2821. «Estado que manifiestan los ingenios de la ciudad de Cuba sus nombres, censos, negros esclavos que mantienen en su labor, los que necesitan para su subsistencia y los que se han repartido por el gobernador en 1º de agosto de 1787». La media de esclavos por ingenio era de 17.62, frente a los 64.88 que ofrecían las explotaciones de la región habano-matancera para el año 1790. Ver Tornero, 1996.

[38] ANC, Gobierno General 491/25168. «Estado general que manifiesta los nombres de las haciendas, dueños a quienes corresponde, número de sus casas, hombres blancos, pardos, morenos libres y esclavos, divididos en cuatro edades y mujeres de todas las clases de esta jurisdicción». Santiago de Cuba, 26 de junio de 1779.

ción racial de los propietarios expresados en el censo agrícola de 1779. De los datos obtenidos hemos hallado una serie de coincidencias, tanto en el nombre de los propietarios como en el nombre de las haciendas de labor, arrojando los siguientes resultados.

En primer lugar cabría decir que las explotaciones agroganaderas que recoge el censo son de pequeño o mediano tamaño, con una gran presencia de hatos, corrales y estancias de labor, así como un reducido número de ingenios azucareros. La presencia del trabajo esclavo estaba generalizada, ya que la franca mayoría contaba con él para su desarrollo, si bien hay que destacar que el número de esclavos por explotación era realmente bajo, coexistiendo frecuentemente el trabajo esclavo con trabajadores libres.

De un total de 51 explotaciones agroganaderas que recoge el censo agrícola de 1779, 12 estaban en manos de milicianos pardos[39]. Tal vez el dato más ilustrativo lo muestre que de un total de 248 esclavos contabilizados, 42 trabajaban en las explotaciones que eran propiedad de los milicianos pardos, lo que constituía un 16,93% del total de esclavos rurales que aparecen en la documentación. De entre los individuos analizados, se destacó el capitán de milicias Vicente Barrientos[40], propietario del ingenio Guaninicum donde trabajaban quince esclavos. Los milicianos pardos formaban parte de un segmento social con identidad racial propia, que se definía en buena medida por el rol de propietario de bienes inmuebles y de esclavos que jugaron en la sociedad colonial cubana.

Conclusiones

En resumidas cuentas, debemos reseñar que la creación de las milicias de pardos estimuló la inserción social de un segmento poblacional que

---

[39] Debemos reseñar que tan sólo hacemos referencia a los individuos identificados como pardos por su pertenencia a las milicias disciplinadas, pudiendo existir explotaciones cuyos propietarios fueran pardos pero que en el momento de la realización del censo no estuvieran sirviendo en el cuerpo de milicias.

[40] El grado de capitán indicaba su importancia dentro del servicio en las milicias, grado seguramente otorgado por su importancia económica. Kuethe, 1986.

había sido tradicionalmente marginado y que desde ese momento pudo expresarse, a través de la pertenencia a las milicias, en términos de identidad racial y social. Ante el estallido de la revolución haitiana, la existencia de las unidades milicianas pardas fue vista por algunos contemporáneos como un peligro para la pervivencia del sistema colonial esclavista. Su integración al servicio militar, unido al papel que jugaban en el oriente cubano como propietarios de explotaciones agroganaderas y de esclavos, incidió en su integración en una sociedad esclavista que experimentó un momento de profunda transformación con el triunfo de la revolución haitiana y la generalización de las rebeliones de esclavos por buena parte del área circuncaribe.

MILICIAS EN EL ORIENTE DE SAN LUIS POTOSÍ, 1793-1813

José Alfredo Rangel Silva
El Colegio de México/El Colegio de San Luis

Este trabajo se concentra en la creación, composición y destino de las seis compañías del Cuerpo de Caballería de Frontera de Nuevo Santander. Ubicadas en lo que actualmente es la parte oriental del estado de San Luis Potosí, su creación estuvo ligada a una reorganización general de las milicias en Nueva España. Sin embargo, por los antecedentes y las condiciones de la zona, las unidades tuvieron características peculiares que condicionaron su acción justo cuando debieron entrar en combate durante los primeros años de la Guerra de Independencia. Entre 1600 y 1749 ésa fue una frontera de guerra con indios nómadas, lo cual impuso la necesidad a los colonizadores (trabajadores de las haciendas, arrendatarios, aparceros, arrimados, indios aculturados y vecinos de los pueblos) de participar activamente en las compañías milicianas para salvaguardar propiedades y vidas. En el Valle del Maíz, en Rioverde y en la Villa de los Valles, las principales poblaciones de la zona, el servicio en los cuerpos milicianos era parte de la forma de vida[1].

Durante ese tiempo las tácticas de guerra fueron las diseñadas durante la guerra chichimeca[2]. Las compañías eran levantadas por los capitanes de su propio bolsillo. Las que estaban en los presidios en teoría eran de soldados profesionales, por lo que recibían sueldo de la

---

[1] Sirva como ejemplo cuando en 1693 algunos vecinos de Rioverde buscaron fundar una villa de españoles a poca distancia de la misión, el capitán de frontera Juan Antonio Trancoso se comprometió a que «sin costo de reales haberes de su Majestad [serían] constituidos los pobladores de dicha Villa por soldados milicianos». «Informe que el capitán de Rioverde hizo ante el señor Virrey, contra la custodia de Rioverde», en Velázquez, 1987, p. 174.
[2] Para la guerra chichimeca y las tácticas de combate ver Powell, 1973, pp. 226-269; pero sobre todo Powell, 1975.

Corona. Profesionales o no, las unidades debían efectuar recorridos por las zonas a su cargo varias veces al año, y estar siempre listas para socorrer a las poblaciones atacadas. Los presidios estaban en la Villa de Valles y en la misión franciscana de Tanchipa, aunque sólo el de Valles perduró hasta 1749[3].

Durante el siglo y medio señalado, las milicias se manejaron con bastante autonomía, pues aquella era una sociedad acostumbrada a la ausencia de intervención del gobierno virreinal. En 1749 José de Escandón emprendió la colonización del Nuevo Santander (hoy Tamaulipas), y en el proceso reorganizó los cuerpos milicianos en sus fronteras. Desde entonces las compañías se mantuvieron atentas para efectuar incursiones contra los indios nómadas que aún recorrían el Nuevo Santander. La situación cambió antes de terminar el siglo. En 1784 se comenzó una investigación sobre las condiciones imperantes en las milicias en Sierra Gorda. El segundo virrey, Revillagigedo, describió la situación de los jefes de las milicias, su autonomía y su desarreglo:

> No se tuvo cuidado en las plazas indicadas, bien porque los jefes subalternos ignoraban las vacantes, o porque no se considerarían necesarios los reemplazos; pero en el año de 81 se solicitó el de la de protector y caudillo de la misión de la Divina Pastora, formándose con este motivo un expediente que hoy se compone de siete abultadas piezas, y empezándose a instruir otro desde el año de 1784, sobre el desarreglo de las milicias de Cadereyta y Valle del Maíz, en que se numeran 57 cuadernos[4].

Antes de la intervención de las autoridades virreinales, las milicias tuvieron una vida autónoma, lo que fue aprovechado por las elites locales para utilizarlas en su favor. Por ejemplo, José Florencio Barragán, rico comerciante de Rioverde y heredero de una inmensa fortuna, creó, armó y dirigió desde 1787 la compañía volante de la villa de Santa Bárbara[5], en el Nuevo

---

[3] Información sobre el presidio de Villa de Valles en Martínez Rosales, 1976, pp. 289-295. Para el que existió en Tanchipa hasta 1666, cuando fue destruido por los chichimecas Alarbes, ver AGN, Californias, vol. 38, exp. 3, «Autos sobre las diligencias, y socorros de las misiones y fronteras de la custodia del Río Verde. Año 1682», f. 105-107v.

[4] Revillagigedo, 1966, pp. 100-101.

[5] Ésa era una tradición entre las oligarquías novohispanas: en el siglo XVII el consulado de comerciantes de México, los cabildos de México y de Puebla, así como algunos

Santander. La compañía constaba de 80 plazas[6]. No obstante la lejanía con respecto a Rioverde, José Florencio armó y abasteció de víveres, pólvora y balas a la compañía, y la dirigió en las campañas contra los indios de la colonia. Incluso recibió por estas acciones una certificación de parte del gobernador del Nuevo Santander, Melchor Vidal de Lorca y Villena[7]. Su trabajo de capitán era por temporadas de manera que podía regresar a Rioverde a atender sus negocios comerciales. Para él, su trabajo de capitán era tan importante como sus intereses comerciales en la tienda que tenía. En un territorio difícil, de «caminos lóbregos, estériles y desamparados»[8] y en peligro constante de los ataques de indios nómadas, enfrentar tales dificultades produjo un sentido de orgullo local que entendía como una hazaña propia el poblar y pacificar los territorios, y reducir o extinguir a los indios chichimecas. Además, en el territorio sólo había una villa (la Villa de los Valles) por lo que no existían cabildos que sirvieran a las aspiraciones de las elites de acceder al poder político local. El prestigio y el honor ligados al servicio miliciano eran un capital simbólico de gran aprecio en la sociedad de la región. Ser capitán de milicia era un cargo de gran estimación social y que implicaba tener poder político efectivo en el ámbito local y provincial.

LA REFORMA DE LAS MILICIAS DE FRONTERA DE SIERRA GORDA

De acuerdo con el virrey Revillagigedo, en el momento de cambio de perspectivas sobre las milicias de Sierra Gorda, las autoridades militares

---

gremios, habían establecido y financiado compañías milicianas urbanas. Ver Kahle, 1997, p. 43.

[6] AGN, Provincias Internas, vol. 253, exp. 3, «El teniente coronel José Florencio Barragán presenta relación de méritos y servicios, pide el grado de coronel», f. 15-15v. Las compañías volantes fueron creadas por José de Escandón, al tiempo de fundar el Nuevo Santander, como una manera de auxiliar de manera rápida y efectiva a las localidades que estuviesen siendo atacadas por los indios. Ver Osante, 1997, p. 120.

[7] AGN, Vínculos y Mayorazgos, vol. 282, exp. 2, «Primera copia testimoniada, autorizada y comprobada de la información de legitimidad y limpieza de sangre del capitán don José Florencio Fernández del Castillo, Jáuregui y Barragán, Trejo, Sáenz y Torres», f. s. n.

[8] Así describió el trayecto entre Guadalcazar y Valle del Maíz el comisario de la inquisición del Real de Minas en 1761, AHMCR, Fondo Diocesano, sección justicia, siglo XVIII, serie Inquisición, exp. 58, f. 2v.

comenzaron también a trabajar sobre otro expediente: «sobre el desarreglo de las milicias de Cadereyta y Valle del Maíz»[9]. Su origen fue la muerte de un teniente de la compañía de milicias de Huichiapan, pueblo en el actual estado de Hidalgo. La compañía pertenecía a la jurisdicción de la comandancia de milicias de Sierra Gorda, pero como su capitán, Juan García Machón (residente en la capital virreinal), no formalizó ningún trámite para cubrir la vacante, se recomendó al notario del juzgado eclesiástico de Huichiapan, el peninsular Pedro Toral Rivas. Mediante un recurso de agravio se opuso el sargento de la propia compañía ante la evidente falta de méritos y de pericia de Toral Rivas. El proceso llevó a la Comandancia general a solicitar al inspector general interino Francisco Antonio Crespo una investigación del estado de las milicias de Sierra Gorda.

El coronel Crespo era un hombre dedicado y de mucho talento[10]. Realizó una rápida inspección de las condiciones de las milicias en el marco de una creciente preocupación de las autoridades virreinales y de la metrópoli por las condiciones de las tropas de la Nueva España. Como resultado, en 1784 Crespo diseñó un plan de reorganización que se presentó al virrey Matías de Gálvez (1783-1786)[11]. Sobre los asuntos de las milicias de Sierra Gorda el resultado no fue favorable.

> Que este jefe lo instruyó completamente, descubriéndose los vicios, y defectos de estas compañías sueltas, imaginarias en su mayor parte, y manifestándose por consiguiente la urgencia de arreglarlas, para lo cual pidió Crespo se comisionara a don Francisco Parra capitán del Regimiento Fijo de Infantería de la Corona [...] alcalde mayor interinamente de Cadereyta[12].

---

[9] Revillagigedo, 1966, pp. 100-101.

[10] En 1783 José Antonio Crespo era un militar de carrera con 40 años de edad. Tenía entonces 13 años de servicio en Nueva España durante los cuales fue, entre otras cosas, gobernador de la provincia de Sonora. También fue miembro de la Real Academia de San Carlos. Ver Archer, 1983, p. 38. Poco después Crespo sería corregidor de la Ciudad de México. Ver Velázquez, 1997, p. 127.

[11] Ver Vega, 1986, pp. 26-29. El plan se registra como «*Reglamento para el ejército miliciano* (1784) de Francisco Antonio Crespo», en *Ordenanzas militares en España e Hispanoamérica*, F. de Salas López, Madrid, MAPFRE, 1992, p. 183.

[12] Archivos Españoles en Red (en adelante AERED), Archivo General de Simancas (en adelante AGS), Secretaría de guerra, Milicias de Sierra Gorda, «Empleos y retiros», bloque 2, f. 1v., 2, año 1794.

Crespo se dio cuenta de que las compañías carecían de milicianos suficientes y tampoco tenían el mínimo armamento adecuado para el servicio. No conocían la disciplina militar, de manera que no sabían lo que era la subordinación a los jefes superiores «y por consiguiente solo servían para cometer excesos a título de fuero militar»[13]. La muerte del virrey Gálvez aplazó las resoluciones que debían proceder sobre las milicias pero, como se inició otro expediente sobre los abusos de los milicianos de la compañía de Xacala, en la alcaldía mayor de Cadereyta[14], se dieron plenos poderes al mencionado capitán Parra para su visita y reorganización. Sin embargo, éste no avanzó mucho en el encargo. Cuando el segundo conde de Revillagigedo llegó como nuevo virrey en 1789, encontró un conjunto de 31 «cuadernos» relativos a las milicias de Sierra Gorda, pero sin cambios en la práctica.

Para Revillagigedo el ejército era uno de los asuntos más importantes entre sus responsabilidades como gobernante de Nueva España, por lo que impulsó con energía la resolución de los problemas: quitó a Crespo del asunto y se lo encargó al brigadier Pedro Ruiz Dávalos[15]. Motivaban al virrey consideraciones estratégicas:

> le pareció lo mejor dar la misma comisión a un oficial de graduación, inteligencia, celo, pureza, y probidad para las Revistas de las Milicias de Sierra Gorda, y prolijos reconocimientos de aquellos ásperos ocultos e ignorados territorios, cuyo enlace con los de Provincias internas colindantes a la Colo-

---

[13] AERED, AGS, Secretaría de guerra, Milicias de Sierra Gorda, «Empleos y retiros», bloque 2, f. 2, año 1794.

[14] Abusos como insultos a las autoridades civiles, asesinatos, borracheras, o todo tipo de excesos, AERED, AGS, Secretaría de guerra, Milicias de Sierra Gorda, «Empleos y retiros», bloque 2, f. 2v, año 1794.

[15] AERED, AGS, Secretaría de guerra, Milicias de Sierra Gorda, «Empleos y retiros», bloque 2, f. 3, 3v. Año 1794. Sobre la administración de Revillagigedo en el ámbito militar ver Velázquez, 1997, pp. 134-144. Ruiz Dávalos pertenecía a la elite militar; originario de Orihuela, en España, era hijo segundo del marqués de Alforja. Había participado en acciones de guerra en Portugal, y se trasladó a Nueva España desde 1764, con Villalba. Formó el Regimiento de Infantería de Celaya, el Regimiento de Dragones de la Reina, y reorganizó el Regimiento de Caballería Provincial de Querétaro, donde residía. Estaba casado con una criolla, ver AERED, AGI, Estado, «Branciforte recomendando a varios oficiales», bloques 1 y 2; año 1795.

nia del Nuevo Santander, y Provincias del Nuevo León, Coahuila, y Texas hostilizadas de los indios le daban el más atento cuidado[16].

El anciano Ruiz Dávalos se dedicó con firmeza y dinamismo a su comisión, y la terminó en menos de un año. Produjo informes detallados sobre la situación de las milicias de Cadereyta y, en general, de la Sierra Gorda. Según Revillagigedo, el resultado era una excelente descripción de un territorio que se antojaba desconocido desde la capital virreinal, a pesar de no estar muy lejos de ella:

> un inmenso país de que eran muy confusas las noticias que se tenían, acreditaron la mayor necesidad de ocurrir con remedios particulares, y oportunos a los asuntos políticos, económicos y de Real interés en la buena administración de justicia, fomento de los pueblos antiguos, erección de otros, y de nuevas misiones con sínodos competentes para extirpar vicios, y abusos en el justo repartimiento de tierras, y aguas y en asegurar la quietud de unos territorios tan inmediatos a los de frontera de indios bárbaros, a todo lo cual contrajo sus informes el mencionado brigadier, proponiendo el establecimiento de un obispado, el de gobierno militar, y político, la ocupación de varios parajes despoblados [...] y el conveniente arreglo de las milicias[17].

No he localizado los informes de Ruiz Dávalos, que seguramente fueron muy extensos[18]. Una de las cosas que salieron a la luz con la visita del brigadier era la inoperancia de las unidades. Sus vicios e inutilidad no sólo impactaron a los militares, saltaban a la vista de los habitantes de la zona, como lo comentó un observador en 1790:

> En cuanto a las milicias de Sierra Gorda no he podido venir en convencimiento de la utilidad que rinde su subsistencia a favor de las misiones, ni de las ventajas que resultan al servicio del rey [...]. Yo gradúo en estas milicias por unos hombres en que el soberano tiene suspensa porción de erario

---

[16] AERED, AGS, Secretaría de guerra, Milicias de Sierra Gorda, «Empleos y retiros», bloque 2, f. 3v, año 1794.

[17] AERED, AGS, Secretaría de guerra, Milicias de Sierra Gorda, «Empleos y retiros», bloque 2, f. 4v-5, año 1794.

[18] A petición del coronel Ruiz Dávalos el franciscano fray Cristóbal Herrera de Alcorcha elaboró un informe sobre las misiones de Santa Catarina de Rioverde, en 1790, que apareció publicado en Rodríguez Barragán, 1976b, pp. 23-42.

tributario, sobre no verificarse en ellos otra constancia de milicianos, que el nombre ni otro carácter que el de pretender a título de soldados, la vulneración de los respetos eclesiásticos, y político de que me asiste alguna experiencia, además de otros procedimientos torpes, que existen en perjuicio de la vindicta pública [...]. Lo mismo siento por lo respectivo a las compañías provinciales de la legión de San Carlos que están fundadas en el departamento de Rioverde y siendo diez de caballería y una de infantería no se les ha visto empleo útil al Rey, ni a las conversiones[19].

Ante la desorganización e inutilidad militar de las compañías, Ruiz Dávalos y las autoridades virreinales tomaron muy en serio las opiniones del fraile y de otros informantes[20]. Revillagigedo hizo un resumen de las propuestas militares del brigadier, que recomendaba formar «sencillas compañías sueltas» en las poblaciones de la sierra, y un «cuerpo de Milicias de Frontera mixto de infantería y caballería», en Santiago de los Valles y en el Valle del Maíz. La finalidad era «contener con estas tropas los insultos, y robos de los indios gentiles, y defender la barra y costa de Tampico en cualesquiera invasión ultramarina»[21].

Con base en los informes y en recomendaciones del subinspector general del ejército, Pedro Gorostiza, el virrey y el fiscal de Real Hacienda propusieron que se dejaran milicias sueltas en Meztitlán, Huichapan, Zimapán, Cadereyta y San Luis de la Paz, regladas según las formas de las milicias en el virreinato[22]. Se crearía un cuerpo mixto de infantería y caballería de milicias de frontera en Villa de Valles y el Valle del Maíz, auxiliado de unidades en Rioverde y Tampico para el resguardo de la costa y del sur de Nuevo Santander. Como de costumbre, en las compa-

---

[19] Rodríguez Barragán, 1976b, pp. 41-42. Las relaciones entre frailes y milicianos eran malas; Alcorcha estaba enemistado con el capitán José Antonio Ortiz de Zárate, jefe de la milicia en el Valle del Maíz.
[20] Revillagigedo comentó al soberano español que las milicias «Carecían de gente, armamento y vestuario, no tenían disciplina, ni subordinación, y por consiguiente solo servían para cometer excesos a título de fuero militar». Los desórdenes más graves se daban en la compañía de Xacala: «Estos consistían en los frecuentes insultos, asesinatos, y torpezas que cometían», AERED, AGS, Secretaría de guerra, Milicias de Sierra Gorda, «Empleos y retiros», bloque 2, f. 2-2v, año 1794.
[21] AERED, AGS, Secretaría de guerra, Milicias de Sierra Gorda, «Empleos y retiros», bloque 2, f. 5v.-6.
[22] Todas las poblaciones están en la Sierra Gorda y la Sierra Alta de Meztitlán, accidentes de la Sierra Madre Oriental.

ñías se enlistarían hombres blancos y pardos por igual. Habría un comandante para todas las compañías de milicias asistido por tres oficiales veteranos o profesionales, todos españoles europeos[23].

Para poner en práctica estos cambios se necesitaba otro oficial veterano, porque se había relevado a Ruiz Dávalos de la tarea en consideración a su edad, sus méritos en el servicio y a lo difícil que era transitar por la Sierra Gorda[24]. El oficial propuesto fue el capitán Félix Calleja, que por entonces cumplía con la revista de las milicias y tropas regulares en Nayarit y Colotlán. Originario de Castilla, Calleja había llegado a Nueva España en 1789 como parte de un destacamento para el Regimiento de Puebla[25]. Era un militar de carrera que había estado involucrado en varias acciones en Europa y África, además de tener experiencia como instructor en el Regimiento de Saboya y en el Colegio Militar[26]. Su paso por Colotlán fue un antecedente importante para su gestión en el oriente de San Luis, ya que también era frontera de guerra[27].

---

[23] Las propuestas fueron aceptadas por el rey, quien desde octubre de 1788 expidió un Real Decreto que autorizaba la creación de nuevas compañías milicianas. AERED, AGS, Secretaría de guerra, Milicias de Sierra Gorda, «Empleos y retiros», bloque 2, f. 5v-6v, año 1794.

[24] Según señaló Revillagigedo: «Solicita asimismo [...] se digne aprobar la justa, y moderada gratificación de 600 pesos [...] al nominado brigadier, y a los oficiales que le acompañaron en su comisión, la cual concluyó en el término de tres meses, transitando en la edad casi septuagenaria por los horrorosos despeñaderos, y asperezas de la Sierra Gorda, pues el particular mérito contraído con notorio celo, y aptitud en el desempeño de estas últimas fatigas, unido a los servicios de más de 55 años, lo hacen digno de que la piedad de V. M. lo remunere, y distinga con el ascenso, y gracias propias de su soberana justificación». AERED, AGS, Secretaría de guerra, Milicias de Sierra Gorda, «Empleos y retiros», bloque 2, f. 8v-9, año 1794.

[25] AERED, AGI, Contratación, «Oficiales del Regimiento de Puebla destinados a embarcarse en el navío San Ramón», bloque 1, f. 1, año 1789.

[26] Entre las acciones europeas en que participó Félix Calleja estaban la conquista de las isla de Menorca, una expedición a Argel, el sitio de Gibraltar, etc.; AERED, AGS, Secretaría de guerra, Milicias de Sierra Gorda, «Empleos y retiros», bloque 3, f. 10v-11, año 1794. En las operaciones militares fue compañero de varios personajes que serían importantes funcionarios en Nueva España como el marqués de Branciforte, el conde de Revillagigedo, y Francisco Xavier Venegas, virrey durante la guerra de independencia; ver Núñez, 1950, pp. 32, 33.

[27] Calleja estuvo comisionado en la formación de padrones militares en varias provincias de Nueva Galicia, en procesos de revista de las milicias, una visita a la provincia

El virrey y el subinspector general Gorostiza ordenaron la creación de tres cuerpos de milicias, dos de caballería de frontera: uno de la Sierra Gorda, compuesto de cuatro compañías (en las jurisdicciones de Cadereyta, San Luis de la Paz, y Meztitlán); y otro en el oriente de San Luis, que llamaron de la Colonia del Nuevo Santander, compuesto de seis compañías (en las jurisdicciones de Villa de Valles y Rioverde). Un último cuerpo de milicias sería el de la Costa del Norte, ubicado en la subdelegación de Pánuco-Tampico. También crearon los respectivos reglamentos para cada una de las milicias[28]. Las compañías de la frontera de Sierra Gorda constaban de «capitán teniente, alférez, tres sargentos, seis cabos, cuarenta y un soldados, y diez supernumerarios que hacen el total de sesenta plazas, y el de todo el cuerpo de 240 milicianos»[29]. Las de la frontera de Nuevo Santander tenían igual número de plazas para un total de 360 hombres. Según el plan trazado por Gorostiza y aprobado por Revillagigedo en 1793, la composición de las compañías de este último cuerpo sería según el esquema del cuadro 1.

La diferencia principal entre las milicias de caballería de frontera de Nuevo Santander y las de la frontera de Sierra Gorda estribó en la plana

---

de Colotlán, y otra en Nayarit; ver, AGN, Correspondencia de virreyes, vol. 22, Revillagigedo, «Reservada al ministro Antonio Valdés», f. 226, año 1790; y también AERED, AGS, Secretaría de guerra, Milicias de Sierra Gorda, «Empleos y retiros», bloque 3, f. 11, año 1794.

[28] Los reglamentos fueron hechos según el modelo cubano. El «Reglamento Provisional para el Cuerpo de Milicias de Caballería, que con el nombre de Frontera de la Colonia del Nuevo Santander, debe formarse en la Jurisdicción de los Valles y Partido de Rioverde, con el objeto de atender a la defensa de aquel territorio contra los Indios Gentiles de la expresada Colonia, auxiliar a su Gobernador, al Comandante de la Milicia de Sierra Gorda, y a la Costa de Tampico en tiempo de guerra», se encuentra en AGN, Impresos oficiales, vol. 52, exp. 26, f. 150-162, año 1793. Consta de 68 artículos divididos en 6 capítulos: El primero sobre composición, obligaciones de la tropa y reemplazos. El segundo capítulo sobre vestuario, armamentos y montura. El tercero sobre instrucción y servicio de los milicianos; funciones del comandante y sus ayudantes. El cuarto sobre licencias de oficiales y tropa para mudar de domicilio o salir por asuntos personales. El quinto sobre matrimonios. El sexto y último sobre el fuero militar y las preeminencias de la tropa y oficiales. En el mismo volumen de documentos se encuentra el reglamento correspondiente a las milicias de Sierra Gorda.

[29] AERED, AGS, Secretaría de guerra, Milicias de Sierra Gorda, «Empleos y retiros», bloque 3, f. 2, año 1794.

CUADRO 1

«Estado que manifiesta los parajes en que deben formarse las seis Compañías de Caballería de que ha de constar el Cuerpo de Milicias de Frontera que se establece en la jurisdicción de los Valles y Partido de Rioverde, con expresión del número y clases de que ha de constar cada una»[30]

Cabeceras. Jurisdicciones	Capitán	Teniente	Alférez	Sargentos	Cabos	Soldados	Total	Súper numerarios
1ª en Villa de Valles	1	1	1	3	6	41	50	10
Aquismón	1	1	1	3	6	41	50	10
Tampamolón y Coscatlán	1	1	1	3	6	41	50	10
Valle del Maíz	1	1	1	3	6	41	50	10
Rioverde	1	1	1	3	6	41	50	10
En la misma	1	1	1	3	6	41	50	10
Totales	6	6	6	16 [18]*	36	246	300	60

* El total de cada compañía no incluye a los oficiales; el total de sargentos está equivocado, deben ser 18.

mayor o comandancia: para la Sierra Gorda habría un comandante miliciano y un ayudante veterano con grado de capitán, en tanto que para Valles y Rioverde habría un comandante veterano con grado de teniente coronel y dos ayudantes veteranos con grado de capitán[31]. El peso de la administración militar quedó en el oriente de San Luis, una zona de mayor riesgo en las consideraciones estratégicas, incluso los oficiales de la Sierra Gorda quedaron subordinados a la comandancia en San Luis Potosí[32].

---

[30] AGN, Impresos oficiales, vol. 52, exp. 26, f. 162, año 1793.
[31] AERED, AGS, Secretaría de guerra, Milicias de Sierra Gorda, «Empleos y retiros», bloque 3, f. 2-4, año 1794.
[32] Como lo señaló el virrey, el propósito de las milicias de Valles era ayudar a «defender la barra y costa de Tampico en cualesquiera invasión ultramarina». AERED, AGS,

La reorganización siguió en buena parte el llamado «Proyecto Crespo», aquel dictamen elaborado en 1784 a partir de la revista de las milicias del virreinato[33]. Un ambicioso plan de reforma presentado al rey en ese año pero aprobado hasta 1788. El proyecto intentó conciliar la necesidad de contar con un ejército regular en Nueva España con la realidad de las milicias; sobre todo señaló que las necesidades de defensa del virreinato se concentraban en las fronteras y las costas, al estar expuestas al enemigo[34]. Con las milicias en Sierra Gorda, en Valles-Rioverde, y en Pánuco-Tampico se reorganizó y reforzó la estrategia defensiva para esa porción de la costa del Golfo de México.

Calleja llegó al oriente de San Luis en 1793, y de inmediato se puso manos a la obra. En la subdelegación de Santiago de los Valles visitó los pueblos de Aquismón, Tampamolón, Coscatlán, Villa de Valles y el Valle del Maíz. En Rioverde estuvo en la cabecera, en la Villa del Dulce Nombre de Jesús y en algunas de las misiones franciscanas. Se entrevistó con los vecinos principales para reconocer quiénes podrían servir como oficial en las compañías, deshizo las antiguas compañías de la Legión de San Carlos, dio de baja a quienes ya no podían servir en las tropas y reorganizó a los nuevos milicianos conforme al plan aprobado por Gorostiza[35]. Uno de los mayores logros de la reorganización efectuada

---

Secretaría de guerra, Milicias de Sierra Gorda, «Empleos y retiros», bloque 2, f. 6, año 1792.

[33] El proyecto se encuentra en BN, Manuscritos, n. 46, «Dictamen del coronel don Francisco Antonio Crespo, Inspector interino de las tropas del virreinato de N. España sobre su mejor arreglo y establecimiento expuesto al Exmo. Sr. Virrey don Matías de Gálvez».

[34] Archer, 1983, pp. 39, 47-54. Los estudiosos coinciden en que Revillagigedo se opuso a las propuestas del proyecto de Crespo, por considerarlo inviable y costoso; Velázquez, 1997, pp. 134-144. En el caso de San Luis predominó la importancia de la defensa de la costa.

[35] Calleja hizo sus elecciones con base en su experiencia sobre lo que debía ser un buen militar, pero sus nombramientos eran de carácter provisional y debía esperar la aprobación del rey para cada oficial: enviaba al virrey sus sugerencias y éste a su vez las enviaba al rey, con alguna observación particular de ser necesario. También los retiros eran hechos de esa manera, algunos con recomendación de mantener los fueros y el uso de uniforme, otros eran sin ninguna prerrogativa. Quienes se retiraban con fueros y privilegios militares eran llamados «reformados», AERED, AGS, Secretaría de guerra, Milicias de Sierra Gorda, «Empleos y retiros», bloque 2, f. 155, año 1794.

por Calleja, según el propio virrey, fue un asunto tanto racial como económico:

> ha logrado el comandante don Félix Calleja completar las plazas con hombres de casta limpia, lo que resulta en beneficio de la Real Hacienda pues no se grava con la exención del tributo concedida a los pardos alistados[36].

Era difícil que quedaran excluidos los hombres de color de las milicias, y más en una región donde eran parte importante de la población. Pero, como se verá enseguida, el comentario refleja la principal preocupación de las autoridades españolas: reducir al máximo los costos de las unidades. Por lo mismo era lógico que se acudiera a quienes podían costearse su pertenencia en las milicias, como lo eran los comerciantes y hacendados. Fue hasta esos días que Félix Calleja conoció a la familia Fernández Barragán. De hecho, la primera impresión que tuvo sobre Felipe Barragán, el hombre más rico y poderoso de la región y padre del mencionado José Florencio, no fue favorable. Pero por su fortuna y poder Felipe Barragán era un candidato idóneo para jefe de milicianos, y Calleja lo propuso para capitán de la Cuarta Compañía de Caballería de Milicias de Frontera de Nuevo Santander, que tendría su sede en Valle del Maíz:

> Para capitán de esta compañía a don Felipe Barragán, calidad español, criollo de este Valle y residente en él, estado casado, ejercicio comerciante y dueño de diez haciendas, edad cincuenta y seis años, buena salud y mediana robustez [...]. Su edad, vida oscura y excesivos haberes, a los que da una atención mezquina, no son circunstancias favorables para el desempeño de este empleo, pero la reputación que le da su mucho caudal, y la dependencia que de él tiene todo este país, asegura al rey una buena compañía de hombres voluntarios y aspirantes a estos empleos para lo sucesivo, y si v. s. tuviere a bien abonarle en el despacho que se le libre la antigüedad de 39

---

[36] AERED, AGS, Secretaría de guerra, Milicias de Sierra Gorda, «Empleos y retiros», bloque 5, f. 11, año 1794. La actitud de Revillagigedo en este punto era muy clara, basta recordar que a su llegada a Nueva España disolvió los batallones de pardos en México y Puebla, mostrando un profundo desprecio por todas las castas existentes en Nueva España, ver Archer, 1983, p. 48; y Velázquez, 1997, p. 136.

años que con interrupción lleva servidos, recaerá esta gracia sobre un vasallo útil que conviene animarle para que lo sea más[37].

La desapasionada descripción del hombre que dominó el oriente de San Luis en la segunda mitad del siglo XVIII permite identificar las cualidades que interesaban a Calleja, un hombre concentrado en el cumplimiento de sus órdenes. La riqueza difícilmente calificaría como defecto, pero el hecho de que le dedicara una «atención mezquina» rebajaba mucho su figura a ojos del soldado profesional. Pero Calleja reconoció que la provincia estaba bajo control de ese comerciante, quien además había servido por décadas en las milicias y por lo tanto era un hombre versado en las vicisitudes de la vida militar. Es decir, riqueza, dominio y experiencia calificaban al comerciante para encabezar una compañía.

Revillagigedo comunicó que el monarca Carlos IV ratificó todos los nombramientos sugeridos por el eficaz capitán Calleja[38]. Las distinciones recayeron en los miembros de las oligarquías locales, incluyendo al millonario Felipe Barragán como capitán de la cuarta compañía miliciana y de su hermano Miguel como teniente, y Roberto Antonio Ortiz de Zárate, hijo del capitán José Antonio Ortiz de Zárate, fue nombrado alférez[39]. Aprovecharon el interés de las administraciones virreinales de Revillagigedo y de Branciforte en que las compañías costarían sólo lo indispensable a la Real Hacienda. Los funcionarios reales preferían a individuos con suficiente capacidad económica «para sostener el decoro del cargo»[40]. Este fenómeno era común a toda Nueva España, como en

---

[37] AERED, AGS, Secretaría de guerra, Milicias de Sierra Gorda, «Empleos y retiros», bloque 5, f. 17v-18v, año 1794.

[38] «Don Félix Calleja es un oficial de talento, aplicación, zelo y buena conducta; agrega a estas cualidades sus apreciables circunstancias personales, sus deseos de acreditarse para merecer, y su inteligencia en la matemática»; Revillagigedo citado en Núñez, 1950, p. 34.

[39] AERED, AGS, Secretaría de guerra, Milicias de Sierra Gorda, «Empleos y retiros», bloque 5, f. 18v, año 1794. Los Reales Despachos con los nombramientos oficiales están en las fojas 23, 24, y 31, del bloque 5.

[40] Velázquez, 1997, pp. 134-144. Cuando finalmente quedaron constituidos los dos cuerpos de Milicias de Caballería de Frontera, su fuerza total era de 600 individuos, pero sólo costarían a la real hacienda 5400 pesos anuales, por los sueldos del comandante y sus tres ayudantes veteranos. Ningún otro miliciano recibiría sueldo, al contrario, incluso su equipo debía ser costeado por cada individuo, o por sus capitanes.

la formación de las milicias provinciales en la intendencia de Michoacán, por la misma época[41]. Von Humboldt señaló con sarcasmo el resultado de que los hijos de las familias de la clase alta, de los comerciantes y propietarios en toda Nueva España se incorporaran a las milicias: no sólo buscaron convertirse en coroneles, capitanes y sargentos mayores, sino que una vez conseguido su nombramiento, vestían el uniforme o las insignias de su unidad aun en las actividades civiles[42].

Ciertamente la tendencia general contribuía al atractivo del servicio en el Valle del Maíz y en Rioverde. Sin embargo, en el oriente de San Luis no se siguió esa tendencia, simplemente las elites concordaron con ella y la aprovecharon. La diferencia que conviene recalcar era que en la frontera el servicio miliciano no era una moda o una distinción social, sino un elemento esencial de la vida cotidiana, por lo que su significado partía de una concepción diferente a la que tendría entre los poderosos comerciantes de la capital o de las grandes ciudades novohispanas. Además, para las elites, las milicias habían sido un vehículo para su identificación como clase y para acceder al poder político local.

El Cuerpo de Milicias de Caballería de Frontera de la colonia del Nuevo Santander, como fue llamado, se conformó con seis compañías, tres en la subdelegación de Santiago de los Valles y tres en la de Rioverde, a partir de 1793, como se ve en el cuadro 2.

El listado refleja con claridad el dominio de las elites locales en las milicias. Puede verse, por ejemplo, en la segunda compañía con sede en Aquismón, el capitán Ignacio Violet Ugarte era hermano de Agustín Violet y Ugarte, quien sería subdelegado de la jurisdicción entre 1797 y 1803[43]. En la tercera compañía, en Tampamolón, los oficiales eran hijos de los antiguos capitanes al servicio del coronel José de Escandón: José Antonio Oyarbide y Juan Francisco Barberena; mientras que en las com-

---

[41] Ver Vega, 1986, trabajo dedicado a las milicias en la intendencia de Michoacán.

[42] Vega, 1986, p. 14; Kahle, 1997, pp. 58-59. Por su parte, Velázquez, 1997, pp. 147-151, presenta varios ejemplos de este repentino gusto de las clases altas por la milicia, algunos de ellos con detalles chuscos, aunque desde la perspectiva de la época entendían que los grados militares eran un excelente adorno de su persona porque servían al rey dedicando todo su tiempo a sus negocios particulares.

[43] AGN, Tierras, vol. 1325, exp. 1, f. 7v-8. Aquismón era la sede del subdelegado de Santiago de los Valles.

CUADRO 2
Cuerpo de Milicias de Caballería de Frontera de Nuevo Santander, 1794[44]

Compañía	Localidad	Capitán	Teniente	Alférez
Primera	Villa de Valles	José Domingo de la Mora. Criollo, hacendado	José Ignacio Enríquez. Criollo, dueño de rancho	Onofre Altamirano. Criollo, labrador
Segunda	Aquismón	Ignacio Violet Ugarte. Europeo, labrador	Ignacio Morales. Criollo, labrador	Manuel Gonzalo Jiménez. Europeo, comerciante
Tercera	Tampamolón y Coscatlán	José Oyarbide. Criollo, hacendado	Francisco Oyarvide. Criollo, labrador	Juan Francisco Barberena. Criollo, labrador
Cuarta	Valle del Maíz	Felipe Barragán. Criollo, comerciante y hacendado	Miguel Barragán. Criollo, labrador y comerciante	Roberto A. Ortiz de Zárate. Criollo, labrador y comerciante
Quinta	Rioverde	José Díaz Bustillo. Europeo, comerciante	José Peña Bustillo. Europeo, comerciante	Juan Nepomuceno Hernández. Criollo, hacendado
Sexta	Rioverde	José Florencio Barragán. Criollo, comerciante	Francisco Vicente Izaguirre. Criollo, labrador	Leonardo Izaguirre. Criollo, labrador

[44] AERED, AGS, Secretaría de guerra, Milicias de Sierra Gorda, «Empleos y retiros», bloque 5, f. 16- 19v, año 1794.

pañías del Valle del Maíz y de Rioverde predominaron los poderosos comerciantes.

Félix Calleja fue nombrado comandante de los dos Cuerpos de Milicias de Caballería de Frontera, con mando directo sobre las compañías del Cuerpo de Nuevo Santander y con el grado de teniente coronel; sus ayudantes fueron los capitanes Fernando Villanueva y Antonio de la Roca[45]. Aunque casi de inmediato fue enviado a revisar y reformar las milicias en el Nuevo Reino de León y el Nuevo Santander, lo que le tomó dos años[46]. Cuando regresó al Valle del Maíz, donde había establecido su cuartel, revisó las tropas milicianas y dio un informe al virrey Branciforte. Éste señaló que la noticia dada por su antecesor sobre la composición étnica de las milicias estaba equivocada. Los milicianos de las seis compañías eran «de todas castas, españoles, mestizos, castizos, pardos y moriscos libres», aunque oficiales, sargentos y cabos eran todos españoles, tanto criollos como peninsulares. Branciforte describió al rey el aspecto de las tropas:

> Todos montan en caballos propios y sillas vaqueras al estilo del país, se visten de paisanos sin otro distintivo militar que escarapela encarnada en el sombrero redondo, y un ligero escudo de las armas reales en las mangas. Su armamento consiste en lanza y machete, pero cada compañía tiene veinte fusiles cortos sin bayoneta con las furnituras correspondientes[47].

Las compañías de Frontera y sus contrapartes en la costa, Nuevo Santander y Nuevo Reino de León, eran las unidades militares más ade-

---

[45] AERED, AGS, Secretaría de guerra, Milicias de Sierra Gorda, «Empleos y retiros», bloque 4, f. 31, «Real Cédula de 18 de mayo de 1794». Calleja tenía su cargo la «Comandancia y Subinspección de las tropas milicianas y veteranas del Nuevo Reino de León, Colonia del Nuevo Santander, Primera División del Norte y Brigada de San Luis Potosí». Núñez, 1950, p. 36. El sueldo de Calleja sería de 3000 pesos anuales y el de sus ayudantes de 800 pesos también anuales, en los que se incluía la ración para sus caballos; AGN, Impresos oficiales, vol. 52, exp. 26, f. 162.

[46] Calleja inspeccionó las cuatro compañías volantes de Nuevo León y Nuevo Santander, AERED, AGS, Secretaría de guerra, «Revista de inspección. Provincias internas», 1795-1796.

[47] AERED, AGI, Secretaría de Estado y de Despacho, México, «Branciforte sobre comisiones del teniente coronel Félix Calleja», 1797, bloque 6, f. 1. Al principio el arma de las tropas era el mosquetón, pero como no se acomodaba bien a la montura vaquera, Calleja sugirió el cambio a fusiles cortos o carabinas, que se llevaban en fundas «al estilo del país».

cuadas para cubrir las exigencias impuestas por la Corona; con el mínimo costo trescientos hombres podían supervisar «la quietud interior del país», contribuir a pacificar a los indios del Nuevo Santander y ayudar a la defensa de la costa del *Seno mexicano* al «oponerse a insultos de potencias extranjeras, y a los intentos por mar y tierra»; y sin costo para la Real Hacienda cuando no estaban en servicio. En el marco de las estrategias y las capacidades militares españolas articularon muy bien lo deseable con lo posible, según el material disponible. Calleja fue un excelente intérprete de las ideas de los altos mandos y de la estrategia defensiva en esa frontera. A través de su visión profesional los intereses de las elites locales pudieron vincularse con los intereses imperiales. Esto le valió su traslado a San Luis Potosí, a donde fue comisionado para reformar las compañías, como se verá más adelante.

La muerte de Felipe Barragán en diciembre de 1796, y poco después las de otros oficiales del Cuerpo de Caballería de Frontera, hizo necesario realizar una promoción de oficiales[48]. La promoción favoreció entre otros a su hermano Miguel, nombrado capitán de la cuarta compañía precisamente para sustituir a Felipe en 1798[49].

LAS MILICIAS ENTRE 1797 Y 1810

Una serie de movimientos en la jerarquía militar y en la distribución de fuerzas en la subdelegación de San Luis Potosí favoreció a José Florencio Barragán. Desde 1795 el virrey Branciforte buscó organizar dos nuevos regimientos provinciales en San Luis Potosí, los de San Luis y de San Carlos, para sustituir a la desaparecida Legión de San Carlos[50]. Pero sus disposiciones fueron resistidas por el cabildo de la ciudad potosina,

---

[48] Habían muerto los capitanes José Domingo de la Mora (primera compañía en Valles) y Felipe Barragán (cuarta compañía en Valle del Maíz), también el teniente Francisco Vicente Izaguirre (sexta compañía en Rioverde). AGN, Correspondencia de virreyes, vol. 187, f. 87, año 1797.

[49] AERED, AGS, Secretaría de guerra, «Milicias de la costa del norte y del sur. 1796-1797», bloque 3, f. 1-12.

[50] En AGI, Estado, 23, n. 47, el virrey Branciforte describe sumariamente el proceso de creación de los regimientos, en el mismo grupo documental están las listas de oficiales de ambas unidades. Ver Velázquez, 1997, p. 156.

CUADRO 3
Cuerpo de Milicias de Caballería de Frontera de Nuevo Santander, 1798[51]

Compañía	Localidad	Capitán	Teniente	Alférez
Primera	Villa de Valles	José Ignacio Enríquez	Onofre Altamirano	–
Segunda	Aquismón	Ignacio Violet Ugarte	Ignacio Morales	Manuel Gonzalo Jiménez
Tercera	Tampamolón y Coscatlán	José Oyarbide	Francisco Oyarvide	Juan Francisco Barberena*
Cuarta	Valle del Maíz	Miguel Barragán	Roberto A. Ortiz de Zárate	–
Quinta	Rioverde	José Díaz Bustillo	José Peña Bustillo	Juan Nepomuceno Hernández
Sexta	Rioverde	José Florencio Barragán	Leonardo Izaguirre	–

* En 1800 Barberena dejó la 3ª compañía de Tampamolón para irse a la Primera División de Milicias de la Costa del Norte, su lugar lo ocupó Manuel F. Ortiz de Zárate.

compuesto por prominentes hacendados, cuando se les dijo que debía crearse un fondo general de arbitrios para sufragar los gastos del regimiento y para pagar los caballos necesarios. Como la renuencia de los oficiales del ayuntamiento se prolongaba, el virrey envió en agosto de 1796 a Félix Calleja para que terminase con el proceso de creación de las unidades. Calleja llegó a San Luis como subinspector y comandante de armas de la provincia de San Luis Potosí[52].

---

[51] AERED, AGS, Secretaría de guerra, «Milicias de la costa del norte y del sur. 1796-1797», bloque 3, f. 1-12. Ver también AERED, AGS, Secretaría de guerra, «Provincias internas. Milicias. 1799-1800», bloque 14, f. 1-4.

[52] AGI, Estado, 26, n. 61, «Branciforte sobre comisiones del teniente coronel Félix Calleja», ver también Velázquez, 1997, pp. 157-160.

Por sus servicios desde que llegó a Nueva España diez años atrás, en 1799 Calleja fue nombrado comandante de la Décima Brigada del ejército con sede en la ciudad de San Luis Potosí[53], por lo que abandonó definitivamente el cuartel de la comandancia del Cuerpo de Frontera en el Valle del Maíz. Por recomendación del mismo Calleja en el movimiento la División de Milicias de la Costa del Norte, con sede en Tampico, quedó separada de esa comandancia. De la misma forma, fue necesario nombrar un nuevo comandante del cuerpo miliciano y Calleja recomendó que el mando se le diese a un miliciano, para ahorrar en sueldos, y señaló a José Florencio Barragán como el mejor candidato.

Ha servido doce años a S. M. en esta clase, y en la misma sirvió con utilidad su difunto padre, en la conquista de la colonia, y en el mismo cuerpo, ha manifestado en cuantas ocasiones han ocurrido su amor al servicio del Soberano con servicios personales, y pecuniarios, tiene sobradas comodidades para mantener el decoro de su empleo, un más que regular discernimiento, cuarenta años de edad, y sus haciendas y residencia en la demarcación del cuerpo[54].

Su ascenso fue apoyado y promovido por el virrey Miguel José de Azanza (1798-1800), aunque se confirmó hasta enero de 1802, siendo virrey Félix Berenguer de Marquina (1800-1803)[55]. Con el cargo de comandante se le otorgó el grado de teniente coronel, de acuerdo con su responsabilidad[56].

---

[53] La Décima Brigada fue creada por el virrey Azanza como parte de una reorganización de las tropas de Nueva España. La integraban los Regimientos de Dragones de San Luis y San Carlos, el Cuerpo de Caballería de Frontera de Nuevo Santander, las Compañías Volantes de Caballería de la Colonia, las Compañías Volantes de Caballería del Nuevo Reino de León, y las compañías de milicias de estas provincias; Núñez, 1950, p. 37.

[54] AGN, Indiferente de guerra, vol. 315a, «Expediente sobre nombramientos de jefes y oficiales del Cuerpo de Frontera de la Colonia del Nuevo Santander», f. s. n. Año 1799.

[55] Una perspectiva general sobre las medidas tomadas por estos virreyes en los asuntos militares de Nueva España en Velázquez, 1997, pp. 168-174.

[56] AGN, Indiferente de guerra, vol. 315a, «Expediente sobre nombramientos de jefes y oficiales del Cuerpo de Frontera de la Colonia del Nuevo Santander», f. s. n. Año 1802. Desde 1799 José Florencio había solicitado su ascenso a comandante de las milicias, pero le fue negado en ese momento, AGN, Reales Cédulas, vol. 171, exp. 149, año 1798.

En 1805 hubo de renovar algunos de los oficiales de las compañías milicianas. En la 5ª, con sede en Rioverde, José Florencio recomendó a Juan Miguel Ormaechea para capitán, por «poseer crecido caudal para sostener el decoro del empleo». Ormaechea era el anterior teniente de la compañía, de modo que para sustituirlo se recomendó al alférez de la 4ª, José Luis Barragán, por su:

> mucha aplicación, robustez, disposición, y caudal para sostener el decoro del empleo a más de ser hijo del capitán que sirvió en el mismo cuerpo: que contribuyó a la corona en la guerra del año de 97 con dos mil pesos y con la mayor parte del costo de la fábrica material del cuartel del Valle del Maíz[57].

Así, a pesar de tener sólo 2 años y 4 meses de servicio en la 4ª compañía, José Luis fue promovido por su parentesco. Los Barragán habían financiado los cuarteles de Rioverde y Valle del Maíz, habían contribuido económicamente con donativos cuantiosos a la Corona española para las guerras europeas[58], y estaban surtiendo los puestos de oficiales de las compañías milicianas. Como la plaza de alférez de la 4ª compañía quedaba libre con el ascenso de José Luis Barragán, José Florencio recomendó los posibles sustitutos, en una enumeración del grupo familiar que dominaba la región:

> En 1º lugar don José Gabriel Barragán vecino, y del comercio de el Valle del Maíz, en donde esta ubicada dicha compañía y en quien concurren las circunstancias de juventud, robustez, disposición y caudal para sostener el decoro del empleo.

---

[57] José Luis era hijo de Miguel Barragán; AGN, Provincias Internas, Vol. 257, exp. 5, «El teniente coronel José Florencio Barragán presenta candidatos a vacantes en las compañías de frontera de Nuevo Santander», f. 15-21, año 1805.

[58] Miguel Barragán no fue el único en dar 2000 pesos o más a la causa militar española. Felipe Barragán también había dado donativos importantes a la Corona, AGN, Donativos y préstamos, vol. 1, exp. 73, f. 302-304, año 1793. José Florencio Barragán había dado 4 169 pesos al gobierno durante las guerras con Inglaterra y Francia; y desde la invasión de Napoleón a España ofreció 1000 pesos anuales como donativo para la guerra, AGN, Provincias internas, vol. 253, exp. 3, f. 15v-16, año 1810. Esos ofrecimientos eran irretractables: una vez que el súbdito comprometía una cantidad era «asunto de Real Hacienda» por lo que debían «practicarse al efecto todas las diligencias necesarias y precisas, como se practicarían para recaudar cualesquiera otra Ramo del Erario», citado en Velázquez, 1997, p. 162.

En 2° lugar a don Francisco Ortiz de Zárate, vecino del mismo pueblo, y en quien concurren las circunstancias, de disposición y medianas proporciones, para sostener el decoro del empleo.

En 3° lugar a don José Modesto Corona, vecino del propio Valle del Maíz, y en quien concurren las circunstancias de juventud, disposición, y algunas proporciones, para sostener el decoro del empleo[59].

Encabezaba la lista de José Florencio, uno de sus primos. Enseguida colocó a otro pariente, un tío o primo por la familia Ortiz de Zárate. José Modesto Suárez Corona era de una familia con la que José Florencio tenía relaciones de amistad, de negocios y también familiares[60]. El coronel Calleja apoyó sin la menor objeción las recomendaciones de Florencio, y por tanto el rey también las aprobó. Era un tiempo de dominio de las elites de Valle del Maíz sobre las milicias de la provincia, y de liderazgo indiscutido de José Florencio. Con orgullo, el teniente coronel declaraba en 1805:

> la creación de Cuerpo Provincial de Caballería Ligera de Frontera del Nuevo Santander. Lo fue en el año de 1793, mereciendo la soberana confirmación de su Majestad por Real orden de 22 de abril de 94. Consta de dos escuadrones o seis compañías con la fuerza de 360 plazas y armas de las obligaciones de toda tropa provincial, en las setenta leguas casi cuadradas que cubre, tiene (según su particular reglamento) las de auxiliar la Colonia del Nuevo Santander, y reforzar la defensa de la costa de la Primera División del Norte. Es la tropa de que se compone, española robusta, ágil en el manejo del caballo con regular instrucción, y en lo general todos los soldados disfrutan bienes con que vivir cómodamente sin urgencias. Estas cualidades hacen al cuerpo de frontera digno de consideración y útil al servicio del Rey[61].

---

[59] AGN, Provincias Internas, vol. 257, exp. 5, «El teniente coronel José Florencio Barragán presenta candidatos a vacantes en las Compañías de Frontera de Nuevo Santander», f. 22-22v, año 1805.

[60] Antonio Suárez Corona era administrador de tabacos en el Valle del Maíz, AGN, General de parte, vol. 67, exp. 148, f. 62v, año 1786. José Modesto y sus hermanos Francisco y Nicolás Suárez Corona eran hijos de Antonio, AGN, Civil, vol. 231 primera parte, exp. 1, f. 73-73v.

[61] AGN, Provincias Internas, vol. 257, exp. 24, «El teniente coronel José Florencio Barragán solicita uso de estandartes en las Compañías de Frontera de Nuevo Santander», f. 225-225v, año 1805.

Milicianos españoles robustos, ágiles con el caballo, que vivían con comodidad y que disfrutaban un historial de reconocidos servicios a la Corona. A ojos de su jefe eran el ideal de los vasallos de Su Majestad. La frontera había producido los mejores súbditos, ejemplos de servicio y fidelidad.

En julio de 1810 José Florencio fue elegido diputado a las Cortes de Cádiz por la provincia de San Luis Potosí[62]. Alcanzaba la cúspide de su vida al transformar su carrera miliciana y su poder económico en un cargo de relevancia en los momentos de máxima efervescencia política. En ese mismo año solicitó el grado de coronel de milicias[63], y escribió una descripción de la intendencia de San Luis Potosí, posiblemente como parte de los papeles que llevaría a España[64]. Sin embargo, murió sin embarcarse a la península y justo antes de que se desatara la Guerra de Independencia[65]. Esta eventualidad dejo desarticuladas a las compañías milicianas justo cuando se hacía más necesario un liderazgo fuerte y decidido.

LA INSURGENCIA Y LAS OPERACIONES MILITARES

En San Luis Potosí la insurrección comenzó poco después del levantamiento del mes de septiembre de 1810 en Guanajuato. Félix Calleja organizó rápidamente un bizarro contingente de tropas que incluyó los dos Regimientos Provinciales de Dragones, el de San Luis y el de San Carlos, y algunas compañías de la Caballería de Frontera. Además incorporó indios flecheros de Rioverde y grupos de trabajadores de las

---

[62] Montejano, 1989, p. 116.

[63] Ver AGN, Provincias internas, vol. 253, exp. 3, «El teniente coronel José Florencio Barragán presenta una relación de méritos y servicios, y pide el grado de coronel», f. 15-15v, año 1810. El grado le fue concedido, pero no llegó a recibirlo.

[64] Ver Barragán, 1976.

[65] Tradicionalmente se ha insistido en que la muerte de José Florencio fue por envenenamiento, en una entrevista que sostuvo con el virrey Venegas. Se supone que éste sabía de la participación de Barragán en una especie de conspiración o una sociedad secreta favorable a la independencia; ver Rodríguez Barragán, 1976a, pp. 48-50; Montejano, 1989, pp. 146-149; En el ámbito de la historiografía profesional hay una breve mención en Noyola, 1993, p. 54, nota 3.

haciendas cercanas a la capital potosina⁶⁶. Del Valle del Maíz se desprendió la 4ª compañía del Cuerpo de Caballería de Frontera, encabezada por Roberto Antonio Ortiz de Zárate⁶⁷. Sus oficiales eran el teniente Manuel Fernando Ortiz de Zárate (su hermano), y el alférez Gabriel Barragán. Como soldados también participaban Secundino, José Luis y Miguel Francisco Barragán, hijos de Antonio Miguel Barragán⁶⁸; también apareció en la escena militar Esteban Moctezuma, originario de Alaquines, y uno de los protagonistas de los primeros años de la Independencia. Por su parte, Miguel Francisco Barragán fue nombrado teniente del recién formado cuerpo de lanceros de San Luis; a partir de entonces, inició una carrera en el ejército que lo llevó a ser un destacado político en las dos primeras décadas de la Independencia⁶⁹.

Con la salida de esas tropas, el oriente quedó sin ninguna defensa importante. Mientras los individuos más representativos de su elite estaban de campaña con Calleja en octubre de 1810⁷⁰, en Valle de Maíz

---

⁶⁶ En la rápida y decisiva organización del ejército Félix Calleja fue apoyado económicamente con los fondos de las cajas reales que le proporcionó el intendente Manuel Acevedo; también contribuyeron varios particulares, entre ellos comerciantes de la capital potosina, hacendados como el conde de Jaral, ricos mineros de Zacatecas, y Roberto Antonio Ortiz de Zárate; ver Montejano, 1989, pp. 153-156; también Rodríguez Barragán, 1976a, pp. 4-5. La referencia a los indios flecheros es del intendente y se encuentra en AGN, Operaciones de guerra, vol. 91, exp. 42, f. 64, año 1810.

⁶⁷ La presencia de las compañías de la Caballería de Nuevo Santander se registró en el *Libro de órdenes diarias que comienza el 5 de octubre de 1810 en el campamento de La Pila respectivo a la 4ª Compañía del Cuerpo de Caballería de la Frontera*, de Roberto Antonio Ortiz de Zárate, citado en Noyola, 1993, p. 94, nota 1.

⁶⁸ Montejano, 1989, pp. 156-157.

⁶⁹ Gabriel José Fernández Barragán fue teniente del Cuerpo de caballería de Frontera del Nuevo Santander, subdelegado del partido de Valles, administrador de diezmos. Como administrador de diezmos, durante la primera década independiente; ver Archivo Histórico del Estado de San Luis Potosí (En adelante, AHSLP), Secretaría General de Gobierno, legajo 1825.4, exp. 2. En AGN, Diezmos, vol. 12, exp. 8, f. 198-204, está su nombramiento para el diezmatorio de Pánuco-Tampico. Como subdelegado ver AHSLP, Intendencia, 1816.1, exp. 5, febrero-julio de 1816.

⁷⁰ Otro ejemplo de la adhesión de las elites al ejército de Calleja fue el capitán Agustín Violet Ugarte, antiguo subdelegado de Villa de Valles. Sus propiedades en Valles y Aquismón fueron saqueadas en 1811 por los insurgentes; AGN, Historia, Vol. 104, exp. 44, f. 194-202. En el Valle había quedado de guardia únicamente un sargento de la cuarta compañía de milicias.

comenzaron las amenazas de individuos que buscaban encender el fuego de la rebelión por medio de arengas, pasquines y rumores. El subdelegado Pedro Barrenechea reportó la inquietud que se vivía en el pueblo[71]. Los rumores de insurrección eran ciertos aunque sólo en parte, pues no serían los criollos quienes tomarían las armas contra el Estado español sino los indígenas. En el mes siguiente se desató la insurrección y pronto alcanzó violentas proporciones. Indios de las misiones de La Palma, Gamotes, Xilitla y de haciendas, como la Ciénega de Cárdenas, formaron el grueso de los grupos insurrectos. Dado el cariz de levantamiento popular que tomó el movimiento, los terratenientes y comerciantes decidieron apoyar el orden prevaleciente. Pero las compañías se desarticularon rápidamente ante la expedición al centro del virreinato, y quedaron muy pocos milicianos para la defensa de los pueblos. Esto representó una ventaja para los insurgentes que tomaron el control provisional en el oriente de San Luis, incluso saquearon Rioverde y el Valle del Maíz. La reorganización de la estructura defensiva y las milicias debió efectuarse al calor de las batallas entre 1811 y 1813, cuando se establecieron compañías de «fieles realistas» en las jurisdicciones de Rioverde y Valles, con lo que las compañías del Cuerpo de Caballería de Frontera, o lo que quedaba de ellas, pasaron a segundo plano.

---

[71] AGN, Operaciones de Guerra, Vol. 91, exp. 33, «Oficio reservado del subdelegado de Valle del Maíz, al intendente y al brigadier comandante Félix María Calleja», 8 de octubre de 1810. Hay una versión ligeramente distinta del oficio del subdelegado en Rodríguez Barragán, 1976a, p. 9.

COMPAÑÍAS DEL CUERPO DE MILICIAS DE CABALLERÍA DE FRONTERA DEL NUEVO SANTANDER

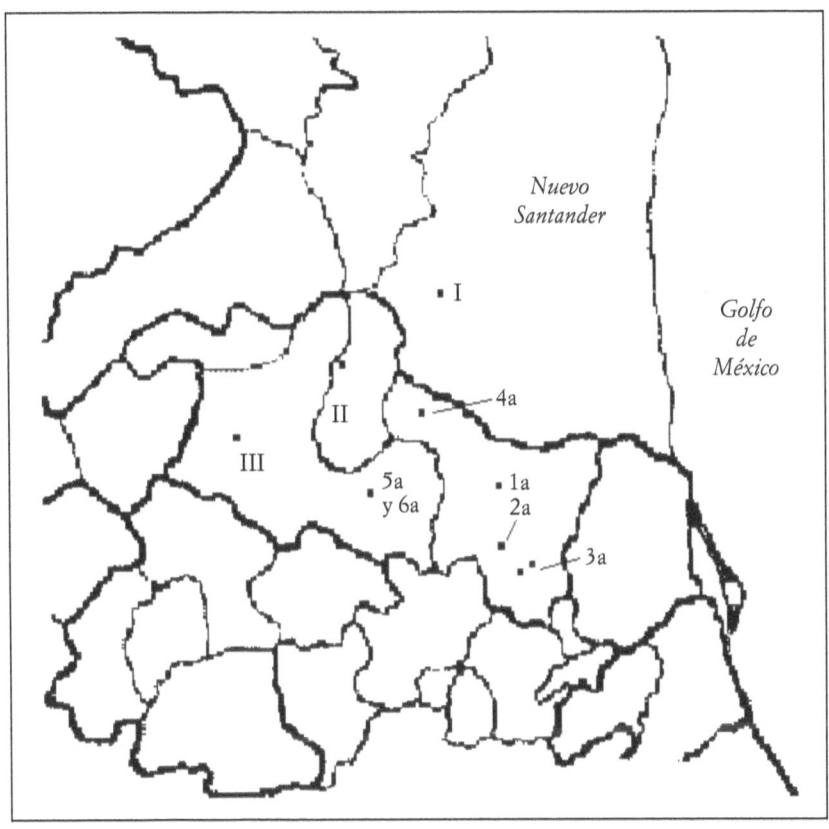

1a: compañía en la Villa de Valles. 2a: cía en Aquismón. 3a: cía en Tampamolón y Coscatlán. 4a: cía en el Valle del Maíz. 5a y 6a: compañías en Rioverde. I: Villa de Santa Bárbara. II: Real de Guadalcazar. III: San Luis Potosí.

SEGUNDA PARTE
LOS CIUDADANOS EN ARMAS

MILICIA Y REVOLUCIÓN LIBERAL EN ESPAÑA Y EN MÉXICO

Manuel Chust
Universitat Jaume I de Castellón
José Antonio Serrano Ortega
El Colegio de Michoacán

En este texto abordaremos la reconstrucción e interpretación histórica de la revolución liberal desde el punto inexcusable para su triunfo de las fuerzas armadas que lo acompañaron en el caso de España y México. Y lo trataremos desde una decena de premisas a tener en consideración. Se trata de ir desde lo general hasta lo particular. Perdonará el lector, y esperamos que lo comprenda, lo directo y en ocasiones esquemático del texto. El objetivo, en esta ocasión, y es por ello que nos remitiremos a la bibliografía específica, es encuadrar, dilucidar, analizar, contextualizar la importante temática de la milicia nacional y cívica en la problemática construcción de los estados-naciones en España y México[1].

EL PROCESO REVOLUCIONARIO LIBERAL HISPANO, 1808-1844. PREMISAS GENERALES DEL PROBLEMA

La singularidad del proceso revolucionario liberal que transformó los antiguos territorios, reinos, virreinatos, provincias, capitanías generales, etc., de la monarquía hispana en una pluralidad de repúblicas americanas y una monarquía constitucional comporta una explicación y comprensión del problema desde una dimensión hispana. Es más, desde un lenguaje doceañista en «ambos hemisferios».

---

[1] Este trabajo constituye una larga y profunda revisión y reflexión de un trabajo de investigación de mayor amplitud. Parte de los estudios anteriores en los que nos basamos. Chust, 1987 y 1999. Chust, y Frasquet, 2004. Chust y Mínguez, 2004. Mínguez. y Chust, 2005. Chust, 2006. Serrano Ortega, 2002a; Serrano Ortega, en prensa. Terán y Serrano, 2002; Ortiz y Serrano, 2007.

Decimos «proceso» no sólo por su duración en el tiempo sino también por sus adelantos y retrocesos, acciones y reacciones, para conseguir el triunfo final del Estado-nación. En segundo lugar, con el concepto «revolucionario liberal» queremos plantear que el Estado-nación que surgió tras el desmoronamiento del Antiguo Régimen tuvo reminiscencias del pasado y notorias supervivencias coloniales y feudales, pero fundamental y cualitativamente, comenzó a asentar las bases de un estado liberal y, por tanto, de un Estado-nación. Ya no serían la Corona, la legitimidad privilegiada de la nobleza y la subordinación vasallática de sus súbditos las características que marcarían las relaciones en la sociedad y en la política. Es más, este cambio cualitativo fue revolucionario en el sentido que comportó una transformación fundamental en las estructuras básicas del Estado: fuerzas armadas, hacienda, burocracia, formas de representación, legitimidad y soberanía.

El proceso revolucionario comenzó, en la mayor parte de estos territorios, desde una propuesta liberal que contemplaba la igualdad de derechos y libertades entre ciudadanos y territorios de «ambos hemisferios». Fue la obra de una pluralidad de decretos de las Cortes de Cádiz y de la Constitución de las Cortes de Cádiz[2]. Fue en el marco de la propia Constitución de 1812 cuando se creó la milicia nacional[3]. Con ello, los constitucionalistas gaditanos se aseguraron dos cosas trascendentales en el proceso revolucionario liberal de estos países. En primer lugar, la institución de la fuerza armada compuesta por ciudadanos y regida por los ayuntamientos constitucionales se convirtió en una obligación y un derecho constitucional. Ello supuso que no sólo se sancionaba su constitucionalidad sino que la suerte de la constitución iba intrínsecamente unida a la de la milicia nacional al albergar en su articulado la formación y organización de ésta. Lo cual ayudaría a que los milicianos se vinculen estrechamente a un régimen constitucional como el gaditano, enfrentado radicalmente al Antiguo Régimen, tanto en la metrópoli como en la América colonial. De esta forma, milicia nacional y Constitución de 1812 fueron un todo. La suerte de una estuvo unida a la otra. Es más, la milicia nació como fuerza armada salvaguarda del doceañismo.

---

[2] Chust, 2001, pp. 23-82.
[3] Chust, 1987. También Pérez Garzón, 1978 y Blanco Valdés, 1988.

En segundo lugar, la Constitución obligaba a las autoridades de las provincias de la monarquía a organizar la milicia nacional. Es por ello que la Constitución de 1812 «exportó» la creación de milicia nacional. Fue, entre otros, el caso de México, en donde se crearían con este nombre los batallones milicianos, esencialmente en los años 1820 a 1823. Después de la creación de la República Federal mexicana, la milicia nacional alumbró a la milicia cívica.

La Milicia nacional, breve síntesis y planteamiento de tesis

El Estado-nación que surgió desde 1810 se planteó con parámetros hispanos al integrar en calidad de igualdad de derechos políticos y de representación a los territorios de «ambos hemisferios»[4]. Estado, habrá que tenerlo muy presente, que presentaba una compleja y prolija problemática bélica: en guerra contra las tropas francesas en la península, en guerra contra la insurgencia en América, en guerra contra las pretensiones absolutistas de subvertir las bases del incipiente parlamentarismo del nuevo estado. Esto comportó, en primer lugar, toda una reestructuración de las fuerzas armadas de la monarquía hispana: la creación de las bases de un ejército nacional –alistamiento y supresión de las pruebas de nobleza para la oficialidad–, la reorganización de las partidas guerrilleras y la movilización armada de la población civil en la milicia nacional[5]. Es en esta dinámica, revolución y guerra –en realidad toda revolución social comporta una confrontación armada– donde se inscribió la milicia nacional, origen de la cívica. Milicia, que no ejército, que nacía con significados distintos a éste pero con un significante similar que ha podido provocar una confusión de nomenclatura. No obstante su cometido, su composición social, su reglamento, su función y su finalidad fueron diferentes.

Detengámonos a analizar el concepto milicia. Es muy importante la clarificación. Literalmente: «arte de la guerra, servicio o profesión militar, tropa o gente de guerra». Toda una pluralidad de cuerpos armados

---

[4] Chust, 1999.
[5] Blanco Valdés, 1988.

responden a esta acepción: milicias provinciales, milicias disciplinadas, milicias de pardos y morenos, milicias realistas, milicias defensoras de Fernando VII, etcétera. Milicias... Aún más, determinados cuerpos del ejército tienen también el apelativo miliciano: activa, local, permanente... Esta heterogeneidad de nomenclatura, de composición e, incluso, de organización se corresponde con las características del ejército del Antiguo Régimen, cuyas diferentes formaciones y nombres respondían a un sin fin de motivaciones que dependían de las diversas coyunturas bélicas, del sistema de reclutamiento coercitivo –levas– o pecuniario –mercenarios–, de la problemática identificación patriótica y su composición social, capas populares en la tropa, nobleza en la oficialidad y directriz patrimonialista real[6]. La Milicia apelaba a las fuerzas armadas del Antiguo Régimen, tanto en su versión colonial como en la metropolitana.

Pero la milicia también está históricamente determinada. Milicia: servicio o profesión militar, tropa o gente armada. ¿Cuándo? ¿Dónde? ¿Por qué? Si el sustantivo nos remite a cuestiones bélicas, el adjetivo define más concretamente su finalidad. Observemos: de la provincial a la nacional. De la disciplinada o voluntaria de Fernando VII a la cívica. Analicemos los adjetivos, en nada gratuitos. El primero hace referencia a un objetivo en lucha por conseguirlo, la Nación, el segundo por consolidar la primera. Aun más, para el caso de México su adjetivo será ¡cívico! Es decir: ¡ciudadanos! Concepto que, tras la Revolución Francesa, trasformará su significado: la asunción de derechos políticos y civiles individuales, como es conocido. Y en España se mantendrá nacional, es decir, la lucha frente a los diversos factores mediatizantes del Antiguo Régimen: ejército y guerrilla carlista, entre otros como explicó Enric Sebastiá[7].

Ante tanta diversidad de nomenclatura es casi obligada la confusión que puede invadir a una parte de la historiografía, que incluye en esta gran heterogeneidad de cuerpos militares a la milicia formada por ciudadanos llámese nacional, cívica o, posteriormente, Guardia nacional.

---

[6] El clásico estudio de Archer, 1983. También Borreguero, 1989. Christiansen, 1974. Fernández Bastarreche, 1978; Püell de la Villa, 2000.

[7] Sebastià, 1976, pp. 395-413.

Sin embargo, la milicia cívica de la Constitución gaditana es diferente a las restantes «milicias» anteriormente mencionadas: por su composición, finalidad, reglamento, significación y funcionalidad. Y en ello hemos insistido en otros estudios[8], no obstante, seguiremos abogando por su explicación. Fue una fuerza armada pero no militar, si con ello queremos decir un cuerpo sujeto a las exigencias, en todos los sentidos, del ejército.

LA MILICIA NACIONAL Y LA REVOLUCIÓN LIBERAL-BURGUESA ESPAÑOLA

La milicia nacional, precedente inmediato de la cívica, nació en la Constitución de 1812 como cuerpo armado que pretendía garantizar las bases del Estado-nación, primero del hispano[9] que surgía desde las Cortes de Cádiz e, inmediatamente después, del mexicano tras su independencia en septiembre de 1821 del Estado español. Sin embargo, el golpe de estado absolutista de Fernando VII en mayo de 1814 derogará los decretos de las Cortes, la Constitución y las bases del Estado-nación, al tiempo que desarmará y abolirá también la milicia nacional. Lo cual, evidentemente, va a impedir que se desarrolle su reglamento en esta década.

Será a partir de ese año cuando, como decimos, el absolutismo desarmará y desmovilizará a las compañías milicianas de nacionales. La Milicia nacional se verá identificada como un claro oponente armado contra el absolutismo que la abrogará y desmovilizará, al igual que la mayor parte de las instituciones liberales que construían el Estado-nación como ayuntamientos constitucionales, diputaciones provinciales, constitución, cortes, etc. Otro tanto pasará cuando el Estado-nación mexicano nazca tras su independencia y a partir de 1830 empiece a moderarse.

Pero entre ambos procesos revolucionarios liberales, el español y el mexicano, acontecerá una notoria diferencia. En España habrá dos reacciones de carácter absolutista (1814 y 1823) mientras que en México sólo una, la de 1814, pues en la de 1823 México ya será independiente. Será toda una constante, los gobiernos absolutistas y/o moderados

---

[8] Chust, 1987; y especialmente Chust, 2002, pp. 361-381.
[9] Chust, 1999.

desarmarán, reducirán o desmovilizarán a la milicia nacional o cívica. Por el contrario, los gobiernos liberales las potenciarán. Pero entre el absolutismo y el moderantismo habrá una notoria diferencia. Mientras el primero se enfrentará a la milicia por ser antagónica con su estado absoluto y privilegiado, el segundo desarmará o trasformará a la milicia porque ésta representará –en determinadas coyunturas– la vertiente armada del liberalismo radical y popular. En este segundo enfrentamiento ya no se dilucidarán cuestiones revolucionarias –Antiguo Régimen frente al Estado-nación– sino reformistas, moderantismo frente a radicalismo dentro de un estado liberal-constitucional.

Será en la siguiente situación revolucionaria liberal, iniciada en 1820 tras el pronunciamiento de Rafael de Riego y culminada en la eclosión juntera de las ciudades liberales en la península, cuando se apruebe en el mes de abril el reglamento de la milicia nacional. Posteriormente, tras la independencia de México, se creará el reglamento de la milicia cívica en 1822. Fue en el denominado Trienio Liberal acontecido en la península entre 1820-1823 cuando la milicia nacional tendrá mayor presencia en las ciudades, llegando a ser un verdadero bastión armado de los sectores liberales y burgueses en contra de los cuerpos realistas que la oposición absolutista al régimen liberal ya estaba armando. Sin embargo, volvió a triunfar la reacción absolutista en 1823 tras las continuas conspiraciones de Fernando VII. Éstas tuvieron respuesta positiva con la invasión en la península de un ejército de la Santa Alianza. Nuevamente la milicia nacional volvió a ser desmovilizada y desarmada. Volvía el absolutismo y, por tanto, retornaban todos los parámetros y características de sus fuerzas armadas. La supresión de la milicia no era un recurso del Estado absolutista, era una condición del triunfo de la reacción, como será también una condición para el triunfo de la revolución liberal.

Tras la muerte de Fernando VII, en septiembre de 1833, comenzará la Regencia de su mujer María Cristina ante la minoría de edad de su hija Isabel. De esta forma en 1834 se estableció un sistema moderado-liberal como fue el Estatuto Real, copia del sistema político francés de la década de los treinta del Ochocientos conocido como el «justo medio».

Sin proclamar la por entonces ya mítica Constitución de 1812, los liberales que volvían del exilio y los absolutistas que evolucionaron a moderados, muy moderados en ocasiones, apoyaron la Regencia de María Cristina frente a las aspiraciones de don Carlos, hermano de Fernando, y sus partidarios nobles para mantener el absolutismo. Con Estatuto pero sin Constitución doceañista, al tímido liberalismo cristino no le quedó otro remedio que crear la milicia urbana, con una parte de las características de la nacional, pero distanciándose de ella al establecer un alistamiento voluntario en vez de uno obligatorio, con una notoria escasez de armas, supeditada al poder militar y restringida prácticamente a las ciudades. Milicia urbana que el tibio liberalismo del gobierno de Martínez de la Rosa y posteriormente del conde de Toreno tuvo que organizar debido a la necesidad de combatir los estallidos y pronunciamientos de los partidarios de Carlos que empezaban a recibir el nombre de «carlistas»; si bien, como sabemos por una dilatada historiografía, el problema carlista no fue sólo, ni mucho menos, una cuestión sucesoria. Alcanzó toda una característica de guerra social y campesina al encuadrar entre las filas carlistas a numerosos labradores y antiguos arrendatarios que se habían o se estaban empobreciendo con las reformas del régimen jurídico de la propiedad que estaban estableciendo los liberales como las leyes y decretos de desamortización o desvinculación.

Es este momento cuando se desarrolló la guerra carlista, con un ejército mistificado –componentes de antiguo régimen y del nuevo liberal–, con una buena parte de la oficialidad absolutista y noble y otra manifiestamente liberal y no privilegiada. El recurso del liberalismo a una fuerza armada civil, adicta, patriótica que hiciera frente en las ciudades, sobre todo, y también en las zonas rurales a las guerrillas carlistas, se hizo altamente necesario. Pero no sólo ello, numerosos mandos del ejército eran sospechosos de colaborar con los carlistas, de hecho bastantes oficiales se pasaron a las filas de Don Carlos durante estos años. Por lo que el liberalismo urbano necesitó y recurrió a... su fuerza armada: la milicia nacional.

Fue tras las sublevaciones de las capas populares de las ciudades más importantes durante el verano de 1836 cuando, en España, se proclamó por tercera vez la Constitución de 1812. Una vez más, los legisladores doceañistas que habían pensado la milicia como fuerza armada garante de un sistema constitucional tuvieron éxito. Junto a la Constitución reapareció la milicia nacional. ¿Pensaba el Estado constitucional del Doce mantenerla como fuerza armada permanente? Tras dos reacciones absolutistas parecía más que necesario.

La revolución liberal-burguesa triunfó en España desde 1834 a 1844[10]. La milicia nacional tendrá una actuación preferente en la conquista por el liberalismo del Estado. Pero ¿qué liberalismo? Tanto ideológica como políticamente el liberalismo se dividió en progresistas y moderados. Liberalismo que también tendremos que analizarlo como un concepto dinámico e históricamente determinado. Esto es, habrá que interpretarlo en el contexto histórico investigado. De esta forma, en España los progresistas en los años treinta, herederos del doceañismo más liberal, combatieron desde la tribuna, la pluma o la milicia nacional para construir un Estado-nación en donde las conquistas de libertades políticas y económicas tuvieran una base social más amplia, y cuya frontera establecieron en los límites demócratas que estaban generando. Liberales pero no demócratas, sufragio censitario pero no universal, desamortización de las tierras eclesiásticas y su subasta, pero no reparto, libertades públicas pero no para todos. Aconteció que, en los años treinta y frente a las propuestas del carlismo e, incluso, del moderantismo, los progresistas abanderaron la revolución liberal, al menos hasta 1843 cuando llegó su división y el triunfo un año más tarde del moderantismo.

Por el contrario, los moderados, formados en sus redes sociales por la burguesía más conservadora y miembros de la nobleza, veían inevitable el triunfo de un Estado-nación lo cual pasaba por cerrar el acceso a la participación política y económica de la mayor parte de la sociedad, establecer un régimen constitucional pero no parlamentario sino presidencialista y excluir a los progresistas, demócratas –incipientes republicanos– del poder político y económico; triunfo que se plasmó con la presidencia de Narváez a partir de 1844.

Es por ello que, durante la revolución liberal (1834-1844) los distintos gobiernos progresistas impulsarán y armarán a la milicia nacional mientras que los moderados harán todo lo posible para desarmarla o languidecerla. De ahí también las múltiples asonadas de la milicia nacional y los múltiples conflictos con el ejército y, especialmente, con algunos de sus mandos sospechosos de moderados e, incluso, acusados de ser connivientes con las propuestas absolutistas de los carlistas. Si bien no era la única causa. El reglamento miliciano reclutará a las capas popu-

---

[10] Sebastiá, 2001; Marichal, 1980; Artola, 1981.

lares, especialmente urbanas, obligándolas a incorporase a la milicia. La guerra carlista, su radicalidad y la incapacidad del ejército liberal para derrotarla en las intrincadas zonas rurales hicieron que los gobiernos liberales no tuvieran más remedio que movilizar a más clases populares dentro de la milicia para sumar efectivos. La contrapartida fue que estos elementos populares, crecientemente politizados en las zonas urbanas, se constituirían como una fuerza política dentro de la milicia nacional al poder elegir no sólo compañía sino también batallón para su servicio en las armas. De esta forma, la guerra, que servía como un elemento cada vez más de radicalización en plena revolución, hizo que sectores de la milicia protagonizaran enfrentamientos contra las autoridades políticas y militares moderadas exigiendo medidas y planteamientos progresistas. La milicia adquiría cada vez más un sesgo radical al incorporar a artesanos, empleados y trabajadores en sus filas y al tener cada vez más una vertiente sensiblemente urbana, lo que le confirió como uno de los pilares del triunfo de la guerra que a su vez también suponía la revolución.

Además, como el reclutamiento estaba en manos de la corporación municipal y el jefe de la milicia era el alcalde, este reclutamiento también dependía de su signo político. Por ejemplo, en 1839 los progresistas radicales, instalados en el ayuntamiento de Valencia, reclutaron todo un batallón de capas populares en 1839, aunque camuflados bajo otra nomenclatura como labrador o «jornaleros». Es decir, la milicia presentará en ocasiones la vertiente radical que ni liberales-progresistas ni mucho menos liberales-moderados admitirán.

En 1844 llegó la reacción, pero esta vez no fue absolutista, sino moderada. Y con ella finalizó la revolución liberal. Después de 1844, el Antiguo Régimen ya no volverá jamás a España como forma de Estado. Por el contrario se empezaban a asentar las bases del Estado-nación español. No obstante, el triunfo de la reacción moderada supuso el desarme, dramáticamente en ocasiones como en Alicante, de la milicia. Al Estado moderado no le convenía tener armados a los ciudadanos sino militarizar el Estado. De esta forma y debido a este motivo, se creó la Guardia civil, una institución armada, con un código militar y dependiente del ministerio de Defensa en vez del ministerio del Interior o Gobernación que era el encargado de mantener el «orden público» dentro del Estado. Con la Guardia civil, los moderados dejaban bastante claras sus intenciones respecto del mantenimiento del orden público:

éste se lo cedía a los militares, en vez de a los gobernadores civiles de cada provincia. El giro moderado quedó patente. La Guardia civil después fue conocida popularmente con el nombre de la «benemérita», apelativo que hasta entonces tenían los milicianos: «los beneméritos».

Devino después de 1844 un periodo de consolidación. La vertiente del liberalismo radical o demócrata fue de tal magnitud en el trienio 1840-1844 que parte del progresismo y el moderantismo se alió para acabar con la regencia de Espartero. Sin omitir también sus responsabilidades. Terminaba así este ciclo revolucionario contra el Antiguo Régimen, si bien el moderado que aconteció se le parecía mucho en cuanto a mantener pervivencias feudales y aspectos señoriales, lo cual no hay que confundir con el fracaso de la revolución.

Terminó la revolución, pero no el proceso revolucionario burgués español, que lo hará en 1874. ¿También el mexicano en 1876 con el Porfiriato? Hay características que hacen que sean paralelos ambos procesos, si bien no entramos aquí a debatirlo, es pertinente al tema.

Dos situaciones revolucionarias burguesas, pero no con contenidos antifeudales sino democráticos, acontecieron en estas décadas. La primera, el denominado Bienio Progresista entre 1854-1856 y la segunda, el Sexenio Democrático entre 1868-1874. Esta vez el objetivo revolucionario no fue derrotar a la monarquía absoluta y su entramado feudal sino conquistar aspectos democráticos que el Estado liberal no albergaba, así como la abrogación de pervivencias feudales. Las fuerzas sociales revolucionarias tampoco fueron las mismas. Mientras que la clase dirigente burguesa se moderaba y ennoblecía, los nobles se aburguesaban y la pequeña burguesía y las clases populares, cada vez más identificables como clases trabajadoras —especialmente en el sexenio—, se amotinaban y pugnaban a menudo en la barricada y con la escarapela miliciana por un estado liberal-democrático.

Tras el golpe en Vicálvaro en 1854 se regresó a un periodo liberal-progresista; y, con ello, el retorno de la milicia nacional que, no obstante, duró tan sólo dos años. En 1856 comenzó otro periodo moderado con la Unión Liberal, y con ello se retornaba a desarmar a la milicia, que regresará en la Revolución de 1868, incluso con el nombre de Voluntarios de la Libertad (en sus filas estaban militantes de la I Internacional). Pero volvió a desarmarse en 1874 con el golpe de estado de un antiguo progresista —Serrano— y la restauración, un año más tarde, de Alfonso

XII. En 1875 se inauguraba con el rey Borbón y Antonio Cánovas del Castillo la denominada «Restauración».

El proceso revolucionario burgués español aconteció en un periodo determinado: 1808-1874. Si 1808 marcó el inicio de la crisis de la monarquía absoluta, 1874 puso fin a las alianzas armadas y revolucionarias entre la pequeña burguesía y las clases populares cada vez más visualizadas como clase trabajadora. Las directrices de la I Internacional plantearon la cesura, al proponer y prodigar entre los trabajadores la diferencia entre propuestas reformistas dentro del Estado burgués y revolucionarias para acabar con él.

Fue en este periodo, 1808-1874, cuando las bases fundamentales del Estado liberal se desarrollaron, crecieron y generaron. La burguesía se retiró hacia planteamientos políticos que no atentaran armadamente contra el que en definitiva era su Estado, aunque éste no fuera ni muy liberal –progresista– ni nada demócrata. No volverán a surgir más situaciones revolucionarias burguesas, en efecto, cuando lo hagan ya en el siglo XX serán propuestas de revolución democráticas. La milicia aparecerá en 1936, pero no con el adjetivo de nacional sino de popular. Sus integrantes eran mayoritariamente clase obrera y sus propuestas fundamentalmente democráticas, sin omitir las socialistas y anarquistas. Era la Guerra Civil española.

Planteamos en este trabajo que la tesis expuesta para la historia española sirve como hipótesis de partida para la historia mexicana. La aparición y desaparición de la milicia cívica e, incluso, con características más moderadas de la Guardia nacional son también señas de identidad de otra de las líneas de investigación que mantenemos; es decir, periodizar y explicar el proceso revolucionario liberal en México. Y, como esperamos con este trabajo exponer, la milicia cívica es un magnífico vehículo para ello.

DE LA MILICIA NACIONAL A LA MILICIA CÍVICA

Tras la independencia el nuevo Estado-nación mexicano surgía, como todos sus antecedentes y precedentes europeos y americanos, con una problemática muy concreta y trascendente: la organización de unas fuerzas armadas capaces de defenderlo de ataques exteriores y mantener el orden social y político en el interior. El recurso a un ejército como fuerza armada exclusiva encargada de la defensa del Estado se desechó por el legislativo. Razones económicas pero también políticas se esgrimieron en el Congreso mexicano para ello. Una fracción del liberalismo, encabezada por Carlos María Bustamante, planteará la utilización de una organización armada compuesta por *ciudadanos* y dirigidos por el poder civil local, el ayuntamiento. Nacía así en 1823 la milicia cívica. Este tipo de organización armada en México no era desconocida, ni mucho menos. Tenía un claro precedente: la milicia nacional, que había sido alumbrada en la propia Constitución de 1812 al contenerla en su articulado y que nacía como defensa constitucional y liberal contra las veleidades absolutistas del ejército Real y la pluralidad de cuerpos armados realistas que había en la monarquía. Es de significar que Miguel Ramos de Arizpe, destacado diputado novohispano en las Cortes de Cádiz, formaba parte de la comisión de discusión del reglamento de la milicia nacional. Es notorio también que Ramos sabía de la gran trascendencia de este cuerpo armado para el Estado-nación mexicano en sus primeros años. Es más, tras su encarcelamiento en Madrid en 1814, el fiscal reiterará sus preguntas, en tono de acusaciones, acerca de su participación en esta comisión.

Como hemos dicho anteriormente, la reacción absolutista en mayo de 1814 impidió que el Estado liberal-doceañista triunfara. Sin embargo, por otros medios se organizaron milicias realistas que mucho ayudaron a que, a partir de 1820, se organizaran las milicias nacionales para combatirlas. Así sucedió en la Nueva España[11]. Es bien sabido, que el 4 de junio de 1811 y nuevamente en marzo de 1813, Félix María Calleja propuso que en cada ciudad, pueblo, hacienda, villa y rancho se crearan regimientos irregulares en los que se alistarían toda la «gente útil» para conservar el orden local y para apoyar al ejército en contra de los insurgentes[12]. Entre 1813 y 1820, estos destacamentos se convirtieron en la segunda potencia militar de la Nueva España: sus efectivos sumaban cuarenta mil y los del ejército cuarenta y cuatro mil[13]. Gracias a esta

---

[11] Ortiz, 1991, pp. 261-282.
[12] Los planes de 1811 y 1813 los analizan Hamnett, 1982, pp. 19-48, y Ortiz Escamilla, 1997a, pp. 99-105.
[13] «Estado de las fuerzas y compañías de Urbanos y Realistas auxiliares» en Archivo General de la Nación (en adelante AGN) Historia, vol. 385, f. 19 y Alamán, 1986, vol. VI, Apéndice, documento número 3.

amplia movilización y militarización de la población civil, el gobierno peninsular pudo derrotar al movimiento insurgente. Y esta copiosa multitud militar movilizada contra la insurgencia se convirtió en la base de las milicias nacionales. Es decir, la guerra contra la insurgencia provocó en Nueva España, al igual que ya lo había hecho también en la propia España, no sólo una politización de la sociedad sino también su encuadramiento y movilización en fuerzas armadas que se escapaban a los rigores privilegiados del ejército nobiliario. El ascenso a la oficialidad pudo ser más permeable, dadas las circunstancias, por la propia necesidad bélica y por la derogación de las pruebas de sangre noble por las Cortes de Cádiz para acceder a ella.

En 1820, tras el triunfo de la revolución iniciada por Rafael de Riego culminada con el levantamiento liberal de diversas ciudades en la península, la nueva proclamación de la Constitución de 1812 provocó la reorganización de la milicia nacional. En esta ocasión las Cortes elaborarán con celeridad un reglamento, que será aprobado en abril de 1820 y supondrá la puesta en marcha de la organización miliciana. El reglamento se sancionó en México en septiembre de ese mismo año y servirá de precedente para el desarrollo del futuro reglamento de la milicia cívica mexicana.

Tras la independencia en 1821, el poder legislativo mexicano planteó la reorganización de la institución miliciana. Sin embargo, cambió su nomenclatura: de milicia nacional pasó a llamarse milicia cívica. Una fuerza armada de la entidad de la milicia no podía mantenerse en el nuevo Estado independiente con la misma denominación que la de la etapa española. El recurso a una milicia con el mismo significado que en la revolución liberal doceañista fue evidente, tanto como la necesidad de cambiar el significante. De esta forma el Congreso mexicano aprobaría el reglamento de la milicia cívica el 3 de agosto de 1822.

CARACTERÍSTICAS DE LA MILICIA CÍVICA

Según este reglamento, la organización de la milicia cívica comportaba la obligatoriedad de todos los «ciudadanos» entre 18 y 50 años de alistarse en este cuerpo armado. En este sentido es importante señalar que la exigencia de la condición de *ciudadanos* excluía del alistamiento miliciano a aquellos vecinos que no tenían las condiciones económicas –renta o propiedad– para ostentar este estatus. La diferencia teórica e ideológica del liberalismo más clásico, entre otros teóricos del *abbé* Sièyes, entre «clases activas» –derechos políticos y derechos civiles– y «clases pasivas» –derechos civiles– se utilizó para excluir a las capas populares de la organización miliciana. Este requisito político-económico hizo que los ayuntamientos, encargados del alistamiento, tuvieran numerosos problemas para formar y completar las compañías y batallones que tenían que organizar, siempre y cuando se ajustaran a la legalidad. Y no sólo por las resistencias de los vecinos a su alistamiento, que las hubo y notorias, sino porque el número de habitantes –«ciudadanos»– que cumplían los requisitos para su alistamiento era escaso en muchas poblaciones. El corto número de alistados significó un verdadero problema en la mayor parte de las ciudades, una constante difícil de resolver en casi todos los ayuntamientos. Los ejemplos que hemos indagado así lo demuestran: Puebla, Veracruz, Zacatecas, México, Morelia[14].

Este primer alistamiento denota la moderación de su reglamento al requerir para las armas solamente a aquellos vecinos que poseían un determinado nivel de renta o propiedad y no encuadrar, sin restricciones económicas, a todos los avecindados. No todos los ciudadanos eran susceptibles de ser alistados en la milicia cívica. El reglamento miliciano exceptuaba a los ordenados *in sacris*, a los marineros –dejando con ello patente las carencias y necesidades de la bisoña marina mexicana por ser, hasta ese momento, la armada patrimonio colonial del rey–; a los que tuvieran un impedimento físico para el servicio militar, a los funcionarios públicos –tanto civiles como militares– y, ¡atención!, a «los simples jornaleros», al igual que la milicia nacional española. «Jornalero» se definía en la época como «campesinos sin tierra». La restricción iba encaminada a que los campesinos, que no habían accedido a la posesión de la tierra en calidad de propietarios, quedaban excluidos de la milicia. Con esta restricción la milicia cívica dejaba patente su condición de cuerpo armado de clase; dirigida, controlada y armada por propietarios, por los poderes provinciales, después estatales, y por la burguesía local. Destaquemos, recordemos, que quedaban excluidas del servicio miliciano las clases popula-

---

[14] Serrano Ortega, 1993 y Serrano Ortega, 2002c, pp. 445-456.

res, aquéllas que habían constituido la base social de la insurgencia de Hidalgo y Morelos, aquéllas que amenazaban constantemente con revueltas agrarias y motines urbanos, aquéllas que protagonizaron el asalto al Parián en 1828. Lo que llamamos burguesía, lo que otros llaman elites, oligarquía o «notables», no iba a permitir que accedieran las clases populares a una institución armada surgida para defensa del Estado-nación. Clases populares capaces de cuestionar el orden liberal, la propiedad privada, la expropiación de las tierras de comunidades indígenas o la inexistencia, tras la Constitución federal de 1824, de un sufragio universal.

Sin embargo, el concepto *jornalero* no dejará de provocar dudas y contradicciones entre las autoridades civiles y militares. La discusión, la polémica, las dudas interpretativas llegaron al propio Congreso de 1822. Cuando se debatió el reglamento, se produjo una interesante discusión al respecto. José María Bustamante pidió que la comisión aclarase el término «jornalero» o que lo sustituyera por «operario». La comisión contestó que «la palabra jornalero explica bastante (...) en términos de no ganar jornal el dia que no trabajan»[15]. El Congreso creía haber zanjado la cuestión con esta «aclaración». Se equivocó. Las dudas acerca de este concepto y su aplicación se multiplicaron. Muchos ayuntamientos consultaban sobre este particular a las comisiones de alistamiento tanto de las diputaciones como después en la República Federal al propio gobernador que era su responsable. Así, por ejemplo, el ayuntamiento de San Alto consultó al Congreso de Zacatecas si «los caporales, baqueros, pastores y demas gentes de continuo servicio en las haciendas» entraban en la categoría de jornaleros. Es más, en sus consultas primaba una: si los «denominados Indios del pueblo que tienen un trabajo temporal» entraban en esta categoría. La problemática era compleja. La propia consulta del ayuntamiento contenía la reflexión, al manifestar que si los indios «son excluidos nos privaríamos de los hombres puntualmente mas esforzados y utiles y se contrae demasiado entonces el numero de Cívicos» ya que constituían la mayor parte de la población en muchos lugares, pues los artesanos «son bien pocos»[16].

Una última reflexión al respecto. Es necesario investigar si la composición social de los milicianos y la adscripción profesional popular de los

---

[15] Actas del Congreso Constituyente, 18 de abril de 1822, p. 54. (En adelante ACC).
[16] Archivo Histórico del Estado de Zacatecas, Poder Legislativo, caja VIII.

oficiales ayudaron a que las milicias cívicas fueran uno de los principales soportes de las ideologías y propuestas político-económicas más radicales. Habrá que empezar a poner en relación este cambio de reglamento, el incremento del número de milicianos cívicos y su adscripción social popular con los acontecimientos del asalto al Parián y la propuesta política del liberalismo radical representado por el movimiento de Vicente Guerrero en 1828[17]. Ello refleja, asimismo, el cambio del momento revolucionario; del monarquismo iturbidista se va a pasar a un liberalismo radical dentro ya del republicanismo federal.

Así, la milicia cívica en México se constituía en un doble sentido, como un arma nacional contra potenciales invasores, especialmente españoles, y como una fuerza armada «política» e ideológica capaz de defender los presupuestos liberales en el interior de su Estado. Defensa interior armada frente a las veleidades moderadas, como la iturbidista, o las revueltas populares, como la de Vicente Guerrero, que amenazaban la estabilidad social y política del nuevo Estado mexicano. Una segunda particularidad relevante de la milicia cívica era el procedimiento para nombrar a la suboficialidad, la oficialidad y los altos mandos. Los oficiales y suboficiales eran elegidos por la tropa «á pluralidad de votos». Destaquemos convenientemente este proceder. Una organización armada, compuesta por civiles que eligen a sus superiores. Esta praxis miliciana generó toda una problemática social y civil entre oficiales y tropa, que reflejaría las contradicciones de una institución armada compuesta por civiles cuyos mandos eran elegidos por la tropa. La colusión ideológica y política para los milicianos era significativa, los métodos representativos liberales de las instituciones civiles se aplicaban a una organización militar, en donde los oficiales lo eran por votación popular y no por ser nobles privilegiados –característica de la oficialidad del ejército de Antiguo Régimen– o por su preparación en academias militares o por su destreza y/o heroísmo en combate, característica de la oficialidad del ejército nacional.

De esta forma, la milicia cívica se constituyó como una organización peculiar, compuesta por civiles y dirigida por líderes políticos e incluso cabecillas populares, en donde sobresalía su condición armada, lo cual

---

[17] Al respecto consultar Arrom, 1988; Di Tella, 1994; Ávila, 2004b, pp. 35-64, y Serrano Ortega, 1993.

le hacía ser trascendental en tiempos de revolución. La milicia cívica poseía los principios claves del liberalismo: su representación era popular, tenía una legitimidad que le confería la elección de sus mandos mediante comicios y una soberanía que le transmitía la institución de la cual dependía, a saber, la diputación provincial durante la vigencia de la Constitución de 1812 y después los estados con la República Federal a partir de 1824. En efecto, la milicia cívica estaba bajo las órdenes de la «autoridad superior política local», es decir, del alcalde, quien en caso «grave obrará de acuerdo con el ayuntamiento», tal y como rezaba su reglamento. Con ello cerramos la trilogía: vecinos dirigidos por vecinos, elegidos entre ellos y a las órdenes de una autoridad municipal, electa por los mismos vecinos. Y todos ellos en disputa o no, dependiendo de las circunstancias, de la condición de ciudadanos.

Una consideración más. El reglamento de 1822 exigía para ser cívico la condición de «americano». Es de destacar que en estos primeros momentos de la independencia aún no estaba consolidada una sola identidad nacional –la mexicana–, siendo la condición general de *americano* suficiente para «la defensa de la Patria». También era una estrategia para la defensa global del continente americano como resultado de la corriente panamericana, no sólo ideológica sino especialmente bélica, que presidía la mayor parte de las tesis insurgentes, tanto bolivarianas como sanmartinianas. Recordemos que eran años cruciales para el desenlace de las guerras de independencia en Sudamérica. Este requisito cambiaría en el reglamento de 1827 cuando se exigió la nacionalidad del país –mexicano– como requisito civil y político. Con ello, la milicia cívica integraba en sus filas a todos los «vecinos» e incorporaba un principio fundamental del Ejército nacional: la leva en masa. De esta forma, una de las máximas del ejército napoleónico se incorporó a la milicia. La diferencia importante es que en la milicia mexicana no se abogó por el reclutamiento sino por la voluntariedad del alistamiento.

MILICIA *VERSUS* EJÉRCITO:
LA IMPORTANCIA DE LAS FUERZAS ARMADAS EN EL ESTADO-NACIÓN

Es oportuno dedicar un apartado especial a otro tema que será fundamental en la historia de la milicia cívica en México: la relación de esta fuerza militar con el ejército permanente[18]. En el debate sobre el reglamento de 1822 salió a la luz este tópico, y determinará en términos generales la polémica que continuará hasta por lo menos 1836.

La cuestión la planteó por vez primera Manuel Tejada, en las sesiones del 1° y 9 de marzo de 1822. Tejada pidió que se estableciera en «todo el imperio la milicia nacional local, como una de las columnas en que se apoya la libertad é independencia, la observancia de su constitución, y como uno de los medios económicos de conservar una fuerza armada respetable para la prosperidad del imperio»[19]. Dos consideraciones iniciales impulsaban este debate: el mal estado del ejército[20] y la falta de fondos económicos para llevar a cabo su reforma. Las razones argumentadas por el diputado fueron explicitadas por Joaquín Castellanos, diputado por Yucatán, el 18 de abril de 1822. El debate cobró especial trascendencia. Se trataba de la organización de las fuerzas armadas en el Estado mexicano, una de las grandes preocupaciones de la mayor parte de los diputados liberales mexicanos, una de las inexcusables necesidades de todo Estado que iba o estaba alcanzando la categoría de Nación, una de las cuestiones fundamentales para la conservación de la independencia.

Tres días después, el Congreso comenzó a debatir el reglamento de milicia nacional sobre la base del reglamento español. Sin embargo, otra acción se emprendió por parte de una fracción de diputados que pretendían cambiar el reglamento sobre los presupuestos de lo que será la futura milicia cívica. Covarrubias, apoyado por Castillo, el mismo 18 de abril presentó «un plan de milicia cívica». El Congreso aceptó su pase a las comisiones de Guerra y Hacienda. Éste fue el germen del ulterior reglamento de milicia cívica.

La discusión del reglamento finalizó el 3 de mayo de 1822, si bien el decreto se demoró hasta agosto. Lo que nos interesa en esta ocasión no es tanto las discusiones políticas como reflejar otra línea de debate que abrió el reglamento sobre milicia cívica. A partir de los informes de la comisión de Guerra, el Congreso comenzó a ponderar el número de sol-

---

[18] Vázquez, 1987, t. I, pp. 3-120. Ortiz, 1991; Vázquez, 1998.
[19] ACC, 1 de marzo de 1822, p.30.
[20] Ver Archer, 1983. También Ortiz Escamilla, 1997a; Vázquez, 1989 y Vázquez, 1992, pp. 163-187.

dados del ejército mexicano que sería suficiente para defender con ciertas garantías el nuevo Estado. Como cantidad, Iturbide proponía que fueran 35.900, lejos de los 20.000 que se tenía en la actualidad. El debate sobre las fuerzas armadas corrió a cargo de los diputados Pedro Lanuza, José María Bocanegra, Domingo Martínez Zurita, Santiago Alcocer y Antonio J. Valdés, entre otros, y se circunscribía en el temor a una invasión por parte de España, o de Francia, o de los Estados Unidos e, incluso, de Rusia. Las razones de los diputados proclives a aumentar el número de soldados del ejército eran varias: la problemática de las tribus «bárbaras» del Norte, la resistencia de los españoles en San Juan de Ulúa, la desconfianza en la fiabilidad bélica de la milicia cívica, el prestigio que le conferiría a México tener un numeroso y consistente ejército como resorte sólido del nuevo Estado. En este sentido son las palabras de Lanuza «sin ejército, no hay, ni puede haber libertad, existencia, ni propiedad; todo está expuesto, y antes ó después, todo se pierde»[21].

Pero no todo eran razones de índole defensiva contra el enemigo exterior, este diputado no escondía pretensiones de acabar con problemáticas políticas y sociales interiores:

> Por otra parte, no perdamos de vista que las autoridades no son respetadas cuando no tienen fuerza que las sostenga: no la tengamos para obrar; pero la necesitamos para imponer[22].

Otros diputados se encaramaron a la tribuna con otra propuesta. Partiendo de premisas análogas en cuanto al peligro de invasión, argumentaban razones económicas para desplegar una fuerza miliciana cívica, dado que los fondos públicos eran inexistentes y un ejército más numeroso requería de nuevas contribuciones o préstamos. Carlos María Bustamante y, sobre todo, José Hipólito Odoardo proponían otra fórmula totalmente diferente para la «defensa de la Patria»: un ejército de 20.000 soldados complementado con una milicia cívica con la suficiente instrucción, organización y armamento para garantizar con éxito la defensa del territorio mexicano.

---

[21] ACC, 13 de mayo de 1822, p.226. Sobre el debate político se puede consultar el trabajo de Ivana Frasquet en este mismo volumen.
[22] ACC, p. 224.

Esta trascendente discusión se cerró el 17 de mayo tras tres intensos días de debate. En la votación final se aprobó que el ejército tendría 20.000 hombres. Las tesis de Bustamante y Odoardo se impusieron. Treinta diputados hicieron constar su voto negativo por escrito[23]. No contentos con ello, al día siguiente, Covarrubias, Bocanegra, Gómez Farias y Riesgo pusieron en duda la votación del día anterior y pidieron un recuento de votos. Ese mismo día los acontecimientos se precipitaron. Los militares habían proclamado emperador a Agustín Iturbide. México se encaminaba hacia un reforzamiento del poder ejecutivo y hacia la esterilización y mistificación del devenir revolucionario: el moderantismo.

Es muy probable que esta polémica haya contribuido a la proclamación de Iturbide por parte de la guarnición capitalina, al frente de la cual se encontraba Anastasio Bustamante. La pugna entre el ejecutivo y el legislativo se trasladó al terreno de las fuerzas armadas, un aspecto trascendental para la conformación del Estado-nación mexicano. Tras esta decisión, la milicia cívica sería la fuerza armada controlada por el poder civil y por los estados, ariete del progresismo y del federalismo. Es más, a partir de la República Federal, se configuraría como el bastión armado y civil de los estados frente a las pretensiones centralistas y moderadas del ejecutivo y parte de la oficialidad. Las tensiones en este sentido serían una constante. Sin embargo, la batalla legislativa ya se había ganado. Restaba el impulso de cada uno de los estados y la verdadera plasmación del federalismo del Estado. Cosa que ocurriría a partir de 1826 con la aprobación de las diversas constituciones estatales.

El reglamento de 1827: hacia la radicalización

A partir de 1825, las clases dominantes en las regiones, por medio de sus representantes en el congreso nacional, detallaron sus propuestas

---

[23] Fueron los siguientes diputados: Martínez de los Ríos, Portugal, Lanuza, Esteva, Zurita, Pascual Aranda, Riesgo, Callejo, Conde del Peñasco, Santiago Alcocer, Iriarte, Arizpe, Garza, Muguiro, Palomar, Zevadua, Ponce de León, Tercero, Caballero, Pablo Franco, Moreno, Benítez, Velasco, Gómez, Fregoso, Gutiérrez de Lara, Bocanegra, Labairu, Abarca y Cañedo. ACC, 17 de mayo de 1822, p. 273.

de cambios. El 25 de agosto de ese año, los diputados de la comisión de guerra de la Cámara de diputados federal presentaron un proyecto, en el que criticaban que a las fuerzas estatales se las considerara exclusivamente como policías de seguridad[24]. Por el contrario, argumentaban los diputados, las continuas amenazas de invasión española y la defensa del sistema federal en contra de sus enemigos hacía necesario que la cívica extendiera su ámbito de acción. La milicia cívica se federalizaba también.

La primera y principal obligación de esta milicia –establecía el proyecto– era sostener la independencia de la república, la constitución de la nación y la independencia particular de cada uno de sus estados, defendiéndolo contra sus enemigos interiores y exteriores. La comisión de guerra proponía que la cívica abarcara todo el territorio nacional y el propio de su estado. Con ello rompía su marcado localismo y establecía una nueva jerarquía de las fuerzas armadas del país. Antes de 1825, el ejército había sido el encargado de conservar la integridad del territorio nacional y el orden constitucional. Ahora, en cambio, las fuerzas estatales también se ocuparían de esas funciones y, en especial, de la defensa del sistema federal. Se establecía el binomio milicia cívica-federalismo. Para que cumpliera sus «altos objetivos», la comisión recomendó una reforma que se podría definir como «militarizar a la cívica». En cada estado se formaría un fondo especial para comprar el número suficiente de armas y vestuario, los milicianos recibirían el fuero militar, se endurecerían las leves penas establecidas por el reglamento de 1823 a delitos como la deserción, se organizaría la milicia en las tres secciones del ejército y se reuniría una plana mayor compuesta por individuos con experiencia castrense. En una palabra: la milicia cívica se debería de organizar «en un todo como el ejército»[25].

El planteamiento era claro. La milicia cívica actuaría como una fuerza armada de y en cada estado[26]. Los estados se dotaban así de un poder coercitivo con el que hasta ahora sólo contaba el Estado federal. El federalismo mexicano daba un gran paso, con trascendencias históricas, al

---

[24] *Proyecto de reglamento para la milicia local,* México, Imprenta de la Federación Mexicana, 1825.
[25] *Proyecto de reglamento para la milicia local,* 1825, p. 1.
[26] Serrano Ortega, 2002c y Serrano Ortega, 1999. pp. 169-192.

dotarse también federalmente de un «ejército de ciudadanos» dirigido, armado y elegido desde los estados.

Las elites regionales, sin esperar a que el proyecto de la comisión de guerra fuera aprobado por el Congreso federal, implementaron las propuestas de los diputados y aun establecieron más cambios. Por ejemplo, Puebla concedió el fuero militar a sus milicianos y Jalisco, en septiembre de 1826, impuso fuertes multas a los ciudadanos que rehusaran alistarse y no cumplieran con exactitud sus altas obligaciones[27].

Las presiones de los grupos de interés regional surtieron efecto, y el 27 de marzo de 1827 el Congreso nacional publicó la nueva ley de la milicia cívica[28]. La disposición reconocía los cambios propuestos por la comisión de guerra y los realizados por los estados. En primerísimo lugar, la ley también transformó la reducida base de reclutamiento del reglamento de 1823, ya que todos los *mexicanos*[29] estarían obligados a alistarse en los destacamentos estatales. Quedó al arbitrio de las legislaturas y de los gobernadores determinar el número de los efectivos de las milicias locales. Sumado a lo anterior, las autoridades locales ofrecieron determinados derechos y excepciones a los individuos que se alistaran en las cívicas, como la excepción del pago de impuestos y contribuciones, el derecho al Monte pío a las viudas y a los hijos de los muertos en acciones de guerra y el fuero militar que durante la colonia estimuló el reclutamiento[30]. Además, estados como Zacatecas concedieron tierras y préstamos agrícolas a sus milicianos[31]. Estas prebendas hacían atractivo

---

[27] «Decreto del 28 de septiembre de 1826» en Jalisco. *Colección de los decretos, circulares y órdenes de los Poderes Legislativo y Ejecutivo del Estado de Jalisco*, Guadalajara, Jalisco, Tipografía de Peréz Lete, 1876. 14 vols., vol II, pp. 396-397.

[28] *Dictamen y ley para el arreglo de la milicia nacional local*, México, Imprenta del Supremo Gobierno, 1828.

[29] Hacemos notorio el concepto. Los parámetros del Estado-nación estaban nacionalizando la población. Todos tendrían derecho y deberes civiles. La Milicia cívica era uno de ellos.

[30] «Decreto de 17 de diciembre de 1829» en Michoacán. *Recopilación de leyes, reglamentos, decretos y circulares expedidos en el Estado de Michoacán formada y anotada por Amador Corominas*, Morelia, Imprenta de Aragó, 1876, 28 vols., vol. IV, p. 59 y «Decreto del 24 de septiembre de 1828» en Puebla. *Colección de los decretos que espidió el Segundo Congreso Constitucional*. Puebla, Imprenta del Gobierno, 1832.

[31] «Decreto de 17 de febrero de 1834» en AGN, Gobernación, leg. 143, exp. 5.

el alistamiento en los destacamentos locales; derechos –no privilegios– que evidenciaban el notorio cambio con respecto a la organización y característica del ejército de Antiguo Régimen.

Así, la primera fase de la milicia cívica concluirá en 1827 con la creación de una nueva ley. El reglamento de 1822, como hemos visto, denota su moderación al requerir para las armas sólo a aquellos que poseían un determinado nivel de renta o propiedad y no encuadrar, sin restricciones económicas, a los avecindados. La base de la admisión era la preeminencia de los derechos políticos frente a los civiles. La ley de 1827 establecerá un alistamiento de «todos los mexicanos». Ello supuso que los requisitos económicos que se exigían en el anterior reglamento se rebajaran a los de vecindad, lo cual implicaba que el número de milicianos aumentaría, superando con ello la problemática de la escasez de tropa pero incrementando la conflictividad social de la milicia al integrar progresivamente a capas populares, como hemos manifestado en anteriores páginas respecto del caso español.

La transformación de la base de reclutamiento afectó la composición sociológica y profesional de los cívicos, recayendo el peso en artesanos, empleados y trabajadores. Por ejemplo, en los datos que hemos recogido en la ciudad de México, la composición social de la milicia cívica era el siguiente:

Profesiones liberales	9%
Propietarios	1%
Artesanos	40%
Comerciantes	20%
Empleados	10%
Trabajadores asalariados	20%

Observemos cómo entre trabajadores asalariados, artesanos y empleados, es decir, sectores que podríamos encuadrarlos dentro de las capas populares, suman el 70% de la milicia.

Otra diferencia importante del reglamento de 1827 es que no se abogará por la obligatoriedad del reclutamiento sino por la voluntariedad del alistamiento. Lo cual provocará tensiones sociales ya que la indiferencia, retraimiento e, incluso, animadversión de la población ante este alistamiento harán que la oficialidad miliciana, en ocasiones, se exceda en sus competencias y practique métodos coercitivos similares al reclutamiento del ejército para alistar a los vecinos como milicianos. Esto no dejará de provocar múltiples protestas vecinales contra lo que, se suponía, era un alistamiento con «espíritu voluntario y patriótico» de la milicia cívica[32].

La milicia cívica, termómetro de la revolución, preanunciaba su vuelta en 1827. Destaquemos que los milicianos antes de serlo eran *ciudadanos mexicanos* y, ahora, *mexicanos y ciudadanos*, a los que el Estado les yuxtapuso la obligación no sólo de estar armados sino también de militarizarlos siendo, no lo olvidemos, civiles. Otra cosa será su evolución, la interpretación de su reglamento, las directrices y necesidades que los estados y los gobernadores en la República Federal hagan de ella como verdadero cuerpo armado y las reivindicaciones sociales y políticas que los milicianos, otrora también artesanos y capas populares, realicen una vez accedan o sean excluidos de la categoría de ciudadanos.

Una segunda diferencia notoria entre el reglamento de 1822 y la ley de 1827: esta última facultaba a los congresos de los estados a decidir sobre las particularidades de cada cuerpo miliciano: un código penal, formas de reclutamiento, obligaciones, requisitos de los oficiales, etc. Las características del federalismo también se instalaban en la milicia cívica. Los estados, sus congresos, sus gobernadores serían a partir de 1827 los verdaderos directores de esta fuerza armada con características cívicas, ciudadanas, federales. Se facultaba a las legislaturas estatales determinar la elección de los oficiales, ya que sólo establecía como requisito que tuviera conocido «arte de vivir con decencia a juicio de la legislatura». Por lo que el grado de indeterminación en este sentido fue patente.

Otra diferencia: la milicia cívica, junto con el ejército, salvaguardaría la integridad nacional y el orden constitucional, se organizaría de acuerdo a las tres armas del ejército y usaría similares insignias militares y armamento[33]. La igualdad entre la milicia cívica y la permanente –ejérci-

---

[32] Archivo Histórico Municipal de México, leg. 3274.
[33] *Dictamen y ley para el arreglo de la milicia nacional local*, 1828, artículos 1, 5, 19 y 26.

to– se daría también en el campo de batalla³⁴. Sus límites y diferencias eran cada vez más tenues, ya que tenían similares estructuras, se equiparaban en el rango de los oficiales y, sobre todo, cumplían idénticos objetivos. La diferencia, la notoria y trascendental diferencia, estaba en quién recaía la organización y dirección de cada cuerpo. El ejército en el Estado federal y su alto mando militar, las milicias cívicas en los estados y en el poder civil.

Así, con la ley de 1827 se abandonaban los objetivos que desde 1812 se habían conferido a las milicias nacionales, es decir, salvaguardar la seguridad interior de las ciudades, villas y pueblos. Pasaron de ser policías de seguridad a milicias armadas encargadas de conservar el orden interno de cada uno de los estados y defender la soberanía nacional. Este cambio fundamental se debió por lo menos a dos factores. Por un lado, a la amenaza por parte del gobierno de Fernando VII de emprender una guerra de reconquista tras ser restaurado como monarca absolutista por la intervención armada de la Santa Alianza en 1823. Era necesaria una fuerza militar que colaborara con el ejército de línea para repeler cualquier agresión armada. Al menos, ésta era la justificación esgrimida por los estados. Pero lo que se evidenciaba cada vez más era el anhelo de las elites regionales de contar con milicias que les permitieran conservar su soberanía interior y mantener una posición de negociación con el Estado federal desde premisas armadas. No era igual negociar cuestiones fiscales, administrativas, sociales, etc., teniendo el respaldo de un poder armado capaz de rivalizar con el ejército, que sin su existencia y ostentación. El federalismo se construía desde los estados porque instrumentalizaban convenientemente el poder armado de sus milicias cívicas. Es por ello que el federalismo, mejor dicho, el confederalismo mexicano dejó a un lado la estructura miliciana establecida en Cádiz³⁵. Mientras que la milicia nacional se pensaba para un estado centralista, la cívica se planeaba desde la posición de reforzamiento del federalismo.

---

³⁴ Artículo 28. «Siempre que en acto del servicio concurriera la fuerza de las dos clases corresponderá el mando al oficial o gefe más graduado y en igualdad al de la milicia permanente».
³⁵ Vázquez, 1993.

Y DE LA RADICALIDAD A LA MODERACIÓN: EL BATALLÓN DEL COMERCIO EN 1833

El ciclo militarista de 1827 se trató de cerrar pronto, en 1830[36]. Es decir, se intentaron «moderar» los aspectos más radicales de la ley de 1827. Y con «radicalismo» nos referimos al confederalismo de las milicias, a la amplia base social de las cívicas, a la elección por los milicianos de los oficiales y a la «mimetización» de ejército nacional y las fuerzas militares estatales. A partir de 1830, el gobierno liderado por Lucas Alamán promovería una reforma militar de amplio calado, que se basaba en dos aspectos muy relacionados: desmovilizar a la milicias cívicas y reorganizar al ejército, dotando a esta fuerza militar de mejor armamento, de un eficaz sistema de reclutamiento y de una oficialidad preparada en las «artes militares» y leal al gobierno nacional. Se pretendía, según el general Facio, ministro de Guerra, subordinar la milicia cívica al gobierno nacional, y pasar a los milicianos de ciudadanos armados a soldados de la Nación. El Estado-nación se consolidaba así, desarmando a los ciudadanos y militarizando los aspectos coercitivos armados que les eran inherentes a su estructura. De primar en la milicia cívica los cargos electivos, civiles y populares, se pasaba al rango por escalafón, militar y jerarquía.

Radicalismo y moderación, una constante de las revoluciones burguesas. Y la moderación del plan militar de la llamada administración Alamán fue evidente primero en la zona aledaña al poder político nacional, es decir, la ciudad de México. La milicia cívica será progresivamente sustituida por la organización de dos batallones y dos escuadrones de milicia local, denominados Batallones del Comercio, apelativo con el que el gobierno quería resucitar esta fuerza armada creada en 1692 para sofocar los tumultos urbanos acontecidos en la ciudad. A diferencia de la cívica, en estos batallones sólo podían alistarse los comerciantes y los propietarios de «fincas». Con ello se lograba mantener en la tropa una inequívoca seña de identidad clasista. Además se regían por los antiguos reglamentos de los Cuerpos de Comercio y Urbanos de la ciudad, mien-

---

[36] Para el análisis de la importancia del liberalismo moderado entre 1830 y 1835, remitimos a Chust y Serrano Ortega, en prensa.

tras que la oficialidad era nombrada por el Supremo Gobierno a propuesta en terna del gobernador del distrito. Con ello, el gobierno demostraba su firme voluntad de desechar cualquier atisbo democrático en la configuración de las fuerzas armadas milicianas[37].

El Batallón del Comercio se refundará en marzo de 1834 mediante un nuevo decreto que restauró la milicia cívica[38]. No obstante, este nuevo decreto de la gobernación de la ciudad de México incluía a todos los vecinos entre 18 y 50 años para alistarse en la milicia con una larga lista de exclusión: españoles y extranjeros, preceptores de primeras letras, estudiantes, ordenados *in sacris*, militares retirados, médicos, profesores, mozos de mandados y cocheros, arrieros, procesados, «los que no tengan oficio, industria o modo de vivir». Es decir, los no mexicanos, las clases populares desempleadas y las profesiones cualificadas docentes y sanitarias.

Asimismo, es importante destacar que la clase dirigente de los estados, salvo la de Zacatecas, apoyaron el plan militar de la administración de Lucas Alamán. Pasaron de la radicalidad a la moderación. Tres acontecimientos explican que los gobiernos estatales hayan adoptado el plan militar de Alamán, y con ello se haya impuesto el liberalismo moderado con respecto a las milicias: la expulsión de los españoles, el motín del Parián y la cruenta guerra del Sur. Conflictos sociales que recordaron a la elite política y económica mexicana que no hacía mucho tiempo –dos décadas– había campeado una guerra civil de alcances virreinales, con multitud de muertos y con un resentimiento social que no había borrado el triunfo de la independencia mexicana. Destacados políticos como José María Luis Mora y el general Manuel Mier y Terán manifestaron públicamente su temor a que regresaran los «tiempos horríficos» de la lucha entre insurgentes y realistas. Y esos tres conflictos alimentaron su terror. Las luchas fraticidas recordaron a la elite política nacional las frágiles bases en que descansaba la «tranquilidad pública» y la necesidad de contar con una fuerza militar que asentara y cuidara el «Orden», con mayúscula. Y las milicias cívicas no eran el mejor ejemplo del apoyo al

---

[37] AGN, Gobernación, sin sección, leg. 147.
[38] Archivo Histórico Municipal de México, leg. 3274; Chust, 2005b, y Serrano Ortega, 2000, pp. 21-60.

«Orden». Como habían demostrado sobre todo la expulsión de españoles y el motín de la ciudad de México, eran muy propensas a adoptar la «anarquía». O al menos eso era lo que prodigaba sin cesar la clase dirigente, que veía en este poder armado de los estados, popular en su composición y electivo en su jerarquía, una pieza esencial para acabar con las veleidades sociales de las clases populares, por una parte, y con el poder armado de los estados, por otra. Un ejército fuerte era la solución para acabar con ambos.

En efecto, las legislaturas de los estados obraron en consecuencia. Primero, se abolieron las elecciones de oficiales cívicos. La plana mayor sería designada directamente por el gobernador o por el Congreso de diputados. La «tropa» quedaba excluida. Se abandonaba el principio que había articulado las leyes de 1811, 1820, 1823 y 1827: los ciudadanos elegían a ciudadanos armados. A partir de 1830, la plana mayor de las milicias sería designada bien por el gobernador –como en Guanajuato– bien por el Congreso, como en Michoacán. Pero si las diferencias eran por la instancia del gobierno encargada de designar a los jefes militares cívicos, los legisladores de la gran mayoría de los estados coincidían en eliminar las votaciones de los milicianos en la designación de los oficiales. De la elección popular se pasó a la designación oficial. Un segundo paso fue restringir el alistamiento de los milicianos. Si antes de 1827 se había dudado de lo oportuno de llamar al alistamiento masivo, y en particular de armar a los «jornaleros», a partir de 1830 se descartó tajantemente a los jornaleros como reclutas de la cívica. Los diputados locales pusieron los medios e instrumentos legislativos necesarios para que se impidiera a las clases populares alistarse en las milicias cívicas.

Así, las elites regionales coincidieron con las críticas del liberalismo moderado en que las milicias cívicas eran «diapasones» del desorden, y actuaron en consecuencia. Incluso no protestaron cuando el gobierno federal y el Congreso nacional ordenaron reducir a su mínima, pero muy mínima expresión, las fuerzas armadas estatales. En enero de 1835, el gobierno del general Antonio López de Santa Anna presentó ante el Congreso una iniciativa para abolir la milicia cívica[39]. El ministro de

---

[39] AGN, Gobernación, sin sección, caja 226, exp.8, Ministerio de Relaciones Interiores al Congreso, reservada, 15 de enero de 1835.

Relaciones Interiores explicó que el país necesitaba un ejército disciplinado y con mandos muy jerarquizados para conservar la integridad nacional y la tranquilidad interior de la república. La cívica no cumplía con los «férreos y prácticos principios de la guerra» ya que era insubordinada y sus milicianos no tenían experiencia «castrense». El Congreso nacional, después de una ardua negociación, rechazó la disolución de las fuerzas locales, pero sí determinó, en la ley de marzo de 1835, que sólo habría un miliciano por cada 500 habitantes. La gran mayoría de los estados, salvo Zacatecas, Coahuila y Texas, aprobaron la ley[40]. El camino hacia la desaparición de la milicia cívica ya estaba trazado. La república centralista acabaría con ella.

EL FIN DE LA REVOLUCIÓN, LA CONSOLIDACIÓN DEL ESTADO-NACIÓN

A la altura de 1835-36 el Estado-nación mexicano ya no estaba cuestionado por la monarquía española. Ésta, como hemos visto en páginas anteriores, estaba inmersa en una contienda civil entre liberales y carlistas. Es decir, estaba haciendo su propia revolución liberal. Su triunfo en 1844 supuso la superación del Antiguo Régimen y el paso de una monarquía absoluta a una constitucional. Este certificado lo plasmó la Constitución de 1837 que dejaría fuera de la constitución del Estado a los territorios insulares que quedaran como coloniales (Cuba, Puerto Rico y Filipinas). En 1836 los gobiernos español y mexicano firmaron un acuerdo de paz y alianza. A partir de esta fecha el «enemigo» español desapareció del contexto político mexicano. La propia dinámica de la revolución en México tampoco hacía necesario dotar a los estados de un ejército particular, por lo que la coyuntura interna y externa mexicana hizo posible las condiciones necesarias para que la milicia cívica desapareciera. Y con ella, daba síntomas inequívocos que terminaba la revolución liberal en México. Jamás el Estado mexicano después de 1835-36 volvería a tener un estado de Antiguo Régimen. Otra cosa serían las múltiples pervivencias coloniales que se mantuvieron. Lo cual no quiere

---

[40] Las respuestas de los estados en AGN, Gobernación, sin clasificar, año de 1835, caja 1.

decir que en aspectos fundamentales el liberalismo y el Estado-nación no triunfaran. Y al igual que en la España de 1844, en el México de 1835-36 a la revolución le siguió la reacción conservadora.

EL ESTADO ARMADO O LA NACIÓN EN ARMAS: EJÉRCITO *VERSUS* MILICIA CÍVICA EN MÉXICO, 1821-1823

Ivana Frasquet
Universitat Jaume I de Castellón

La compleja construcción del Estado-nación mexicano durante la primera mitad del siglo XIX ha sido objeto de múltiples análisis historiográficos que generalmente sitúan los orígenes de la independencia en la revuelta insurgente de 1810. A pesar de ello, otros trabajos consideran que parte de esa construcción hunde sus raíces en los planteamientos autonomistas que los diputados americanos, y especialmente los novohispanos, apoyaron y defendieron en las Cortes de Cádiz primero y en las de Madrid después. La opción autonomista en la que Nueva España formaba parte de un gran Estado-nación de dimensiones transoceánicas, delimitado por los antiguos territorios que conformaban la monarquía hispánica, todavía era una vía revolucionaria posible durante la primera legislatura de las Cortes de Madrid[1].

En efecto, en 1820 la diputación americana, con José Miguel Ramos Arizpe y Mariano Michelena a la cabeza, presentó una gran batería de propuestas autonomistas entre las que se encontraban la ampliación del número de diputaciones provinciales y la formación de un proyecto federal para la monarquía. El proyecto de los novohispanos suponía la organización de la monarquía hispana como un Estado confederal incluyendo a los territorios americanos como parte de él. Recordemos que la propuesta consistía en la organización de tres secciones de Cortes en América y una en la península que permitirían un mayor autogobierno de los territorios ultramarinos y que garantizarían los derechos que la Carta gaditana otorgaba a los ciudadanos americanos[2]. Complementa-

---

[1] En esta línea interpretativa ver los trabajos de Chust, 1999. También Chust, 2003a, pp. 77-114 y Chust, 2003b, pp. 209-248. Rodríguez, 1996. Guedea, 2001. En el mismo sentido Frasquet, 2004a.

[2] Uno de los primeros autores que evidenció la importancia de estas propuestas americanas en las Cortes de Madrid es Rodríguez, 1993, pp. 265-322.

riamente a lo que la historiografía tradicional y otros han afirmado, no fue sólo la insurgencia de Hidalgo y Morelos la que conllevó un mayor grado de autogobierno y autonomía a los novohispanos, sino también el proyecto del criollismo mexicano en las Cortes hispanas. Ahí está el origen del futuro federalismo mexicano. El inicio de las propuestas federalistas de los novohispanos hay que buscarlo en las sesiones de las Cortes de Cádiz (de 1810-1813 y 1813-1814) y también en las posteriores de los años veinte en Madrid. El Estado-nación que los novohispanos pretendieron construir junto a los peninsulares todavía era posible a la altura de 1821. Sin embargo, el levantamiento de Agustín de Iturbide en un momento en el que las propuestas autonomistas novohispanas estaban siendo frustradas por el centralismo de algunos de los diputados liberales peninsulares dio el triunfo a la definitiva separación de México de la monarquía hispana.

Hacia finales de febrero de 1821, la primera legislatura de las Cortes en Madrid llegaba a su fin con tan sólo un escaso aumento de tres diputaciones provinciales para México. El proyecto más ambicioso de los novohispanos ni siquiera sería discutido en el salón de sesiones; lo cual fue determinante para que algunos de los líderes más importantes de la diputación mexicana, como José Miguel Ramos Arizpe, regresaran a su país en busca de ese autogobierno que los peninsulares parecían dispuestos a negarle.

El triunfo iturbidista fue rápido y logró aglutinar a una variada representación de la sociedad novohispana. La burguesía criolla, los profesionales liberales, junto a sectores del clero y del ejército fueron reunidos en un proyecto común que concedía ciertas prerrogativas a cada uno de estos grupos sociales y declaraba a México independiente de la monarquía. Eso sí, manteniendo la forma monárquica de gobierno y reservando el futuro trono del imperio mexicano a Fernando VII. Con las bases orgánicas que suponía el Plan de Iguala, México comenzó a autogobernarse mediante una Junta Provisional ejerciendo las funciones legislativas y una Regencia en el ejecutivo a la espera de que la casa reinante en la península aceptara su nuevo compromiso en ultramar. Se jugaba con ventaja. La apuesta era retórica. La clase dirigente novohispana, sus representantes en Madrid, sabían muy bien que ni Fernando VII ni el poder legislativo iban a aceptar este *tour de force*. Será en estos primeros compases de la recién estrenada independencia cuando los mexicanos comiencen a construir todo el entramado jurídico, económico, político, social y cultural que supondrá el nuevo Estado-nación mexicano. El Estado liberal, apoyado en las bases legislativas gaditanas y en el Código doceañista, dará sus primeros pasos, sobre todo, a partir de la reunión del primer Congreso constituyente en febrero de 1822. Los numerosos proyectos que los diputados mexicanos pondrán en marcha en este momento conformarán las bases de ese nuevo Estado-nación, desde la simbología nacional propia hasta la reordenación del territorio administrativo, la reforma de la hacienda pública y la creación de una fuerza armada capaz de defender al estado y a la nación con las armas. Ahí estará una de las premisas *sine qua non* del nuevo Estado, en el poder coercitivo armado: un aspecto fundamental que trataremos de abordar en este trabajo desde la discusión parlamentaria que traducirá las bases fundamentales del Estado mexicano.

El debate parlamentario

Los diputados del constituyente, partiendo de la base gaditana en aquellos aspectos que les eran útiles, crearon todos los elementos necesarios y definitorios de un Estado liberal. Pero para el asentamiento de ese Estado-nación era condición la creación de un cuerpo afecto al nuevo Estado. Este cuerpo era la Milicia Nacional, cuyo primer *Reglamento* fue discutido y aprobado durante los primeros meses de parlamentarismo mexicano. No vamos a extendernos aquí en la creación de este cuerpo y discusión de su reglamento, puesto que ya ha sido estudiado en otros trabajos[3], sólo queremos remarcar la importancia que para un Estado-nación nacido de la revolución burguesa tendría el establecimiento de la Milicia. La problemática se hará patente en los discursos de los diputados pronunciados a favor de la creación de un cuerpo de defensa nacional y social. En palabras de Manuel Chust, «la organiza-

---

[3] Para el caso español puede consultarse el clásico estudio de Blanco Valdés, 1988 y también Pérez Garzón, 1978. Para el caso concreto de Valencia durante la revolución liberal, ver Chust, 1987. Para la milicia en México, ver Serrano Ortega, 2002b, pp. 381-420. También los trabajos de Ortiz Escamilla, J., 2002, pp. 155-196; Chust, M., 2002, pp. 361-380 y Guzmán Pérez, M., 2002, pp. 471-488.

ción de la Milicia representaba la vertiente armada de la cuestión nacional acontecida desde el triunfo de la independencia (...). La Milicia cívica se concibió en México como una fuerza no sólo armada sino también ideológica y política, capaz de trasladar a la población los presupuestos y valores nacionales y liberales mexicanos»[4]. El *Reglamento* publicado el 23 de marzo de 1823 para la organización de la Milicia nacional tuvo una gran influencia de la legislación hispana en la materia, sobre todo de la que se elaboró anteriormente durante el Trienio constitucional[5].

La primera vez que se hizo una propuesta sobre la Milicia en el Congreso fue el 1 de marzo de 1822. Nótese la fecha, apenas una semana después de inauguradas sus sesiones; lo cual advierte sobre la importancia del tema. Era el diputado Francisco García Salinas de Zacatecas quien llamaba la atención sobre no estar establecida la Milicia Nacional en la capital del imperio cuando ya era un hecho en otras partes. ¡Nada más y nada menos que el futuro Gobernador del Estado de Zacatecas y organizador de la Milicia más importante de todo el país[6]! Destacaba el diputado que la presencia del Congreso en México hacía más necesaria la organización y armamento del cuerpo. Acontecía que los representantes de la nación, la soberanía nacional, necesitaban protección en estos primeros momentos de independencia. No todo el imperio era uniforme respecto del sentimiento liberal e independiente, todavía podían existir algunos grupos que añoraran tiempos pasados. Recuérdese que a principios de abril se produjo una revuelta de las tropas españolas acantonadas en Veracruz con el fin de restablecer el dominio peninsular sobre el territorio. El diputado por México, Manuel Tejada, apoyó la creación de la Milicia «como una de las columnas en que se apoya la libertad é independencia, la observancia de su constitución, y como uno de los medios económicos de conservar una fuerza armada respetable para la prosperidad del imperio»[7].

---

[4] Chust, 2002, p. 362.

[5] El reglamento mexicano haría más énfasis en el papel de los ayuntamientos para organizar y dirigir las milicias nacionales, comprar armas y aprobar la elección de los oficiales elegidos por los soldados. Serrano, 2002b, p. 394.

[6] Chust, 2005a, pp. 235-252.

[7] Actas del Congreso Constituyente Mexicano, 1 de marzo de 1822, p. 30. (En adelante ACCM).

Las discusiones sobre el *Reglamento* comenzaron el 10 de abril y, en apenas un mes, se aprobaron 80 artículos que establecían, organizaban y armaban a la Milicia Nacional. Sin duda, el asunto se perfilaba urgente. ¿Estarían los artículos ya preparados antes de comenzar la discusión? No es aventurado afirmarlo, recordemos que el *Reglamento* sigue las bases de lo establecido en las Cortes hispanas. ¿Para qué elaborar uno diferente si ya existía el que algunos diputados mexicanos habían apoyado en las Cortes de Madrid? Entre sus artículos podemos encontrar los requisitos de pertenencia –varones de 18 a 50 años con una renta económica que les concediera la categoría de ciudadanos, excluyendo así a las capas populares, como artesanos y asalariados, ya que los jornaleros estaban expresamente excluidos–, la elección de la oficialidad –por la tropa a pluralidad de votos–, las penas impuestas para las faltas, los elementos superestructurales y simbólicos –banderas, himnos, juramentos, etc.,– que componían un cuerpo armado nacional, liberal y, por qué no, revolucionario[8].

El *Reglamento* seguirá las pautas marcadas por el elaborado en las Cortes hispanas en abril de 1820, tras la nueva proclamación de la Constitución de Cádiz. En México, a pesar de utilizar como base gran parte de la legislación gaditana, cambiarán el nombre a la institución para diferenciarse de la administración española. De este modo, la Milicia Nacional pasará a denominarse Cívica, aunque en un principio, ambas nomenclaturas serán utilizadas indistintamente. Con todo, la problemática en México era más que una cuestión de denominación. El conflicto entre la Milicia, cuerpo armado de la revolución liberal, y el Ejército, soldados que eran considerados los artífices de la independencia, comenzó tempranamente. Un ejército, recordemos, bastante heterogéneo en su composición y que aglutinaba fuerzas ex realistas e insurgentes, ya que no había sido depurado tras el triunfo de Iturbide.

MILICIA O EJÉRCITO: ¿REVOLUCIÓN O MODERACIÓN?

El Congreso había encargado a la Regencia la elaboración de un informe sobre la situación militar y la necesidad de tropas en el imperio al mismo

---

[8] Una explicación con mayor detalle de estos artículos en Chust, 2002, pp. 361-380.

tiempo que la propia comisión de guerra redactaba su dictamen al respecto[9]. De mano del secretario del despacho de Guerra, a la sazón Antonio Medina, el 22 de marzo de 1822 se leyó el informe que había elaborado Iturbide junto a un grupo de generales. En él se estimaba que el ejército permanente debía contar con 35.900 hombres y que se procediera a la formación de la milicia local y al restablecimiento de la provincial. De inmediato el presidente del Congreso, José Hipólito Odoardo, y José María Fagoaga protestaron el incumplimiento de la Regencia de su propio reglamento. Iturbide había tomado una decisión sin reunir a su equipo de secretarios y lo había hecho con sus generales de confianza. ¿Se perfilaba ya un enfrentamiento entre la cúpula militar y el Congreso? Sin duda. El establecimiento de la milicia y la reorganización del ejército derivarían hacia una batalla dialéctica entre los diputados que defendían la supremacía de una u otra institución.

El informe fue enviado de nuevo a la Regencia para que se instruyera según lo prevenido en el reglamento. A partir de aquí, la Regencia, Iturbide, hará todo lo posible por bloquear y demorar las medidas tomadas por el Congreso. No publicará los bandos ni los decretos, no cumplirá las órdenes del Congreso y será reclamado constantemente para que lo verifique.

La comisión de guerra, encargada de formar el dictamen sobre las necesidades de la tropa en el imperio y los puntos que se debían resguardar de forma inmediata, continuó con sus trabajos. Ante la magnitud del encargo se decidió aumentar el número de miembros con un diputado de cada provincia para instruir mejor sobre la situación de cada una de ellas y las posibles necesidades. La discusión comenzó el 13 de mayo y a ella asistieron los secretarios de Hacienda, Guerra y Relaciones[10]. Las *Actas del Congreso* no recogen con extensión todos los discursos que se dieron

---

[9] La comisión está formada primeramente por José Antonio Andrade (Guadalajara), Juan Horbegoso (México), Joaquín Herrera (Veracruz), Juan Antonio Rivas (México), Juan Foncerrada y Sorabilla (Valladolid) y José Vicente Robles (Puebla). ACCM, 1 de marzo de 1882, p. 25.

[10] El gabinete de Iturbide se componía de los siguientes miembros: en Relaciones estaba José Manuel Herrera; en Hacienda, Rafael Pérez Maldonado; en Guerra, Antonio Medina (sustituido por el general Manuel de la Sotarriva a partir del golpe de mayo de 1822) y en Justicia, José Domínguez Manzo. Di Tella, 1994, pp. 85-86.

sobre el tema, pero son suficientes para mostrar las dos posturas encontradas que separaron a la Cámara. La comisión de guerra estableció en 20.000 el número de hombres para el ejército y en 30.000 para la Milicia. De este modo, primaba el cuerpo miliciano, formado –no olvidemos– por ciudadanos, es decir, civiles y reclutado por ayuntamientos y diputaciones provinciales, que respondía a unos presupuestos ideológicos y políticos liberales y liderados por su clase dirigente. Pero la cuestión que se dirimía ¿era simplemente numérica? Veremos que no, pues tras la propuesta de la comisión existía todo un planteamiento de construcción de Estado-nación bajo parámetros revolucionarios que se enfrentará a las posturas más moderadas de otros miembros del Congreso.

El debate comenzó con la intervención de Carlos María Bustamante, que centró la cuestión en torno a tres preguntas: ¿Podía España declarar la guerra y ser ayudada por otras potencias como Inglaterra? En caso de ser así, ¿con qué número de soldados se debería contar? Y ¿cuáles eran los recursos para sostener este ejército? Tres cuestiones fundamentales, en especial para posicionarse políticamente. El oaxaqueño estimaba que una invasión española era difícil puesto que la hacienda peninsular no estaba en disposición de afrontar los gastos que supondría una expedición. Confiaba, además, en las dificultades de realizar un desembarco en costa mexicana debido a sus acantilados abruptos y las selvas impenetrables que rodeaban las playas. Con todo, lo interesante de su intervención se centró en considerar a los milicianos como capacitados no sólo para una defensa interior, sino también para contener un ataque exterior. Veamos:

> Se ha creído por algunos, que solo al soldado veterano es dado repeler con gloria al extranjero invasor: este es un equívoco que debo deshacer. = El soldado miliciano es un hombre ligado con vínculos poderosos; es un ciudadano, un padre de familias; es un hombre que reconoce toda la dignidad de su ser, y mas la reconoce cuando está a la vista del enemigo, pues entonces calcula lo que va á perder y á ganar[11].

El miliciano, tal y como era concebido en estos momentos, era un *ciudadano*, propietario, rentista, pequeño burgués que se suponía asumiría ideológica y políticamente la defensa del Estado liberal. Es más, con

---

[11] ACCM, 13 de mayo de 1822, pp. 214-215.

las armas. El propio Bustamante daba las claves para la construcción del Estado basándose en los presupuestos económicos del liberalismo: «facilitar el comercio, minorando todo lo posible los derechos, amparando la industria y protegiendo la propiedad». Así, el diputado apoyaba firmemente la opinión de la comisión, fijando un número menor para el ejército permanente y reforzando la Milicia nacional como baluarte de los ideales liberales revolucionarios. Seguidamente, la opinión de Pedro Lanuza, suplente por Guatemala, fue contraria a la del oaxaqueño. Éste establecía el reparto de hombres de forma opuesta a la comisión: 30.000 soldados y 20.000 milicianos. Intentó convencer a la Cámara de que la independencia no estaba del todo asentada y que existían muchos «enemigos de la libertad» que pretendían regresar al tiempo de la dominación española. Sin duda, éstos coadyuvarían con el intento de reconquista que se pretendiera por parte de la monarquía hispana. Pero eso no era todo, los problemas de hacienda, la escasez de recursos que se argüía para restringir el cupo militar fueron utilizados por Lanuza para deslizar el tema hacia una discusión en torno al liberalismo. La reducción de impuestos y arbitrios que se había establecido al comienzo del período independiente fue criticada por esas clases burguesas, propietarias, aspirantes al enriquecimiento económico que el Estado les podía ofrecer. Lanuza destacó en el salón de sesiones:

> Por un liberalismo mal entendido se abolieron las contribuciones. [...] No puedo comprender que sea liberalismo libertar á un ciudadano de un real ó dos diarios con que contribuye al estado, distribuido en centésimas porciones, y cuyo desembolso le es insensible, para hacerle el beneficio de vivir en continua inquietud de no contar con un momento de tranquilidad, de no oír hablar á cuantos le rodean sino de miseria y escaseses, de que no le paguen si depende del tesoro público. [...] Confesemos sin vergüenza, que es una imprudencia quitar las contribuciones antes de discurrir otros medios con que sufragar las atenciones del erario. [...] No hay recursos porque no hemos tratado de que los haya; y últimamente ó tenemos posibilidad o no la tenemos de sostener al ejército: ¿la hay? Estamos fuera de la cuestión: ¿no la hay? Pues que vengan á mandarnos los españoles porque no podemos ser independientes ni libres[12].

---

[12] ACCM, 13 de mayo de 1822, pp. 222-223.

El discurso de Lanuza es magnífico, pues resume la concepción del liberalismo moderado respecto de la construcción del Estado-nación. La revolución liberal supone la disolución del ejército colonial que pasará a convertirse en el ejército nacional mexicano. En la lucha por la independencia, el enfrentamiento será tratado como una cuestión nacional, es decir, de nacionalidades, de naciones. Una, la nueva, la mexicana; otra, la antigua metrópoli, la española. Sin embargo, la realidad será otra, y este ejército estará conformado por sectores del criollismo burgués, parte de la oficialidad española colonial más los grupos insurgentes que se unen a la causa de la independencia, lo que hará de él un cuerpo heterogéneo.

Pero además, como vemos en el discurso del diputado, el problema hacendístico se retomaba y dividía también las opiniones. El diputado por Guatemala defendía el ejército como único medio posible para la existencia de la libertad. Libertad entendida frente al enemigo exterior. Pero también de la propiedad, en este caso, había que mantenerla frente al «enemigo interior», es decir, las clases populares. La fuerza era la única capaz de mantener la independencia, que sólo era posible mediante unas fuerzas armadas bien formadas, disciplinadas y adiestradas. Éste era un elemento disuasorio muy esgrimido. En su opinión, la milicia nunca podría enfrentarse a los ejércitos españoles con éxito:

> Lo que mas podemos esperar por ahora, y mientras nuestra educación no se mejore, de la milicia nacional, es que conserven el orden, que custodien los presos de la cárcel, que escolten un reo de un pueblo a otro, o que persigan un ratero; pero dar una guarnición, defender una plaza, evitar un desembarco, atacar una línea, observar disciplina y poseer el arte de la guerra; esto es de soldados, y no mas que de soldados[13].

Las dos posiciones estaban planteadas. Por un lado, el liberalismo moderado de Lanuza reclamaba reforzar el ejército regular frente a una posible invasión española. Y también, por qué no, frente a otros sectores de la sociedad que pudieran aspirar a enfrentarse a su clase dirigente. Y esto, precisamente, era el temor que representaba la creación de la

---

[13] ACCM, 13 de mayo de 1822, pp. 222-223.

milicia. El problema social que podía estallar en el caso de que los milicianos, como cuerpo armado, reclamaran su lugar en los puestos dirigentes era lo que los diputados moderados intentaban evitar. Desde su discurso político, el liberalismo moderado retomará el tema de las contribuciones[14], no por considerarlo necesario para la igualdad y proporcionalidad de la población, sino porque el Estado-nación, que desde su perspectiva –liberal moderada– pretendían crear, reclamaba el capital líquido para la construcción de un ejército disciplinado que defendiera su modelo de Estado.

Por otro lado, son los liberales los que introducen en su discurso el concepto de «fuerzas armadas», aplicando así la dicotomía entre ejército y milicia; entre un Estado armado y un ciudadano armado. Desde el liberalismo más progresista, el ejército no era tan necesario para la defensa interior del territorio y con un número escaso de soldados se podía hacer frente a las tareas defensivas que le estaban encargadas. Por lo tanto, tampoco era demasiado costoso sostener un ejército regular poco numeroso. Sin embargo, la milicia era el cuerpo destinado a defender a los ciudadanos dentro del Estado-nación. Una milicia, recordemos, sostenida económicamente desde las provincias, y por ello, más tendiente a identificarse con cierto provincialismo, nacionalismo –si se quiere–, en el futuro. Es importante señalar que en la organización federal del estado mexicano, serán los gobernadores de cada estado los que controlen directamente a esta fuerza armada provincial. Por tanto, la milicia nacional es un cuerpo imprescindible para apoyar armadamente los deseos políticos del federalismo. De ahí, también, la necesidad de conseguir un sistema de contribuciones directas y proporcionales a la población para sostener en cada provincia el cuerpo armado miliciano[15].

---

[14] Serrano, 2004, pp. 187-210.

[15] Quisiera aclarar la nomenclatura que utilizo para denominar a los grupos que se identifican con estos dos planteamientos. Los trato de liberales por igual, puesto que la cuestión, a mi modo de ver, es superar el estado colonial, absolutista y construir un estado nacional y liberal. Por ello, aunque un modelo sea más progresista y el otro más moderado, ambos son liberales en mi opinión. Si hago un uso más restringido de la concepción «progresista», es porque considero que en esta etapa inicial no puede compararse con el progresismo conocido en la revolución liberal española, así que normalmente utilizo «liberal» para denominar a unos y «moderado» para los otros, aunque insisto en que ambos me parecen liberales en tanto que se enfrentan al estado absolutista.

A partir de aquí, los diferentes discursos que se irán oyendo en las sesiones apoyarán una u otra opción. Los diputados se irán situando al lado del Gobierno o del Congreso, según sus posturas más moderadas o más liberales. José María Bocanegra, diputado por Zacatecas, representará la opción gubernativa, de apoyo incondicional a la Regencia en este punto. En su discurso manifestará la inseguridad de la independencia y mostrará los peligros reales de que la monarquía hispana pudiera atacar al imperio mexicano. Sobre este fundamento sentará la base de la necesidad de establecer un ejército permanente. Los diputados conocían la escasa simpatía que despertaba el ejército, así lo expresaba Bocanegra: «Yo bien se, que la fuerza armada es vista con desconfianza y poco afecto por los celosos de la libertad». No era de extrañar, puesto que era un cuerpo formado fundamentalmente por veteranos realistas –como Iturbide–, que hubieran abrazado la causa independentista cuando ya era inevitable. ¿Qué garantías podía ofrecer para conservar el Estado liberal? Es más, ¿se temía ya, en este momento, un golpe de fuerza por parte de los militares que pudiera acabar con toda la obra liberal, constitucional y revolucionaria que se estaba llevando a cabo?

No olvidemos que estas discusiones tienen lugar entre el 13 y el 18 de mayo de 1822. Un día después, y como consecuencia de lo que se estaba dirimiendo en el Congreso, la cúpula militar proclamará a Iturbide como emperador de México ante la impotencia de los diputados. Por lo tanto, no fue casualidad que el día de esta proclamación fuera el 19 de mayo, sino que los debates en torno al establecimiento de la fuerza armada acelerarán el enfrentamiento que se venía gestando desde los inicios de la Junta provisional entre Iturbide y el Poder Legislativo. Porque además, finalmente el Congreso aprobará las propuestas de la comisión sobre el ejército permanente y la milicia, desechando el informe que Iturbide había elaborado con sus generales. Esa misma madrugada tendrá lugar el golpe de estado que proclamará al hasta entonces regente como emperador. Es evidente que Iturbide no iba a permitir a los liberales construir su modelo de Estado-nación en el que el ejército dejaba todo el protagonismo a la milicia nacional.

Pero eso lo veremos más adelante. Sigamos con las importantes intervenciones que precedieron a este suceso. José Hipólito Odoardo pronunciará uno de los mejores discursos que se oyeron aquel día en la Cámara mexicana. Con un conocimiento exhaustivo de las teorías del liberalismo, tanto económico como político, desgranará una a una las razones por las que la fuerza armada que solicitaba la Regencia no era necesaria. Comenzó llevando el tema a su terreno, afirmando que la cuestión que se debatía en el día era más *política* que *militar,* recordemos que Odoardo era magistrado de la Audiencia. Como ya hemos afirmado, el tema para los liberales no era tanto discutir en torno al cupo asignado a las fuerzas armadas, sino que lo que se debatía era el modelo de Estado-nación a construir: liberal o moderado. ¿Pensaban algunos ya en: monárquico o republicano? ¿Federal o centralista? Posiblemente. Odoardo argumentó las pocas probabilidades que existían de que las potencias extranjeras invadieran el imperio mexicano:

> Manifestó que la posición del imperio con respecto á las naciones extranjeras no permitía temer agresiones de su parte, porque las potencias marítimas (únicas que pudieran ejecutarlo) están muy distantes de oponerse á nuestra independencia por el interés de su comercio, y por la utilidad que les resulta de abrirse un nuevo mercado de diez y seis millones de habitantes que tiene la América española, los cuales por el monopolio mercantil habían consumido hasta aquí los frutos y manufacturas europeas de su sola metrópoli a precios muy subidos[16].

Recordemos que éste había sido el mismo argumento que el diputado veracruzano Pablo La-Llave había utilizado en las Cortes hispanas apenas dos meses antes, en marzo de 1822, en uno de los últimos debates con participación americana. El nacimiento de un mercado nacional mexicano con unificación de pesos y medidas, libertad de producción, de comercio, acuñación propia de moneda, abolición de mayorazgos y vinculaciones y supresión de alcabalas, era una buena razón para que las potencias extranjeras, especialmente Gran Bretaña, alentaran y respaldaran de inmediato la independencia mexicana. Con la afirmación de no poder soportar las onerosas cargas que suponía el mantenimiento de la fuerza solicitada por la Regencia, terminó el discurso el magistrado y se levantó la sesión de este día.

---

[16] ACCM., 13 de mayo de 1822, p. 235. Y todavía explicaba el diputado «que la España no querría hostilizarnos, ya por haberse hecho muy comunes en ella las máximas de Smith, Say y otros varios economistas, que prueban hasta la evidencia ser perjudiciales á su matriz las colonias muy distantes de ella».

Al día siguiente continuó la discusión. Lanuza y Bustamante tomaron de nuevo la palabra para insistir en sus argumentos planteados con anterioridad. José Mariano Marín, diputado por Puebla, añadió un argumento nuevo a la propuesta de la comisión. Explicaba que si la independencia se había logrado con un ejército muy inferior a los 35.900 hombres que ahora demandaba el Gobierno e incluso menor que los 20.000 que pedía la comisión, ¿cuál era la necesidad de establecer tanta fuerza armada? Intervino el ministro de la Guerra para aclarar la cuestión. En realidad no aportó nada nuevo a los discursos que defendían las posiciones de la Regencia. La cuestión parecía eternizarse y los ánimos comenzaban a exaltarse. Algún diputado[17] había insinuado que los miembros del ejecutivo eran más aptos que los diputados de la nación para solventar estas cuestiones. La tensión, por tanto, era evidente y estallaría con la intervención de nuevo, de Odoardo. La discusión comenzó a deslizarse hacia las atribuciones del ejecutivo y del legislativo, explanando las funestas consecuencias que se derivaban de los gobiernos absolutos y las ventajas de un gobierno constitucional. Después de realizar una prolija explicación de los abandonos que los gobiernos absolutos hacían de sus obligaciones para con su pueblo, Odoardo atacó:

> Esto es cabalmente lo que nos está sucediendo en el día con la petición del gobierno, en orden á la fuerza veterana ó permanente. El ha abandonado la seguridad interna de los pueblos á su suerte: no ha establecido en ellos la administración de justicia: ha descuidado plantear el sistema económico-político de las provincias, organizándolos con sus correspondientes diputaciones y jefes políticos; no ha cuidado de preguntarles sus necesidades, (...) ha abandonado la recaudación e inversión de las rentas a personas no responsables, no ha celado como debiera sobre los agentes del fisco (...) ha creado oficinas y empleos de ninguna necesidad y con poca economía: (...) y sin que se hayan cicatrizado las heridas de la revolución, ni mejorado por ahora la suerte de los pueblos, se propone el aumento de la milicia permanente, hasta treinta y seis mil hombres, por que sin ella, dicen varios jefes militares,

---

[17] Creemos que fue Mariano Mendiola quien insinuó esta afirmación pero las Actas no recogen su discurso y tan sólo una breve réplica que le hizo Antonio Valdés, diputado por Guadalajara.

á quienes ha consultado el presidente de la regencia, que no responden de la seguridad del imperio contra las agresiones exteriores[18].

La crítica al ejecutivo de Iturbide es durísima. Las veleidades absolutistas con las que «flirteaba» el regente eran percibidas por algunos diputados que desconfiaban de las actuaciones de éste. Uno de los pilares de la estructura del nuevo Estado-nación era la reforma del sistema de hacienda que no acababa de ponerse en marcha por, cuando menos, la pasividad del Gobierno en ejecutar las órdenes del Congreso. Y es que se percibía ya una moderación poco sutil en el ejecutivo y especialmente en Iturbide. De hecho, su etapa como emperador será más bien un intento de frenar la propia revolución en el mismo momento en el que se estaba produciendo.

Al día siguiente, 15 de mayo, se retomó el debate. La opinión seguía dividida, los diputados José María Portugal y Santiago Alcocer, ambos por Guadalajara, apoyaron la opción gubernativa para aumentar la fuerza armada. Los dos argumentaron la necesidad del ejército como la única posibilidad de mantener la independencia. Alcocer señalaba «la costumbre universal» de que el ejército libertador permaneciera sobre las armas. Pero ¿era el ejército trigarante un «ejército libertador»?, ¿cuál había sido la Guerra de Independencia? ¿Podía compararse a lo que había sucedido en Nueva Granada, Río de la Plata o el Perú? El diputado sostenía que:

> [...] hasta que verificado en todas sus partes el objeto que se propuso, no haya ni aun sombra de riesgo en contrario, [no entiendo] se haya de desmembrar ahora por conjeturas y sutilezas, en medio del peligro interior y exterior que casi palpamos, y lo que es mas, cuando apenas comienza la organización del imperio, y antes de establecer su gobierno[19].

Ése era precisamente el punto a debatir. En la organización del imperio, en la construcción del nuevo Estado-nación mexicano, ¿se apostaría por un ejército fuerte que consolidara el Poder Ejecutivo?, o ¿se creaba un cuerpo miliciano adicto a la revolución y defensor del Congreso?

---

[18] ACCM, 14 de mayo de 1822, pp. 249-250.
[19] ACCM, 15 de mayo de 1822, p. 260.

Es más, como ya hemos insinuado, el peligro no era sólo exterior sino que el diputado por Guadalajara lo expresaba claramente en su intervención: existía también un temor ante el posible «peligro interior». En cualquier caso, la petición de Iturbide no era mantener al «ejército libertador» sobre las armas, sino aumentar su número considerablemente hasta 35.900 hombres. Los diputados que apoyaban la propuesta de la comisión entendían que el aumento del ejército sólo se justificaba en caso de que se confirmara un ataque exterior. Así lo explicaba Francisco Tarrazo, diputado por Yucatán: «la necesidad de mantener un ejército mas ó menos numeroso, debe inferirse, en mi concepto, de la mayor ó menor probabilidad que tengamos de ser atacados, y de serlo con tal ó cual número de tropa. ¿Y está ya demostrado que seremos atacados? No».

Pero la intervención más importante de este día fue, otra vez, la de José Hipólito Odoardo. El diputado, en un largo discurso, mantuvo su postura beligerante contra la Regencia y la acusó de abandonar a su suerte al país. En primer lugar, criticó que el Gobierno establecido no hubiera enviado comisionados a otras potencias para reconocer su independencia, tal y como era el caso de Colombia o Buenos Aires. E incluso destacó, que si los Tratados de Córdoba fueron rechazados por las Cortes hispanas, no por ello éstas tomaron alguna medida en contra del imperio, pues así constaba en los *Diarios de Sesiones* que habían llegado últimamente. Odoardo puso en duda que la Regencia contara con la información de posibles ataques enemigos y la acusó de querer crear alarma social y de infundir temores al Congreso para fortalecer su poder ejecutivo. Sus palabras causaron un gran impacto en la Cámara, pues se atrevió a afirmar que ¡el ejército no era una fuerza segura para el mantenimiento de la libertad en México! Al decir del mexicano:

> [...] que si la milicia permanente, por ahora esta unida á la nación, si había promovido la independencia, y regulado el movimiento evitando las funestas convulsiones de los pueblos en iguales crisis, no debía por eso olvidar el Congreso que con el tiempo podía degenerar de sus patrióticos y loables sentimientos, y ser un instrumento en manos del gobierno para destruir las libertades de los pueblos, y entre nosotros debía subsistir ese recelo, mientras no se variase la organización del ejército, y se arreglase a la constitución política, haciéndole menos dependiente del poder ejecutivo, como se acaba-

ba de hacer en España y se verifica en todos los pueblos libres y naciones representadas[20].

No tenía problemas el diputado en afirmar que los soldados eran «un instrumento ciego para obrar en todas direcciones». Pero claro, ¡si es que el ejército «libertador» estaba formado por veteranos realistas!, generales y oficiales formados en el ejército colonial y en defensa de la monarquía hispánica[21]. Por otro lado, los insurgentes adheridos al ejército luchaban en 1810 por los derechos de Fernando VII frente a Napoleón, y en 1813 por la independencia de México, pero dejando para más adelante la definición de la estructura del Estado. ¿Qué garantías podían éstos ofrecer para el mantenimiento del Estado liberal? Los legisladores mexicanos entendían que la «patria» se había sacudido el dominio español no para establecer un dominio mexicano con parámetros absolutistas, sino para construir un nuevo Estado-nación sustituyendo cualitativamente sus bases. La independencia devenía así en los inicios de la revolución liberal. Es decir, se operaba el cambio cualitativo que transformaba el anterior régimen colonial en el Estado-nación mexicano. Un cambio eminentemente político que afectará a la estructura del nuevo Estado al constituirse bajo parámetros liberales: Congreso, Constitución, ejército nacional, milicia cívica, etc.

Odoardo continuó apoyando el dictamen de la comisión y atacando al Gobierno. Cuestionó el valor y la autoridad de la opinión de los generales con quienes Iturbide había consultado el aumento de la fuerza armada y asentó, una vez más, los presupuestos del liberalismo económico –citando incluso a Adam Smith– como los únicos capaces de sacar al país de su estado de miseria. Insistimos: entonces, ¿la cuestión que se dirimía era puramente militar, o también económica y política? Evidentemente, las tres.

La sesión continuó al día siguiente con la intervención de algunos diputados más. Ante la evidente diversidad de opiniones, Manuel Terán, diputado por Chiapas, intentó que el dictamen volviera a la comisión

---

[20] ACCM, p. 264.
[21] Ortiz Escamilla, 1997a. Sobre la composición del ejército colonial ver Archer, 1983. También Marchena, 1983.

para que fuera de nuevo estudiado. Carlos María Bustamante y Joaquín Castañeda –por Guadalajara– insistieron en sus opiniones para no aumentar el número de fuerza armada permanente. Los argumentos se agotaban para convencer a la Cámara de que tomara una u otra postura. El diputado por Querétaro, Félix Osores, definió la cuestión a su manera. Apoyando el dictamen de la comisión intentó demostrar que con menos fuerza permanente y más milicianos, el Congreso tendría «menos enemigos, más amigos y más soldados». ¿Cómo sería posible? Osores sostuvo que la reducción de fuerza armada supondría menos exacciones y menos alistamientos forzosos y, por lo tanto, aquellos soldados que pertenecían al ejército estarían mejor auxiliados. Si el ejército estaba bien mantenido y alimentado, no era necesario gravar a la población con contribuciones y arbitrios que lo único que conseguían era avivar una actitud beligerante de los pueblos hacia los veteranos. Además, el diputado recomendaba las buenas aptitudes de los milicianos para las campañas militares:

> Los provinciales son menos forzados, y el número de los soldados camina en proporción de su voluntad: además, como los provinciales por lo general tienen intereses y familias, su entusiasmo es mayor, procurando que la campaña sea mas efectiva y pronta, por regresar al regazo de sus casas. V.M. no lo dude: á menos gravámenes corresponden menos quejosos: estos se hacen amigos y protectores del soldado, auxilian sus operaciones y le ayudan con su brazo y con sus armas[22].

Es más, ¿cuál era la diferencia entre el Estado colonial y el liberal para las clases populares si proseguían las levas y las contribuciones que recordaban a la colonia? Ninguna, aparentemente. Con esta argumentación se dio por discutido el punto y se procedió a la votación de los artículos del dictamen. El artículo 1 quedó aprobado de la siguiente forma: «El ejército permanente constará de 20.000 hombres de todas armas, inclusas las compañías sueltas que se hallan cubriendo las fronteras». Los defensores de la milicia habían conseguido su objetivo, el ejército quedaba reducido al número que había estimado la comisión, y desechado así la propuesta de Iturbide. Puesto que la votación no fue nomi-

---

[22] *ACCM*, 17 de mayo de 1822, p. 273.

nal, desconocemos cuántos diputados votaron a favor de la propuesta, lo que sí sabemos es que al menos treinta de ellos expresaron su desacuerdo con el resultado por escrito. Según consta en las *Actas*, el artículo segundo se devolvió a la comisión mientras que el tercero quedó aprobado en los siguientes términos: «Se formarán cuerpos de milicia activa, cuyo número sea de 30.000 hombres de todas armas». Joaquín Herrera, diputado por Veracruz, propuso una adición al artículo primero para que los milicianos se organizaran al mismo tiempo que el ejército y lo antes posible. Del mismo modo, Félix Osores convino en que lo primero que se debía hacer era poner sobre las armas el número de milicianos que faltara para completar los 35.900 que había pedido el Gobierno. Así, se llegaba al número de hombres armados que Iturbide había requerido, pero claro, ¿era lo mismo armar a un soldado que a un miliciano? ¿Era lo mismo ejercitar, adiestrar a un soldado que a un miliciano? Ya hemos visto que no. Ejército y Milicia respondían a dos maneras diferentes de entender la construcción del Estado-nación.

Quedaban pendientes para el otro día los artículos 4 y 5 que no habían podido ser aprobados por falta de tiempo. El primero de estos dos se aprobó sin dificultades: «La plana mayor veterana que necesiten estos cuerpos para su organización y arreglo, no será incluida en el ejército permanente». Así, se liberaba un poco el cupo de veteranos ya que los que eran necesarios para instruir a los milicianos, tal y como se estipulaba en el artículo 32 del *Reglamento* de milicias aprobado, no contaban como parte del ejército[23]. El último artículo dejaba en manos del Poder Ejecutivo, de momento, designar el número de soldados y milicianos que debían existir de cada arma y dar cuenta del presupuesto de gastos al Congreso para su aprobación.

Cuando parecía que ya todo se había resuelto con la aprobación del dictamen de la comisión, se produjo un nuevo enfrentamiento. José

---

[23] El artículo 32 del Reglamento de la Milicia rezaba: «Siendo forzoso que estos cuerpos se instruyan con la mayor perfección posible, atendida su clase, en el manejo de la arma y precisas formaciones, para que hagan el servicio de un modo uniforme, recibirán la primera instrucción los oficiales y sargentos, bien sea de los oficiales retirados que se hayan colocado en ellos, bien de los que hubiese en los pueblos, y á falta de estos, de los del ejército, que á este fin nombraren los gefes militares á solicitud de los ayuntamientos». ACCM, 30 de abril de 1822, p. 125.

Ignacio Esteva, diputado por Veracruz, intervino en la Cámara apoyando la adición al articulado que había propuesto Joaquín Castañeda. Como las *Actas* no recogen la intervención de Castañeda, no sabemos con exactitud cuál fue su propuesta. Sin embargo, podemos deducirla de la reacción de José Hipólito Odoardo. Según el argumento de Esteva, la comisión había fijado 20.000 soldados porque no se creía que el número de veteranos existentes en el momento fuera superior a ése. El diputado veracruzano afirmaba que sí era superior y que la comisión no explicaba qué hacer con los sobrantes en caso de haberlos. De este modo, creemos que la adición se encaminaba a mantener la fuerza permanente que existiese en ese momento si fuera superior al número fijado por la comisión. Leamos el enérgico discurso de Odoardo para aclarar el asunto:

> [...] Con que si ahora facultamos por esta adición al gobierno para conservar la actual fuerza veterana, es lo mismo que habilitarle para retener los cumplidos, dejar los inútiles y completar los cuadros con nuevos reclutas, destruyendo con una mano, lo que acabamos de edificar con la otra: *y por decirlo de una vez, es preferir el ejército permanente á la milicia activa ó provincial, organizada constitucionalmente*, y olvidarse de los fundamentos que el sr. Bustamante y otros varios señores diputados han manifestado y adoptó V.M. al preferir este último sistema, que concilia los intereses de la hacienda pública, de la población, industria, agricultura, costumbres, mejor calidad física y moral del soldado miliciano y mayor apego á su patria, con las libertades de la nación, y la seguridad externa del estado[24].

Ésa era la cuestión. La milicia se organizaba «constitucionalmente», es decir, no respondía a una organización arbitraria ni defendía los intereses de un determinado jefe o grupo al que seguía, como era el caso del soldado permanente. Constitución y milicia eran dos aspectos que iban unidos en la interpretación liberal de estos diputados. La Milicia era condición para la revolución. Y además, ya aparecía en el articulado de la Constitución de 1812[25].

---

[24] ACCM, 18 de mayo de 1822, p. 278. El subrayado es nuestro.
[25] Se establecían en el capítulo II del Título VII, en los artículos del 362 al 365 de la Constitución de 1812. Montero, 1998.

Odoardo concluía reclamando que no se admitiera la adición o que pasara a la comisión para ser estudiada con mejores datos. La sesión se levantó a la una de la tarde. Hasta aquí llegó la discusión acerca de la organización de la fuerza armada. Una discusión que los diputados más liberales creían haber ganado aprobando el dictamen de la comisión. Sin embargo, pocas horas después, esa misma madrugada, el ejército de la capital se levantaría para proclamar a Iturbide emperador de México. Poco había servido insistir en la legitimidad del Congreso, en la soberanía nacional, en las bases constitucionales y liberales, la fuerza de las armas dominaría las sesiones de los meses siguientes hasta la disolución del legislativo en octubre de ese mismo año.

El freno a la revolución: Iturbide emperador

La madrugada del 18 al 19 de mayo de 1822, los generales, jefes y oficiales del ejército, que se hallaba en la capital del imperio junto a los regimientos de infantería y caballería, proclamaron a Iturbide como emperador de México en un pronunciamiento que arrastró el entusiasmo popular. El Congreso fue reunido inmediatamente al día siguiente en sesión extraordinaria para dar cuenta a los diputados de lo ocurrido la noche anterior. El pueblo, exaltado, rodeaba el edificio al grito de *¡Viva el emperador!*, y pugnaba por entrar en las galerías para escuchar la proclamación del Congreso. La tensa situación obligó a los diputados a requerir a la Regencia su intervención para asegurar la tranquilidad pública y la libertad en las deliberaciones. La comisión enviada para este fin «regresó sin una respuesta capaz de satisfacer las miras del Congreso». Iturbide se mantenía impasible. No iba a facilitar que el legislativo discutiera sobre la aprobación o no de su proclamación. Es más, en ese momento tenía la oportunidad de forzar a la Cámara a aceptarle como emperador, no sería él quien calmase los ánimos exaltados del pueblo o contuviese al ejército. Finalmente, el Congreso decidió solicitar la comparecencia del regente, que se presentó con su séquito de generales y aclamado por la gente que se encontraba fuera del edificio. De este modo, obligó a la Cámara a que la sesión fuera pública contando así con el aliado popular que desbarataría cualquier intento de demorar el nombramiento. El presidente del Congreso –en ese momento Manuel Cantarines– reclamó de Iturbide que calmase los ánimos del público en las galerías para que los diputados pudieran deliberar con toda libertad. El regente agradeció el entusiasmo que se veía en el pueblo y dijo «que había hecho todo lo posible desde la tarde del día anterior, en que tuvo noticia de lo que ocurría, para calmar esta nueva manifestación del entusiasmo público en que no tenia parte alguna».

Las galerías, repletas de gente, clamaban por la inmediata proclamación del emperador. En seguida alcanzó la tribuna José Miguel Guridi y Alcocer quien intentó contener la situación exponiendo:

[...] que los poderes de éstos [los diputados] están muy limitados, y tanto, que no podrían sancionar la aclamación que anoche hizo el ejército y pueblo de esta ciudad, de emperador en el héroe inmortal D. Agustín de Iturbide, sin exponerse á que se quiera anular por esta falta, por lo que suplicó encarecidamente, se tenga un poco de espera, ínterin se ocurre respectivamente á las provincias[26].

Era ésta una forma de ganar un poco de tiempo. Todo iba demasiado rápido. Algunos diputados apoyaron la propuesta de Guridi presentándola por escrito. Los diputados insistían en que la soberanía recaía en todo el pueblo mexicano y no sólo en el de la capital, y por tanto, se debía consultar a las provincias antes de tomar ninguna decisión. Su proposición incluía el nombramiento de Iturbide como único regente y depositario de todo el poder ejecutivo. Todo fue inútil. No se aceptó. Cada vez que un diputado tomaba la palabra para pedir tiempo o paciencia, el pueblo, desde las galerías, abucheaba sus intervenciones y no dejaba de gritar.

A continuación, Valentín Gómez Farías, diputado por Zacatecas, presentó otra propuesta firmada por la mayoría de diputados presentes en la que se admitía que el Congreso podía nombrar a Iturbide como emperador, puesto que así lo permitía el artículo tercero de los Tratados de Córdoba. Se argumentaba que si la monarquía hispana había rechazado la oferta realizada a Fernando VII para reinar en el imperio mexicano, el Congreso quedaba libre para designar emperador. Como sabe-

---

[26] ACCM, 19 de mayo de 1822, p. 283.

mos, las noticias de la anulación de los Tratados de Córdoba por parte de las Cortes instaladas en la península ya habían llegado a México. Este acto se interpretaba como la renuncia de la dinastía borbónica a aceptar el trono mexicano. Sin embargo, se ponía una condición: «que nuestro Generalísimo Almirante se ha de obligar en el juramento que preste á obedecer la constitución, leyes, ordenes y decretos que emanen del soberano Congreso mexicano». Emperador sí, pero constitucional[27].

Los diputados que subían a la tribuna para apoyar la inmediata proclamación de Iturbide eran aplaudidos en sus discursos y vitoreados desde las galerías. Por el contrario, aquellos que intentaron reclamar prudencia y serenidad vieron sus discursos inacabados por el rumor de desaprobación que cubría la sala. Algunos exigieron libertad para poder expresar sus opiniones sin conseguir que el bullicio y el desorden en las gradas minorasen cuando tomaban la palabra. Reproducimos sólo una parte de uno de los discursos, el último que se pronunció en este sentido por parte del diputado de Durango, José Ignacio Gutiérrez:

> No hay duda Señor, en que las provincias nos ampliarán los poderes, y darán las instrucciones necesarias sobre la forma de gobierno que debemos adoptar; y tampoco la hay en que respecto de que será éste monárquico constitucional, las sienes de V.A.S. serán las únicas, sobre que dignamente pondremos todos los diputados la corona del Imperio... (El murmullo de las galerías suspendió por unos momentos el discurso). Ya desde ahora se está aquí gritando: *viva el Emperador, viva Agustin primero*; pero, serenísimo señor, V.A. mismo ha dicho en su enérgica proclama, *que al resto de la nación corresponde aprobarlo ó reprobarlo*, y éste mismo pueblo acaba de oír de los labios de V.A.S. que doscientas mil almas que tendrá esta capital, no son los ocho millones que tendrá todo el imperio... Con poderoso apoyo insisto pues, Señor, (al Congreso) en que se consulte á las provincias [...][28].

Concluido el discurso se procedió a la votación que fue secreta. El resultado favoreció la inmediata proclamación de Iturbide como emperador por 67 votos frente a los 15 que preferían la consulta a las provin-

---

[27] Sobre la coronación de Iturbide como emperador y las ceremonias de legitimidad del poder en México ver Frasquet, 2004b, pp. 255-276.
[28] Frasquet, 2004b, p. 301.

cias. Es interesante destacar que no era el número total de diputados que había acudido a la sesión. Según se inserta en una nota en las *Actas*, algunos diputados salieron antes de la votación «unos fiados en que habían firmado la proposición leída por el sr. Farias y otros por que se hallaban esparcidos en los gabinetes de distracción». ¿Fue tal y como redacta el secretario o algunos abandonaron la sala para no tener que votar la proclamación de Iturbide[29]? No lo sabemos, lo cierto es que el número total de votos fue de 82, insuficiente para llegar al quórum necesario que se exigía en el Congreso para aprobar un asunto. La falta del mínimo requerido será esgrimida posteriormente para la anulación de la coronación por parte del Congreso en 1823.

Pero en ese momento, Iturbide contaba con otro respaldo. El ejército había sabido atraer a una parte del pueblo en favor del emperador. Los suboficiales habían reclutado hombres en los barrios más pobres de la ciudad del sur y sudeste, aglutinando así al *lumpen-proletariado* que acompañó al golpe de esa noche. Así lo describía uno de los testigos del momento:

> El regimiento número 1 de infantería, acaudillado por un sargento llamado Pío Marcha, salió por las calles a las ocho de la noche del dieciocho de mayo proclamando al emperador agustín I; siguieron su ejemplo los demás cuerpos y se pusieron en movimiento los barrios. Por todas las calles se esparcieron pelotones de aquella clase de gente que en México se conoce con el nombre de *léperos*, semejante a los *lazzaroni* de Nápoles, aclamando a Agustín i y haciendo que se iluminase las casas [...][30].

Ejército y Pueblo. Dos pilares en los que se apoyaría la actuación de Iturbide a partir de entonces[31]. Tras su oficial proclamación, Iturbide

---

[29] Ávila, 2004a, afirma sin ninguna prueba (p. 112) que los diputados opuestos a Iturbide intentaron boicotear la sesión al no asistir a ella y cifra en 62 el número de votos a favor de la proclamación imperial de forma errónea, puesto que las actas expresan con claridad que fueron 67.
[30] Arrangoiz, 1985, p. 313. Facsímil de la primera edición Madrid, 1871-1872.
[31] En sus *Memorias* Iturbide dijo que el Congreso no se atrevía a apartarlo de la Regencia porque «temía ser desobedecido por el ejército y el pueblo, entre los cuales sabía el concepto de que yo disfrutaba». Citado en Cuevas, 1947. También citado en Di Tella, 1994, p. 133.

ocupó el lugar bajo el solio reservado para el emperador de México y el público presente le brindó una ovación que duró más de un cuarto de hora. De esta forma, comenzaba una nueva etapa en el Congreso marcada por la concentración de mayores poderes en la persona de Agustín I.

Ante estos acontecimientos debemos preguntarnos: ¿fue realmente espontánea esta aclamación? Creemos que no. Las tensiones acumuladas entre el legislativo y el regente culminaron en la discusión sobre el cupo miliciano que hemos analizado. El ejército era el pilar en donde se apoyaba Iturbide, donde había hecho carrera militar y quien creía le había ayudado a que su movimiento por la independencia triunfara por las armas. Pero además, recordemos que a principios de abril el Congreso había sustituido a los miembros de la Regencia más cercanos a él[32]. Mientras, la sombra de la república planeaba sobre México, a principios de mayo el regimiento de caballería número 11 comandado por Nicolás Bravo solicitaba la adopción de la forma republicana de gobierno mientras el brigadier Felipe de la Garza hacía lo propio en una representación firmada en Soto la Marina el 16 de mayo. Por si esto fuera poco, el día 18 en sesión secreta, el Congreso aprobaba el reglamento que dictaba la incompatibilidad del mando militar con el de regente[33]. Es decir, ya no ostentaría el título de Generalísimo de los Ejércitos imperiales. La cuestión no era baladí. ¿Cómo encabezaría Iturbide un estado sostenido militarmente si no era jefe del ejército? La exigencia de un ejército de 36.000 hombres no era sólo una cuestión de números. Iturbide estaba construyendo la fuerza que le ayudaría a consolidar su poder como emperador de México. Y es que el modelo de estado del liberalismo moderado era, para el regente, algo muy similar a la Francia de Napoleón. Y para ello necesitaba de la fuerza permanente y del apoyo incondicional de sus oficiales.

Por estas razones no nos parece ninguna casualidad que la proclamación de Iturbide como emperador se diera la noche del 18 de mayo. La historiografía del período ha pasado por alto esta relación, interpretando este acto como una manifestación de poder y ambición por parte del

---

[32] La nueva Regencia elegida en sesión secreta se presentó en la sesión del 11 de abril de 1822 y estaba formada por Agustín de Iturbide, José Isidro Yáñez, Manuel de Heras Soto, Nicolás Bravo y Miguel Valentín. ACCM, 11 de abril de 1822, p. 21.

[33] Di Tella, 1994, p. 128.

regente[34]. Sin embargo, no es posible entender el desarrollo posterior de la construcción del estado mexicano si no apreciamos en su contexto el inicio revolucionario del Congreso y la fase moderada que supone el reinado de Agustín I.

Lo sucedido en aquellos días de mayo ha pasado a la historia como una lucha entre *iturbidistas* y los no partidarios del emperador[35]. Sin embargo, fue algo más. Era la lucha por un estado construido desde presupuestos liberales pero de forma revolucionaria o la afirmación de los moderados en el poder con un centralismo exacerbado que controlaría mediante la fuerza armada toda la nación, conteniendo, moderando la revolución liberal desde sus inicios.

---

[34] Como Anna, 1991. Una excepción a esta interpretación y que ya apunta algunas ideas en este sentido es Di Tella, 1994.

[35] Desde que Carlos María Bustamante acuñara el término en su *Diario histórico*, se ha repetido constantemente sin dar explicación ninguna de a quiénes se refiere. En realidad, los partidarios de Iturbide no sólo lo eran de su persona, sino que defendían el modelo de estado liberal-moderado que éste representaba en aquellos momentos. Por otro lado, Bustamante colocó frente a éstos a los *borbonistas*, incluyendo en ellos a todos los que no participaban del proyecto de coronar emperador a Iturbide. Un error que se ha asumido sin investigar a fondo el período y sus personajes por parte de la historiografía. Ver Anna, 1989, pp. 185-199; Salinas Sandoval, 1999, pp. 81-92; Sordo Cedeño, 2003, pp. 115-153.

MILICIA Y POLÍTICA EN LA CIUDAD DE BUENOS AIRES DURANTE LA GUERRA DE INDEPENDENCIA, 1810-1820

Gabriel Di Meglio
Universidad de Buenos Aires/Conicet

El estudio de la milicia en las ciudades iberoamericanas del período independentista es fundamental tanto para comprender la configuración militar de los conflictos bélicos de la época como para dilucidar las características de la vida política, dado que esa organización funcionó como un vehículo de participación de los integrantes de los sectores medios y subalternos de las sociedades urbanas. Esta presentación se ocupa de ambas cuestiones, la estructura miliciana y su función política, en la ciudad de Buenos Aires en la década posterior a la Revolución de Mayo de 1810, en la cual la hasta entonces capital del Virreinato del Río de la Plata se transformó en uno de los centros que dirigió la Guerra de Independencia en América del Sur.

I

La importancia de la milicia urbana en Buenos Aires había sido mínima en el período colonial, pero la derrota de la invasión inglesa de 1806 generó un enorme entusiasmo colectivo en la ciudad y dio lugar a la creación de varios cuerpos milicianos voluntarios que agruparon a la mayoría de la población masculina en edad de combatir (se alistaron más de 7.500 hombres sobre una población total de alrededor de 40.000 personas, incluyendo mujeres). El ordenamiento siguió la reglamentación de Carlos III: incluyó a varones entre 16 y 45 años y se organizó por arma, lugar de origen y color de piel de sus miembros. Se formaron tres batallones de patricios –nacidos en Buenos Aires–, un batallón de *arribeños* –originarios de las provincias «de arriba», al norte del virreinato–, un batallón de infantería y un cuerpo de artillería de *naturales y castas* –diferenciados en indios, pardos y morenos libres–, cinco tercios de peninsulares, *vizcaínos, andaluces, gallegos, catalanes* y *montañeses* (cántabros). Se organizaron también un cuerpo de granaderos, uno de artilleros y uno de esclavos armados con lanzas y cuchillos, además de unidades de caballería reclutadas principalmente en las quintas cercanas a la ciudad y en la campaña circundante. Los oficiales fueron elegidos por la tropa, la cual estaba formada principalmente por integrantes de la plebe urbana, particularmente en los cuerpos integrados por criollos (cuando los patricios necesitaron un uniforme, el Cabildo decidió costeárselos, puesto que se trataba «en su mayor parte de jornaleros, artesanos y menestrales pobres»)[1]. El equipamiento y los salarios de los milicianos se convirtieron en dos de los gastos más importantes de la Real Caja de Buenos Aires, y puesto que estaba establecido que el miliciano en actividad recibía una paga, el *prest*, para muchos plebeyos el servicio se convirtió en un medio de subsistencia estable[2].

Los nuevos regimientos y batallones –junto al resto de la población porteña– obtuvieron en 1807 una nueva victoria sobre un segundo intento británico de ocupar la ciudad. Al año siguiente, la invasión napoleónica a España modificó el sistema europeo de alianzas e hizo innecesario el mantenimiento de un aparato militar tan amplio como oneroso en Buenos Aires. Sin embargo, ninguna autoridad se arriesgó a desmovilizar a la nueva fuerza, cuyo poder se acrecentó en la ciudad por la ausencia del rey en la Península. En enero de 1809, los cuerpos integrados por americanos –los más poderosos por su número– definieron con su presencia armada un conflicto entre el Cabildo y el virrey a favor de éste, hecho inédito que además implicó la desaparición de la mayor parte de las unidades formadas por peninsulares, que se habían alineado con el ayuntamiento. En mayo del año siguiente, tras la llegada de las noticias de la caída de la Junta Central de Sevilla y la erección de un Consejo de Regencia, el apoyo de la milicia –ahora integrada por poco más de 3.300 hombres– fue fundamental para que un grupo de revolucionarios desalojara al último virrey de su cargo y creara una Junta de Gobierno, que fue presidida por Cornelio Saavedra, el comandante del regimiento más potente, el de patricios.

La milicia fue uno de los medios de los que la Junta se valió para afianzar su posición. Una buena parte de los oficiales estaba en la primera fila de revolucionarios y esto aseguró en buena medida la adhesión de

---

[1] Citado en Beverina, 1992, p. 336.
[2] Halperín Donghi, 1978.

su tropa, que solían considerar prestigiosa. Además, jefes y soldados compartían la condición de españoles-americanos, dato que se volvería crucial poco después del inicio del proceso, cuando la antinomia con los peninsulares se hizo casi igual a la de revolucionario/contrarrevolucionario. No hubo ninguna oposición, por estas razones, cuando el 29 de mayo de 1810 la Junta convirtió a algunos cuerpos milicianos en regimientos del ejército de línea y los envió a sendas expediciones para hacerse obedecer en el Alto Perú y el Paraguay, comenzó así con la luego llamada Guerra de la Independencia.

Las unidades que permanecieron en Buenos Aires fueron decisivas en la lucha facciosa que pronto dividió a los revolucionarios. En abril de 1811 los cuerpos se movilizaron junto a los miembros de la plebe suburbana para imponer exitosamente cambios en el gobierno, que favorecieron a la facción del presidente Saavedra contra los grupos más radicales[3]. Volvieron a demostrar que su fuerza era decisiva para la disputa política. Pero la organización miliciana nacida en 1806 no viviría mucho más. La profesionalización militar se acentuó con la extensión de la guerra contra los leales al Consejo de Regencia, que comenzó a complicarse durante 1811, y el gobierno –el Triunvirato, que había reemplazado a la Junta– impulsó medidas para limitar el poder de la milicia urbana[4].

La principal reacción contra ese proceso se dio en el regimiento de patricios. El líder revolucionario Manuel Belgrano, quien había sido otrora sargento mayor del cuerpo, fue nombrado su comandante a fines de 1811 e inició cambios disciplinarios, amenazando con cortar la tradicional trenza que usaban los miembros del regimiento a quienes se mostraran díscolos. El resultado fue que, el 7 de diciembre,

> se levantaron los sargentos, cabos y soldados, desobedecen a sus oficiales, los arrojan del cuartel, insultan a sus jefes, y entre ellos mismos se nombran comandantes y oficiales, y se disponen a sostener con las armas, sus peticiones, que hicieron al gobierno por un escrito presentado, en donde pedían una tracalada de desatinos, imposibles de ser admitidos, siendo entre ellos la mudanza de sus jefes, y nombrando a su arbitrio otros[5].

---

[3] Ver Di Meglio, 2003a.
[4] Loza, 1941.
[5] Beruti, 2001, p. 191.

El episodio comenzó cuando, ante la ausencia de varios soldados en la lista realizada en el cuartel del cuerpo la noche del 6 de diciembre, el teniente don Francisco Pérez anunció que cortaría el cabello de aquel que faltase a otra lista. La trenza era un distintivo exclusivo del cuerpo, y cuando el teniente lanzó su amenaza, un soldado dijo que «eso era quererlos afrentar», otro que «primero iría al Presidio» y algunos gritaron que «más fácil les sería cargarse de cadenas que dejarse pelar»[6]. Informado, Belgrano recorrió el cuartel, hallando todo en calma, y dijo a Pérez que «si se movían los acabasen a balazos», pero no pudo evitar que a poco de haber partido estallara la sublevación. En el recinto había unos 380 integrantes de un cuerpo que contaba con un total de 1.176 miembros de tropa[7]. Belgrano regresó pero fue repudiado; tras su retirada, los soldados se armaron, tocaron el tambor para congregarse en el patio y liberaron a los presos que se encontraban en el cuartel, al tiempo que obligaron a los oficiales a abandonarlo.

Fueron exclusivamente sargentos, cabos y soldados los que dirigieron los reclamos. Los amotinados alcanzaron a las autoridades un petitorio redactado por algunos cabos del regimiento. El obispo de Buenos Aires primero, y luego algunos miembros del gobierno y personalidades influyentes iniciaron negociaciones, exigiendo que abandonaran las armas para tratar el petitorio. Pero los sublevados se mantuvieron férreos en su posición. El soldado Juan Herrera sostuvo «que no se dejaban engañar» y que si no les aceptaban el petitorio era mejor «morir como chinches». En un momento se empezó a intercambiar disparos y las tropas leales al gobierno que sitiaban el cuartel comenzaron un muy violento ataque; en un cuarto de hora los patricios se rindieron[8]. Al menos ocho de los rebeldes murieron en el combate y cuatro sargentos, tres cabos y cuatro soldados fueron «degradados, pasados por las armas, puestos á la espectacion pública»; ninguno de ellos era llamado *don*, título que sí recibían los oficiales del cuerpo[9]. Otros diecisiete integrantes de la tropa fueron

---

[6] Citado en Fitte, 1960, pp. 86 y 87. Declaraciones de Pérez y el sargento Domingo Acosta. La causa judicial que se levantó al terminar el episodio se encuentra en manos privadas y no en archivos públicos, con lo cual se hace referencia a ella a través de las citas que consignó Fitte.
[7] Ruiz Moreno y De Marco, 2000.
[8] Fitte, 1960, pp. 91, 100-108, 121 y 125.
[9] *Gaceta de Buenos Aires 1810-1821*, t. III, p. 49.

penados a diez años de presidio (sólo un oficial, alférez, fue condenado a dos años de prisión por una participación menor). Sus jueces fueron los mismos miembros del Triunvirato, quienes justificaron la pena capital como un modo de evitar la anarquía. Dos compañías de granaderos y una de artilleros del cuerpo fueron disueltas por haber iniciado el movimiento. El regimiento, el más prestigioso de Buenos Aires, pasó de ocupar la primera posición del ejército a la quinta posición y el término patricios fue extendido a todos los cuerpos militares.

Para entender la férrea determinación de los dirigentes del motín es necesario examinar el petitorio que se elevó al gobierno. En su primer punto se define la clave de la protesta: «Quiere este cuerpo que se nos trate como a fieles ciudadanos libres y no como a tropa de línea»[10]. Los implicados actuaron al sentir que sus derechos como milicianos no eran respetados, lo que permite explicar su intransigencia en las negociaciones pese a estar rodeados de fuerzas mucho más numerosas. El cuerpo era el más importante de la ciudad hasta ese momento, pero era miliciano, es decir, integrado por los habitantes de la ciudad y no por soldados veteranos. El entusiasmo despertado por las victorias sobre los británicos y por la Revolución, que había permitido movilizar a parte de los patricios en las primeras campañas de 1810, evidentemente se había ido apagando cuando la guerra empezó a prolongarse. El proceso de profesionalización del ejército implicaba una homologación creciente de los cuerpos militares y el lugar privilegiado que los patricios habían detentado hasta ese entonces se perdía gradualmente. De ahí que el cortarles las trenzas fuese una afrenta para sus integrantes. Si los oficiales al parecer aceptaron los cambios, que de todos modos les garantizaban su posición en la nueva estructura, entre la tropa la percepción parece haber sido muy diferente y sus integrantes se sintieron atacados en sus derechos.

En los puntos siguientes del petitorio, los rebeldes solicitaban un cambio en la oficialidad, proponiendo principalmente al capitán Juan Pereyra, quien había integrado el cuerpo, como coronel en lugar de Belgrano. Más que señalar que aquel organizara el movimiento –no fue siquiera sospechado por el gobierno– la demanda indica la misma situación: recuperar a un oficial respetado, que «tenía en el cuerpo de Patri-

---

[10] Fitte, 1960, p. 92.

cios más prestigio que Saavedra», como forma de volver al pasado reciente. Elegir oficiales era precisamente lo que los milicianos habían hecho en el momento de la formación de los cuerpos, con lo cual no había nada novedoso en el reclamo[11].

Un último aspecto a resaltar del *motín de las trenzas* es que en el conflicto apareció fugazmente en juego la diferencia social entre los oficiales y la tropa. Cuando el teniente Pérez replicó a un soldado que si cortarles el pelo era una afrenta, «él también estaría afrentado pues se hallaba con el pelo cortado», otro soldado, «en tono altanero», le gritó «que él tenía trajes y levitas para disimularlo»[12]. El autor de esta frase fue arrestado y el eje del posterior motín estuvo en el otro aspecto recién consignado, pero el episodio llama la atención acerca de otro antagonismo velado, de corte social y expresado aquí en la vestimenta. Indudablemente, el hecho de que fuera la tropa, sin intervención de la oficialidad, la que dirigiese el motín tuvo mucho que ver con la velocidad de la respuesta gubernamental y con el ataque furibundo a poco de haber empezado el problema; de ahí también la fuerte represión a los cabecillas. El episodio marcó el final de las formas de militarización urbana creadas durante las invasiones inglesas y, por ende, del relativo grado de democratización que había acompañado a su surgimiento[13].

II

Tras el eclipse que sufrió después del fracaso del *motín de las trenzas*, la milicia comenzó a ser restaurada para asegurar la defensa de Buenos Aires. La organización fue diferente a la previa: un primer intento, en marzo de 1812, la ordenó de acuerdo a una división de la ciudad en sur y norte marcada por la céntrica calle de las Torres (actual avenida Rivadavia). Sin embargo, había «infinitos que se han alistado donde les ha dictado su expontanea voluntad», y era difícil modificar ese dato porque «los hombres son libres, y por servir no se comprometen por respetar del que manda, y si solo por que se conosen lo util para nuestra feli-

---

[11] La cita es de la autobiografía de Domingo Matheu, citada en Fitte, 1960, p. 99.
[12] Citado en Fitte, 1960, p. 72.
[13] Halperín Donghi, 1978.

cidad, ó por mui de serca ven los males que amenazan á la Patria». Los oficiales fueron elegidos, recuperando la tradición posterior a las Invasiones Inglesas, por los «ciudadanos», que eran a su vez voluntarios[14]. En septiembre de ese año el gobierno les dio una entidad más definida, cuando decidió

> la creacion de tres Regimientos de Milicias Civicas que cubran los interezantes obgetos de nuestra defensa en las actuales circunstancias ... pase al Estado Mayor el competente numero de Padrones de los habitantes de que se compone en las clases de *vecinos españoles y extrangeros del centro de la Ciudad, Pardos y morenos libre y Quinteros* que la circulen[15].

Se organizaron así los tercios cívicos, que al principio contaron con poca capacidad operativa y estuvieron muy mal armados. A los pocos meses, el gobierno propuso al Cabildo compartir el costo de la comida de los milicianos cuando estaban de guardia, porque como no se les brindaba, se iban a comer a sus casas y se generaban desórdenes[16]. Hubo además problemas en los barrios, puesto que se reclutaban como cabos de los tercios a los tenientes alcaldes de cada manzana, lo que generó en 1814 una intervención del intendente de policía para que mantuvieran su cargo barrial por sobre el de la milicia. Es que en esos primeros años el lugar de los cuerpos era secundario.

Muchos plebeyos que no fueron clasificados como *vagos* –en cuyo caso hubiesen sido incorporados al ejército regular durante la gran presión reclutadora que se dio en la ciudad entre 1812 y 1815– ingresaron a esta nueva fuerza. Sin duda, la designación de *vago* era altamente situacional y eran los alcaldes de barrio los encargados de perseguirlos, tarea que según el gobierno cumplían pésimamente. Es muy probable que las autoridades hubiesen considerado *vagos* a muchos de los habitantes de los cuarteles que no fueron denunciados por los alcaldes. Pero para éstos, que articulaban al barrio con las exigencias gubernamentales, su propia influencia podía depender de cómo manejaran esas demandas

---

[14] Archivo General de la Nación (en adelante AGN), sala X, legajo 3-3-7, Guardia Cívica, nota de Martín Galán.
[15] *Acuerdos del Extinguido Cabildo*, t. 5, p. 330.
[16] *Acuerdos del Extinguido Cabildo*, t. 5, p. 416 (4 de diciembre de 1812).

sobre la población. Las relaciones barriales eran muy importantes: los prisioneros que pedían su libertad asegurando que podían probar que merecían un «buen informe del vecindario y Alcalde» solían obtenerla, dado que eso constituía una prueba para las autoridades[17].

Lo que garantizaba la entrada en la milicia no era tanto tener una ocupación como contar con un domicilio y las relaciones que ello otorgaba[18]. Los milicianos se consignaban en un padrón y tenían una papeleta que lo señalaba. Consignamos un ejemplo (son muy difíciles de hallar) del tercer tercio:

> Quartel n. 5 manzana 113, frente al 2 L. Brigada de Infanteria Civica 3er Batallon de Pardos y Morenos Compañia de Cazadores. El Ciudadano Martiniano Alzogaray natural de Santo Domingo Soriano edad 18 años oficio zapatero soltero se halla alistado y sirviendo en ella. Buenos Ayres 1º de Junio de 1819[19].

Claro que en una ciudad en la que los sectores bajos cambiaban de residencia constantemente, la cuestión del domicilio podía hacerse problemática. Sin embargo, es muy probable que se tomara una vez y se mantuviera esa referencia a pesar de las sucesivas mudanzas. Lo que importaba era ser considerado domiciliado por quienes realizaban el padrón de la milicia y quienes llevaban adelante las levas contra los *vagos*.

Si la milicia de 1806 se había ordenado de acuerdo con el lugar de origen de sus integrantes, la creada en septiembre de 1812 lo hizo separando al centro de los suburbios y a la población blanca de la parda y negra. Por ello, las disimilitudes sociales se reflejaban notoriamente en su composición. Conforme a la nueva organización, el primer tercio reunía a la gente del centro, el tercero a pardos y morenos libres de toda la ciudad, y el segundo a *quinteros*. Pero los integrantes de este último fueron en realidad los habitantes de los barrios urbanos alejados del centro, como se descubre al explorar la composición del cuerpo, comenzando por su oficialidad.

---

[17] La cita proviene de la petición de Juan Pablo Balán, AGN, X, 6-6-11, Solicitudes Civiles y Militares.
[18] Cansanello, 1994.
[19] AGN, X, 29-11-6, Sumarios Militares, 410.

Los que llegaron a ser capitanes del segundo tercio eran vecinos de la ciudad, por lo general pulperos. Se ha podido identificar que cuatro de los catorce capitanes que el cuerpo tenía en la segunda mitad de la década tenían una pulpería: José María Mariño, José Bares, Epitacio del Campo y Genaro González, alias Salomón. Éste –no se ha hallado información para el resto– había sido elegido teniente en 1812 por los otros milicianos, lo cual muestra una obvia ascendencia sobre la tropa[20]. Su comercio era un lugar de reuniones numerosas; en 1817 lo denunciaron por «la concurrencia en ella de vagos, y mal entretenidos y fuegos prohividos que permitia, de que dimanaban varios insultos que recivian los vecinos y transeuntes por la Esquina»[21]. La centralidad de su pulpería le sirvió evidentemente para construir un liderazgo en el barrio. Tanto él como Bares y Del Campo se involucraron en las luchas políticas. Los dos últimos participaron en un movimiento el 8 de octubre de 1812 que derribó al Primer Triunvirato y permitió la formación del Segundo; los tres ganaron cierta notoriedad en la segunda mitad de la década de 1810, y se convirtieron por su influencia en lo que un contemporáneo llamó «tribunos de la plebe». Un observador los describió en 1820 como «pulperos pudientes» que lideraban a los «vagabundos del segundo tercio»[22]. Eran individuos *decentes*, que recibían el *don* antes de sus nombres, y que a la vez alternaban con la plebe y compartían varias de sus prácticas. Por ejemplo, Salomón protagonizó una pelea con cuchillo con un peninsular, algo típicamente plebeyo[23]. Los miembros de la elite se batían a duelo pero no se enfrentaban a cuchillazos en las calles. La expresión «sectores medios» es sin duda gráfica para explicar la situación social de estos oficiales.

La pulpería de Salomón se ubicaba en el barrio de San Nicolás, un área que conectaba el centro y las zonas menos pobladas de la ciudad,

---

[20] AGN, X, 3-3-7, Guardia Cívica, nota de Martín Galán.

[21] «Doña Manuela Padron con Don Felipe Lopez por haberle herido un negro», AGN, Tribunal Criminal, legajo J-1/L-1. También se menciona que González y otros cívicos habían sido acusados de robar sandías.

[22] La primera cita en Iriarte, 1944, pp. 244 y 271; la segunda en la carta de Miguel Zañartu a Tomás Godoy y Cruz, citado en Herrero, 2004.

[23] Archivo Histórico de la Provincia de Buenos Aires, 34-2-38, Juzgado del Crimen, 25 (1819).

lindantes con las quintas externas al trazado urbano. En esa periferia se ubicaba la pulpería del capitán Mariño (junto al desolado hueco de Doña Engracia) y la de Del Campo (en el barrio del Retiro); sólo el capitán Bares contaba con una pulpería-café más céntrica (junto a la iglesia de la Merced)[24]. Entonces, cuatro de los capitanes del tercio habitaban en el lado norte de la ciudad, pero tres de ellos en los barrios más alejados del centro, de lo cual se puede inferir que buena parte de los soldados del segundo tercio residía en esa zona. Un dato que contribuye a corroborarlo es que el repartidor de pan Laurencio López, quien vivía junto a la parroquia de San Nicolás, era «cívico de Infantería de la Compañía de Don Genaro Salomón»[25].

El segundo tercio se reclutaba, entonces, en barrios habitados por los sectores medios y la plebe urbana, y aunque es posible que también hubiese integrantes provenientes de los arrabales de «extramuros», no se ha encontrado ninguna información al respecto. Si una gran parte de sus miembros era plebeya, no ocurría lo mismo en el primer tercio, reclutado en la zona residencial de la elite. Por su parte, la tropa del tercer tercio estaba casi exclusivamente constituida por plebeyos, como es lógico. En este cuerpo hubo una innovación con respecto a los milicianos pardos y morenos del período colonial: entre ellos los oficiales habían sido blancos, pero en 1815 se nombraron algunos oficiales «de su clase», es decir, negros[26].

La milicia urbana volvió a cobrar importancia política en el exitoso alzamiento liderado por el Cabildo en abril de 1815 contra el Director Supremo –cargo que había suplantado como forma de gobierno a los triunviratos– Carlos de Alvear. El segundo tercio cívico jugó un rol destacado por su decidida actitud ante el posible ataque del ejército del Director –que era muy impopular– a la ciudad; estaban «resueltos á sepultarse

---

[24] AGN, X, 29-10-4, SM, 213; *Almanaque Político y de Comercio de la Ciudad de Buenos Ayres para el año de 1826*, 1968. En el caso de Bares, es posible que permaneciera en el cuerpo de los barrios más alejados y no en el del centro, el primer tercio, por la primigenia formación de los cuerpos en marzo de 1812, en la que el segundo tercio era el del norte de la ciudad (donde se encontraba su pulpería-café). Seguramente no cambió de cuerpo una vez que se realizó la rectificación por zonas y división racial.

[25] «Causa criminal seguida de orden suprema a varios ladrones...», AGN, Tribunal Criminal, J-1/L-1, 1817.

[26] *Acuerdos del Extinguido Cabildo*, t. 6, p. 500 (27 de mayo de 1815).

antes que entregarse a Alvear»[27]. Adquirieron armas a los buques británicos anclados frente al puerto de Buenos Aires y así consiguieron una capacidad de fuego de la que carecían antes. Alvear se vio forzado a dimitir y poco después se sancionó un Estatuto Provisional por el cual el Cabildo fue nombrado Brigadier Nato de los tercios cívicos, que quedaron a su cargo. Designaba a los jefes y a los oficiales –que luego debían ser aprobados por el gobierno– y les pagaba, al igual que a los cabos y sargentos (en teoría con dinero gubernamental, pero fue el ayuntamiento el que en la práctica asumió los gastos). Todos los habitantes masculinos americanos y extranjeros con cuatro años de residencia –se incluía a los negros y pardos libres nativos o extranjeros en las mismas condiciones que las de los españoles–, que tuvieran entre 15 y 60 años, eran soldados cívicos. Los que cumplían un servicio activo usaban uniforme y los que no, llevaban un escudo con las armas de Buenos Aires (se incorporó entre estos últimos a los «abastecedores de pan, carnes y otros empleados en las administraciones» que hasta entonces no tenían la obligación de integrar la milicia, pero se los volvió a excluir en 1818)[28].

A unos y otros les correspondía acudir al llamado del Cabildo si éste, considerando que «la patria está en peligro», hacía sonar sus campanas y ubicaba una bandera en su torre; los activos tenían que marchar a sus cuarteles y los pasivos a la plaza mayor, llamada Plaza de la Victoria. Los tercios debían obedecer al gobierno, pero si el ayuntamiento declaraba que aquel no había cumplido con el Estatuto Provisional quedaban liberados de esa subordinación[29]. El cuerpo capitular creó una comisión para ocuparse del funcionamiento de «su» milicia, que contaba con 3.079 plazas de infantería en junio de 1815, y se dedicó a vigorizarla. Ante los problemas de recaudación fiscal, sostuvo que «por ningun evento se dé otro destino á dichos fondos que al arreglo de estos Cuerpos civicos aun en el caso de exigirse por el Exmo. Director, para su inversion en las Tropas Veteranas, por ser de primera deducion el apresto de las Cívicas»[30].

---

[27] «Carta de Fray Cayetano Rodríguez a Agustín de Molina» (26 de abril de 1815), citado en Canter, 1944, p. 391.
[28] *Acuerdos del Extinguido Cabildo*, t. 5, p. 508 (6 de junio de 1815) y t. 8, p. 219.
[29] Sáenz Valiente, 1950, pp. 194 y 195.
[30] *Acuerdos del Extinguido Cabildo*, t. 5, p. 503 (29 de mayo de 1815). La cantidad de efectivos en p. 518.

Así, el ayuntamiento formó una fuerza que le respondía y le era fiel, pero a la que no controlaba totalmente. Por un lado, podía tener problemas con ella por cuestiones de dinero. Ya en junio de 1815 al Cabildo le costó conseguir los fondos para pagar el *prest* a los milicianos y en agosto eran «diarios los reclamos que se le hacen por él», hasta que logró abonarlo. Pero además, la milicia podía actuar por fuera de sus intereses: en noviembre de 1816 los capitulares pidieron que se esclarecieran unos rumores que los afectaban –no se conoce su contenido– que habían corrido en una revista de cívicos[31]. A la vez, el segundo y tercer tercio tendrían algunas iniciativas sin su consulta o en su contra, como se verá más adelante.

El Director Supremo recuperó cierta autoridad sobre los cívicos con el Reglamento Provisorio de diciembre de 1817, por el cual empezaba a elegir a los oficiales de la milicia según la propuesta de los jefes de cada cuerpo. Planeó también excluir a esos oficiales del fuero militar –es decir, de la posibilidad de ser juzgados por los mismos militares– del que gozaban al igual que todos los integrantes del ejército regular[32]. La intención gubernamental provocó una enérgica reacción de los damnificados y el malestar dio lugar a un sumario. El sargento mayor del segundo tercio, Juan José Salces, fue acusado porque mientras discutía en el cuartel del cuerpo el problema del fuero con otros oficiales, entre ellos los ya mencionados capitanes Salomón y Mariño, «avanzó y disparó al cuartel del primer tercio, induciendo a subordinarse a la oficialidad de éste». Salomón fue acusado de hablar «en terminos denigrantes y mordaces contra las disposiciones» que se quería aplicar. Él y Salces propusieron «elevar una solicitud o representacion amenasante y contraria a las deliberaciones de la Augusta Corporacion representativa del Estado». En el juicio,

---

[31] Respectivamente *Acuerdos del Extinguido Cabildo*, t. 5, pp. 518 y 562 y t. 7, p. 357.

[32] En julio de 1812 el gobierno decía que los milicianos «deven estar sugetos á la jurisdiccion ordinaria, y respectivos Alcaldes de hermandad y de Barrio» (*Acuerdos del Extinguido Cabildo*, t. V, p. 263), pero en agosto de ese año un decreto sostuvo que no podían ser «arrestados, ó presos fuera de sus respectivos Quarteles», que era lo que ocurría con los soldados veteranos. Los oficiales cívicos estaban «en la posecion del fuero Militar por declaracion del Supremo Director de treinta de Noviembre de ochocientos catorce», *Acuerdos del Extinguido Cabildo*, t. VI, p. 500. Para el fuero véase Barreneche, 2001, p. 88.

varios oficiales coincidieron en la preocupación por la cuestión foral y en que Salomón, quien estaba seguro de «que les quitarían el fuero», decidió ir a ver al comandante del tercio para hacer un reclamo. Finalmente nada ocurrió y los implicados no llegaron a apelar a las tropas; el Director Supremo decidió que todos eran fieles servidores de la patria y se los puso en libertad[33]. El pequeño incidente, y el que no se lo haya castigado ni se aboliese el fuero, muestra el grado de poder que los cívicos detentaban en la ciudad, aumentado por el hecho de que el grueso de las fuerzas regulares se encontraran combatiendo lejos de la capital.

Así como en la segunda mitad de la década de 1810 el gobierno central, ante la imposibilidad de solventar la movilización bélica en toda su magnitud, fue delegando en las diferentes regiones de la Provincias Unidas de Sudamérica esa función en personajes locales –origen de los caudillos posteriores[34]–, en la capital también cedió poder en el Cabildo y las milicias. Éstas tendrían un papel destacado en Buenos Aires durante el período de agonía del sistema creado por la Revolución.

III

En febrero de 1819 el gobierno central enfrentaba fuertes dificultades para hacerse obedecer en los territorios que en teoría controlaba. El Director Supremo José Rondeau decidió enviar a la mayoría de las tropas regulares que se encontraban en Buenos Aires a combatir a la disidencia confederacionista conducida en el Litoral por José Artigas, y resolvió movilizar a la milicia para defender la ciudad. El Cabildo convocó para una revista en la Plaza de la Victoria al tercer tercio cívico, integrado por pardos y morenos, pero trascendió que quería hacerlos acuartelar. Esto se enfrentaba con la tradición de la milicia de servir sin abandonar la residencia en los domicilios particulares. Dentro del cuerpo se generalizó «la Voz que corria de que los querían aquartelar y hazer Veteranos», y dos pasquines en contra de esta medida aparecieron pegados en las paredes del cuartel del tercio[35]. Los milicianos se presentaron

---

[33] AGN, X, 30-2-6, SM, 846.
[34] Halperín Donghi, 1994.
[35] AGN, X, 30-3-4, Sumarios Militares, 957. Declaración del barbero Hermenegildo Andújar.

a la revista armados con sus fusiles, no aceptaron realizarla en el lugar elegido por el Cabildo y obligaron a los funcionarios a efectuar el encuentro en la Plaza de Monserrat, en el corazón de la zona de residencia de la población negra de la ciudad. Una vez allí,

> dispuso el Exmo Cabildo que se formase quadro lo que se verificó y entrando el Cabildo en el Señor Alcalde de Primer Voto tomó la voz y arengó al Tercio haciéndole saber la resolucion Suprema y las razones poderosas que havía para disponer el que se aquartelasen al Sueldo, a lo que todos contestaron tumultuosamente que no querian siguiéndose a esto una descompasada grítería la que obligo a hacer tocar un redoble imponiendo silencio: que entonces dispuso el Exmo Cabildo que por medio de los Sargentos y Cavos se presentasen y dijesen cuanto querian decir pero que se sosegasen y guardasen silencio: que a esto salieron varios cabos y sargentos y hicieron presente que de ningun modo querian los ciudadanos consentir en ser aquartelados que estaban haciendo un Servicio bastante activo pero que si era de necesidad aun se les pensionase mas que lo harian gustosos menos permitir el ser aquartelados: que a esto accedio el Exmo Cabildo y entonces el Sargento Mayor despues de tomar la venia correspondiente mando desfilar la compañia de Granaderos y a los demas sovre esta para que se retirasen pero que aunque asi lo verificaron al poco rato se sintió un tiro a este se siguieron barios unos con bala y otros sin ella como dando a saver que ya havian sido prevenidos[36].

En el sumario posterior se sostuvo que la agitación provino de que «en el quartel fueron aconsejados todos los soldados por los sargentos y cabos para que no permitiesen ser aquartelados, por que despues les harian veteranos». Durante la revista, «mientras hablaba el Cavildo, los cabos y sargentos, por que eran pagados, no les dixeron nada, pero los miraban y hacian señas con los ojos, para que quando acabasen de hablar gritasen todos *no queremos*»[37]. Era común que muchos suboficiales de la milicia fueran veteranos, particularmente entre los pardos y morenos.

Los implicados expusieron con claridad su posición ante la violación de sus derechos milicianos: un cabo de activo papel en la protesta sostu-

---

[36] AGN, X, 30-3-4, Sumarios Militares, 957. Declaración del teniente coronel don Nicolás Cabrera.

[37] AGN, X, 30-3-4, Sumarios Militares, 957. Declaración del granadero José Igarrabal.

vo «que la compañia de Granaderos quería seguir haciendo el Servicio como antes, y que aun les recargasen el Servicio si esto era necesario pero que no combenian en ser acuartelados», al tiempo que un soldado comentó a su capitán: «no es tumulto... queremos pedir lo que es de derecho»[38]. Otro granadero dijo que en la plaza nadie le aconsejó gritar, sino que «grito y desobedecio por su propio motibo y por seguir a los demas siguio con la grita y oposición»[39]. Es decir, para los milicianos del tercer tercio su reclamo era legítimo y no consideraban que hiciesen un *tumulto*, que era la forma en que la elite y las autoridades solían llamar a una movilización con presencia plebeya no regulada, más allá de sus motivos.

Esa fuerte decisión hizo continuar la movilización una vez terminada la revista del Cabildo, cuando un grupo comenzó a organizar una reunión armada para esa noche. El argumento era que las autoridades querían «desarmarlos y que era preciso, y se iban a reunir a las 10 de la noche en el hueco de la concepcion al oir un tiro, en donde debian morir si iban veteranos», y que para la ocasión «habian comprado cartuchos a los soldados veteranos». Creían además que recibirían la adhesión del segundo tercio cívico, que finalmente no se produjo[40].

Ciertas expresiones más radicales se hicieron presente (según un preocupado cronista, «sus miras se adelantaban a más altos fines»). Algunos propugnaban «resistir el que los desarmasen y para irse acia las quintas» de los alrededores de la ciudad[41]. Un oficial arrestó a Santiago Manul, a quien un tendero denunció:

> habiendo visto reunidos en la puerta de mi tienda varios negros changadores ablando del suceso acaecido el 4. fixe mi atencion y presencie, que el negro Santiago Manul, con mucha energia, y bastante insolencia, mientras los otros esta-

---

[38] AGN, X, 30-3-4, Sumarios Militares, 957. Declaraciones del cabo Pedro Duarte y del capitán Sosa.
[39] AGN, X, 30-3-4, Sumarios Militares, 957. Declaración de un granadero (no hay nombre) que era carpintero.
[40] AGN, X, 30-3-4, Sumarios Militares, 957. Declaraciones de Igarrabal y del soldado Juan Manuel de la Rosa. El hueco de la Concepción era otro centro residencial de población negra.
[41] AGN, X, 30-3-4, Sumarios Militares, 957. Declaración del granadero Segurola. La primera cita en Beruti, 2001, p. 297.

ban callados les decia 'aqui, no tenemos Padre ni Madre, vamos a morir en defensa de nuestros derechos. El Govierno es un ingrato, no atiende a nuestros servicios, nos quiere hacer esclavos, yo fui con seis cartuchos al quartel y por el momento consegui quien me diese muchos', agregando a esto mil expresiones que la decencia no me permite estampar[42].

Pese a que nadie murió *en defensa* de sus *derechos*, la idea circuló entre *negros changadores*, miembros de la plebe. Santiago Manul reclamaba por los *derechos* no respetados y acusaba al gobierno de *ingrato* porque *no atiende a nuestros servicios*. Es decir, no reconocía lo que era costumbre ni el hecho de haber estado preparados para luchar durante años. A la vez, identificando al acuartelamiento con la esclavitud ante un grupo de negros, se realzaba el antagonismo con las autoridades.

Los rumores permitieron a los oficiales enterarse del encuentro nocturno, cuya realización procuraron en vano impedir. La reunión tuvo lugar en el hueco de la Concepción, pero los asistentes fueron desarmados y apresados por cívicos de caballería y vecinos armados que los sorprendieron. Enseguida «se echó un bando imponiendo pena de la vida al negro que se encontrase armado» y se capturó a algunos implicados, aunque otros huyeron[43]. Finalmente, el Director Supremo decidió indultar a todos para que volvieran a sus casas y a su tercio.

Ese perdón explicitaba la debilidad del gobierno en un momento de fuerte crisis general del sistema revolucionario. Pero las causas del motín fueron el derecho miliciano y el conocimiento de otros episodios levantiscos de la Revolución, que se hizo patente ante una pregunta que el tribunal hizo a algunos de los implicados: «Quantas commociones ha bisto desde que comenzó la rebolucíon y si há visto y palpado los castigos». La respuesta del soldado Remigio Rodríguez fue: «commociones que ha oido son las de Patricios y la que ha bisto ha sido la de Alzaga en las que la pena que se ha impuesto ha sido segun ha oido y bisto la de muerte y que en la Primera segun ha oido decir fueron nuebe y en la Segunda bio unos cinco o seis y los demas oyo decir que fueron muchos»[44]. Otro sol-

---

[42] AGN, X, 30-3-4, Sumarios Militares, 957. Declaración de Manuel de Irigoyen.
[43] Beruti, 2001, p. 297; AGN, X, 30-3-4, SM, 957. Informe de la partida de caballería.
[44] AGN, X, 30-3-4, SM, 957. Declaración de Remigio Rodríguez. La conspiración de Álzaga fue un fallido intento contrarrevolucionario llevado a cabo por varios penin-

dado dijo que *vio* las de «Patricios, Alzaga, y Albear» y que en todos los casos había habido penas de muerte (no fue así en el movimiento que derrocó a Alvear, pero es significativo que el soldado lo recordara de esa manera)[45]. El tribunal apeló a esa memoria para amedrentar a los interrogados con la evocación de las penas sufridas por los protagonistas de los alzamientos. Pero el recuerdo de los movimientos pasados pudo también haber contribuido a generar el alzamiento del tercio, puesto que si se trataba de un hecho inédito en el cuerpo de pardos y morenos, no ocurría lo mismo en la milicia.

La reivindicación de un derecho tradicional de los milicianos presentaba una situación compleja para el gobierno, al igual que había ocurrido con los patricios en 1811: plebeyos armados –pues quienes integraban las tropas y la suboficialidad del tercio eran todos negros, ninguno era llamado *don*– desobedecían a las autoridades, que en la crisis de 1819 no podían reprimirlos como antes, sino tan sólo contenerlos. Hubo, asimismo, un elemento novedoso en este motín: sus protagonistas fueron exclusivamente negros. La cuestión racial se hizo presente en segundo plano, se vio en el caso de Santiago Manul y fue consignada por un vecino: «Don Pedro Lesica observó en la tarde del jueves que un negro velero y cojo se distinguio en sus gestos y amenasas a los Blancos»[46]. ¿Era ese vendedor de velas un miembro del tercio o se agregó a la agitación viendo a los morenos en armas? No es posible dilucidarlo, pero de todas formas, la percepción de una animosidad contra los *blancos* contribuyó seguramente a hacer más conflictivo el episodio para las autoridades y los vecinos que participaron en su contención. Es indudable que en la virulencia con que se defendió el derecho miliciano se canalizaban también tensiones sociales y raciales. Pero en esta ocasión, y en todo el período iniciado en 1810, la conflictividad social y racial se expresó en la ciudad de Buenos Aires a través de la disputa política.

La presencia poderosa de la milicia urbana volvió a explicitarse en los conflictos facciosos que sucedieron a la caída del gobierno central

---

sulares en julio de 1812. Su líder –luego fusilado– fue Martín de Álzaga, héroe de la Defensa de 1807 contra los británicos.

[45] AGN, X, 30-3-4, SM, 957. Declaración de un soldado carpintero (no consta el nombre).

[46] AGN, X, 30-3-4, SM, 957. Parte de don Eustoquio Díaz Vélez.

creado por la Revolución, disuelto luego de que el Director Rondeau fuese derrotado por los artiguistas del Litoral en febrero de 1820. Ante la amenaza de un ataque de los vencedores, el segundo tercio se movilizó en varias oportunidades, ocupando la plaza de la Victoria y las zonas aledañas para defender la ciudad. Los capitanes Salomón y Epitacio del Campo lograron una gran visibilidad pública[47].

No se van a delinear aquí las complejas alternancias políticas de uno de los años más agitados del siglo XIX rioplatense. Sólo se resumirá brevemente –dado que la he tratado en otro lado[48]– la intervención miliciana en el último episodio violento de 1820: el levantamiento del 1° de octubre, cuando el segundo y el tercer tercio cívico, junto al pequeño batallón fijo (del ejército regular), se sublevaron conducidos por sus jefes contra el regreso de los llamados *directoriales* –que dirigieron el gobierno central en la segunda mitad de la década de 1810– al poder, con la designación de Martín Rodríguez como gobernador de la nueva provincia de Buenos Aires. Desde los cuarteles en el extremo norte de la ciudad avanzaron hasta la Plaza de la Victoria, que fue tomada tras una pequeña escaramuza. Tras ocuparla, se atrincheraron en las azoteas de los edificios circundantes; la tropa estaba exaltada y contenida por los oficiales[49].

Los máximos líderes fueron los miembros del Cabildo y unos pocos jefes militares populares. Pero en el juicio posterior se mencionó que la organización la hicieron algunos capitanes del segundo tercio, entre ellos Salomón y del Campo, en la pulpería-café de José Bares[50]. El número de participantes es difícil de definir, pero se ha sostenido que rondaron los 800[51]. No sólo tomaron parte en el alzamiento los cívicos y los soldados del batallón fijo: se denunció que un esclavo que trabajaba en una panadería se fugó «y se incorporó entre las gentes que se hallaban en la Plaza»[52].

Los *directoriales* organizaron a las milicias de la campaña y entraron en la ciudad. Cuando decidieron asaltar la Plaza de la Victoria, único

---

[47] Ver Iriarte, 1944.
[48] Ver Di Meglio, 2003b.
[49] Lo declaró el capitán N. Martínez, prisionero de los alzados, en AGN, X, 29-10-6, Sumarios Militares, 279.
[50] AGN, X, 29-10-6, Sumarios Militares, 279. Declaración de Antonio Colina, que era empleado de Bares.
[51] Herrero, 2004.
[52] Pertenecía a Pedro Bureñigo; AGN, X, 12-4-4, Solicitudes militares, 1821.

punto controlado efectivamente por los cívicos, los dirigentes del levantamiento buscaron pactar. Uno de ellos, Hilarión De la Quintana, quiso convencer a los de la plaza que se retiraran hacia sus cuarteles: «me dirigí a la recova, y hablando con firmeza y resolución a los cívicos, les hice presente la necesidad que había de evitar más derramamiento de sangre, y ellos, demostrando mucha oposición, se resistían al abandono de sus puestos... Don Angel Pacheco contuvo a un cívico que me iba a tirar»[53]. En ese momento, la caballería *directorial* atacó de improviso y los cívicos comenzaron a resistir sin esperar órdenes. Según un oficial que combatió del lado *directorial*, los del tercer tercio no escuchaban a sus jefes, «cargaban las armas sin su conosimiento y que parecia no le obedecían»[54]. De la Quintana fue acusado de traición y atacado a tiros, sin consecuencias, por varios cívicos. A un suboficial se le ordenó «que todos se retirasen, y no obedeciendolo los demas, lo executó el que confiesa». Otro implicado sostuvo que no pudo «contener a la gente y privar que se siguiese el fuego que ellos havian empesado sin su orden por hallarse comiendo»[55]. Luego del primer embate, se hizo un nuevo ofrecimiento de rendición, pero «en vano algunos de su jefes y los parlamentarios (...) manifestaban a la chusma despechada que serían pasados a cuchillo: ella les amenazaba fusilarlos si no se retiraban (...) muchos facciosos metidos tras de los pilares de la Recoba nueva en la vereda ancha prefirieron morir a rendirse»[56]. El violento combate se reanudó («todos revueltos se mataban unos a otros sin compasión») y finalizó con el triunfo de las tropas de la campaña. La cantidad de muertos fue alta: entre trescientos y cuatrocientos[57]. La intransigencia de los miembros de

---

[53] «Manifiesto del coronel don Hilarión de la Quintana, para justificar su conducta en los acaecimientos de los días 3, 4 y 5 de octubre de 1820, en la ciudad de Buenos Aires» (1821), en *Biblioteca de Mayo. Colección de obras y documentos para la historia argentina*, 1960, t. II, vol. 2, p. 1400.

[54] AGN, X, 29 10 6, Sumarios Militares, (expediente sin número).

[55] En orden: «Manifiesto del coronel Hilarión de la Quintana...», 1960, p. 1401; declaraciones del tambor Felipe Gutiérrez y de Epitacio del Campo, AGN, X, 29-10-6, Sumarios Militares, 275. Ambos querían desligarse su responsabilidad, pero sus testimonios adquieren cierta verosimilitud en comparación con el resto.

[56] «Carta de José María Roxas a Manuel José García», en Saldías, 1988, t. I, p. 255.

[57] La cita en Saldías, 1988. Las cifras de muertos en Forbes, 1936, p. 85; Iriarte, 1944, p. 368; Haigh, 1920, p. 146.

la tropa, que fueron incluso más allá que muchos de sus oficiales, sólo es comprensible teniendo en cuenta que hubo diez años de movilización política y guerra, que muchos experimentaron dentro de la milicia.

Los que se sublevaron fueron los tercios con mayoría plebeya, el segundo y el tercero, mientras que los integrantes del primer tercio cívico, que agrupaba a la gente del centro de la ciudad, «concurrieron con sus personas en favor de la conservacion del orden». Lucharon, según sostuvo uno de sus oficiales, «por la autoridad legítima»[58]. El levantamiento generó el mayor momento de temor social –al *tumulto*, al saqueo– que sufrió la elite de Buenos Aires a lo largo del siglo XIX. El miedo se aunó con la voluntad de la elite, abroquelada en torno al grupo vencedor, de disciplinar la política neutralizando a sus actores, entre ellos a las díscolas milicias (un visitante extranjero sostuvo que éstas «estaban destinadas a guardar el orden en la ciudad, pero sus frecuentes insurrecciones mantenían a la población en un estado de agitación continua»)[59], cuya tropa plebeya estaba dispuesta a secundar al Cabildo o a militares populares en sus intereses.

Tras la derrota, algunos de los líderes, como Epitacio del Campo, fueron enviados a prisión; dos cabecillas fueron condenados a muerte, entre ellos Salomón[60]. El Cabildo perdió la conducción de las milicias cívicas, que quedaron bajo la jurisdicción del gobernador de Buenos Aires[61]. Al año siguiente, los tercios fueron disueltos y se reorganizó la milicia urbana con menos efectivos, en la llamada *Legión Patricia*.

V

En el primer cuarto del siglo XIX, la ciudad de Buenos Aires tuvo cinco sistemas milicianos diferentes. Una organización laxa y precaria en el

---

[58] Solicitud de Ilario Martínez, AGN, X, 11-7-4, Solicitudes Civiles y Militares; y testimonio del teniente del primer tercio don Juan Arrasain, AGN, X, 30-1-3, Sumarios Militares, 586.

[59] Un Inglés, *Cinco años en Buenos Aires*, Buenos Aires, Hyspamérica, 1986, p. 155.

[60] AGN, X, 29-10-6, Sumarios Militares, 279. Los condenados –Salomón y el tambor Gutiérrez– fueron «sentenciados a muerte por el gravisimo delito de principales fautores, y cooperadores en el tumulto», en *Gaceta de Buenos Aires*, t. VI, 278.

[61] Ver *Acuerdos del Extinguido Cabildo*, t. 9, p. 297.

período virreinal fue reemplazada en 1806 por un activo conjunto de cuerpos voluntarios reclutados, siguiendo el ordenamiento de castas y el lugar de origen de la población. Tras la revolución de 1810, esa milicia se convirtió en la base del nuevo ejército *patriota*, y fue suplantada primero por una efímera organización de cuerpos reclutados según su domicilio en el norte o en el sur de la ciudad, y luego por tres tercios cívicos clasificados mediante una combinación de divisiones raciales y el lugar de la residencia en la ciudad (que a su vez reflejaba diferencias sociales). Finalmente, esos tercios fueron disueltos y organizados de otro modo –en la menos numerosa *Legión Patricia*– después de los conflictos del álgido año de 1820.

Estos cambios obedecieron a la importancia que la milicia tuvo durante el período abordado. Su poder militar la convirtió en árbitro de los conflictos institucionales entre las invasiones inglesas y la caída del último virrey, para la cual el apoyo miliciano fue decisivo. Debilitada con la profesionalización militar posrevolucionaria, el fracaso del *motín de las trenzas* y la reorganización de la primera mitad de la década del 10, la milicia volvió a adquirir fuerza como brazo armado del Cabildo desde 1815. Es por eso que después del fallido levantamiento de octubre de 1820, los sectores de la elite triunfante se avinieron a disolver esa poderosa presencia. El resultado fue que, al menos durante las siguientes tres décadas, el peso de la milicia urbana en Buenos Aires resultará significativamente menor al esgrimido en los diez años de guerra independentista.

Asimismo, la milicia funcionó como un vehículo de participación política para sectores ajenos a la elite porteña. Los capitanes del segundo tercio, por ejemplo, eran pulperos que se convirtieron en importantes figuras en el ámbito urbano, los *tribunos de la plebe*. Para ésta, por otra parte, la milicia se convirtió en un medio para actuar políticamente. En su seno tuvieron lugar dos importantes motines en los que sólo participaron miembros de los sectores subalternos. Aunque tanto el alzamiento de 1811 como el de 1819 apelaron a un derecho tradicional de la milicia, el no ser acuartelados, sino ser siempre considerados como *vecinos-ciudadanos* en servicio, fue la primera vez que Buenos Aires experimentó acciones violentas de una tropa por ese motivo. En 1819, además, los protagonistas fueron *pardos* y *negros*, lo cual hizo aún más inusual el hecho.

Al tomar parte de las disputas facciosas de la década revolucionaria –las cuales casi no se han podido delinear aquí– los soldados y suboficiales cívicos se involucraron activamente en la escena política, y de allí la intransigencia de la posición de la tropa del segundo y el tercer tercio –ambos con una mayoría plebeya en sus filas– en el último conflicto violento de 1820. En la reorganización posterior a ese año también fue decisivo ese aspecto: la elite buscó desmontar el canal de acción política popular en el que se había transformado la milicia.

«CIUDADANOS ARMADOS»: LAS GUARDIAS NACIONALES EN LA CONSTRUCCIÓN DE LA NACIÓN EN EL PERÚ DE MEDIADOS DEL SIGLO XIX

Natalia Sobrevilla Perea
Universidad de Yale

[...] dejando de ser la carrera de las armas una profesión exclusiva, también sea la ocupación del ciudadano pacífico, del honrado labrador, y en una palabra de todos los que tienen interés en la estabilidad del orden y en la tranquilidad del país. Un gobierno que pone las armas en manos de los ciudadanos, y que promueve con tanto ahínco como el nuestro la organización de la guardia nacional, presenta un elocuente programa que habla mucho a su favor. Sus designios no son oprimir los pueblos, y por eso lejos de temerlos son su mejor apoyo; porque el hombre honrado, padre de familia, que vive de su industria, no es el ciego instrumento de la ambición, su independencia le mantiene lejos de esos hábitos de subordinación que hace del hombre un autómata, y que arrastra tantas veces al soldado a sacrificarse por una causa que ni siquiera ha comprendido[1].

Este editorial describe a la Guardia Nacional como compuesta por ciudadanos en busca de orden y tranquilidad, contrastándolos con los soldados que a menudo se sacrificaban por una causa que no comprendían. En los convulsionados primeros años de la república y especialmente en las décadas del 30 y 40 del siglo XIX los cívicos jugaron un papel importante en los conflictos por el control del poder político en el Perú. Creada por decreto en 1821, tan sólo un mes después de la declaración de la independencia, la Guardia Nacional no figuró prominentemente y en octubre de 1830 estuvo a punto de desaparecer[2]. Agustín Gamarra, entonces en su primer gobierno, lo evitó, pero las milicias cívicas no fueron realmente desarrolladas hasta 1834 cuando Luís José Orbegoso ordenó la organización de un regimiento de caballería de la

---

[1] *El Comercio*, Lima, 1 de marzo de 1841.
[2] Congreso Peruano (1830)

guardia nacional. Ésta fue una medida que tomó después del apoyo recibido por la población de Lima para sostener su elección a la presidencia cuyo afán era disciplinar a los milicianos en caso de que tuvieran que «pelear con desorganizadores y tiranos» ya «que todo gobierno liberal debe propender a poner al pueblo en el Estado de defender sus derechos»[3]. La falta de apoyo que recibió su gobierno por parte del ejército regular lo llevó a crear las inspecciones generales de guardia nacional.

Durante el conflicto entorno a la Confederación Perú-Boliviana (1835-1838) los diferentes aspirantes a la presidencia buscaron el apoyo de las milicias, y en los enfrentamientos armados éstas se convirtieron en defensoras de los centros urbanos. Una vez que la unión de Perú y Bolivia fue destruida en 1839 y que Gamarra accedió por segunda vez a la presidencia, puso mucho empeño en la formación de las guardias nacionales a nivel nacional. El impulso inicial fue gubernamental pero tras su muerte en el campo de batalla en 1841, las milicias locales llenaron el vacío que dejó la desintegración del gobierno central. Las guardias nacionales fueron principalmente urbanas y en los años de recurrentes conflictos dieron a los ciudadanos la oportunidad de tomar control de su propia defensa. En Lima las milicias fueron divididas de manera tradicional y estamental mientras que en algunas ciudades de provincias la membresía en la Guardia Nacional les permitió a grupos medios como los tenderos, pequeños comerciantes, artesanos y arrieros participar directamente del proceso de la construcción de la nación. Las milicias tuvieron un fuerte contenido local y el formar parte de ellas y actuar directamente en los conflictos les dio a las elites locales la oportunidad de privilegiar sus intereses y necesidades.

A pesar de este rol protagónico que jugó la Guardia Nacional durante los años de inestabilidad política, es muy poco lo que se conoce sobre su conformación y desarrollo, habiéndose llegado a afirmar que fue Manuel Pardo quien con su proyecto civilista las implantara por primera vez[4]. Incluso autores dedicados al estudio del ejército como Jorge Basadre[5] y Víctor Villanueva[6] no han privilegiado a las milicias, y las menciones que se hacen de ellas son tangenciales. El trabajo de Cecilia

---

[3] Congreso Peruano (1834)
[4] Muecke, 2004, p. 37
[5] Basadre 1929.
[6] Villanueva, 1972.

Méndez[7] ofrece un paralelo importante al proceso de conformación de las guardias nacionales urbanas ya que muestra cómo en la década de 1830 en áreas rurales del departamento de Ayacucho los grupos indígenas que se organizaron en montoneras participaron en los conflictos políticos tomando partido por quienes les ofrecían los mejores términos de incorporación. Es por ello que para comprender el proceso de construcción de la nación en el contexto de aguda inestabilidad política de la década de 1840 se hace necesario revisar los orígenes de la Guardia Nacional así como sus momentos más trascendentes.

La primera sección de este capítulo estudia la legislación que se dio para la creación de las milicias en la capital y cómo reaccionó la prensa. La segunda parte se concentra en cómo durante los años de anarquía, que siguieron a la muerte del presidente Gamarra, las guardias nacionales fueron vistas por los diferentes contendientes al poder nacional como la base de su legitimidad y cómo las guerras durante este periodo fueron peleadas en gran parte por los cívicos[8].

LAS GUARDIAS NACIONALES CREADAS POR GAMARRA

Uno de los principales proyectos del segundo gobierno de Gamarra había sido la creación de una Guardia Nacional. El primer decreto para su organización del 26 de febrero de 1839 vio la luz tan sólo un mes después de su victoria en la Batalla de Yungay. Esta ley comienza haciendo referencia directa al artículo 175 de la Constitución de 1834: «Todo ciudadano no exceptuado por ley, está obligado a contribuir al sostenimiento del Estado, y a inscribirse en la Guardia Nacional.»[9] Es importante notar que el Mariscal, presidente anteriormente entre 1829 y 1834, basaba la legalidad de su decreto en la Carta de 1834, a pesar de que su intención era llamar a un nuevo Congreso Constituyente y la legitimidad de su gobierno era cuestionada en el sur del país[10].

---

[7] Méndez, 2005a. Méndez, 2005b, pp. 125-153.
[8] Sobrevilla Perea, 2005, pp. 77-110.
[9] Convención Nacional (1834).
[10] Es tan sólo en agosto de 1839 que tras elecciones se le nombra presidente provisorio y en noviembre entra en vigencia la nueva carta conocida como de Huancayo que a

Las milicias y compañías de cívicos habían existido en el Perú desde fines de la colonia cuando se establecieron en el contexto de las Reformas Borbónicas[11]. La Constitución de Cádiz de 1812 había creado milicias y el proceso de la independencia había reforzado su importancia[12]. Después de la Revolución Francesa de 1830 la idea de los ciudadanos armados que debían de defender a la nación volvió a ganar fuerza y la creación de una Guardia Nacional fue vista como la mejor estrategia para alcanzar este ideal, ya que serían los ciudadanos los que pelearían por la *patria*[13].

La ley dictada por Gamarra en 1839 seguía un patrón visto en España y América, que llamaba a todos los individuos entre 14 y 50 años a alistarse a los tres días de publicado el decreto. El segundo artículo notificaba a los abogados, escribanos, comerciantes, dueños de huerta, hacendados y maestros de arte o industria que no podían admitir como dependientes, amanuenses, oficiales o jornaleros a quienes no estuvieran enrolados en la Guardia Nacional bajo multa de 50 pesos. El tercer artículo notaba que quien no tuviera oficio ni destino y no pudiera presentar un boleto de inscripción sería considerado vago y se le enviaría a las filas del ejército. Se diferenciaba, de esta manera, entre los ciudadanos y los soldados. Los esclavos estaban exceptuados del alistamiento, pero los alcaldes de aguadores, carretoneros y demás gremios donde trabajaban esclavos y negros libres estaban en la obligación de asegurarse que estos últimos tuvieran sus boletos bajo pena de multa de 10 pesos. Las únicas personas exceptuadas del servicio eran: «los magistrados jueces, los gobernadores, comisarios, los empleados públicos, abogados, procuradores, escribanos, médicos, cirujanos, boticarios y sacristanes»[14].

Casi dos años después de dado el decreto, se hicieron pequeños cambios a la ley reflejando la reducción que se había hecho en las filas del ejército debido a la aparente estabilidad del gobierno de Gamarra. El

---

pesar de muchos cambios fundamentales mantiene el espíritu del artículo 175. Congreso de Huancayo (1839).

[11] Ragas, 2004, p. 209.

[12] No existen trabajos sobre las milicias en este periodo para el Perú, pero hay paralelos con el caso de México. Ver Chust, 2005a, pp. 235-252.

[13] Peralta Ruiz, 1999, pp. 231-252.

[14] Congreso Peruano (1839).

texto de fines de 1840 deja en claro que la guardia no había sido establecida con éxito tras la ley de principios de 1839, y la única diferencia entre un decreto y otro es que en la nueva versión se responsabilizaba al intendente de policía de cuidar del cumplimiento de la ley[15]. Este nuevo funcionario del Estado tendría como responsabilidad asegurarse por medio de su trabajo con subalternos y agentes que nadie infringiera la ley así como de cobrar las multas correspondientes.

Dos días antes de darse esta nueva ley, se había organizado el Batallón Comercio una «guardia de honor nacional» compuesta por la clase de comerciantes y propietarios[16]. A diferencia de la Guardia Nacional, esta guardia de honor se creaba siguiendo lo estipulado en el artículo 12 de las atribuciones de la presidencia: «organizar, distribuir y disponer de las fuerzas de mar y tierra» en vez del artículo 14 que hablaba de «disponer de guardia nacional conforme al art. 150». Este último estipulaba: «La guardia nacional no puede salir de los limites de sus respectivas provincias, sino en caso de sedición en las limítrofes, o el de invasión»[17]. Esto quería decir que las milicias que incluían a los sectores más privilegiados de la sociedad estaban separadas del resto de la guardia y podían movilizarse por un territorio mayor.

En abril de 1841 un artículo en el periódico Cuzqueño describía a los soldados de esta manera:

> El soldado que es un ciudadano armado, no recibe su carácter superior cuando viste la casaca y toma el fusil, ni se sustrae de la sujeción a las leyes cuando ciñe la espada, ni con el morrón puesto debe dejar de respetar a las autoridades constituidas según la ley[18].

La coyuntura desde donde se escribieron estas palabras es particular al momento político que caracterizó al gobierno que el Mariscal Agustín Gamarra organizara tras haber terminado con la Confederación Perú-Boliviana. Tan sólo dos años habían transcurrido desde el inicio de su segundo gobierno, y el país ya había sido envuelto en un levantamiento

---

[15] Congreso Peruano, 1840b.
[16] Congreso Peruano, 1840a.
[17] Congreso de Huancayo, 1839.
[18] *La Libertad Restaurada*, Cuzco, 24 de abril de 1841.

generalizado en el sur cuando salió a la luz este artículo. Gamarra intentaba consolidar su posición tras derrotar la insurrección que en su contra había convulsionado la misma región que antes había apoyado a la Confederación[19].

Los habitantes de las principales ciudades del sur, Cuzco, Arequipa, Ayacucho, Tacna, Moquegua y Puno habían apostado por el proyecto de unión con Bolivia y desde el inicio de la república habían intentado mantener sus vínculos comerciales con el país del altiplano. A inicios de 1840 la derrota sufrida por la Confederación en manos de Gamarra y del ejército chileno no era considerada por la mayoría en esta región como el fin de una posible unión entre los dos países. La presencia en Guayaquil de Andrés de Santa Cruz, el principal arquitecto de la Confederación, y el descontento generalizado con el gobierno de Gamarra fueron las bases para el levantamiento que se llamó Regeneración y fue liderado por Manuel Ignacio de Vivanco a comienzos de 1841.

A pesar de que el país enfrentaba una crisis interna, con un levantamiento en contra del gobierno central, en Lima, el tema de la conformación de la Guardia Nacional y de la guardia de honor despertó un agitado debate en las páginas de los principales diarios como *El Comercio*. El punto en contención no era la importancia de la guardia para el desarrollo de la república, ni las leyes dadas por el gobierno de Gamarra, sino la forma como se estaba concibiendo a los cuerpos de la milicia siguiendo un orden más bien de tipo colonial que privilegiaba la posición social de los miembros. El siguiente remitido muestra cómo el alistamiento levantó recelos:

> Guardia Nacional: clamor al inspector General de la mencionada. –La organización de los cuerpos cívicos es un proyecto más útil a la seguridad del orden social y de las autoridades. Todas las medidas que se adopten para su consecución y estabilidad deben conciliar los principios sobre que se basan nuestras instituciones republicanas. Según estas, todos los peruanos son iguales ante la ley. Si se respeta este dogma; ¿Por qué D. Tomas Mendez maestro sastre de la sastrería infernal (llamola así porque en su puerta se hallan los diablos sentados, echados, parados, hincados y de mil modos mas como están en su casa) ha pretendido evadirse del alistamiento en el cuerpo

---

[19] Gootenberg, 1991, pp. 1-36.

que pertenece como artesano, y artesano a la perfección del arte? Y lo que es peor: ¿Por qué este Quijote tijerero propaga la voz de que no puede marchar sino en el batallón Comercio, que según disposición del gobierno, solo ha de componerse de nobles y caballeros, dejando la gente plebe para otros cuerpos? ¡Que propensión hay en el Perú para las ordenes aristocráticas! San Martín quiso fundar la del Sol, Santa-Cruz la de la Legión de Honor, y el Maestro Mendez ahora la de los *nobles y caballeros del batallón Comercio*. Nunca mas que hoy es preciso extinguir estas ideas tan antirrepublicanas y funestas, castigando severamente al apóstol que las predique. Así pues, al caballerito Mendez debe obligársele, a que se aliste en el cuerpo de su profesión; y en castigo del cisma que esta introduciendo de *Batallones de caballeros y Batallones de plebeyos*, invocando para ello el nombre del gobierno, que se le condene, a que no pueda ascender mas que hasta cabo furriel del batallón de los caballeros de tijera. *Un Oficial de Sastrería*[20].

Aquí se crítica la conformación de la guardia siguiendo patrones estamentales considerados anti-republicanos, ya que como dice el articulista, la igualdad es justamente una de las premisas principales del nuevo orden político. El auto-denominado *Oficial de Sastrería* considera, sin embargo, que una organización gremial de los cuerpos de la milicia es aceptable.

Otro tema que estimuló el interés en la prensa fue el de las multas para quienes no se enrolaran o asistieran a las paradas militares. Notando las diferencias entre los miembros de la Guardia Nacional y la Guardia de Honor *un alistado* pregunta:

> ¿El Supremo Gobierno al dar el decreto de enrolamiento en los cuerpos de la Guardia Nacional, determinó las personas que debían componer tal y tal cuerpo?
> ¿Hay ley que tenga efecto retroactivo?
> ¿Existe alguna ley para que a los que han obedecido con enrolarse en la Guardia de honor, y por enfermedad o impedimento legal, no hayan concurrido a algunos de los paseos militares que han hecho a la Alameda del Acho se les imponga a la vez pena pecuniaria y aflictiva?
> ¿Se ha fundado alguna obra pía con las multas que se han sacado a los mártires de que habla la pregunta anterior? [...]

---

[20] *El Comercio*, Lima, 12 de febrero de 1841.

¿Los que no tengan con que hacer el uniforme se les multa también?

¿Los que andan encargados de exigir las multas por las faltas de ejercicio, son pagados del fondo del cuerpo, ó rompen sus zapatos, solo por deseo de amolar al prójimo?

¿Se ha pedido facultades extraordinarias al Excmo. Consejo de Estado por los señores jefes del batallón Comercio?

¿Se ha dado á estos señores facultad para echar por tierra las garantías individuales y á las propiedades que concede la Constitución del Estado?

¿La Prefectura del departamento y demás oficinas publicas, están bajo las inmediatas órdenes de los jefes indicados[21]?

Ese mismo día apareció un artículo firmado por *unos soldados de honor* que hablaba de los rumores que corrían por la ciudad diciendo que debido a la oposición por parte de los cuerpos nacionales a que se continuara formando la Guardia de Honor, se dejaría de hacerlo. Luego dicen que en el batallón de la Guardia de Honor se ha alistado a «lo mejor de este país (o lo peor)» ya que:

> [...] no tiene que verse ni entenderse sino con su Coronel S. E. el Presidente de la República, se cree mas firme y ciertamente que se arreglará; y contra este torrente de diceres, veremos el batallón de honor por lo menos en 1, 000 plazas si se hacen efectivas las listas que ya se han pasado por varios soldados de honor al Ministerio de Guerra, compuestas de comerciantes y propietarios[22].

Luego hacen un recuento de los apellidos más importantes de Lima y dicen cómo estos caballeros han sido los primeros en enrolarse ya que no temen mezclarse con personas de otros batallones.

> Y se dice también que si el señor Comandante Vargas, no se cansa en desempeñar como hasta ahora el honroso cargo de inspeccionar el referido batallón de honor, lograrán los comerciantes y propietarios, verse todos unidos, y no mezclados; ni mandados por quien no les pertenece, pues están muy gustosos los que actualmente están enrolados, con el manejo y política de todos sus jefes, en particular con la del Señor Ministro de la guerra Benemérito Señor General D. Juan José Salas, por el empeño que toma en su favor[23].

---

[21] *El Comercio*, Lima, 13 de febrero de 1841.
[22] *El Comercio*, Lima, 13 de febrero de 1841.
[23] *El Comercio*, Lima, 13 de febrero de 1841.

A pesar de estas críticas, el gobierno de Gamarra no cejó en su empeño de crear esta guardia de honor y tan sólo un par de semanas después de que estos artículos vieran la luz en *El Comercio*, aparecía un decreto llamando a todos los empleados de oficinas del Estado con excepción de los del Ministerio de Guerra –que eran todos soldados– a formar parte de la «*Guardia de honor nacional*». Con esta medida se derogaba también la excepción del alistamiento a la guardia de los magistrados abogados, procuradores, escribanos, médicos, cirujanos, boticarios pero se mantenía para los sub-prefectos, intendentes, apoderados, fiscales, recaudadores de contribuciones, jueces, gobernadores y comisarios mientras estuvieran en servicio del Estado haciéndola extensiva a todo el país[24].

Es también a través de las notas periodísticas que se puede apreciar el éxito que comenzó a tener el gobierno con la creación de la Guardia Nacional. El 12 de marzo se publicó un artículo que hablaba sobre su reunión para pasar revista en el cuartel del Milagro, donde se dice hubieron más de mil doscientos hombres. El articulista nota, sin embargo, que no todos los alistados asistieron por no tener el vestuario y porque existían rumores de que era una excusa del gobierno para llevar a la guardia al sur a terminar con la insurrección de Vivanco[25]. En su proclama de despedida dada al salir de la capital para luchar contra los rebeldes, Gamarra trató de terminar con estos murmullos garantizando a la población de Lima que la seguridad de la ciudad quedaba en manos de los ciudadanos mismos:

> [...] por vosotros que con un entusiasmo y ardimiento ciertamente admirables, habéis empuñado las armas en defensa propia. El brillante batallón "Comercio" y los demás cuerpos de la Guardia Nacional, son el testimonio más glorioso de vuestro civismo, y una de las mejores y más positivas garantías del orden público y de las leyes[26].

Sin embargo, a los ciudadanos de Lima no les faltaban motivos para temer ya que, como se ve en esta carta del intendente José Miguel Salas

---

[24] Congreso Peruano (1841a).
[25] *El Comercio*, Lima, 12 de marzo de 1841.
[26] Agustín Gamarra, «Proclama», *El Comercio*, Lima, 17 de marzo de 1841.

al Ministro de Guerra y Marina publicada en *El Comercio*, se estaban produciendo abusos:

> Los cuerpos de la Guardia Nacional están levando de un modo escandaloso y cometiendo todo genero de tropelías que hacen odiosa la administración, pues el pueblo achaca a el Gobierno este proceder violento persuadido que el reclutamiento es con el objeto de engrosar el Ejercito; deduciendo de esta medida consecuencias desfavorables a el estado actual de la Republica[27].

Hubieron abusos de varios tipos y algunos de los artículos nos dan pistas de cómo el pertenecer a la guardia le daba una posición que debía ser respetada por los miembros del ejército. En este caso José María Sagastegui, el inspector general de la guardia que había golpeado con su bastón a un hombre que él mismo describió como a «un zambo que alteraba el orden con un pleito», tuvo que pedir disculpas al ser informado que el hombre era capitán de la milicia. Sagastegui dio la siguiente explicación:

> [...] yo no conocía á Vargas, ni tenia antecedente alguno de que fuese capitán de la Guardia Nacional, y no podía mirar en el por su figura, traje y comportamiento mas que un zambo roto, descalzo, sucio y ebrio. Por lo mismo me hallaba bien distante de imaginar que pudiese bajo tal ropa ocultarse un oficial, á quien habría guardado las consideraciones que corresponden á su grado, ya que no á su persona y meritos.- Para conocer la clase á que pertenece en la sociedad y calcular la manera con que debería mirársele, puesto en el cuartel en la figura referida, baste saber que habiéndole preguntado al Sr. Presidente del Consejo de Guerra, si estaba ebrio en el momento en que fue preso por la patrulla, contestó, si *estábamos en la bebezona*. Son sus propias palabras[28].

Los derechos de los miembros de la milicia, las facultades del gobierno para reclutarlos y las condiciones bajo las que debían de servir eran supervisadas constantemente por la prensa a pesar aún durante este periodo en que el país se hallaba envuelto en un levantamiento contra el gobierno.

---

[27] *El Comercio*, Lima 18 de marzo de 1841.
[28] *El Comercio*, Lima 13 de marzo de 1841.

La insurrección en el sur terminó tan sólo un mes más tarde, en abril de 1841 con la derrota de los rebeldes en Arequipa. A pesar de la victoria completa, Gamarra aún temía el posible regreso de Santa Cruz y desde el sur el presidente llamó a luchar contra una revolución en Bolivia. De regreso a la capital después de recorrer las provincias recientemente insurrectas Gamarra dio un decreto el 15 de junio de 1841 señalando a los individuos de tropa destinados a las asambleas de la Guardia Nacional. Cada uno de los batallones de cívicos tendrían seis miembros del ejército, un jefe instructor, un ayudante de clase de capitán o subalterno, dos sargentos primeros, un segundo y un cabo primero[29]. En el contexto de preparación para la guerra contra Bolivia, la Guardia Nacional continuó siendo vista como una importante forma de defensa. El 15 de julio el Congreso dio a Gamarra facultades extraordinarias para hacer la guerra a Santa Cruz si es que su nombre era proclamado en Bolivia[30]. Días más tarde el presidente Gamarra abandonó la capital dejándola al mando del Presidente del Consejo de Estado y la Guardia Nacional. Durante su ausencia la guardia siguió organizándose y en agosto de 1841 se dio un decreto designando el uniforme a ser usado por las milicias ya que se estaban usando vestidos que estaban prohibidos aun para el ejército.

El gobierno en ese momento en manos de Manuel Menéndez, el presidente del Consejo de Estado, dio un énfasis especial a la participación de los sectores más privilegiados en la guardia. En agosto de 1841 se hizo una anotación a la ley dándoles a los propietarios urbanos la libertad de elegir enrolarse en el batallón Comercio o en el de propietarios, un regimiento de caballería compuesto por los dueños de predios rustico que tendrían a su cargo los hombres libres residentes en los valles colindantes con la ciudad de Lima, Magdalena, Lurin, Bocanegra, Lurigancho y Huática[31].

Los miembros de la guardia estuvieron acuartelados por más de dos meses y por consiguiente en septiembre de 1841 se dio un decreto exonerando del pago de contribución y de patentes a los cívicos que pudie-

---

[29] Congreso Peruano (1841b).
[30] *El Comercio*, Lima, 15 de julio de 1841.
[31] Congreso Peruano (1841c).

ran demostrar por medio de un certificado otorgado por la Comisaría general basándose en las revistas de comisario[32]. Al prolongarse el tiempo en que las guardias nacionales debían permanecer acantonadas, llevó a que algunos de los oficiales asignados a las guardias quisieran abandonar sus filas, y para evitar esto se dio un decreto declarando los empleos de la Guardia Nacional irrenunciables. Se amenazó con convertir en soldados rasos a quienes renunciaran sin motivo debido a su: «apatía, indolencia y falta de patriotismo posponen el servicio, que como buenos ciudadanos deben prestar a la patria, retrayéndose de las obligaciones que ella les impone»[33].

Gamarra se esforzó por crear una Guardia Nacional sólida y basada en los gobiernos locales que diera sustento a la idea de que los ciudadanos eran los custodios de su propia seguridad. A pesar de que era una idea con bases liberales y republicanas, ya que buscaba hacer a todos los ciudadanos iguales, la manera como se llevó a cabo mostró cómo su régimen todavía estaba interesado en mantener las diferencias entre grupos sociales. La retórica que acompañaba a la creación de la guardia y la legislación misma fueron muy poderosas para fortalecer la idea de la ciudadanía inclusiva por la que se tenía que luchar y fue la base de la polarización de las milicias en el periodo posterior.

LA GUARDIA NACIONAL DURANTE LA ANARQUÍA

La campaña de invasión de Bolivia no fue exitosa y terminó con la derrota de los peruanos y la muerte de Gamarra en la batalla de Ingavi[34]. La división de los peruanos se hizo evidente, cuando empezó a quedar claro que la victoria se hacía imposible, un grupo siguiendo al general San Román escapó rumbo a la frontera y tras pasar al Perú quemaron el puente sobre en el río Desaguadero, de esta manera impidieron no sólo la persecución del enemigo, sino también la huida del resto de tropas peruanas. Algunos de los jefes derrotados, como Manuel de Mendiburu,

---

[32] Congreso Peruano (1841d).
[33] Congreso Peruano (1841e).
[34] Basadre, 1954, pp. 160-209.

lograron escapar por el camino a Oruro mientras que otros, como Ramón Castilla, fueron hechos prisioneros. El gobierno boliviano permitió el regreso de muchos de los soldados que habían caído prisioneros acompañados de Vivanco, quien pasaba allí su exilio desde su fallida regeneración de 1841, y algunos en el Perú temieron que esto fuera para separar el sur del país. Los rumores, sin embargo, resultaron infundados ya que el ex-regenerador dejó las tropas en manos de Mendiburu en Tacna y continuó viaje a Arequipa. Sin embargo, semanas más tarde las tropas bolivianas invadieron Puno, Tacna, Arica, Tarapaca y Moquegua.

Según la Constitución, al cabo de diez días de la muerte del presidente se debían llevar a cabo las elecciones, pero a la inestabilidad política siguió la invasión del sur. Ante la situación de emergencia, el gobierno provisional de Menéndez llamó de vuelta al servicio a todos los militares dados de baja por su participación en la Confederación. Para defender la capital, se vio obligado a comenzar inmediatamente a la organización de un Ejército del Norte que puso en manos del general Juan Crisóstomo Torrico mientras que Antonio Gutiérrez de la Fuente, por largos años el segundo oficial de mayor graduación después de Gamarra, marchó con el Ejército del Sur a pelear contra la invasión. En las provincias ocupadas, prefectos puestos en el cargo por las fuerzas invasoras buscaban obtener pronunciamientos pidiendo ser incorporadas a Bolivia. En una carta al prefecto depuesto de Tacna, Mendiburu, se le avisaba que: «En Tacna se trabaja con mucho interés por parte del Prefecto Basadre para obtener un pronunciamiento a fin de que aparezca que Tacna desea pertenecer a Bolivia. Se esta empleando todo modo, no faltan ofertas y amenazas [...] »[35].

A pesar del dominio que tenía momentáneamente en el sur del Perú, la posición del presidente provisional de Bolivia, José de Ballivián, era precaria y cualquiera de sus enemigos podía arrebatársela en su ausencia. Como escribía Mendiburu en 1841:

> Bolivia está dividida en partidos y el de Santa Cruz es el mas fuerte. Bolivia no puede absolutamente ni le conviene ni le honraría intentar nada contra el

---

[35] Torero a Mendiburu, Arica, 20 de diciembre de 1841, Colección Mendiburu Archivo Histórico Instituto Riva Agüero (CMAHIRA): Men 482-1.

Perú. No crea usted lo que digan sobre esto: mucho ha menester Ballivián para arreglar su causa y estar tranquilo[36].

Ballivián no había apoyado a la Confederación y había sido aliado de Gamarra hasta la invasión de su país y sólo tras ella había logrado llegar a la presidencia. Es por ello que estaba interesado en arreglar los problemas limítrofes con el Perú antes que poner su posición en peligro. Por otro lado, Chile quería asegurarse que un arreglo entre sus vecinos del norte no llevara a cambios territoriales que pudieran variar el balance de poder en la región. Fue en este contexto que se dieron los protocolos de Vilque y Puno, que sellaron la paz entre Perú y Bolivia, y terminaron para siempre con las ambiciones de ambos países por el territorio vecino. Las conversaciones entre los enviados diplomáticos no consiguieron resultados y fue sólo cuando La Fuente y Ballivián estuvieron presentes que se logró un arreglo final[37].

La firma de la paz con Bolivia en junio de 1842 le permitió a Menéndez llamar a elecciones presidenciales, pero llevó al colapso de su gobierno. Las divisiones comenzaron entre los generales de más alta graduación, en el Cuzco San Román rehusó aceptar la autoridad de La Fuente para hacer cambios en puestos en el Ejército y en demandar cuentas de los empleados civiles. San Román marchó a la capital y la disputa llevó a que se llamara a Lima a La Fuente, hasta entonces el candidato presidencial con más apoyo.

La Fuente no siguió con las órdenes de ir a la capital y el 28 de julio de 1842 –a pesar de que las elecciones presidenciales estaban previstas para el 4 de agosto– se produjo un motín militar en el Cuzco a cargo de uno de sus simpatizantes, Francisco Vidal. Al tomar el mando, declaró en su proclama:

> Que el presidente encargado del poder Ejecutivo, ha hostilizado al Ejercito del Sur desde que se separo de la Capital [...].
> Que fomentando y apoyando la criminal y escandalosa defección de San Román, no ha tenido más objeto que servir a las miras del General del Ejército del Norte [...].

---

[36] Mendiburu a Barrios Valois, Tacna, 28 de noviembre de 1841, CMAHIRA: Men 558-4 Torero a Mendiburu, Arica, 20 de diciembre de 1841, CMAHIRA: Men 482-1.
[37] Denegri Luna, 1953, pp. 109-128.

Que el Consejo de Estado se haya de hecho en receso, por no tener la completa libertad para hacer el bien y evitar el mal [...].
Que según el artículo 101 de la Constitución recae en mi como segundo vicepresidente del Consejo de Estado el ejercicio del Poder Ejecutivo[38].

En Lima el 16 de agosto, cuando aún no se sabía de la defección en el Cuzco, Torrico le arrebató el poder al presidente del Consejo de Estado con el siguiente pronunciamiento:

> Atendiendo a que ha sido preciso, por el imperio de las circunstancias y por las urgentes necesidades de la Patria, deponer del mando supremo de la República que ejercía a don Manuel Menéndez; y considerando que para dar movimiento administrativo a la Nación y conservar la marcha que le corresponde es necesario organizar el gobierno que ha de subrogar al depuesto: Decreto:
> Art 1° Me encargo del Poder Ejecutivo de la República mientras termine la guerra civil que se ha ocasionado y mientras se convoque la Representación Nacional[39].

A diferencia de Vidal, Torrico no hacía ninguna referencia a la Constitución, sino más bien a las circunstancias que atravesaba la nación. Había, sin embargo, un tenue compromiso de llamar a una nueva representación nacional en una fecha no determinada.

El país se hallaba entonces dividido en por lo menos dos gobiernos, con caudillos en el norte y en el sur controlando parte del país. El fraccionamiento era, sin embargo, aun más profundo ya que en el sur mismo Vidal no tenía apoyo más que de la zona del Cuzco y Puno. En Arequipa la población respondía al liderazgo de Vivanco, quien daba su apoyo a Vidal, mientras que en Tacna y Moquegua los ciudadanos desconfiaban de cualquier jefe externo. La relación entre la población de estas dos ciudades era especialmente conflictiva, ambas habían apoyado a la Confederación y Santa Cruz las había independizado de Arequipa. Gamarra mantuvo la separación del departamento de Moquegua del de Arequipa al retomar el poder en 1839, haciendo de Tacna la capital. Esto llevó a que

---

[38] *El Voto Público*, Cuzco, 9 de julio de 1842.
[39] Juan Crisóstomo Torrico «Decreto dado en la casa de gobierno en Lima, a 16 de agosto de 1842» en Basadre, 1963, p. 678.

Moquegua recelara de su gobierno y se plegara a la regeneración en 1841. Tacna, por su parte, se mantuvo fiel a Lima durante todo el contexto revolucionario, en gran parte debido al Prefecto Mendiburu, pero también porque querían mantener su posición como capital de departamento.

En 1842 con el gobierno central destruido, Moquegua optó por no reconocer a ningún gobierno, ni siquiera la autoridad de Vivanco en Arequipa mientras que en Tacna, después de la partida del Prefecto Mendiburu para ser ministro en el gobierno de Torrico, diferentes grupos tenían opiniones encontradas. Como narra el cónsul de Su Majestad en Tacna:

> Los habitantes de esta ciudad se han mantenido neutrales desde la caída del gobierno de S.E. Manuel Menéndez hasta el 19 de septiembre en que el Teniente Coronel Salaverry, al mando de unos 80 hombres se declaró por Torrico. La guardia nacional y los habitantes de este lugar se han rehusado a suscribir el Acta de declaración, mientras que por el otro lado el General La Fuente se aproxima a la ciudad con 300 infantes y 100 soldados de caballería para tomar la ciudad en nombre de Vidal[40].

Los ciudadanos de Tacna se encomendaron, entonces, al general Castilla que había llegado tras ser liberado de su prisión en Bolivia sólo unos días antes. El general se dirigió a ellos en la siguiente proclama:

> Nacionales de Tacna: se os presenta por la primera vez la ocasión de que llenéis el importante como justo objeto de vuestro honor amenazados por los facciosos que tenéis a dos jornadas de vuestro frente, y que no ha mucho desaparecieron el gobierno legal traicionando la confianza y rompiendo todos los lazos de la sociedad [...]
> Tacneños: mas no habiendo podido ser indiferente a vuestras instancias, para que os defienda de la depredación y ultraje con que os amenaza el traidor, me resigno gustoso al sacrificio de mi reputación, y hasta de mi existencia si necesario fuere morir para hacer respetar vuestros derechos y escarmentar a su vez a los que ya los han violado con un puñado de arequipeños, desviados de la senda que su bien merecida ilustración les había trazado[41].

---

[40] Traducción propia, Carta de Hugo Wilson Cónsul de Su Majestad en la ciudad de Tacna al Ministro John Bidwell del Foreign Office, Tacna, 28 de septiembre de 1842, Archivos Nacionales: Public Records: Foreign Office TNA: PRO: FO: 61/94.

[41] Ramón Castilla «Bando», *La Revista*, num. 12, Tacna, 24 de septiembre de1842.

Castilla arguyó más adelante que su participación en este conflicto había sido únicamente porque cumplía: « [...] con el deber que me impone la obligación que contraje al hacerme cargo de esos ciudadanos armados en defensa de su tranquilidad y derechos santos de su conservación»[42]. Los nacionales de Tacna vencieron al contingente de La Fuente en la batalla de Intiorco, después de un enfrentamiento de media hora en que murieron unas cinco o seis personas, unas quince fueron heridas y se tomaron unos doscientos cincuenta prisioneros. Según el cónsul Británico, esto se debió a la participación de una compañía de voluntarios compuesta principalmente por españoles y franceses[43]. Tras la victoria en Tacna, Castilla y los nacionales de esa ciudad partieron rumbo a Moquegua para intentar dominarla, pero fueron repelidos por las guardias nacionales de esa ciudad que no veían con buenos ojos la intromisión de los tacneños en sus asuntos.

La guerra civil, sin embargo, habría de decidirse entre Vidal y Torrico en la batalla de Agua Santa en los desiertos cercanos a la ciudad de Ica. Los partes hablaban de falta de decisión en ambos bandos y según la descripción de Basadre, se trató de un encuentro de unos cuarenta y cinco minutos donde murieron unas ciento cincuenta personas al enfrentarse nueve columnas de infantería, cuatro escuadrones y cuatro piezas de artillería del lado de Vidal contra un número no especificado de seguidores de Torrico y San Román[44]. Estos dos últimos abandonaron el campo de batalla pero, cuando fue momento de festejar la victoria, el general Vidal tampoco pudo ser hallado, y se creó entonces el mito de que la batalla no había sido en realidad librada.

En diciembre de 1842 Vidal estableció un gobierno en la capital, intentó darle el poder ejecutivo a Justo Figuerola, el primer vicepresidente del Consejo de Estado, pero éste se negó aduciendo mala salud. La ausencia del país de Menéndez, lo obligó a mantenerse en el cargo y a organizar un ministerio y llamar a elecciones. En algunas partes como Tacna la autoridad de Vidal nunca fue reconocida. Así editorializaba *La Revista*:

---

[42] *El Restaurador*, Cuzco, 15 de octubre de 1842.
[43] Carta de Hugo Wilson Cónsul de Su Majestad en la ciudad de Tacna al Ministro John Bidwell del Foreign Office. TNA: PRO: FO 61/94, Tacna, 28 de septiembre de 1842.
[44] Basadre, 1963, pp. 682-683.

Se exigía que esta capital reconozca y obedezca la autoridad del general Vidal y esta intimación se hace al comandante general del departamento, como si algo tuviera que hacer este con los ciudadanos, o como si nosotros hubiésemos confiado alguna vez nuestros destinos a una autoridad militar, y puesto nos bajo su influencia. [...] nuestra divisa ha sido siempre el orden, la moralidad, y la circunspección en los procedimientos –no hemos obrado sin ley, sin principios, y sin fuero. –Hemos conservado una autoridad departamental y todas las demás que reconoce la Constitución[45].

Desde Huaraz, Vidal enfrentó el levantamiento de Justo Hercelles, a quien hizo fusilar, y su gobierno se vio cada vez más amenazado por la creciente popularidad de Vivanco en Arequipa, Cuzco y Puno. Desde donde fue proclamado como nuevo líder del país. Su esposa, Cipriana La Torre, coordinó un pronunciamiento en Arequipa mientras él estaba en el Cuzco, donde aceptó el mando. En el Acta dada en Puno el 10 de febrero de 1843 explicaba sus motivos:

Vosotros pueblos del Sur, sois oculares testigos de la conducta moderada y paciente que [...] he observado. Pero cuando había licenciado a parte de las tropas que me obedecían, cuando estaba próximo a partir a la capital, la voz imperiosa de Arequipa, la decidida resolución del Cuzco, el grito unísono del sur y los votos ardientes de toda la República han llegado a mis oídos. [...] No soy yo el caudillo que mueve los pueblos a empeñarse en una lucha de personal interés, soy el hombre a quien invocan obligados a ligarse en defensa de sus fueros y libertades[46].

Vivanco recibió el apoyo de los principales jefes del ejército en casi todo el país y para el 7 de abril se encontraba en Lima después de haber sido festejado en su camino desde Puno en lo que se ha venido a llamar «la campaña de las flores» porque no se disparó un solo tiro. Vivanco se estableció como supremo director y organizó un gobierno con algunas de las figuras más conservadoras de su tiempo conocidas como los «autoritarios ilustrados». Entre ellos se hallaba Felipe Pardo y Aliaga, uno de los principales enemigos de Santa Cruz, que se dedicó a la publi-

---

[45] *La Revista*, num. 20, Tacna, 5 de noviembre de 1842.
[46] Vivanco citado en Basadre, 1963, p. 689.

cación del diario oficial aptamente llamado *La Guardia Nacional*. Una de las medidas más importantes llevadas a cabo por Vivanco fue la reforma del ejército que buscaba reducir el número de efectivos de 6.000 a 2.700. En la primera edición del periódico su editorial decía:

> Veintidós años de revolución se nos ha querido adormecer con palabras vacías de sentido para aprovechar nuestro adormecimiento despojándonos, aniquilándonos, deshonrándonos y envileciéndonos en el provecho de cada facción hipócrita que ha asaltado el poder, o de las dos o tres que han estado disputándoselo. Se nos ha dicho *constitución, garantías, libertad, representación nacional*; y todo lo que hemos tenido en práctica ha sido sumisión degradante al capricho de los soldados, que han comprado la silla con inmoralidades de todo género.
>
> Han empezado a purgarse las filas de todo lo superfluo en número, lo inútil en aptitudes, y lo pernicioso en hábitos perversos, que habían convertido al Ejército en el azote del verdadero orden del verdadero reposo y de los verdaderos principios[47].

A pesar de estas invocaciones contra el ejército desde la capital, Vivanco no dudó en utilizarlo al intentar terminar con la oposición en el extremo sur del país. Desde Moquegua sus enemigos explicaban por qué no podían apoyar al mismo hombre a quien habían ayudado a luchar contra Gamarra en 1841.

> Moquegua se rehusó abiertamente abrazar ese gobierno no sólo porque los inauditos vejámenes de Iguaín lo tenían escarmentado, sino porque sin consideración a esos sufrimientos originados por la adhesión al General Vivanco y sin mirar por la propia dignidad de ese pueblo, túvose la avilantes de mandar en febrero y marzo de 1843 fuertes destacamentos de soldados con el único propósito de que con la presencia de esa fuerza bruta se degradara en unir dócilmente su coyunda al jefe de la revolución[48].

---

[47] *La Guardia Nacional*, no. 1, Lima, 19 de enero de 1844. Toda la cursiva es del original.

[48] Anónimo, *Medios que se proponen al actual Congreso Constitucional del Perú y al Gobierno Supremo, para salvar de su total destrucción la casi arruinada agricultura de la importante provincia de Moquegua, precediendo una sucinta descripción de ella, y la mas veraz historia de sus padecimientos en la guerra de la Independencia, y en las civiles como sus mejores títulos para ser atendida y recompensada*, Arequipa: Imprenta Ibañez, 1853, pp. 41-42.

En sus proclamas Vivanco había repetido que uno de sus principales intereses era regresar al régimen constitucional, pero una vez en el poder, se negó a convocar al Congreso ya que consideraba que las elecciones no eran posibles porque todas las instancias carecían de legitimidad comenzando por la Constitución de 1839 que había sido:

> [...] tachada por ser de origen vicioso, [y que] ha sido frecuentemente combatida por los diferentes partidos políticos en que se ha dividido la República, y es actualmente rechazada por una gran parte de la nación [...]
> Que la instalación o nueva convocación de un Congreso emanado de leyes fundamentales que han perdido su fuerza moral, y cuya misma existencia se ha hecho cuestionable. Sería arrogarse el derecho de imponer a la nación instituciones desautorizadas, y quizás odiosas, contrariando así el voto de los pueblos, en que se apoya la misión y el poder del gobierno presente[49].

La solución propuesta por Vivanco ante este impasse era convocar a una asamblea nacional a ser elegida el siguiente año para redactar una constitución, y renovar así la base de legitimidad. Los colegios electorales se reunirían en enero y el debate comenzaría en abril de 1844.

Al oponerse a la constitución de 1839, Vivanco dio a sus enemigos en las ciudades de Tacna y Moquegua una base más fuerte para levantarse en su contra, el nombre que tomaron fue el de «constitucionales». Sus líderes principales fueron Domingo Nieto y Ramón Castilla quienes lucharon con las guardias nacionales de Tacna y Moquegua. En uno de sus primeros bandos, Castilla se dirigió así a la Guardia Nacional de Moquegua en agosto de 1843:

> Nacionales: –Los votos de mis compatriotas y los vuestros me arrancan del asilo que mi fatigada carrera me obliga a buscar la innoble conducta del usurpador Vivanco. [...] Compatriotas: [...] *constitución y leyes* hemos invocado y Constitución y leyes debemos sostener. Entre ciudadanos armados que defienden estos preciosos derechos, y soldados que los atacan sosteniendo la usurpación de ellos, juzgara la Nación cual de los dos bandos ha cumplido su deber, y de parte de cual de los dos esta la justicia[50].

---

[49] *El Peruano*, Lima, 10 de mayo de 1843.
[50] Ramón Castilla, «El General Castilla a la Guardia Nacional del Departamento de Moquegua», Tacna, 13 de agosto de 1843, en Basadre, 1963, insertado entre p. 708 y 709.

La campaña constitucional iniciada en el sur se peleó íntegramente con cívicos de las ciudades de Tacna, Moquegua y Tarapacá. La correspondencia de Castilla con el prefecto rebelde de Moquegua, Pedro Cisneros, da luces sobre la conformación de la guardia y de los problemas que encontraron los generales en trabajar exclusivamente con cívicos, muchos de los cuales eran artesanos:

> Mas de treinta hombres del Batallón han obtenido licencia temporal y desertado, entre los que hay sastres; que los reúna el comandante Pizarro y acabe el vestuario; ojala que suceda lo mismo con los talabarteros para siquiera hacer 25 sillas para una mitad veterana que por lo pronto podemos formar[51].

El tema de las licencias y las deserciones preocupaba a Castilla, que declaraba:

> Llegué a este puerto a las 9 y 10 minutos de la noche de ayer, sin mas novedad que dos desertores que encontré en el pedregal y me traje, y la mitad del batallón de menos en los pocos días que he faltado; y *ainda mais* el resto empecinado en pedir licencia para ir a ver sus mujeres, sus hijitos y sus chacritas: de modo que si el pege continua picando así tan vonito [sic], pronto quedaré sólo y la *Limeña* con sus cuatro apestados en posesión de Arica. No obstante haré un esfuerzo; si Uds. me mandan los desertores y los licenciados temporalmente, cuyos nombres no puntualizo; porque sin embargo de estar desde anoche ocupado en una escrupulosa revista para obtenerlos no los he conseguido gracias a nuestra decidida torpeza[52].

La relación de Castilla con los cívicos no era fácil como lo muestra esta carta del 3 de agosto, donde escribe: «[...] por acá no ocurre otra novedad que la cantaleta importuna de demandas cívicas de todo genero, que roban mi mas preciado tiempo, y aumentan la bilis por mas estudio que hago para evitar este mal»[53].

---

[51] Castilla a Cisneros, Arica, 26 de julio de 1843, *Archivo Castilla* 1972, p. 84.
[52] Castilla a Cisneros, Arica, 31 de julio de 1843, *Archivo Castilla,* 1972, p. 87. La cursiva es del original.
[53] Castilla a Cisneros, Arica, 3 de agosto de 1843, *Archivo Castilla,* 1972, p. 91.

Y continúa escribiendo al día siguiente:

> [...] soy juez de paz pues oigo demandas del pueblo, del correo y de todos los empleados de este puerto: soy general sin ejercito y sin ayudante, que me hagan renegar como a V.; soy comandante del batallón y hasta cabo de escuadrón desde que raya la aurora hasta que tomo la cama, rara vez antes de las 2 o 3 de la mañana, no me dejan los cívicos y los demonios del infierno, si es que no hay en el cielo también, con sus demandas que me quitan el tiempo mas precioso[54].

Sin embargo, a Castilla le queda muy claro que «[...] los soldados del ejercito no valen nada; si les oponemos los cívicos de las tres provincias, los venceremos»[55].

Castilla estaba especialmente interesado en conseguir uniformes para los cívicos a su mando, es por esto que en septiembre escribía:

> No tiene V. una idea de lo andrajosos y envilecidos que están los soldados [del batallón] Gamarra, cosa muy perjudicial al servicio que presta y prestará. Para que por falta de sastres no se demore su construcción he dicho al comisario saque de los cívicos que han venido de auxilio todos los sastres que hayan[56].

Tan significativos eran los uniformes para Castilla que en octubre escribía: «[...] mientras no me mande los vestuarios de Tacna y Gamarra no comprometeremos en batalla»[57]. Esto era en parte porque el general los consideraba importantes para «robustecer el valor de sus soldados y disminuir el de los enemigos» y porque los cívicos de Tacna ya habían vencido y Castilla consideraba que «[...] sus enemigos conocen a los tacneños por su uniforme» y porque estaba empeñado en «[...] que las gorras coloradas de los tacneños brillen en el campo de batalla»[58]. También le aseguraba a su corresponsal que «[...] me hacen falta los vestuarios de Tacna y Gamarra, pues aun desnudos todos, los tacneños están celosos y con razón; porque creen que prefiero a los cuzqueños»[59].

---

[54] Castilla a Cisneros, Arica, 4 de agosto de 1843, *Archivo Castilla,* 1972, p. 95.
[55] Castilla a Cisneros, Arica, 9 de agosto de 1843, *Archivo Castilla,* 1972, p. 106.
[56] Castilla a Cisneros, Arica, 29 de septiembre de 1843, *Archivo Castilla,* 1972, p. 141.
[57] Castilla a Cisneros, Sancarara, 11 de octubre de 1843, *Archivo Castilla,* 1972, p. 160.
[58] Castilla a Cisneros, Sancarara, 11 de octubre de 1843, *Archivo Castilla,* 1972, p. 161.
[59] Castilla a Cisneros, Sancarara, 12 de octubre de 1843, *Archivo Castilla,* 1972, p. 165.

Los constitucionalistas obtuvieron mucho apoyo en las ciudades de la costa sur y desde allí lograron abrirse paso hacia Puno y Cuzco, donde establecieron su cuartel general. Todo el sur, exceptuando a la ciudad de Arequipa, había abrazado la causa constitucional y desde Cuzco se describía cómo esto era obra de los ciudadanos mismos:

> Por lectura de las comunicaciones anteriores, es fácil venir en conocimiento de extraordinario que tienen los habitantes del Departamento de Puno, por sostener la causa sagrada que han abrazado hombres tan apreciadores de la libertad. En efecto ciudadanos pacíficos, consagrados al cultivo de los campos, artesanos acostumbrados a proporcionarse el sustento con el sudor de su rostro, padres de familia dedicados a la imperiosa obligación de educar a sus hijos no podían abandonar tan santos deberes sino poseídos del mas honroso entusiasmo por recuperar sus instituciones, por restaurar la carta, asirse de ella, y poseerla como un talismán contra las arbitrariedades de imprudentes mandatarios, que pretenden tratar a sus semejantes como bestias bravías[60].

Mientras en el sur los constitucionalistas utilizaban la retórica de la Guardia Nacional como la base desde donde emanaba su legitimidad, en la capital el Directorio seguía la misma estrategia. Vivanco continuó el desarrollo de la guardia emprendido por Gamarra y seguido por el Consejo de Estado, dándole más poder e independencia al jefe de la guardia de honor el coronel del Batallón Comercio que estaba en manos del rico y poderoso comerciante Iqueño, Domingo Elías. En agosto de 1843 fue elevado a prefecto de Ica con autorización expresa de reorganizar la Guardia Nacional de su provincia[61]. En noviembre de 1843, ante el avance de los constitucionalistas, Vivanco se había visto obligado a abandonar la capital, dejándola en manos de Elías –ahora prefecto de Lima– y la Guardia Nacional.

En diciembre la guardia de Ica entró a la capital y fue recibida con entusiasmo por algunos sectores de la población[62]. Se vio también oposición a la participación de los cívicos en la lucha contra los constitucionalistas llevando a Pardo y Aliaga a preguntar:

---

[60] *El Triunfo del Pueblo*, Cuzco, 20 de abril de 1844.
[61] Peralta, 1999, p. 237.
[62] Peralta, 1999, p. 238.

Conque porque las guardias nacionales no se han hecho más que para sostener la tranquilidad y el orden publico, ¿no deben pelear contra Castilla? ¡Bella idea! Y ¿Qué es la tranquilidad y el orden publico? [...] son los bienes que resultan de la inviolabilidad de las propiedades: de la seguridad del domicilio, de la seguridad de las personas; y en suma del ejercicio expedito de todos los derechos civiles. Estos bienes los ha recibido, no en palabras, sino en realidad, de manos del Director, la sociedad de Lima [...] la Guardia Nacional no ha sido un lazo para engañar a incautos y engrosar de ese modo las filas del ejército[63].

La guerra en el sur entre las fuerzas del Directorio y de los constitucionalistas continuaba cuando la situación en Lima se complicó tras el pronunciamiento de Elías del 17 de junio de 1844 en que desconocía la autoridad de Vivanco y se autoproclamaba jefe accidental de gobierno. Elías rechazaba a ambos caudillos y basaba su legitimidad en el apoyo que le daban las guardias nacionales de Lima e Ica. La ciudad se vio amenazada por el coronel José Rufino Echenique que, estacionado con tropas en la sierra cercana a Lima, pidió que Elías volviera a reconocer a Vivanco y que le enviara armamento, vestuario y municiones. Elías contestó que sólo haría envíos si sus tropas se plegaban a su movimiento. Ante la negativa de Echenique, la ciudad de Lima se preparó para una posible invasión y se llamó al estado de Asamblea. La ciudad entera se movilizó para la defensa en lo que se ha venido a llamar «La Semana Maga», a Elías se lo bautizó como «hombre del pueblo» y todos los trabajos en las oficinas públicas y particulares, almacenes, tiendas y talleres fueron suspendidas para reforzar a las guardias nacionales. Se crearon cuatro batallones nuevos para custodiar las plazas públicas mientras que los veteranos protegían las murallas de la ciudad. Entre los artesanos que participaron estuvieron los panaderos liderados por Juan Bautista de Malamoco y los herreros y talabarteros que se encargaron del cuidado de la plaza de San Sebastián. Los oficiales sueltos en plaza y los veteranos de las guerras de la independencia formaron dos batallones, el de Sostenedores del Orden y el de la Milicia Cívica, respectivamente[64].

La ciudad en manos de unos 2500 ciudadanos armados no llegó a enfrentarse con las tropas de Echenique ya que el coronel prefirió no

---

[63] *La Guardia Nacional*, Lima, 26 de enero de 1844.
[64] Peralta, 1999, pp. 242-243.

atacarla. Elías, sin embargo, no logró mantener su posición ya que una vez que Castilla venció a Vivanco en Arequipa, el «hombre del pueblo» intentó negociar con el líder de los constitucionalistas, e incluso mandó a sus representantes a conferenciar con los de Castilla, pero el caudillo no reconoció a Elías como un gobernante legitimo. Se acordó, entonces, que el gobierno de Lima fuera regresado primero a Justo Figuerola el primer vicepresidente del Consejo de Estado y luego a Manuel Menéndez quien finalmente llamó a elecciones presidenciales en octubre de 1844.

Castilla resultó elegido y finalmente el círculo que comenzó con la muerte de Gamarra logró cerrarse y la Constitución de 1839 volvió a ser respetada. Castilla inició un importante periodo al mando del país y se dedicó a reformar muchas de las instituciones, entre ellas el Ejército y la Guardia Nacional. La ley de reforma de 1845 fue muy similar a la que estaba vigente y llamaba a la organización de la guardia en toda la república, sin embargo, los cívicos no volvieron a tener un papel tan importante como el que había tenido en el lustro precedente, en parte porque no hubieron levantamientos de importancia y en parte porque el gobierno no fomentó su desarrollo.

DEFINIENDO EL SUJETO DE LA SOBERANÍA: REPÚBLICAS Y GUERRA EN LA NUEVA GRANADA Y VENEZUELA, 1808-1820

Clément Thibaud
Université de Nantes

> No es el pueblo naciente el que se degenera; no se pierde sino cuando los hombres maduros ya están corrompidos[1].

La comprensión de los aspectos militares de las revoluciones hispanoamericanas ha sido muy perjudicada por las apologías nacionalistas del siglo XIX. El ejército de Bolívar era algo así como el *sanctasantorum* del panteón republicano. La persistencia de las presuposiciones de las historias patrias ocultó muchos móviles de las guerras hispánicas. El dogma afirmaba que las naciones hispanoamericanas existían con anterioridad a su emancipación[2]. Este prejuicio interpretativo influía en la escala de análisis, estando cada independencia circunscrita a su contexto local. El proceso revolucionario, para decirlo en otra forma, se reducía a la actualización de una estructura política y de una identidad nacional subyacentes. Al poner fin a la dinastía de los Borbones, la invasión napoleónica de 1808 sólo constituyó el pretexto de las emancipaciones, las cuales dependieron del «orden de la naturaleza»[3], como sostuvieron algunos protagonistas. El renacimiento de los estudios revolucionarios

---

[1] Montesquieu, 1979.
[2] Ésta fue, sin embargo, la posición común de los primeros historiadores de la epopeya, habiendo la mayor parte de ellos participado en la contienda, como José Manuel Restrepo (representante de Antioquia en el Congreso federal de las Provincias Unidas y luego ministro del interior de Colombia).
[3] Según los propios términos del caudillo patriota José Antonio Páez citando a Adam Smith. «Relación de José Antonio Páez al comandante de las fronteras de Portugal», San Fernando de Atabajo, 21 de diciembre de 1817, Archivo General de Indias (en adelante AGI), *Estado*, Caracas, leg. 71, doc. 18, fol. 111.

comenzó con una crítica radical de la teleología nacionalista y de la escala de análisis local. Si estamos de acuerdo en que las independencias dependían menos de una necesidad estructural que de una dinámica histórica, no deberíamos seguir considerando los desarrollos bélicos como un mero telón de fondo narrativo –y decorativo– sino como una de las tantas causas eficaces de la transformación del imperio español en naciones hispánicas.

Las provincias del virreinato de la Nueva Granada[4] tuvieron una transformación a la vez más precoz y más brutal que el resto de las Indias occidentales, comparable, por diferentes características, a ciertos episodios del Terror francés. En la temprana fecha de 1811[5], ya algunas provincias de la Nueva Granada se dieron una forma republicana de gobierno; en la misma fecha, las Provincias Unidas de Venezuela proclamaron su independencia del Estado, la Corona y el rey españoles[6]. El choque de rechazo fue violento: la antigua capitanía general fue desolada entre 1813 y 1820 por una guerra a muerte. En algunos lugares, como Caracas, pereció cerca de un tercio de la población[7]. Además, Venezuela, en el límite con el mundo antillano, tuvo admiradores jacobinos en Haití, cosa improbable en otras partes[8].

Fuera de estas violencias, la consecuencia más espectacular del derrumbamiento del imperio español fue el nacimiento de una decena de repúblicas independientes entre California y la Tierra del Fuego. Mientras que en los Estados Unidos, las libertades constitucionales tomaron numerosos elementos de las tradiciones coloniales, la transformación de la monarquía española en estados-nación marcó una ruptura, según reconocieron los mismos actores. Esta transformación enigmática ha podido ser descrita en múltiples formas, pero el análisis de las variaciones de la idea

---

[4] El Reino correspondía a la Audiencia de Bogotá, o sea, *grosso modo*, la Colombia actual; el Ecuador actual se reconoce en la presidencia de Quito (audiencia no pretoriana) y Venezuela, que se había convertido en capitanía.

[5] Jaime Rodríguez construye toda su obra en torno a la idea de que el desenlace revolucionario sólo fue un último recurso debido a la fuerza de las cosas en la mayor parte de la América española. Rodríguez, 1996.

[6] Hébrard, 1996, pp. 75-119.

[7] Cifras calculadas según los recuentos publicados por Lombardi, 1976.

[8] Sobre las consecuencias de la Revolución Francesa en el espacio hispánico, ver Callahan, 1967, pp. 201 y ss.; Thibaud, 2003, pp. 305-331; Gómez, 2005.

republicana ofrece un observatorio privilegiado para comprenderla mejor[9]. La polisemia de la palabra «república» y las diferentes formas de institucionalización que denota sirvieron, en efecto, para unificar ciertas evoluciones divergentes y –hay que decirlo– ocultar algunos equívocos. Como lo ha demostrado tan bien Georges Lomné, los patricios criollos compartían la cultura del republicanismo clásico[10]. En la América española, la reflexión sobre la cosa pública tenía una gran profundidad histórica porque era inseparable de la teología política católica. La Corona aspiraba al imperio universal, último bastión del vínculo teológico-político contra la razón de Estado[11]. Según una opinión común, su imperio permanecía sometido al de los últimos fines. Su ordenamiento político, tanto a escala de la universalidad de los vasallos así como en el nivel de los simples pueblos, debía corresponder a la exigencia del bien común; en suma: una monarquía republicana por ser universal y católica. Esta concepción medieval, matizada bajo los Habsburgos, perduró bajo los Borbones a pesar de los innegables progresos del proyecto absolutista y centralizador[12]. La crisis de 1808 reactivó un imaginario arcaizante que inspiró sermones, artículos, catecismos y panfletos[13]. En forma irónica, la inmensa necesidad de relegitimación imperial de los años 1808 a 1811 favorecería el estudio recapitulativo de las bases simbólicas de la monarquía hispánica más que la observación de la génesis del proceso revolucionario.

Bajo esta perspectiva, ¿cómo se transformó progresivamente el republicanismo del bien común, católico y real, en un discurso antimonárquico? Asimismo, es difícil comprender cómo esta formalización antigua de la vida colectiva, estructurando la tradición corporativa, se impuso a la par de una visión casi jacobina de la institución política. En 1818, Simón Bolívar, el Libertador de Venezuela y la Nueva Granada,

---

[9] Guerra, 1993, pp. 253-283; Lomné, 2005, pp. 163-181.
[10] Lomné, 2003.
[11] Fernández Albaladejo, 1992, pp. 61 y ss.; Lempérière, 2004, sobre todo pp. 63-70.
[12] Por ejemplo Fernández Albaladejo, 1992, especialmente el capítulo titulado «La monarquía de los Borbones».
[13] Ver entre otros ejemplos: *Oración pronunciada de orden del Exmo. Señor virey, y real acuerdo en la solemnidad de acción de gracias celebrada en esta Iglesia Catedral Metropolitana de Santafé de Bogotá el día 19 de enero de 1809 por la instalación de la Suprema Junta Central de Regencia*, Bogotá, En la Imprenta Real Bruno Espinosa de Monteros, 1809; Lomné, 2003, pp. 264-308.

propuso en efecto organizar la nación futura como una «República, una e indivisible»[14]. Establecida por la Constitución de Cúcuta (1821), Colombia rompió con el pasado republicano del orden imperial[15]. De una república a otra, el centralismo bolivariano intentó romper con la segmentación territorial y jurídica del poder, a menudo asociada con la tradición de la Casa Habsburgo, retomando al mismo tiempo el antiguo objetivo axiológico del bien común secularizado. La solución confederal les había parecido primero natural a los patriotas como respuesta al eclipse del marco imperial y para resucitar la unidad a partir de un espacio considerado en su pluralidad. Los Estados Unidos de antes y después de 1787 sirvieron de modelo constitucional y moral.

La hipótesis que defendemos aquí es que esta evolución no puede identificarse con el resurgimiento revolucionario de la herencia absolutista. A lo sumo se podría retomar la estructura de la tesis de Tocqueville subrayando la continuidad entre el aspecto federativo del imperio –su «estilo» Habsburgo– y la forma confederal de las primeras repúblicas. Es difícil reducir, sin embargo, las oscilaciones entre federalismo y centralismo a la oposición entre un supuesto «barroquismo» de los Habsburgo y el «clasicismo» borbónico. Fueron también las dinámicas sociopolíticas ocasionadas por la guerra las que contribuyeron a revelar y luego a arruinar las permanencias ocultas por las reformulaciones liberales del legado colonial. Dicho de otro modo, la politización y la polarización de las sociedades criollas, asociadas al ascenso a los extremos de la guerra popular, culminaron, contra toda expectativa, en la creación de una república libre del pasado, más ejecutiva que legislativa, más unitaria que federativa, pero también más precaria que perdurable.

Del imperio a las repúblicas municipales

En 1808, las forzadas abdicaciones de Bayona desencadenaron un vasto movimiento de lealtad hacia el rey Fernando VII, y la coronación de

---

[14] Bolívar, «Discurso de Angostura», *Correo del Orinoco*, 19, 20 de febrero, 1819.
[15] Schaub, 1998, pp. 63-99; Schaub, 2001, pp. 981-997; Lempérière, 2004, cap. III, «Le patriotisme républicain».

José Bonaparte provocó indignación tanto en la península como en América. La abdicación de los Borbones y el rechazo a reconocer el cambio dinástico llevaron a un vacío soberano que fue sustituido, en España, por la activación de una ficción jurídica hallada para la ocasión. La «reversión de la soberanía al pueblo» les permitió a las autoridades, a las que se unieron los notables locales, constituirse en juntas provinciales. Estas últimas designaron una Junta Central del Reino que asumió las insignias de la majestad real y gobernó en nombre del rey Fernando VII, prisionero en Valençay. Muchos pensaron que esta representación «popular» restablecía la constitución histórica de España, después de tres siglos de una tiranía «absolutista» que se remontaba al aplastamiento de los Comuneros de Castilla en 1521. La reinvención de las libertades antiguas no evitó el desarrollo de una revolución liberal. En forma inesperada, entre 1810 y 1812, en Cádiz, donde se habían refugiado los patriotas que luchaban contra la ocupación francesa, las Cortes extraordinarias abolieron las instituciones del Antiguo Régimen para hacer de «las Españas» –incluidas América y las Filipinas[16]– una monarquía constitucional basada en la soberanía de la nación[17]. América participó abiertamente en este vuelco por medio de sus representantes. Por eso es inexacto afirmar que el proceso revolucionario tuvo por objetivo inicial la independencia de los reinos americanos.

Lo que buscaron primero los criollos era redefinir su posición en el seno del conjunto imperial y de conquistar una igualdad de derecho y de hecho con la metrópoli. Su fracaso –relativo y temporal– dejó el campo libre en América para partidarios de la emancipación como Miranda, Bolívar, Nariño y Torres. Pero el principio de reversión de la soberanía, el establecimiento de formas inéditas de representación política y la afirmación del liberalismo tuvieron consecuencias particulares en la Nueva Granada. Aunque la «madre patria» logró mantener su cohesión territorial durante la vacatio regis, el reino se desmembró.

---

[16] El grado de integración y de representación de América en el seno de este conjunto fue objeto de una encarnizada discusión de la cual nació la voluntad de independencia. Guerra, 1993, cap. IV. Ver Rieu-Millán, 1990; Chust, 1999.

[17] Este proceso fue reconstruido en detalle por Hocquellet, 2001; Hocquellet, 2002, pp. 657-691; Hocquellet, 2004, pp. 71-90.

Cuando España, Venezuela y la Nueva Granada constituyeron juntas autónomas de gobierno dos años después, las elites criollas se justificaron en los mismos términos que en ultramar[18]. La reversión de la soberanía al pueblo no se proponía sino conservar localmente «los derechos de Fernando VII»[19] para suplir una regencia española que nadie, en América, había designado. En nombre de su provincia, Socorro, el cura de Vituyma, don Manuel Plata, mostró el proceso con claridad:

> En la época presente han reasumido los Pueblos los derechos de su libertad, y el amor á su propia conservacion los obliga á constituirse autoridades que velen sobre ellas. Nuestro amado el Sr. D. Fernando VII fué arrebatado de su Trono por el tirano de la Europa que aspira á la monarquia universal. En España no ha quedado renuevo de su familia, y la Nacion trata de sacudir el yugo que la oprime. Nada podia adelantar en la lucha contra el enemigo, si primero no se formaba un poder soberano que tomase las riendas del Gobierno[20].

Este razonamiento recogía ciertas tesis centrales del neotomismo del Siglo de Oro, que postulaba el *origen* popular de la soberanía. Estas ideas habrían estado, según ciertos historiadores, en el origen de las independencias[21]. Sin duda, era confundir un recurso intelectual empleado para responder a un contexto turbio con una causa eficaz. Después de todo, se usó el mismo argumento en uno y otro lado del Atlántico con el fin de llenar el vacío político. La particularidad de la Nueva Granada fue que el principio de reversión recibió allí una interpretación radical a través del filtro del derecho natural y del reflejo de incorporación. La reacción de José María Gutiérrez ante la nueva constitución de una Junta provincial en Cartagena de Indias revela esta doble influencia:

> No hay que dudarlo, señores, una vez arrebatado de entusiasmo el pueblo de Mompox con la memorable noticia de la revolucion de la capital, y roto sin

---

[18] Restrepo, 1999, p. 6.

[19] Todas estas juntas –como las de Caracas, Cartagena o Bogotá– se proclamaron, en efecto, «conservadoras de los derechos de Fernando VII».

[20] *Apologia de la Provincia del Socorro, sobre el crimen de cismatica que se la imputa por la ereccion de obispado*, Santafé de Bogotá, en la Imprenta Real de Don Bruno Espinosa de los Monteros, 1811, p. 6.

[21] Gómez Hoyos, 1962, pp. 133-204. Stoetzer, 1982.

momento de duda los lazos perjudiciales que lo ligaban con el Consejo tiránico de Regencia, ha quedado este pueblo sin otro soberano que él mismo... El hombre ilustrado de Mompox se mira en este dia con cierta especie de orgullo, libre de toda otra ley que no sea la de su conciencia, y absteniéndose por muchas y muy graves causas de contradecir la autoridad que reina por la opinion en este Ilustre Cuerpo que sonrie de placer, esperando el feliz momento de consignar sus preciosos derechos[22].

Las principales ciudades, constituidas en cuerpos políticos, se declararon «independientes», incluso «supremas» en Bogotá y Caracas, no en relación con la Regencia, ni con la Corona, ni tampoco con España o el Estado español, o, en el fondo, con sus vecinas. La revolución de los derechos, al restaurar la sociabilidad natural del hombre, había abolido la corrupción de las leyes por el absolutismo[23]. La situación fue vivida como un retorno al estado de naturaleza, es decir, a la abolición de todo vínculo político. De este principio se derivaba la independencia reivindicada por los gobiernos americanos, sin que ésta pareciera contradictoria con el reconocimiento del rey Fernando VII. Pero la formulación del concepto de «reversión de la soberanía» produciría otros efectos políticos. El estado de naturaleza al que volvían los pueblos no estaba poblado por individuos solitarios, como suponía el derecho natural desde Hobbes. El arraigo cultural del *ius civile* y del derecho natural neo-tomista obstaculizó el concepto de soberanía con una dimensión de incorporación[24]. Por esto, lo que existía fuera de la historia no dependía de lo inorgánico o de la ausencia de leyes; se trataba de comunidades libres, los «Pueblos»[25], que, en cuanto cuerpos políticos, o repúblicas, representaban el lugar original del poder y su forma natural de ejercicio. Lejos de las maniobras del contractualismo moderno, el Soberano no era reconstruido a partir de las mónadas individuales sino por el

---

[22] Texto sin fecha de Gutiérrez, J. M. y Corrales, M. E., *Documentos para la historia de la provincia de Cartagena de Indias, hoy estado soberano de Bolívar en la Unión colombiana*, Bogotá, 1883, I, p. 192.
[23] Ver, en este sentido, las instructivas páginas de Roscio, 1996, pp. 7-9.
[24] Von Gierke, 1995, pp. 72-74; Kantorowicz, 1957, cap. 6.
[25] En este punto se reconoce la influencia de Suárez, para quien el estado de naturaleza no está poblado tanto por individuos independientes como por colectividades naturales libres. Ver Mesnard, 1962, introducción de José Antonio Maravall, p. 20.

medio indirecto de pactos entre comunidades prepolíticas. La república no era la forma del gobierno, sino el *tipo* de la colectividad perfecta. En este sentido, la soberanía de Pueblos difería profundamente de la del pueblo[26]. La idea de que los cuerpos políticos territorializados representaban a los sujetos originales de la soberanía ocultó la concepción moderna del poder popular. Siguiendo a los actores, habría que llamar *majestad* esta «soberanía incorporada» para rectificar la idea de una continuidad entre órdenes diferentes de la realidad. De hecho, el paso de la majestad –como modo de institución social y de articulación política– a la soberanía constituyó un proceso de delicada realización para los actores y difícil de comprender para nosotros. Sin embargo, la cuestión es crucial para explorar la construcción estatal en América latina: en cuanto órgano de la voluntad de un pueblo desincorporado, el poder público moderno no podía coexistir armoniosamente con la majestad.

La resurrección de las repúblicas urbanas –elementos naturales de un orden libre– trajo consigo necesariamente una regeneración cívica y religiosa. La poderosa influencia de la teología positiva francesa, la de Mabillon, Bossuet, Alexandre, Fleury y Rollin[27], contribuyó a agregar a inscribir la narración filosófica de la «reversión de la soberanía» dentro de un relato religioso. La revolución fue relacionada con la historia sagrada, y las primeras comunidades cristianas sirvieron de ejemplos retóricos para las juntas de 1810. No sin profundos efectos políticos. El retorno a las fuentes cristianas le permitió, por ejemplo, a la provincia del Socorro erigirse en obispado sin permiso de Roma o de la sede arzobispal de Bogotá[28]. La regeneración cívica se expresó a través de las figuras del bautismo o de una nueva alianza con Dios. La restauración del vínculo de inmediatez entre la comunidad y la justicia fue sugerida por las figuras del grito, el entusiasmo irreflexivo, el júbilo:

> ¿[Mompox] no ha celebrado con demostraciones nada equívocas la revolucion de la capital, á quien de corazon se adhiere? ¿No ha resonado por todas partes

---

[26] Ocampo López, 1999, habla sobre la «revolución de los cabildos», p. 167.
[27] Góngora, 1957; Góngora, 1975. Sobre España, con algunas anotaciones sobre América, ver Appolis, 1966; Saugnieux, 1975.
[28] *Apología de la Provincia del Socorro...*

el grito de la Independencia, desde aquella noche gloriosa en que hemos recibido una noticia tan esperada preguntaba José María Salazar[29]?

GUERRAS ORGÁNICAS Y MILICIAS

El concepto del espacio político como pluralidad incorporada planteó incesantes problemas prácticos. Al borrar el marco envolvente de la monarquía, la invasión napoleónica permitió la autonomización de las entidades políticas locales. Las repúblicas municipales se tornaron libres[30]. Desde este punto de vista, la Nueva Granada no era tocquevilliana: la revolución de las juntas no construyó un Leviatán estatal neoborbónico; retomó la herencia federativa del imperio. Pero sin el cerrojo monárquico, proveedor de unidad. ¿Cómo asegurar en estas condiciones la cohesión del conjunto? ¿Cómo definir la jurisdicción y las competencias de las repúblicas, y organizar sus relaciones? Si la revolución de 1810 representaba una revancha de la naturaleza contra la historia, ni la subordinación de las ciudades secundarias a las capitales, ni el dominio de las cabezas municipales sobre las aldeas subalternas, tenían razón de ser. Los azares históricos o el caos de las decisiones reales no podían justificar el dominio político de unas sobre otras. Muchos municipios –y a veces simples aldeas– reclamaron entonces una independencia absoluta, es decir, la abolición de cualquier vínculo con las demás poblaciones. El principio de «reversión de la soberanía a los Pueblos» debía llegar al máximo de sus consecuencias lógicas y políticas, como lo demostró en forma irrefutable el diputado Manuel Campos[31]:

> Si se me concede la independencia de Santafé, se ha de conceder á los Pueblos de las Provincias, á estas, y á todos los trozos de Sociedad que puedan representar por si politicamente, quiero decir, hasta trozos tan pequeños, que su voz tenga proporcion con la voz de todo el Reyno. La fuerza del raciocinio es igual. [...] Luego, por el contrario, debo afirmar, que habiendo faltado Fernando Septimo del Trono, los Pueblos todos reasumieron la Soberania y en esta vir-

---

[29] Gutiérrez y Corrales, *Documentos para la historia...*, I, p. 196.
[30] Annino, 1994, pp. 229-250; Morelli, 2005, caps. 1 y 2; Verdo, 1998.
[31] Ocampo López, 1999, p. 152.

tud, España no puede sojuzgar á la Capital esta no puede erigirse en Soberana de las Provincias [...] ni las Provincias en Soberanos de todos sus Pueblos, sino de aquellos que hayan depositado sus derechos en las autoridades que residan en la Cabeza de Provincia. No es pues, el nombre de cabeza de Provincia, el que dá autoridad, para sojuzgar á los Pueblos, sino la reunion de Pueblos que han sancionado sus gobiernos en la Cabeza de Provincia[32].

La desaparición de la antigua legitimidad llevó al desmembramiento de la Nueva Granada, y, en menor medida, de Venezuela[33]. Todo estimulaba la disgregación. Los conflictos locales se redoblaron debido al problema del reconocimiento de la Regencia y luego de las Cortes de Cádiz. Y también se inscribían en la continuidad de antagonismos muy vivos.

Las rivalidades y las pretensiones de localidad eran el motivo verdadero; las teorías, el disfraz y el ejemplo de los Estados Unidos del Norte eran el talismán de la agitación funesta, aseguraba Lino de Pombo[34].

La desmembración del reino formó un verdadero enredo[35]. Mompox declaró su independencia absoluta el 6 de agosto de 1810 para separarse de Cartagena[36]. Santa Marta, Chocó, Neiva, Mariquita, Casanare, Tunja siguieron el impulso. Incluso Girón, hoy en Santander, «pretendió establecer un gobierno particular y constituir [una república miserable]»[37]. La disgregación fue frenada por la reacción de las capitales regionales. Cartagena volvió a tomar Mompox, Pamplona, Girón, Tunja, Sogamoso Honda y Ambalema[38]. Las guerras, libradas sobre la base y en el marco del Pueblo, se proponían mejorar la condición de una comunidad dada en un marco político heredado del Antiguo Régimen[39]. Estos enfrenta-

---

[32] «Voto de Manuel Campos», 5 de enero de 1811, *Sobre la admisión en el Congreso del Representante de Sogamoso*, Santafé de Bogotá, 1811.
[33] Para un análisis de las diferencias, ver Hébrard, 1996, pp. 75-119.
[34] Carta de Lino de Pombo, citada en Caycedo, 1951, p. 31.
[35] Llano Isaza, 1999.
[36] Sourdis De La Vega, 1988, p. 29, y Helg, 2004.
[37] Restrepo, 1969b, p. 142.
[38] Earle, 2000, pp. 38 y ss.
[39] En general, los Pueblos reivindican con las armas la condición colonial inmediatamente superior: los pueblos reclaman la condición de villa, las villas la de ciudad, y las ciudades, el gobierno de una provincia autónoma.

mientos se podrían calificar con el término genérico de «guerras orgánicas», en la medida en que la confrontación no era entre comunidades distintas entre sí. Las repúblicas urbanas reivindicaban el autogobierno, ni más ni menos. La identidad colectiva no era objeto de una reflexión precisa; a lo sumo, los textos evocaban los «cuerpos de nación».

En efecto, después de la reducción a la obediencia, las capitales erigieron su jurisdicción provincial en Estado regulado constitucionalmente, a ejemplo de las colonias británicas entre 1775 y 1776. En este contexto, la solución confederal se impuso por sí misma para vincular las ciudades entre sí. Estas «provincias unidas» se produjeron tanto en la Nueva Granada como en Venezuela. Mientras la antigua capitanía promulgó una constitución federal, el reino firmó un Acta de Federación, inspirada en los Artículos de Confederación de 1781, que Bogotá rechazó. Los habitantes de los diferentes estados formaban el «gran pueblo de Nueva Granada»; eran «amigos, aliados, hermanos, conciudadanos», aunque ninguna comunidad común había sido definida[40]. La seducción federal operaba también en el otro campo, al reclamar muchos americanos realistas y liberales la transformación de la monarquía española en una confederación mundial[41].

Más allá de los influyentes modelos de Grecia, Holanda o los Estados Unidos, esta clase de alianza parecía también reconstituir la unidad a partir de la majestad. La unión confederal articulaba cuerpos políticos independientes sin limitar sus prerrogativas –su «felicidad»– al someter el conjunto a la exigencia saludable del bien común[42]. Resolvía el problema de la debilidad de las repúblicas cuya modesta felicidad se veía amenazada por las grandes potencias, según la solución defendida por Montesquieu[43].

¿Cómo adaptar, entonces, la estructura de las fuerzas armadas a la doble exigencia de eficacia y de libertad cívica? Ya en julio de 1810 un documento oficial de la Junta de Caracas –titulado *Organización militar para la defensa y seguridad de la Provincia de Caracas*[44]– respondía a esta

---

[40] «Acta de Federación», 27.XI.1811, art. 9, en *Congreso de las Provincias Unidas 1811-1814*, Bogotá, 1989, I, pp. 1-21.
[41] Por ejemplo del chileno Egaña, 1977, pp. 241-245.
[42] «Acta de Federación», art. 9.
[43] Montesquieu, 1979, IX, I-III.
[44] *Organización militar para la defensa y seguridad de la Provincia de Caracas propuesta por la junta de guerra, aprobada y mandada executar por la Suprema Conservadora de los Dere-*

pregunta con una exaltación neoclásica de las milicias a expensas de los ejércitos profesionales. El argumento se parecía a la condena anglo-americana de los *standing armies*[45]. El ejército profesional, heredero de los abominables «regimientos fijos» coloniales, era liberticida por naturaleza. Consistía en «un sistema horrible de opresión» y convertía al soldado en un «satélite de la tiranía y verdugo de sus conciudadanos»[46]. Como en el *Contrato social*[47] los republicanos estadounidenses condenaban la delegación de la defensa común a mercenarios. Los soldados profesionales se separaban del resto de sus conciudadanos por su modo de vida, moral relajada y privilegiado fuero de guerra militar.

> Solo en las Monarquias despoticas hay la distincion de soldado y paisano: solo en ellas el primero es enemigo del segundo. En las Republicas, los Soldados son ciudadanos armados, y todos los ciudadanos son Soldados, amigos que deben amarse, recordaba el general Francisco de Paula Santander en 1820...[48]

Pero no se contentaban con eso. El aspecto más original del plan patriota era que, al contrario de las tesis clásicas, la discontinuidad entre el estado militar y la condición civil era juzgada inevitable. Caso particular de una reflexión más amplia sobre el sistema representativo, el poder de las juntas defendía la necesidad de preservar una relación de *inmediatez* entre la ciudad y sus representantes armados. A falta de lo cual, la autonomía del poder militar propiciaba la creación de facciones armadas y de la tiranía, como lo recalcó la Sociedad Patriótica de Miranda y Bolívar:

> Nada hay entretanto más opuesto a esta libertad y a esta expresión libre de la voluntad del pueblo que la existencia de una fuerza armada que puede ser

---

chos del Sr. D. Fernando VII en Venezuela, Caracas, Imprenta de Gallagher y Lame, 1810. Miguel José Sanz dirige el mismo tipo de reflexión a favor de la milicia en su periódico *El Semanario de Caracas*, n° 13, 27.I.1811 y n° 14, 3.II.1811.

[45] Delbert Cress, 1979, pp. 43-60.

[46] *Organización militar para la defensa y seguridad de la Provincia de Caracas propuesta por la junta de guerra, aprobada y mandada executar por la Suprema Conservadora de los Derechos del Sr. D. Fernando VII en Venezuela*, 1810, p. 7.

[47] Rousseau, *Contrato social*, libro III, cap. XV.

[48] Carta de Santander a Castillo y Rada, Barranquilla, 10 de septiembre de 1820, Archivo General de la Nación de Bogotá (en adelante AGNB), *Archivo Restrepo*, vol. 10, fol. 39.

mandada con arbitrariedad, que puede ser dirigida por intereses distintos del interés general[49].

Proyectaban la solución de una «circulación política»[50]. No era ésta una relación contractual, o que delegaba simplemente, sino un vínculo orgánico de amistad y confraternidad entre los ciudadanos y los soldados. Sólo esta clase de vínculo preservaba la subordinación de los militares a los civiles, tanto en el nivel colectivo como en el individual. Véronique Hébrard ha mostrado claramente que en cada individuo regenerado, el hombre en las filas obedecía al ciudadano. Los miembros de la ciudad eran, por cierto, «soldados natos de la patria»[51], pero no abdicaban bajo las banderas sus derechos civiles y políticos[52]. Como la organización miliciana parecía garantizar el principio de inmediatez, las Guardias Nacionales[53] o los cuerpos cívicos fueron las unidades favoritas de los nuevos regímenes. Cada Pueblo, en tanto que pequeña república aristocrática, puso un ejército a disposición de los patricios. Este proceso fue intenso en las regiones andinas que, a causa de la revuelta de los Comuneros del Socorro (1780-82), no habían recibido el derecho de reclutar milicias disciplinadas[54]. Las cordilleras se llenaron de ellas, a

---

[49] «Memoria sobre el Poder Militar de Caracas dirigida por la Sociedad Patriótica al Supremo Gobierno», 21 de octubre de 1811, en *La forja de un ejército*, p. 50.

[50] *Organización militar para la defensa y seguridad de la Provincia de Caracas propuesta por la junta de guerra, aprobada y mandada executar por la Suprema Conservadora de los Derechos del Sr. D. Fernando VII en Venezuela*, 1810, p. 7.

[51] Hébrard, 1996, pp. 186-205. Todas las constituciones provinciales de la Nueva Granada recuerdan este principio. Por ejemplo, Constitución de Cundinamarca, 1811, título IX, art. 2° (*Constituciones de Colombia* [CC], Bogotá, 1986, I, p. 366); Constitución de la República de Tunja, 1811, Sección 5a, art.1° (CC, p. 455), Constitución del Estado de Antioquia, 1812, título VIII, art 3° (CC, I, p. 522), etc.

[52] Hébrard, 2002, pp. 429-462, aquí pp. 432-436. Lomné, 2003, pp. 181-196 y 266-277 y Lomné, «Una "palestra de gladiadores". Colombia de 1810 a 1828: ¿guerra de emancipación o guerra civil?» en Sánchez y Wills Obregón, pp. 285-314.

[53] En Bogotá, se establece un batallón de voluntarios de la Guardia Nacional desde el 23 de julio de 1810, tres días después del Cabildo Extraordinario, «Bando de la Junta Suprema» en *Documentos para la historia de la vida pública del Libertador* [BA], eds. F. Blanco y R. Azpurúa, Caracas, 1875-1877, II, p. 565. En 1813 ya había cuerpos cívicos en Caracas.

[54] Kuethe, 1970; Leddy Phelan, 1978; Fisher, Kuethe y McFarlane, 1990. Ver también el «Reglamento ú organizacion militar para la defensa y seguridad de las Provincias-Unidas de la Nueva Granada», AGNB, *Archivo Restrepo*, vol. 12, fol. 236.

pesar de la renuencia de los humildes de entrar en sus filas[55]. La «circulación política» también debía formar al buen ciudadano[56]. Realizaba el ideal neoclásico de una participación activa de todos en la cosa pública. En este sentido, las instituciones militares eran una «escuela de la virtud armada para defender la Patria»[57] y representaban el «verdadero patriotismo»[58]. En 1811, el gobierno de Popayán lo decía con una metáfora clásica:

> El Exercito victorioso que con la punta de la Espada ha trazado la linea que debe separar al Ciudadano honrado del perfido y alevoso traidor, ha desidido tambien al Gobierno tutelar de los derechos de estos pueblos, para que abriendo las puertas de los honores publicos á los primeros, las cierre eternamente á los segundos, y dexe este exemplo á las generaciones venideras. La naturaleza y la razon establecen esta justa desigualdad, y no ha habido jamas sociedad alguna, sea qual fuese el estado de corrupcion á que ha llegado, que no haya puesto grandes diferencias entre los perversos y los hombres de bien[59].

Como también Simón Bolívar, durante los dramáticos acontecimientos de 1814:

> Soldados: la suerte ejerce su inconstante imperio sobre el poder y la fortuna; pero no sobre el merito y la gloria de los hombres heroicos que arrostrando los peligros y la muerte, se cubren de honor, aun cuando sucumben, sin marchitar los laureles que les ha concedido la victoria[60].

El heroísmo republicano de los soldados manifestaba visible e incontestablemente el éxito de la transferencia de la soberanía al pueblo, concebido aquí como un conjunto de individuos (y no como un cuerpo polí-

---

[55] Fajardo Barragán, 2005.
[56] «Reglamento ú organización militar para la defensa y seguridad de las Provincias-Unidas de la Nueva Granada», AGNB, *Archivo Restrepo*, vol. 12, fol. 214.
[57] «Reglamento ú organización militar para la defensa y seguridad de las Provincias-Unidas de la Nueva Granada», AGNB, *Archivo Restrepo*, vol. 12, fol. 236.
[58] Carta de Camilo Torres, 22.XI.1813, AGNB, *Archivo Restrepo*, vol. 12, fol. 214.
[59] «Proclama», Palacio Superior de Gobierno, Popayán, 20 de septiembre de 1811, *Archivo Restrepo*, rollo 2, vol. 6, fol. 27.
[60] Proclama de Bolívar a los soldados, Ocaña, 27.X.1814, AGNB, *Archivo Restrepo*, rollo 67, fol. 112.

tico homogéneo). Nuevos vínculos de afecto unían los ciudadanos a la cosa pública fuera de cualquier intercesión real. Las milicias representaban a esta comunidad –patria o nación– y la leva en masa de Miranda debía demostrar el poder del nuevo ser colectivo, según la divisa iusnaturalista del *salus populi suprema lex*[61].

> Este es el deber más sagrado que la patria y la religión nos imponen. El hombre ha nacido con la obligación de defender los derechos imprescriptibles con que le dotó el Autor de la naturaleza. Sería un crimen el abandonarlos y dejar de tomar las armas para repararlos y sostenerlos. La posteridad detestaría el nombre y la memoria de tales criminales: su ignominia sería eterna y ante Dios y los hombres de bien llevarían una responsabilidad proporcionada a la enormidad de los males que se irrogasen[62].

La relación de inmediatez con la patria, formulada en términos de participación en la defensa común, podía entonces prescindir de los reyes. El ideal de transparencia reformulaba estratégicamente la idea republicana como contrario de los sistemas de mediación propios de la monarquía. Progresivamente, la oposición se radicalizó entre la inmediatez virtuosa de la república y la mediación corruptora de la monarquía. Sin embargo, esta antítesis no tenía nada de natural. Las Cortes de Cádiz también tenían títulos para reivindicar la virtud. Entre 1810 y 1814 habían «regenerado» la vieja monarquía española para transformarla en un régimen liberal y constitucional. En América, en cambio, la república y la monarquía se volvían antagónicas.

Este mecanismo ideológico no permitía dar cuenta de ciertos hechos fastidiosos. ¿Cómo interpretar, por ejemplo, la enorme y constante deserción de las tropas patriotas y el valor de las realistas? El derrumbamiento del federalismo se debió a la cruel confrontación de la imaginación política con la realidad de la guerra. Las derrotas militares descalificaron una cierta comprensión de la «transformación política» de 1810, la de un retorno a las comunidades naturales defendidas por heroicos ciudadanos-soldados en una atmósfera de *revival católico*[63]. Mientras

---

[61] Goldschmitt, «Introduction», en Montesquieu, 1979, I, p. 34.
[62] «Ley Marcial», Caracas, 19 de junio, 1812, en *La forja*, p. 91.
[63] Lomné, 2003, pp. 376-415.

avanzaba la reconquista de la Nueva Granada por el cuerpo expedicionario del general Pablo Morillo, el oficial Andrés Palacios enterraba las ilusiones republicanas:

> Quando he visto desaparecer en dos dias el entusiasmo patriotico que animaba alos pueblos de esta Provincia, desertando del Exercito cerca de dos mil hombres bien alimentados y socorridos: quando he palpado que la masa de la Reserva no se ha podido mover con la celeridad que era necesaria para la destruccion del enemigo por no estar expedidos los ramos de la Administracion economica del Exercito que es lo que verdaderamente ha producido un lentitud; y ultimamente quando llega ami noticia la completa dispersion del Exercito del General Urdaneta, bien situados, bien pertrechados, y aterrados solamente por la impavidez conque marchó á atacarla una partida enemiga de Cazadores; se apoderan de mi imaginacion las ideas mas tristes de la suerte de la Republica[64].

LA CRÍTICA CENTRALISTA

Las derrotas descalificaron la representación inmediata de los pueblos –el confederalismo– a favor de un retorno a la representación delegada del pueblo, el centralismo. Tras esta transformación se escondía un profundo cambio en la forma de construir el poder público, a partir de una idea nueva de la soberanía. Desde 1812, en su célebre *Manifiesto de Cartagena*, Bolívar hizo una sombría descripción de las insuficiencias militares y políticas de las Provincias Unidas de Venezuela[65]. El desastre deshizo la asociación de confederalismo con los valores del republicanismo (clásico). A la inexistente coordinación militar se agregaban las debilidades del ejército de línea y la nulidad de las milicias[66].

En la Nueva Granada, las guerras entre las ciudades recibieron el apropiado calificativo de «Patria Boba». Para la mayor parte de los jefes

---

[64] Andrés Palacios, Cocuy, 30.XI.1815, AGNB, *Archivo Restrepo*, microfilm n° 2, fol. 256.
[65] «Memoria dirigida a los ciudadanos de la Nueva Granada por un caraqueño», Cartagena, 15 de diciembre, 1812, en *Cartas del Libertador* [CL], Caracas, Banco de Venezuela, Fundación Vicente Lecuna, 1964-1967, I, pp. 57-66, I, p.65.
[66] «Memoria dirigida a los ciudadanos de la Nueva Granada por un caraqueño», Cartagena, 15 de diciembre, 1812, en *Cartas del Libertador* [CL], Caracas, Banco de Venezuela, Fundación Vicente Lecuna, 1964-1967, I, p. 60.

militares, el paradigma confederal significaba la impotencia y la ingobernabilidad. Demostraba a la vez la inmadurez americana y la necesidad de un gobierno fuerte, incluso dictatorial, contra las «repúblicas aéreas»[67]. Estos juicios parecieron tanto más incontestables cuanto que la mayor parte de las catástrofes habían sido previstas desde mucho antes por adversarios del confederalismo como Antonio Nariño. Este ilustrado había publicado una traducción de los Derechos del Hombre y del Ciudadano en 1794, lo que le valió largos años de prisión. Actor eminente de la Patria Boba, publicó un periódico satírico y político de tono volteriano, *La Bagatela*. En una serie de artículos célebres, criticó el modelo de los Artículos de Confederación de 1781. Según él, los habitantes de las colonias españolas carecían de la virtud necesaria para imitar el ilustre precedente porque ignoraban todo lo relacionado con el gobierno participativo y colegial.

> Norte América ha estado dos siglos bebiendo la libertad que nosotros nos queremos beber en un día; cuando aquí era un delito horrendo la palabra libertad, cuando no se atrevían a pronunciarla los mismos que ahora dicen que estamos en el mismo caso que los norteamericanos... y finalmente cuando aquí no solo se ignoraban los Derechos del Hombre, sino que era un delito de lesa majestad horrendo pronunciarlos, allí se conocían, se practicaban, y se defendían con la imprenta y con las armas[68].

Nariño era menos jacobino que hamiltoniano. El soberano todopoderoso de uno de sus cuentos filosóficos deseaba una «República Aristocrática Electiva», comparable a la interpretación que los *Federalist Papers* habían dado sobre la constitución de 1787[69]. Estos análisis «centralistas» alimentaban la reflexión criolla sobre las adaptaciones necesarias del republicanismo a las condiciones sociales, políticas y culturales de la América moderna. Según una interpretación que se impuso

---

[67] «Memoria dirigida a los ciudadanos de la Nueva Granada por un caraqueño», Cartagena, 15 de diciembre, 1812, en *Cartas del Libertador* [CL], Caracas, Banco de Venezuela, Fundación Vicente Lecuna, 1964-1967.
[68] *La Bagatela*, n° 19, 30.XI.1811.
[69] *La Bagatela*, n° 5, 11.VIII.1811. La divisa del periódico a partir del número 9 fue, *Pluribus unum*. Sobre el carácter aristocrático de la representación en los Estados Unidos, ver Manin, pp. 159-170.

con el tiempo, ya no se trataba de restablecer la virtud emancipándose de una potencia colonial corruptora –el caso de las trece colonias británicas–, sino de establecer, a partir de una humanidad corrompida, un gobierno libre y una sociedad justa, premisa que se volvió universal después de 1815.

Este pesimismo, notable también en Miranda[70] o Bolívar, se presentaba como un realismo político y suscitó un cambio del lenguaje y de la práctica. Las nociones clave del discurso revolucionario –ciudadano, pueblo, república, regeneración y virtud– adquirieron nuevos significados. Aunque subsistía el registro neoclásico, tuvo por lo menos un desplazamiento conceptual.

La triple determinación corporativa, iusnaturalista y federativa había hecho con los «pueblos» y las «repúblicas» entidades sustanciales formalizadas por el derecho. La crítica centralista demolió estos montajes para dar lugar a un discurso más moderno, en el que «república» y «pueblo» calificaban respectivamente una forma de gobierno antimonárquico y la libre asociación de los ciudadanos. El significado de la palabra «nación» evolucionó en el mismo sentido. La Nueva Granada, y cada una de sus provincias, se había identificado primero con unos «cuerpos de nación»[71] de los que se burló Nariño llamándolos «soberanías parciales»[72]. Hasta 1813, la mayor parte de ellas no eran consideradas antitéticas a la «Nación Española», el imperio o la monarquía. No es sino a partir de esta fecha que el término adquirió un sentido exclusivo, como lo demuestra un artículo del periódico federalista *El Argos de la Nueva Granada* cuyo papel era el de

> formar el espíritu público de la nacion; a rectificar y fixar la opinion pública; y en fin á persuadir la necesidad en que estan las Provincias de tener una mutua

---

[70] Ver, por ejemplo, su proclama de Maracay (1812), en Zeuske, 2004, p. 195.

[71] Las Provincias Unidas de la Nueva Granada son, según el Acta de Federación del 27 de noviembre de 1811, un «cuerpo de nación», *Congreso de las Provincias Unidas 1811-1814*, Bogotá, 1989, I, p. 1. El estado de Cartagena, en su Constitución de 1812, se reivindica como «Cuerpo de nación», «Constitución política del Estado de Cartagena de Indias, expedida el 14 de junio de 1812», tit. 2, art. 2°, en Gutiérrez y Corrales, *Documentos para la historia...*, I, p. 492.

[72] «Continuación del dictamen sobre el gobierno de la Nueva Granada», *La Bagatela*, 7, 25.VIII.1811.

deferencia y hacer grandes sacrificios para mantener la unidad nacionál, y sostener el todo, aun á costa de cada una[73].

El primer centralismo era entonces un federalismo inspirado en la constitución estadounidense de 1787, destinada a cimentar la unión y construir la nación. En este sentido, si retomamos las categorías revolucionarias norteamericanas, los «centralistas» criollos eran federalistas y los «federalistas», antifederalistas[74]. Estos últimos deseaban construir un sujeto unificado de la soberanía a partir de los consensos emanados con ocasión de la gran querella de los años 1808-1811 sobre la representación. La libertad, la independencia y, sobre todo, la igualdad de los Pueblos constituían las ideas clave de una crítica del régimen colonial y del despotismo borbónico.

Pero, más allá de estos adversarios característicos, los actores condenaban una concepción antigua del orden monárquico. Se trataba de abolir una monarquía basada en preeminencias sustanciales de dignidad. El debate sobre el concepto de capital permite comprender mejor el sentido de esta crítica. El meollo del problema no era secundario: había que determinar el lugar del poder, a la vez simbólico y real, y precisando los títulos legítimos del gobierno. La capital, explicaban, ya no podía obtener su situación de un fiat soberano, ni de la historia, ni de un nominalismo escolástico, ni de cualidades particulares como el tamaño de su población, su comercio, su belleza, sus luces y las costumbres de sus habitantes[75].

El nombre de capital de la ciudad de Santafé no ha consistido en otra atribucion que en la de haber existido en ella, por voluntad de nuestros Soberanos,

---

[73] *El Argos de la Nueva Granada*, 1, 11.XI.1813. Al respecto, König, 1988, pp. 189-203.

[74] Y no jacobinos, como generalmente se supone.

[75] Al contrario de lo que pensaban muchos actores en 1810, como José María Gutiérrez, de Mompox: «Entre estas razones contais, principalmente, la de ser esta villa un lugar superior por su población, comodidades y hermosura al de casi todos los del Reino que se titulan cabezas de Provincia; la de ser por su localidad la garganta del Reino, una escala del comercio, abundante de nobleza, de riqueza y de víveres, adornado de bellos edificios, establecimientos piadosos, Escuelas para la educación, Colegio universidad, y, sobre todo, el carácter solamente del ejercicio y posesion en que estuvo de aquel título desde el año de setenta y seis [1776], posesión que perdió temporalmente por motivos pequeños, y que seria un delirio afirmar que no puede recobrar nada», Gutiérrez y Corrales, *Documentos para la historia...*, I, pp. 199-200.

las autoridades superiores, á quienes S. S. M. M. tenian confiadas la administracion y alto Gobierno del mismo Reino. En tal atributo no tenian participacion alguna, ni el suelo material de Santafé, ni sus naturales y habitantes, que se consideraban, respecto de las mismas autoridades, con todas las relaciones de los otros súbditos de ellas en las demás Provincias. Siendo, pues, su única dependencia de tales autoridades, extinguidas éstas, se hace incomprensible por qué principios haya podido imaginarse que sus funciones quedaron refundidas en el pueblo de Santafé, para que á su título pudiera considerarse continuado el único concepto que daba á esta ciudad la denominacion de capital[76].

Finalmente de acuerdo, la mayor parte de los actores afirmaron que la cabeza del reino no constituía la «matriz»[77] eminente de las provincias, según las categorías ampliamente empleadas por el derecho canónico. Ya no representaba el cuerpo cívico a la manera de una imagen, mediadora entre los hombres y el principio (religioso) del poder, articulada a las demás imágenes de Dios sobre la tierra –la Iglesia, la Corona, el Rey– a través de relaciones de homología y de subordinación. De hecho, tanto confederalistas como centralistas condenaban conjuntamente un orden político referido a la majestad. Pero mientras los primeros rechazaban absolutamente cualquier centralidad del poder, en nombre de la igualdad y de la libertad de las ciudades, los segundos insistían en la diferencia entre la capital como «matriz» y la sede de un gobierno moderno.

Nariño, en este sentido, desplegó toda su energía para explicar la ruptura que significaba la adopción de la soberanía popular en la redefinición del orden territorial: las capitales no dominaban ya en razón de sus títulos, prestigio o derechos particulares, o por el hecho de que eran cortes de acuerdo con la presencia de las autoridades que representaban al monarca. Lo que calificaba propiamente como capital a una ciudad era el hecho de albergar la sede del congreso en cuanto representación del «cuerpo de nación». En su *Conversación familiar entre Patricio y Floro*, Nariño-Patricio le demuestra a Floro que el centro del poder no

---

[76] «Exposicion de la Junta de Cartagena de Indias sobre los sucesos de Mompox, encaminados à formar una Provincia independiente», Cartagena, 4 de diciembre de 1810, p. 210.

[77] «Oficio de los militares de Santa Marta», 28 de julio de 1811, Gutiérrez y Corrales *Documentos para la historia...*, I, p. 281.

se podía definir solamente por «el augusto privilegio del que gozaban las grandes cortes o la sede real»[78]. Pero lo más interesante es que el autor criollo logra distinguir las *dos soberanías* –la majestad de la capital y la soberanía del congreso, se entiende– capaces según él de coexistir:

> Patricio: Estoy convencido, mi querido Floro, de que pueden estar juntas *ambas Soberanias* por lo distintos de sus atribuciones, y que ésto le es tan útil a Santafé, como á las demas Provincias, por que asi prosperan con el tiempo, baxo la proteccion de unos y otros Representantes.
> Y agregaba:
> Tambien es de advertir, que no hay un lugar en todo el Reyno que sea mas útil para ellos mismos, como lo es éste por su temperamento benigno, copia de alimentos, Colegios, Bibliotecas, edificios, hombres instruidos, armas, tropas, paseos amenos, aguas salutiferas...[79]

En este sentido, el federalismo del traductor de los Derechos del Hombre no constituye la prefiguración del futuro centralismo bolivariano, de tono claramente «jacobino». Constituye, no obstante, una crítica del consenso confederal, que, creyendo criticar el montaje de la majestad monárquica, retomaban por su cuenta una de sus manifestaciones territoriales: el aspecto federativo y agregativo del Imperio. La preponderancia de la opinión confederal en el debate público hizo que las ideas de igualdad y de libertad asumieran un sentido más colectivo que individual. El liberalismo neogranadino tomó así una tonalidad singular, que prácticamente no se encuentra en Venezuela.

Los *impasses* teóricos y prácticos de la revolución de los derechos colectivos indujeron a los jefes patriotas –sobre todo a los militares– a romper con las concepciones incorporadas de la identidad política, que no eran, en el fondo, sino formas secularizadas de la teología católica. De hecho, los centralistas, bien representados entre los oficiales, animaron un proceso de desincorporación, juzgado necesario para darle al

---

[78] *Conversación familiar entre Patricio y Floro en el Boquerón la tarde del 2 de Setiembre de 1811. Sobre si le conviene a Santafé ser la Ciudad federal o centro del Congreso federativo*, Santafé de Bogotá, 1811. Anónimo (atribuido a A. Nariño).

[79] *Conversación familiar entre Patricio y Floro en el Boquerón la tarde del 2 de Setiembre de 1811. Sobre si le conviene a Santafé ser la Ciudad federal o centro del Congreso federativo*, Santafé de Bogotá, 1811. El subrayado es nuestro.

gobierno una voluntad actuante[80]. Se trataba de acabar con la segmentación del Estado en pueblos, repúblicas urbanas y provincias. La concepción federativa y normativa del poder público debía dar lugar a una república unitaria y con poder de decisión. Esta dinámica era compleja a causa de su naturaleza híbrida, a la vez real y simbólica. La crítica de las armas sostenía la de las palabras; los discursos sostenían las violencias y las violencias los discursos para fundar así la soberanía nacional y realizar la independencia[81].

«CON LA PRENSA Y CON LAS ARMAS...»[82]

Venezuela se «desincorporó» primero. Nuevas líneas de frente sustituyeron la oposición entre los cuerpos municipales y las enemistades entre los linajes patricios. La crisis del orden imperial provocó, con el eclipse monárquico, la desarticulación de la sociedad de castas y de cuerpos[83]. Liberándose del marco de la guerra orgánica, los combates hicieron posible la segmentación colonial de los esclavos, los mestizos libres, los indios o los criollos blancos.

Nada parecido se produjo en la Nueva Granada, salvo, tal vez, en la costa Caribe. La divergencia entre los dos territorios se debió a las diferentes estrategias realistas. Los realistas venezolanos, apoyados en la jerarquía eclesiástica, se encontraron en una posición de debilidad después de la revolución en el gobierno. Calcularon que debían recurrir al pueblo cristiano contra la república. Sostenidos por el arzobispo de Caracas, Narciso Coll y Prat, lograron movilizar a los pardos y los escla-

---

[80] *L'invention démocratique. Les limites de la domination totalitaire*, París, 1981; *Essais sur le politique XIXe-XXe siècles*, París, 1986.

[81] Esta dinámica afecta también a los federalistas, por diversas causas, sobre todo por la necesidad de unificar la nación frente al extranjero, tanto en las relaciones diplomáticas como en los enfrentamientos militares (ver «Ley sobre gobierno unitario», 15.XI.1815, en *Congreso de las Provincias Unidas*, II, pp. 147-149). Restrepo, 1999, pp. 57-60; Restrepo, 2005, pp. 101-123.

[82] *Conversación familiar entre Patricio y Floro en el Boquerón la tarde del 2 de Setiembre de 1811. Sobre si le conviene a Santafé ser la Ciudad federal o centro del Congreso federativo*, Santafé de Bogotá, 1811.

[83] Thibaud, 2003, pp. 311-319.

vos contra el poder confederal. En junio de 1812, se produjeron imponentes levantamientos en la retaguardia de Miranda. A fines de 1813, en nombre del rey y de la religión[84], se produjo la insurrección de los llaneros mestizos de los llanos del Orinoco. Bajo el mando de oficiales americanos o peninsulares, estos siete mil a nueve mil insurrectos realistas vencieron a las tropas patriotas en las sangrientas batallas de la Puerta y de Urica (1814). El proceso de politización y el recurso al pueblo raso fuera de los marcos corporativos le dio a la violencia el aspecto de una guerra popular. Las luchas civiles se multiplicaron, amenazando con precipitar a Venezuela en la anomia.

Para escapar de esta anarquía, los estados mayores patriotas debieron subordinar «los protagonistas sociopolíticos [...] a los actores político-militares»[85], con el fin de reducir estas brutalidades a una lucha con causas muy claras: por un lado, la cruzada contra la irreligión y la «diablocracia»[86]; por el otro, la defensa de la Independencia y de la Libertad[87]. El decreto de «guerra a muerte», promulgado por Bolívar el 15 de junio de 1813, debía cumplir esta función. La guerra sin cuartel suspendía el derecho de gentes e iniciaba una lucha discriminatoria. Para los «españoles» –entiéndase los realistas– prometía la aniquilación y perdonaba a los americanos. La sombra de Haití se cernía sobre el texto. El estado mayor libertador promulgó la guerra sin cuartel tras vivos debates con un grupo radical en el que había varios haitianos[88].

La «guerra a muerte» tenía varios objetivos. En primer lugar, la designación del enemigo debía trazar por contraste el verdadero contorno de la patria. En este sentido, es necesario sostener que en Venezuela, la guerra nacional precedió a la nación. Enseguida, al reducir el conflicto a figuras ideológicas simples –república/monarquía, independencia/colo-

---

[84] Heredia, 1986, p. 45.
[85] Bataillon, 2003, p. 144.
[86] «Memoria del Arzobispo Illmo. Señor Coll y Prat», Caracas, 25 de agosto de 1812, en Narciso Coll y Prat, 1960, p. 59.
[87] Ver los boletines del Ejército Libertador de Venezuela durante la Campaña admirable, sobre todo el n° 2 (Trujillo, 22 de junio de 1813) que termina así: «Todo hombre será soldado, puesto que las mujeres se han convertido en guerreras, y cada soldado será un héroe por salvar pueblos que prefieren la libertad a la vida», en *La forja*, p. 137.
[88] Briceño, *Plan para libertar Venezuela*, Cartagena, 1813. Hébrard y Verdo, 2002, pp. 65-68.

nia, etc.–, el estado mayor bolivariano reducía la multiplicidad de los levantamientos sociales y «raciales» –potencialmente anómicos y sin utilidad política– a la alternativa entre la libertad y el despotismo. Finalmente, y éste fue el argumento decisivo, se trataba de sacar partido de las dinámicas producidas por la movilización popular –politización, polarización, desterritorialización, desincorporación– para escapar del círculo vicioso de las guerras orgánicas.

Los combates limitados entre los pueblos impedían que se asumiera una soberanía nacional que superara el horizonte local. La «guerra a muerte» debía condensar estos conflictos en torno a la alternativa de la república venezolana o de la monarquía (constitucional) española. En pocas palabras, debía conjurar al mismo tiempo los conflictos de clases, de razas y de colores[89] y salir del círculo de las guerras orgánicas. El decreto constituía, en su sentido primordial, un *speech-act* en el que la distinción en el discurso del amigo y el enemigo encontraba su validación en el campo de batalla. Hasta 1820 no hubo cuartel salvo para los vencidos que cambiaban de bando (lo que no era raro). Las masacres seguían a los combates y las designaciones de «españoles» y «americanos» ocultaban la división ente «realistas» y «republicanos»[90].

El recurso de los llanos[91]

La maniobra bolivariana fracasó. Los llaneros y el ejército realista vencieron a la «Segunda República», de la cual Bolívar había sido nombrado Dictador. Dos años después, en 1816, la patria neogranadina perecía bajo los golpes del Cuerpo Expedicionario enviado por Fernando VII para restablecer en las Indias el poder absoluto que ya había impuesto

---

[89] La idea que la Guerra de Independencia trajo consigo conflictos de clases y de colores se remonta al siglo XIX, sobre todo en el autor conservador José Manuel Restrepo, ministro del Interior de Colombia, en su monumental *Historia de la Revolución de Colombia*, en especial III, p. 117.

[90] «Simón Bolívar, Brigadier de la Union, General en Xefe del Exército del Norte, Libertador de Venezuela, *A sus Conciudadanos*», conocido como el decreto de «guerra a muerte», Trujillo, 15 de junio de 1813, en *La forja*, p. 134.

[91] Domínguez, 1980, pp. 196-198, y Zeuske, 2003, pp. 39-59, sobre todo pp. 47-50.

de nuevo a los españoles. La Confederación, a pesar de la resistencia heroica del puerto de Cartagena de Indias, no pudo enfrentarse en forma coherente a los 10.000 soldados del general Pablo Morillo, que en su mayor parte eran antiguos liberales o guerrilleros que se habían vuelto molestos en la península[92]. Las elites patriotas se exiliaron en las Antillas, primero en Jamaica, y luego en Haití bajo la protección del presidente Pétion.

Paradójicamente, la derrota resolvió varios problemas militares y políticos. Obligó al campo patriota a un desplazamiento estratégico hacia los llanos de la cuenca del Orinoco. Desde la desembocadura del gran río hasta el piedemonte andino de la Nueva Granada, estos espacios constituían en ese entonces un frente de colonización[93]. A causa de su débil nivel de institucionalización y de las dificultades de comunicación con las zonas pobladas de las cordilleras y las cadenas costeras, los llanos eran propicios para albergar una resistencia de nuevo corte. Grupos republicanos se esparcieron en el monte, las zonas agrestes de paso. Adoptaron una organización irregular y la guerra de hostigamiento.

Ciertamente, la guerrilla no era una novedad absoluta. Los ejércitos realistas del asturiano José Tomás Boves así como las tropas patriotas del Oriente venezolano bajo Mariño habían optado por esta estrategia desde 1813. Muchos irregulares habían servido bajo el republicano Mariño o el realista Morales. Pero al contrario de sus antecesoras, las guerrillas que surgieron a raíz del desastre de 1814 carecían desde el principio de cualquier centro de mando. Regados en un espacio tan extenso como Francia, esos miles de hombres representaban todo lo que quedaba del campo independentista. Estas columnas en harapos no sólo defendían la república, eran la república en armas. Fueron, por esta razón, la prefiguración sociológica de la República de Colombia.

El recurso de los llanos anunció la revancha de la lógica militar sobre las fatalidades sociales y las continuidades políticas. Sin embargo, a principios del siglo XIX, nada parecía transformar a la guerrilla en un factor de cambio. Las unidades irregulares, al no estar unidas a un ejército en

---

[92] Marchena Fernández, 2005c.
[93] Izard, 1981, pp. 82-142; Izard, 1983, pp. 13-83; Izard, 1987, pp. 109-142; Izard, 1988; Loy, 1981a, pp. 159-171; Loy, 1981b, pp. 235-257; Rodríguez Mirabal, 1987.

campaña, conservaban un fuerte carácter comunitario. En el curso de la guerra de independencia española, el apego al lugar y sus valores tradicionales explicó la formación de grupos irregulares en las provincias[94]. La resistencia patriota de los llanos no tuvo este aspecto orgánico, aunque algunos episodios mostraron el arraigo del reflejo de incorporación. Con ocasión de la junta de San Diego de Cabrutica, por ejemplo, los grupos armados del Oriente institucionalizaron su asociación bajo la forma de un gobierno municipal[95].

Todo conspiraba, sin embargo, a favor de la desincorporación. La guerra irregular favorecía una clase de autoridad carismática y negociada. Hombres nuevos, como los antiguos peones José Antonio Páez, Zaraza o Cedeño, accedieron al poder gracias a sus hazañas militares. La guerrilla promovía valores distintos de los tradicionales. Las milicias patrióticas y los batallones de línea habían sido primero dirigidos por patricios en virtud de lógicas familiares, de patronazgo y de clientelismo. El grueso de las elites republicanas se había exiliado en las Antillas. Los talentos necesarios para la estrategia guerrillera no favorecían a los patricios que lograron refugiarse en los llanos. Por ejemplo, Francisco de Paula Santander fue reemplazado en su posición porque organizaba campamentos fijos cuando había que vivir como nómadas para subsistir, como bien lo sabía su sucesor José Antonio Páez[96].

Algunos hijos de buenas familias, como Cruz Carrillo, lograron adaptarse al nuevo orden y convertirse en importantes jefes. No era tanto el origen social lo que hacía al caudillo militar, sino un talento excepcional evidenciado por el olfato militar y una comprensión intuitiva de las esperanzas de los hombres[97]. La marginación –temporal– de los patricios

---

[94] Tone, 1999. Scotti Douglas, 2004, pp. 91-105.

[95] BA, V, 423-425 y *Las Fuerzas Armadas de Venezuela en el siglo XIX. Textos para su estudio*, 1963-1969, II, pp. 160-164. Ver Austria, 1960, I, pp. 423-425.

[96] Se trata del episodio conocido como el motín de Arichuna (16 de septiembre, 1816), donde nació el odio entre estos dos hombres que contribuyó a la secesión de Venezuela de Colombia (1826-1830). «Apuntes sobre la guerra de independencia», *El Nacional*, 123, 5 de agosto, 1838.

[97] Ver, en el campo realista, la bella carta de Morales a Morillo, Villa de Cura, 31 de julio de 1816, en *El teniente general Pablo Morillo, primer Conde la Cartagena, Marqués de la Puerta (1778-1837)*, 1908-1910, III, pp. 91-92. Los análisis de Páez son a menudo notables, como lo demuestran sus memorias: Páez, 1945.

Definiendo el sujeto de la soberanía   211

locales simbolizaba la liberación de las guerrillas de las lógicas sociales tradicionales. Esta ruptura se produjo también en la geografía, los llanos «salvajes» y militares se oponían al mundo urbano y «civilizado» de los Andes y las zonas quebradas de la costa.

Último efecto de la desincorporación: la guerra irregular construyó una relación inédita con el espacio. La estrategia patriótica ciertamente suponía el incesante desplazarse de los destacamentos y los ataques relámpago. Centenares de mensajeros recorrían distancias considerables con riesgo de la vida. Las guerrillas eludían el orden incorporado de las ciudades, pueblos, sitios y lugares, y la sociedad corporativa en general[98]. La soberanía nueva se desplegaba contra la majestad antigua a favor del vacío institucional: la naturaleza contra la historia. Páez escribió que «los bosques, las montañas y los Llanos [de Venezuela invitaban] al hombre a la libertad, las alturas y las planicies [los recibían] en su seno para protegerlo de la superioridad numérica del enemigo»[99]. A los llaneros les dijo un día: «Vosotros sois invencibles: vuestros caballos, vuestras lanzas y estos desiertos, os libran de la tiranía. Vosotros sereis independientes á despecho del imperio español»[100]. Bolívar, al igual que Páez, asociaba la energía patriótica a las cualidades concretas del espacio.

En Colombia, como en España, el territorio provee en todas sus regiones defensas naturales, y con sobrada razón el Libertador decía más tarde al Congreso de Bolivia «que la naturaleza salvaje de este continente (la América) expela por sí sola el orden monárquico: los desiertos convidan á la independencia»[101].

A primera vista, estas metáforas parecen anecdóticas. La República de Colombia se apoyaba, sin embargo, en las márgenes. Originalmente, su incumbencia y competencia se confundieron con un espacio de guerra cuya naturaleza homogénea recordaba las características de la soberanía moderna[102]. Quedaba, sin embargo, el más peliagudo de los pro-

---

[98] Herrera, 2002.
[99] Ídem.
[100] «A los habitantes del Llano», *El Sombrero*, 17 de febrero, 1818, OL, XV, 579.
[101] Páez, 1945, I, p. 101.
[102] «Reglamento de elecciones para el Congreso de Angostura», Angostura, 17 de octubre, 1818, en Restrepo, 1969a, p. 371, art. 14.

blemas, el del fundamento político y la figuración sociológica de la República unitaria: el Pueblo.

LA REPÚBLICA ARMADA O EL RETORNO A MONTESQUIEU

Desde 1814 hasta 1821, la república estuvo en manos de los militares, fuera de cualquier referencia –como no fuera retórica– a la legitimidad de las asambleas confederales. La originalidad de la situación colombiana dependió de la militarización de la causa independentista. La República de Colombia nació en el curso de un «provisoriato» pretoriano. Santander comentaba que «la república [era] un campo de batalla en donde no se [oía] otra voz que la del general»[103]. Fue así como les cayó en suerte a los hombres en armas el establecimiento de nuevas instituciones. Desde 1817, en medio de dificultades, el estado mayor libertador creó un Consejo de Estado para fundar –en un sentido estricto– una administración calcada del modelo napoleónico. Pero el gran asunto consistía en establecer un régimen representativo y promulgar una constitución para reinscribir el combate patriota en su horizonte liberal. La paradoja –extensiva a la paradoja clásica del estado de excepción– fue el hecho de que las instituciones civiles procedían de un poder *de facto*, en esencia militar. Los ejércitos de Bolívar fueron la base sociológica y sobre todo moral de las instituciones civiles.

Base sociológica, en la medida en que el ejército suplantó al pueblo soberano en las elecciones que, en 1818, eligieron el Congreso de Angostura. Con la mayor naturalidad del mundo, cerca de veinte entre treinta diputados fueron designados por las filas. Muchos de los elegidos eran militares, y los civiles, criaturas de los caudillos. Base moral también, porque el ejército no desempeñó solamente un papel de ejecutivo provisorio. Su situación constituía la representación visible del Pueblo y la figuración activa de la Nación. En virtud de una inesperada reapropiación de los valores del republicanismo clásico, los soldados encarnaban la verdadera ciudadanía. Eran el pueblo y la patria, porque habían contribuido, con su virtud –su valor– y su compromiso personal, al bien

---

[103] De Paula Santander, 1938, p. 217.

público. Este sacrificio tenía un sentido existencial para la Nación; probaba que los americanos no habían sido corrompidos absolutamente por el poder absoluto de los Borbones. Después de las decepciones iniciales, los patriotas habían por fin encontrado un pueblo. En una célebre carta al vicepresidente Santander, Bolívar evocó esta inversión axiológica de la relación entre la ciudadanía y los militares[104]:

> Estos señores [los federalistas] piensan que la voluntad del pueblo es la opinión de ellos, sin saber que en Colombia el pueblo está en el ejército, porque realmente está, y por que ha conquistado este pueblo de mano de os tiranos; porque además es el pueblo que quiere, el pueblo que obra, y el pueblo que puede; todo lo demás es gente que vejeta con más o menos malignidad, o con más o menos patriotismo, pero todos sin ningún derecho a ser otra cosa que ciudadanos pasivos[105].

El texto debe ser comprendido literalmente. La república clásica de los soldados-ciudadanos fundaba la República liberal. Apasionado por César, Voltaire y Rousseau[106], Bolívar volvió al *Esprit des lois*, «[ese] código que debíamos consultar, y no el de Washington»[107]. Si el retorno a la virtud hacía del ejército la piedra angular del sistema republicano, fue porque la institución militar encarnaba la crítica implícita de un cierto tipo de ciudadanía. Mientras el liberalismo promovía los vínculos contractuales, volitivos, igualitarios con la comunidad cívica; el ejército manifestaba el poder de una relación orgánica con la colectividad. Al exaltar a los espartanos, no era tanto que los estados mayores retornaran a un Antiguo Régimen imaginario sino que daban testimonio de su escepticismo sobre la libertad de los modernos como fuerza cohesiva de la sociedad. El flujo revolucionario había disuelto la creencia en el carácter refundador del liberalismo. Más generalmente, las circunstancias adversas habían puesto en suspenso la idea de que el marco legislativo podía transformar las realidades políticas y sociales. La concepción de la ley como regla eficiente impedía la emergencia de la sociedad civil como esfera de libertades definida negativamente por las normas jurídicas.

---

[104] Hébrard, 1996, pp. 205-213.
[105] Bolívar a Santander, San Carlos, 12 de junio de 1821, CL., III, p. 78.
[106] Salvador de Madariaga, *Bolívar*, México, 1951, II, p. 80.
[107] Lecuna, V., p. 210-211, citado por L. Uprimny, 1971, p. 34.

La idea nueva, según la cual todo lo que estaba prohibido debería ser permitido, producía el temor general de la licencia y el libertinaje, incluso entre los más liberales. Y este temor paralizaba la formación de un espacio civil fuera del poder público[108]. De hecho, la libertad de los modernos sólo podía producir efectos benéficos si los ciudadanos sabían usar sus derechos. El liberalismo suponía costumbres urbanas y virtudes cívicas sin explicar cómo generarlas allí donde supuestamente no existían. Ahora bien, los centralistas afirmaban que no había civilización por ahora en América meridional. El ejemplo de Francia lo probaba de sobra, según una lectura típica del pensamiento contrarrevolucionario:

> Ni aun la nación más instruida del universo antiguo y moderno no ha podido resistir la violencia de las tempestades inherentes a las puras teorías; y que si la Francia europea, siempre independiente y soberana, no ha soportado el peso enorme de una libertad indefinida, ¿cómo será dada a Colombia realizar el delirio de Robespierre, de Marat[109]?

El análisis político abandonó la esfera –liberal– del derecho a favor del estudio de las costumbres. La impotencia legislativa favorecía el desarrollo de una sociología intuitiva, con pretensiones realistas, y que buscaba justificar el poder del ejecutivo. Si la revolución de los derechos había fracasado en regenerar la comunidad, había que reformular el proyecto republicano en torno a dos ejes: primero, permitir que el nuevo poder perdurara; segundo, construir la ciudadanía, ya no definida en términos de derechos, sino como un conjunto de costumbres y de hábitos.

El primer problema, el de la estabilidad del régimen, se escapaba de la esfera de los principios en la que reinaban los lenguajes iusnaturalistas. Se transformaba en un debate sobre los medios, legitimando instituciones de excepción antidemocráticas o antiliberales: dictadura temporal, restablecimiento del principio de herencia, presidencia vitalicia[110].

---

[108] Guerra y Lempérière, 1998.
[109] Simón Bolívar y Francisco de Paula Santander, *A los Colombianos. Proclamas y discursos 1812-1840*, Bogotá, 1988, p. 295, Basilien-Gainche, 2001, p. 225.
[110] Constitución boliviana [1826], título V, cap 1, art. 77-80, CC., III, pp. 139-140; Thibaud, 2002, pp. 463-494. Loveman, 1993, pp. 29-45; Basilien-Gainche, 2001, pp. 136-172 y 227-242.

El ideal republicano se trastornaba: la transparencia y la inmediatez de la comunidad cívica respecto de sí misma desapareció como ideal regulador. Paradójicamente, las críticas en contra del carácter abstracto del poder moderno, influenciadas por el pensamiento contrarrevolucionario de Burke, de Maestre y Bonald, reforzaron las tendencias criptojacobinas de las cúpulas militares. El centralismo de Bolívar no tenía nada que ver con el de Nariño: era de corte más francés que estadounidense.

Sin embargo, no se abandonaba la reflexión sobre las finalidades cívicas, salvo que ésta se contemporizaba. Se trataba de encontrar, según la metáfora de Bolívar, un «punto fijo»[111] apto para afianzar el estado con el fin de transformar progresivamente a los bárbaros en ciudadanos. Más que las leyes justas, era la regularidad de las costumbres cívicas lo que establecía la república en su búsqueda de la felicidad pública. El ejército libertador, y su héroe, el Libertador, encarnaban esas perfecciones en una sociedad considerada decadente[112]. La ciudadanía se identificó con el civismo, el civismo con la civilidad, y la civilidad con la civilización. Siguieron las restricciones al derecho al voto, con el criterio de la alfabetización.

En el fondo, la necesidad de una pedagogía republicana planteaba el problema de la autoridad. ¿Cuáles eran los títulos de la república para suscitar la obligación política? Porque, como lo había previsto Montesquieu, a falta de virtud, las leyes habían «dejado de ser aplicadas»[113]. En otras palabras, ¿cómo liberarse sin daño de los fundamentos teológicos del imperio con el fin de auto-instituirse por medio de un derecho positivo liberal? Pasado el entusiasmo del comienzo, las nuevas bases constitucionales parecieron incapaces de asentar la república sobre una base segura y permanente. Había que encontrar expedientes institucionales. Con ocasión de los debates preliminares de la constitución de 1819, los bolivarianos propusieron la creación de un «poder moral», con el fin de establecer las «virtudes públicas»[114]. Una cámara de moral debía mode-

---

[111] «Mensaje con que el Libertador presentó su proyecto de constitución al congreso constituyente de Bolivia», Lima, 25 de mayo, 1826, CC., III, p. 118.
[112] Lomné, 2003, pp. 491-508.
[113] Montesquieu, 1979, «Du principe de la démocratie».
[114] «Del poder moral», art. 5°, reproducido en Uprimny, 1971, p. 38.

lar «los hábitos y las costumbres», al recompensar «las virtudes públicas con los honores y la gloria»[115], y castigar «los vicios con el oprobio y la infamia». Una cámara de educación vigilaría el establecimiento de una república de las costumbres. «El Aerópago» se inspiraría en la cámara de los lores según la descripción de Montesquieu[116]. El principio hereditario hizo que el proyecto fuera rechazado a cambio de una cámara alta compuesta por miembros vitalicios[117].

El pensamiento revolucionario también abordó la evaluación axiológica de la sociedad, y la idea de pueblo se enriqueció, entonces, con nuevos significados[118]. Ya no se trataba de asimilarlo a las maniobras de incorporación del Antiguo Régimen (los «pueblos»). También convenía superar el formalismo del Pueblo como apoyo abstracto de la voluntad general y de la soberanía democrática. En singular y sin mayúscula, el pueblo se fue haciendo realidad social, y por esta razón exigía un análisis concreto en términos de hábitos, ilustración y costumbres.

Este descenso hacia el «las llanuras de la realidad»[119] fomentó un pesimismo político en el que se basó la convicción de que un régimen plenamente liberal no era adaptable en la América española. Los habitantes de carne y hueso formaban «una vil canalla», según el sarcasmo volteriano de Bolívar; eran salvajes ajenos a cualquier racionalidad, que hacían cernirse sobre Venezuela el espectro de una «pardocracia» inspirada en el ejemplo haitiano[120]. El pueblo no estaba a la altura del Pueblo, como lo demostraba una sociología moral respaldada en la teoría de los climas y las razas. Convocaban a Montesquieu para poner la barbarie de los indios o negros –pastusos o patianos– realistas en el mismo costal con los patriotas mestizos o indios del Apure y Casanare.

> Piensan esos caballeros que Colombia está cubierta de lanudos, arropados en las chimeneas de Bogotá, Tunja y Pamplona. No han echado sus miradas sobre los caribes del Orinoco, sobre los pastores del Apure, sobre los marineros

---

[115] Sección 2a, art. 1° y 2°, en Uprimny, 1971, p. 41.
[116] Montesquieu, 1979, V, VII.
[117] «Acta 79», *Congreso de Angostura. Libro de actas*, Bogotá, 1921, p. 75. Uprimny, 1971, p. 23.
[118] Guerra, 2002, pp. 357-383.
[119] Roscio, 1996, p. 29.
[120] Langue, 1996, pp. 57-72; Thibaud, 2003.

de Maracaibo, sobre los bogas del Magdalena, sobre los bandidos de Patía, sobre los indómitos pastusos, sobre los guajiros de Casanare y sobre todas las hordas salvajes de Africa y de América que, como gamos, recorren las soledades de Colombia[121].

La erosión del paradigma liberal tuvo resultados paradójicos. La necesidad de fundar la república sobre las virtudes antiguas llevó a la exaltación del ejército libertador. Pero, en un mismo impulso, la reflexión sobre las costumbres condenaba el salvajismo de los soldados. Excelencia de las legiones; barbarie de las filas: esta contradicción legitimó la aristocracia militar que ejerció el poder hasta 1830.

COLOMBIA EN EL *IUS PUBLICUM EUROPAEUM*

La Nueva Granada y Venezuela fueron liberadas de la presencia realista en dos años, entre la victoria de Boyacá, en agosto de 1819, y la de Carabobo en junio de 1821. La República de Colombia pasó de la situación de proyecto constitucional a la de realidad estatal. Una triple convergencia caracterizó este proceso: militar, con la transformación de las guerrillas patriotas en ejército regular; jurídica, con la adopción del derecho de gentes y el fin de la «guerra a muerte»; política, con el reconocimiento tácito de la existencia de la República de Colombia por las autoridades españolas.

En el 25 y 26 de noviembre en Trujillo, donde se había decretado la «guerra a muerte», se firmaron un armisticio de seis meses y un tratado de regularización de la guerra. El primer pacto inscribía la Guerra de Independencia en la esfera del *ius publicum europæum*; el segundo en el *ius gentium*. Fue un viraje político decisivo que respondía por fin a la pregunta planteada por Bolívar en su decreto de 1813. ¿Era la revolución una rebelión de lesa majestad como sostenían los ejércitos del rey o una guerra de independencia nacional? En un caso, los patriotas debían ser considerados traidores por la justicia real; en el otro, eran enemigos extranjeros, protegidos por el derecho de gentes. Habiendo prevalecido la primera interpretación, los bandos se trataron mutuamente de bandi-

---

[121] Bolívar a Santander, San Carlos, 13 de junio de 1821, CL, III, p. 78.

dos. El *Correo del Orinoco* tildaba a Morillo de «cabecilla»[122]; y éste consideraba los campamentos de los patriotas como «rochelas».

Al poner fin a la «guerra a muerte», los beligerantes pasaron del dominio de la guerra discriminatoria al de la guerra clásica entre estados. El armisticio y el tratado de regularización implicaban una declaración de guerra en el espacio del derecho público internacional a la manera de la Declaración de Independencia estadounidense[123]. El retorno a la regulación jurídica de los combates presumía la soberanía de Colombia[124]. La aplicabilidad de las reglas internacionales ocasionó la derrota política de los españoles al admitir que el conflicto enfrentaba a dos estados con capacidad de declarar la guerra y de hacer la paz.

En 1821, los debates constitucionales del Congreso de Cúcuta mostraron esta determinación del Estado y de la República por medio de la guerra. Como en los buenos días de la Patria Boba, la discusión enfrentó a federalistas y centralistas. La militarización de la república había hecho evolucionar la oposición de los primeros: frente a las urgencias militares, se necesitaba un gobierno poderoso y elogiaron, entonces, el federalismo de 1787[125]. Según ellos, los estados independientes se definían por su capacidad de declarar la guerra y de firmar *fœdera*. Toda república que accediera al espacio interestatal era, pues, de naturaleza federal, como lo demostraba la historia: los griegos contra Jerjes, Suiza, Holanda o los Estados Unidos. Pero el debate no tardó en estructurarse en torno a un problema de prioridad: ¿primero la independencia o primero la libertad? Los federalistas optaron por la inmunidad de los pueblos frente a la arbitrariedad de los gobernantes, contra el «centralismo exterminador»[126] de los franceses. Los centralistas abogaban por la

---

[122] *Correo del Orinoco*, 2, 4 de julio, 1818.

[123] Pocock, 1988, pp. 55-77.

[124] Idea ya contenida en la representación del procurador Andrés Level de Goda al rey Fernando VII, Caracas, 5 de septiembre, 1819, en «Memorias de Andrés Level de Goda, a sus hijos», *Boletín de la Academia Nacional de la Historia*, 21, 1938, p. 199. En el bando patriota, ver García del Río, 1985, p. 56 («Consideraciones sobre la marcha de la República de Colombia hasta mediados de 1828», 24 de agosto de 1829).

[125] «Acta 14», *Actas del Congreso de Cúcuta 1821*, Bogotá, 1989, I, p. 51, intervención de José Ignacio Márquez.

[126] «Acta 14», *Actas del Congreso de Cúcuta 1821*, Bogotá, 1989, I, p. 51, intervención de José Ignacio Márquez.

urgencia de la independencia nacional, sin la cual ninguna libertad era duradera.

Con la victoria centralista vino a la par una movilización sin precedentes de la sociedad neogranadina en el Ejército libertador, que reclutó 30.000 hombres para una población de solamente dos millones de habitantes. Las inmunidades y los derechos de los pueblos no pudieron oponerse a la leva masiva, a menudo realizada a la fuerza. La sociedad incorporada ofreció poca resistencia a la soberanía del Estado. Poderoso y disciplinado, el ejército de Bolívar obtuvo la independencia definitiva de América del Sur en la batalla peruana de Ayacucho, a fines de 1824. El triunfo no abolió ni la sociedad incorporada ni el federalismo que fue su encarnación política.

El estado militar bolivariano era frágil: carecía de una base social. Desapareció en 1830 cuando los Pueblos lograron acceder a la esfera pública y dominar el léxico republicano y liberal por el medio indirecto del pronunciamiento. Réplica lejana de la disolución del imperio, el derrumbe de Colombia dio lugar a tres naciones, Venezuela, Nueva Granada y Ecuador. Correspondió a estos estados la imposible tarea de construir un orden soberano, habiendo tenido lugar su nacimiento bajo el signo de las ciudades, esas majestades territoriales[127].

---

[127] Thibaud, 2006, pp. 5-26.

TERCERA PARTE
LOS GUARDIANES DE LA NACIÓN

LA GUARDIA NACIONAL
EN LA CONSTRUCCIÓN DEL ORDEN REPUBLICANO

Alicia Hernández Chávez
El Colegio de México

La primera organización ciudadana que cobraría peso nacional en el siglo XIX fue la Guardia Nacional. El presente trabajo tiene por finalidad mostrar cómo se desenvuelve una organización cívico-militar local en una nacional para devenir una red política, de intereses territoriales, regionales, intrarregionales y finalmente nacionales. De ahí el título *La Guardia Nacional en la construcción del orden republicano*.

La tesis comúnmente repetida en torno a la relación ejército y estado para los países en vía de desarrollo es que ambos se apoyan mutuamente para oponerse y someter a las facciones regionales o centrífugas. De tal forma, estado y ejército construyen a la nación; es decir, es un proceso fundamentalmente de arriba hacia abajo. Considero imprecisa tal aseveración, es preciso analizar la construcción del orden republicano de modo simultáneo de abajo hacia arriba y viceversa para destacar los momentos de convergencia, contemplando la interrelación entre los sectores populares, medios y altos.

LAS PREMISAS

Comienzo por establecer algunas premisas. El ejército en el proceso de construcción de las repúblicas independientes adquiere el carácter de garante de la soberanía de la Nación. De ahí el calificativo del Ejército Trigarante de 1821 o de las Tres Garantías: Religión, Independencia y Unión. La ciudadanía armada[1] emerge como actor de primer orden a

---

[1] Las fuerzas armadas se componen de los cuerpos bajo mando directo de la secretaría o departamento de Guerra: es decir, la milicia permanente y la milicia activa; además existe la reserva que sólo se levanta en caso de necesidad. La ciudadanía armada

partir de los movimientos de independencia de las colonias norteamericanas de Gran Bretaña, durante la Revolución Francesa y la invasión napoleónica de la península ibérica en 1808. En la América hispana existió a partir de la Constitución de Cádiz de 1812 como milicia ciudadana.

¿Por qué es importante que el individuo de edad determinada enarbole la defensa de la patria? La idea de nación y nacionalidad es una construcción que se desenvuelve a lo largo del siglo XIX. Un actor fundamental del proceso fue el ciudadano y, dado que la ley electoral fue limitativa, reservada a potentados cuyos valores fueran el honor, la probidad, el prestigio, la riqueza; en cambio, mediante el servicio de las armas, durante los varios decenios de guerra que se vivieron en México, el arriesgar la vida en defensa de la patria fue el medio masivo para adquirir plenos derechos de ciudadanía. Al adscribirse de manera voluntaria, el soldado sólo debía contar con determinada edad –dieciocho años– y de ser posible arma, cobija y caballo. Concluida la misión para la cual se le había llamado, las autoridades del ayuntamiento solían retribuirle con el derecho de ciudadanía, el cual –para su efectivo cumplimiento– debía acreditar con un documento administrativo que considero esencial en el registro y la difusión de la ciudadanía: la boleta de contribuyente.

Así, el ayuntamiento concedía tierras de los llamados baldíos de modo que pudiera contar con un ingreso, contribuir al sostén de su gobierno y estar inscrito en la lista de contribuyentes. No fue de poca monta este mecanismo de movilidad y difusión de la ciudadanía, pues el varón pudo devenir cabeza independiente del *domus* familiar, accediendo a plenos derechos de vecino-ciudadano con lo cual se aceleró el proceso de individualización del orden social.

El federalismo y las fuerzas armadas

Al mecanismo antes descrito cabe sumar el potencial de la Guardia Nacional como garante de la forma de gobierno. La función de las fuer-

---

que porta distintos nombres: milicia cívica, «cívicos» y para los años 1840 se oficializa como Guardia Nacional que es a la que hago referencia en este ensayo. La Guardia Nacional nace como reserva del ejército, es decir no se encuentra de modo continuo en activo sino se compone por ciudadanos en armas.

zas armadas responde a la forma de gobierno establecida en la Constitución de 1824; es decir, a la conformación de los Estados Unidos Mexicanos en una república confederal. La doble soberanía de la federación y de los estados dio origen a una doble estructura militar: por un lado, el ejército permanente y la milicia activa –dos cuerpos de ejército para defensa de la nación soberana– y, por el otro, las milicias estatales para defensa de la soberanía de las entidades federativas. Cada constitución estatal –en el articulado relativo al poder ejecutivo del estado[2]– incluye un apartado que faculta al gobernador como comandante de la milicia del estado a valerse de ésta con el fin de conservar: el orden público interno y la seguridad del estado en lo exterior, en una palabra, garantizar su soberanía. Respecto de la posibilidad de que un estado mantuviera en armas su fuerza, la cláusula de la constitución federal o general lo prohíbe: «Ningún estado puede tener en ningún tiempo tropa permanente, ni buques de guerra sin el consentimiento del Congreso general»[3]. Así, una vez concluido el motivo del llamado a las armas, éstas y el bastimento se guardan bajo poder del ayuntamiento; los «cívicos» pasan a ser simples ciudadanos, sin goce de sueldo o fuero. Por lo anterior, la milicia cívica se mantuvo –por lo general– como una reserva que se convocaba en caso de perturbación del orden público[4]. Sin embargo, debido al continuo estado de guerra que prevaleció durante los decenios 1840-1860, la Guardia Nacional adquirió estatus de permanente, como veremos más adelante.

Ahora bien, establecidos los caracteres esenciales, hago mención a una definitoria del periodo bajo análisis: se singulariza por una atomización del poder y la consecuente regionalización territorial expresada en

---

[2] «Habrá en el estado una fuerza militar compuesta de los cuerpos de milicia cívica, que se formarán en todos los departamentos. Una parte prestará servicio continuo y otra se organizará como reserva». *Constitución Política del Estado Libre de Jalisco*, Título V De la Milicia del Estado. Artículos 257, 258, 259 en *Colección de Constituciones de los Estados Unidos Mexicanos. Régimen Constitucional 1824*, Galván Rivera, (ed), 1988. En adelante se citará *Colección de Constituciones*, seguido del número de tomo.

[3] *Constitución de los Estados Unidos Mexicanos*, 1825, Art. 162, Inciso III en *Colección de Constituciones*, 1988, t. I.

[4] Tabasco, Capítulo X, Artículos 211 a 216, pp. 160-161. Tamaulipas, Título V. Sección Única. De la Milicia del Estado, p. 230 [igual que Jalisco], Zacatecas, Título VIII, Art. 1921, Veracruz, Art. 59, Inciso VI, p. 251, en *Colección de Constituciones*, 1988, t. III.

la forma confederal. Lo anterior se explica porque con la independencia y a lo largo de dos tercios del siglo XIX, las elites y notables locales fortalecieron sus cotos económicos y sociales ocupando vacíos de poder que dejaba la fractura y descomposición del orden corporativo, estamental previo. Los nuevos espacios políticos favorecieron la proliferación de caudillos: liberales, conservadores o realistas, que movilizaban y armaban sus clientelas y así fortalecían el poder regional[5]. La fragmentación del país y de sus gobiernos condujo a continuos cambios políticos y batallas entre diversas facciones, a lo que se sumarían dos invasiones extranjeras. El periodo es de profundos acomodos y búsqueda de soluciones políticas, situación agravada por la ausencia de un Estado y ejército nacional consolidados[6].

El ejército garante de la libertad contra la dictadura de las mayorías o la tiranía de un dictador

La instrucción que se impartía a los nuevos cadetes expresa con nitidez los valores políticos, patrióticos y cívicos que se enseñarían a los futuros soldados de la república. Insisto en lo político como significativo porque se les instruía para actuar no sólo en defensa de la patria sino como veremos internamente como poder conservador. El coronel Gómez de la Cortina, al dirigirse a los cadetes del Colegio Militar, no podía ser más claro:

> La historia hará ver a ustedes que no se puede ser buen militar sin ser buen ciudadano... que no puede ser buen ciudadano el que no cumpla con los deberes que la naturaleza y la sociedad le imponen.
> La historia manifestará a ustedes con innumerables ejemplos, que una nación puede perder su libertad no solamente sometiéndose con bajeza a un

---

[5] Hernández Chávez, 1993; Carmagnani, 1993.
[6] Ver Hernández Chávez, 1989, pp. 257-296; Carmagnani, 1983, pp. 279-317; Carmagnani, «Territorialidad y Federalismo en la Formación del Estado Mexicano», en *Problemas de la formación del estado y la Nación en Hispanoamérica*, ed. J. Buisson, G. Kahle *et. al.*, Koln-Wien, Bohlau Verlag, 1984. Sostiene que en las primeras décadas del México independiente el estado carecía de medios administrativos para gobernar los estados de la república.

tirano, sino *también dejándonos dominar de las facciones civiles que son las que tarde o temprano producen la tiranía*[7].

De la cita anterior es evidente que el ejército no sólo garantizaba la soberanía de la Nación, es decir, la protegía de toda invasión externa; sino al ser garante de la unidad y seguridad interna adquiría también el papel de salvaguarda del país de toda tiranía: ya fuera de un dictador o de la «dictadura de las mayorías» o sea dominando las facciones civiles «que son las que tarde o temprano producen la tiranía». Mi estudio entonces se centra en el ciudadano armado bajo la denominación de Guardia Nacional de mediados de 1840, que se afilia en defensa de valores republicanos federal-liberales y, en consecuencia, opta por la defensa de una posición centrista contraria a toda tiranía democrática o autócrata.

A lo largo del siglo XIX el mecanismo de la política, que considero fundamental en la conformación de redes políticas y de una clase política local regional y nacional, es el proceso electoral, al que me referiré más adelante. Antes no puedo pasar por alto una práctica de antiguo régimen muy socorrida en la primera mitad del siglo decimonónico: el pronunciamiento. El derecho jurídico de antiguo régimen a la insurrección frente a gobiernos tiránicos fue una práctica política ampliamente empleada, sólo derogada con la Constitución de 1917[8].

El pronunciamiento por lo general se organiza a partir del ayuntamiento de donde suele elaborarse el plan político en el que se solicitan reformas o cambios importantes. La milicia ciudadana o Guardia Nacional, justamente porque depende de la jurisdicción municipal y su oficialidad es elegida al interior del proceso electoral general de autoridades, inmediatamente se involucra en la aprobación o rechazo del plan o pronunciamiento determinado. Si ambas facciones, jefes de Guardia y autoridades municipales, se ponen de acuerdo, entonces se valen de dos redes intermedias para hacer circular la propuesta de plan político: los

---

[7] Coronel José Gómez de la Cortina «A los Alumnos del Colegio Militar», en *Cartilla Historial o Método para Estudiar la Historia* por el Coronel J. Gómez de la Cortina, individuo de la Academia de la Historia, México, Impreso por I. Cumplido, Tercera Edición, 1840.

[8] Respecto al derecho de insureccion ver, Hernández Chávez, 2005, pp. 35-63, en particular «Republicanism and the Right to Resist Tyranny», p. 51.

comandantes de Guardia y nacional y el Cuerpo de Electores que se compone de unas diez mil personas a lo largo del país y los ayuntamientos, otros dos mil aproximadamente que comprenden bajo la jurisdicción municipal a pueblos, villas y otros poblados más un par de centenares de comandantes de Guardia Nacional[9].

He sostenido en mis trabajos que la clase política decimonónica se construye precisamente a partir de un doble proceso que deriva del electoral con sede en el municipio. A saber, el censo de población lo levanta la autoridad municipal o del ayuntamiento y el proceso electoral lo organiza el ayuntamiento. Primero se procede a elegir las autoridades civiles, enseguida por medio de compromisarios o directamente se procede a listar los varones aptos para ser reclutados, y de inmediato –antes de disolverse la junta electoral– ésta nombra a los posibles jefes y oficiales de Guardia nacional para que los ratifique el gobernador. Un solo ejemplo de una investigación más amplia y de una modalidad de la ley electoral que considero esencial prevé lo anterior «mientras las demás elecciones populares de funcionarios municipales no se hagan en los distritos directamente, las de jefes, oficiales, sargentos y cabos de esta milicia se harán también indirectamente por los ayuntamientos respectivos». Es decir, la junta de electores o de compromisarios del ayuntamiento es el órgano que elige autoridad civil y comandantes de milicia ya sea durante la elección general o, si no fuera el caso, la junta de electores es la responsable de elaborar la lista o terna para que la ratifique el gobernador. Una vez que cada compañía se componía en presencia de alguna autoridad, sus miembros procedían, mediante voto secreto, a la elección de oficiales, sargentos y cabos. Pasada esta primera selección, los elegidos se reunían bajo la presidencia del mayor de edad y elegían –también en escrutinio secreto– una terna que se remitía al gobernador para que de ella nombrara a los jefes. Cada dos años se procedía a nueva elección de jefes y oficiales pudiendo ser reelectos los antiguos[10].

«Los oficiales de compañía, sargentos y cabos se elegirán por los individuos de ella a pluralidad de votos de los concurrentes ante los Ayunta-

---

[9] «Acerca del mecanismo del pronunciamiento», ver Hernández Chávez, 2002, p. 201-203.

[10] Ver Ley Orgánica de la Guardia Nacional, 16 de julio de 1848, en Dublán y Lozano, 2004, t. V, p. 417, artículos 32-35.

mientos... Las vacantes se cubrirán por escala de los más antiguos... los cabos se reemplazarán por elección». Es decir, fue una organización democrática en el aspecto de elegir a sus jefes, pues su voto fue secreto. La milicia cívica estuvo bajo las órdenes de la autoridad superior política local que en todo caso grave «obraría de acuerdo con el ayuntamiento». Inútil reiterar que este mecanismo genera relaciones de reciprocidad e interdependencia política.

Es así que el proceso electoral –por sus características– vincula los tres niveles de gobierno y a las autoridades de esas instituciones: municipio, distrito y capital del estado con el gobierno federal[11]. Los órganos de representación son: la ciudadanía en el ámbito municipal, el cuerpo de electores en los niveles de distrito y estatal con la oficialidad de Guardia Nacional y con los miembros del poder legislativo y del gobernador del estado[12].

De lo asentado, nace la hipótesis de que con base en estos poderes locales se integra el poder territorial y se constituyen los Estados Unidos Mexicanos como república confederal en 1824. Por lo mismo, el proceso de construcción del Estado y de la Nación es doble: de arriba hacia abajo y de abajo hacia arriba; de donde emerge otra hipótesis: el proceso de convergencia ocurre justamente en los decenios de 1840-1860, y da vida definitiva a la república federal y liberal mexicana: constitucionalmente en 1857 y de facto en 1867 con la república restaurada.

La Guardia Nacional se formó desde 1832, y en 1847 se centralizó bajo jurisdicción de la Secretaría de Guerra. En México tuvo una actuación fundamental y compleja, a veces ambivalente. La Guardia Nacional no fue siempre republicana, sino que se subdividió bajo múltiples liderazgos e ideologías, tanto conservadoras como liberales, todas cambiantes según la coyuntura y oportunidad; precisamente por ser de adscripción estatal estuvo sujeta a los intereses políticos territoriales.

Lo que en este trabajo estudio son los oficiales que ingresan como Guardia Nacional en las fuerzas del ejército nacional a partir de su federalización en 1847. Aquí se contemplan aquellos expedientes militares que obran en el archivo de la Secretaría de Guerra relativos a militares y cuerpos de ejército que el gobierno nacional y la Secretaría de Guerra

---

[11] Carmagnani y Hernández Chávez, 1999, pp. 371-404.
[12] Hernández Chávez, 1993.

reconocen por sus méritos militares y que, entre 1860 y hasta el momento en que se ordena la disolución de la Guardia Nacional en el decenio de 1880, pasan a ser miembros del ejército permanente de la federación.

LA NUEVA GENERACIÓN: LA ERA DE LOS MOVIMIENTOS DEMOCRÁTICOS

> La tendencia democrática de nuestros tiempos, el movimiento de ascensión de las clases populares deseosas de participar en la vida política –hasta ahora reservada a un grupo de privilegiados– ya no es un sueño utópico, ni una incierta previsión: es un hecho [...] y a pesar de lo que pueda decirse en su contra, tras la voz cada vez más fuerte de las naciones emergentes, de las jóvenes generaciones a la espera de un futuro mejor, de las razas oprimidas que reclaman su puesto bajo el sol[13].

El medio siglo decimonónico o *el año del '48* divide –en el mundo occidental– las aguas entre un liberalismo aristocrático, excluyente y la búsqueda de un liberalismo incluyente, democrático pero ordenado. Los movimientos conservadores, la represión y contención de las nuevas clases emergentes volvían estrecho el marco político de las nacientes repúblicas y generaban continua tensión. La irrupción de las clases populares en ese medio siglo conlleva la adhesión de grupos intermedios dentro y fuera del gobierno y de la sociedad así como el efecto contrario: su contención o su repudio[14].

En México, la fractura social provocada por la persistencia de principios jerárquicos de antiguo régimen, tales como el voto censatario y el ingreso o riqueza requeridos para acceder a cargos de elección, fue rechazada por grupos céntricos y populares de estados y municipios; la generación liberal del medio siglo expresó con claridad su rechazo a esa concepción *aristocrática* de la política.

---

[13] Mazzini, «Peoples Journal», n° 35, en *Pensamientos sobre la democracia, en Europa y otros escritos*, Madrid, Editorial Tecnos, Clásicos del Pensamiento, 28 de agosto de 1846, p. 158.

[14] Brasil: La Sabinada en Bahía en 1837-38. La guerra de Cabaños en Pernambuco (1832-35) el Cabanagenn en Pará (1835-40) la Balanada en Maranhao (1838-1841), así como las llamadas guerras de Castas en México exponen las agudas tensiones sociales entre negros, indios, clases pobres y esclavos.

El cambio político no fue sólo coyuntural, sino que obedeció a otros factores, como la presencia de una nueva generación que había nacido o luchado en y por un México independiente y que ocupó, en los años 1830-1840, posiciones en el congreso, en cargos públicos, como profesionales, científicos y en distintos oficios.

Esta nueva generación –cuyos integrantes provenían de familias que habían ascendido socialmente gracias a sus méritos y capacidad en particular por la educación– aceleró el movimiento de renovación política; generación que se opuso a la vieja práctica de dispensar favores a cambio de unanimismo político y por supuesto a todos los bandos políticos. La experiencia y sabiduría política llevó a esta generación o facción de ella a captar el porqué del fracaso de las reformas de naturaleza federalista de los años treinta. Con la derrota militar comprendió que la pérdida de un tercio del territorio en 1847 fue causada por una concepción política y gobierno autónomo de un conjunto de patrias regionales unidas por determinados intereses en común, y se decidió por conformar una nación y un gobierno capaz de defender su soberanía.

La nueva generación liberal criticó la permanencia de la clase política en los cargos de gobierno, fundada en bases caciquiles, clientelares, de influencia que el político había creado al eternizarse en el poder. La nueva generación liberal, que luchaba por una república federal, repudió al ejército permanente por su función de caudillaje y volteó su mirada hacia la Guardia Nacional. El carácter popular –no corporativo– de una ciudadanía armada por el municipio o cada entidad, que elegía a sus comandantes por voto directo y secreto, fue mucho más cercana a estos liberales, quienes vieron en la Guardia Nacional el ejército de la nueva república.

El repudio a una «república de notables» se manifestaba ya desde los años cuarenta mediante los movimientos llamados de *castas que en muchas ocasiones eran antiguos milicianos quienes reclamaban las tierras prometidas con el rifle al hombro*. Razón para que cuando, invadido el territorio nacional por tropas estadounidenses (en 1847), las milicias cívicas de municipios y estados aprovecharan el momento para reagrupar fuerzas mas no siempre en defensa de una supuesta nación sino en ocasiones en aras de intereses y agravios locales. La agitación y pronunciamientos de infinidad de grupos en armas reclamando tierras y derechos políticos condujo a numerosas revueltas, incluso a una aguda división al interior del gobierno federal y de las clases políticas. Ultra federalistas con federalistas heterodoxos y conservadores –estos últimos fuertemente apoyados por la Iglesia– se enfrentaron en las distintas protestas políticas y particularmente en el Congreso de la Unión.

El año de 1846-1847 fue caótico para la república pues el territorio nacional había sido ocupado por el ejército norteamericano sin gran resistencia de parte del ejército o de la población. Hubo agrias críticas al estado de México como a otras entidades por negarse a prestar el auxilio que demandaba la capital de la república[15].

La ciudad de México fue abandonada por la clase política así como por el ejército regular; y en medio del caos reinante la Guardia Nacional –considerada baluarte de los valores republicanos– se rebeló en marzo del ´47. La instancia de gobierno que quedó al mando de la ciudad fue el ayuntamiento, que precariamente logró administrarla. De ahí que Mariano Otero, diputado federalista liberal, escribiera:

> El invasor pasó por, gargantas y desfiladeros defendibles por sí mismos sin que se le disputasen; subió a las mesas altas, llegó al valle de Tenochtitlan, y ocupó la capital, abandonada a su discreción por nuestro ejército y autoridades políticas. Como se había hecho con las que la habían precedido en su cruel destino; y el ayuntamiento, que debiera haberse interpuesto entre el ejército ocupante y el vecindario pacífico, para hacerle menos penosa su situación, se ocupó exclusivamente de las rentas abandonadas por el gobierno, sin arbitrar medios de evitar los delitos, ni de garantizar las personas y las propiedades (...) hubo ciudadanos bastante enérgicos para reclamar el ejercicio de sus funciones electorales.
>
> Mientras la suerte de esta ciudad y su Distrito sea la de hallarse ocupado por, un ejército extranjero, consérvese constantemente la asamblea entre el pueblo y ese mismo ejército, para que las exacciones que exigiere sean con los menores sacrificios de parte de aquél[16].

Días antes de ser ocupada, la capital se tomaron decisiones trascendentales. Las facciones en el Congreso, recién electo en 1846, debatían

---

[15] Archivo General de la Nación, México (AGNM), Ramo Gobernación, caja 335, expediente 10, Bando del gobernador del estado de México, 6 de agosto de 1847.

[16] *Instrucciones otorgadas por la Junta General de Electores a los representantes de la ciudad y distrito de México*, diciembre, 1847, México, Tipografía de R. Rafael, Calle de Cadena No. 18.

entre reformas profundas a la Constitución de 1824 o conservar los fueros y privilegios territoriales y corporativos. Frente a la crisis llegaron a un pacto de civilidad y tomaron medidas fundamentales para el futuro de la república.

Reunidos en la sala de comisiones del soberano congreso constituyente, la representación federalista liberal negoció la concesión de amnistía propuesta por el gobierno a consecuencia de la insurrección de varios cuerpos de la Guardia Nacional de esta ciudad en el mes de marzo de 1847. A cambio accedieron a restablecer –como lo solicitaban al menos otros treinta y ocho diputados– la Constitución federal de 1824. Así se llegó a un único artículo: «Se declara que el pacto de federación celebrado por los Estados Unidos Mexicanos en 1824, es la única constitución legítima del país».

En acuerdo secreto, la facción federalista decide mandar una *carta reservada* a sus correligionarios miembros del *Cuerpo de Electores* en los estados[17]. Les informa que el pleno restablecimiento de la Constitución de 1824 se aprobó y permite transferir los poderes soberanos a los estados, así de caer en dominio del extranjero la capital del país o una entidad, la soberanía de la nación se conserva intacta en uno y en todos los estados. Se recomienda, a su vez, que se aboquen a nombrar para los cargos de representación a firmes convencidos del republicanismo federal y liberal. Su estrategia es colocar a sus correligionarios en posición para que, libre la patria del invasor, cuenten con la fuerza para nombrar al congreso general a firmes defensores de los ideales liberales, republicanos y federalistas.

La facción reformadora del congreso además introdujo el *Voto Particular* de Mariano Otero que nos deja un testimonio valioso de la crisis del momento:

> La situación actual de la república demanda con urgencia el establecimiento definitivo del orden constitucional (...). Comprometida una guerra, en la que México lucha nada menos que por su existencia; ocupada la mitad de su territorio por el enemigo, que tiene ya siete Estados en su poder: cuando acaba de sucumbir nuestra primera ciudad marítima, y se halla seriamente amenazada aun la misma capital (...).

---

[17] *Instrucciones otorgadas por la Junta General de Electores a los representantes de la ciudad y distrito de México*, 1847.

Los Estados ensayan con desconfianza su poder; el centro ve que no es tan acatado como debiera serlo y la revolución acaba de apoderarse de la más hermosa de todas nuestras esperanzas, de la Guardia, que en un momento de vértigo ha dado un ejemplo que los amantes de las instituciones esperan no se repetirá más.

(...) la revolución de agosto y la opinión pública pusieron término a un orden de cosas que conspiraba contra las formas republicanas, y devolvió a México la única institución con que la república y la Libertad podían ser entre nosotros una realidad.

Así el restablecimiento de la federación, decretado simplemente como una organización provisoria, y sometido a la decisión de este congreso, se ha verificado y existe como un hecho consumado e inatacable. Los antiguos Estados de la federación han vuelto a ejercer, su soberanía (...) *por el considerable número de señores diputados que han pedido el restablecimiento de la constitución de 1824 con las reformas convenientes.*

(...) el empeño de hacer, una nueva constitución federal, ó de alterar sustancialmente aquella, es una idea halagadora, pero funesta, una tentación seductora al amor, propio, pero cuyos peligros deben retraernos.

Por otra parte el recuerdo de esa constitución está unido al del establecimiento de la república y del sistema representativo, que ella misma afianzó; al de las libertades locales, tan queridas de la nación; al de nuestra respetabilidad exterior[18].

Mariano Otero dejó asentadas las reformas ineludibles que se deberían introducir en la Constitución, una vez restablecida la paz: en primer lugar el derecho de voto debería normarse a nivel federal:

Desde 1832 comenzó a observarse que la constitución federal debía arreglar el ejercicio de los derechos de ciudadano, y yo he creído que ésta debe ser la primera de las reformas (...) el derecho de sufragio son fundamentales y tan importantes como las que en las monarquías establecen cuál es el monarca y la constitución no debe dejar nunca las leyes secundarias el poder de destruirlas. El medio copiado de las instituciones del Norte, y adoptado por las nuestras de 1824, de dejar ese arreglo a cada uno de los Estados, me parece peligroso y poco consecuente; peligroso porque así se abandona por

---

[18] Congreso, *Dictamen de la mayoría de la comisión de constitución y Voto Particular de uno de sus individuos. Presentados al Congreso Constituyente en la sesión del 5 de abril de 1847,* México, Imprenta de I. Cumplido, 1847, 58 p. el texto en cursivas es mío.

el poder federal a otros poderes extraños un objeto tan esencial como la forma misma del gobierno, y se expone a la república a una irregularidad muy temible[19].

Enseguida rebate el derecho de voto determinado por el censo o riqueza:

> La regla adoptada sobre este punto, verá el congreso que no podía ser más liberal. Concediendo el derecho de ciudadanía a todo mexicano que haya cumplido la edad de veinte años, que no haya sido condenado en proceso legal a alguna pena infamante y que tenga modo de vivir, se establece y asegura en todos los Estados de la Unión el principio democrático de la manera más franca que pudiera desearse.
>
> La idea de exigir cierta renta, como necesaria para gozar de los derechos de ciudadano, idea recomendada por algunos escritores de acreditado liberalismo, y adoptada también en algunas de nuestras leyes constitucionales, no me parece conveniente, porque nunca puede darse una razón que justifique más bien una cuota que otra; y principalmente, porque estimando esa cuota como una garantía de moralidad y de independencia, para que fuera justa sería necesario variarla, respecto de las diversas profesiones y de las diferentes localidades de la república, lo cual sería tan embarazoso, que se haría imposible (...).
>
> (...) el artículo 2° *que yo propongo establece que el derecho de ciudadanía trae consigo el de votar, en las elecciones populares, el de ejercer, el de petición, el de reunirse para discutir, los negocios públicos, y finalmente, el de pertenecer a la Guardia Nacional todo conforme a las leyes. De estas tres últimas prerrogativas no se había hecho mención en ninguna de nuestras anteriores constituciones, y sin embargo, son de la mayor importancia*[20].

Mariano Otero resalta el valor de la Guardia Nacional no sujeta a los gobernadores sino defensora de la nación dice: «...La Guardia Nacional es la garantía más sólida de las repúblicas, y esta garantía debe también estar consignada en el código fundamental...»[21].

El Poder Ejecutivo –una vez acordada la amnistía en 1847– procedió a federalizar la Guardia Nacional con el fin de acotar los poderes locales

---

[19] *Dictamen de la mayoría...*, 1847.
[20] *Dictamen de la mayoría...*, 1847.
[21] Ídem.

y fortalecer el poder central²². Los gobiernos estatales levantaron las listas de Guardia Nacional donde se contemplaron novedades: se estableció que la justicia de la Guardia Nacional era inherente a las formas republicanas y el sostén de las libertades públicas; se fijó un criterio universal de edad entre dieciséis y cincuenta años²³. Más importante aún fue que se concedieron derechos de ciudadanía a quienes prestaran servicio, incluso en algunos casos se prometió dotación de tierras al retorno del servicio y restitución de tierras a los pueblos. Vamos por pasos:

La Guardia Nacional en 1847 reclutó fuerzas de amplios sectores, desdibujando su carácter básicamente reservado al vecino-ciudadano, al *pater familias*. La urgencia en levantar una defensa para resguardo de los territorios así como de formar una Milicia Móvil que se desplazara a la par con el ejército permanente condujo a que se reclutaran amplios sectores sociales en un esfuerzo conjunto de defender a la nación. Ingresaron labradores, algunos oficios; y masivamente las etnias: indios, mulatos y desempleados. El acento en la composición social varía de entidad en entidad, pero fue un hecho –como se ejemplifica en el cuadro siguiente– que aproximadamente la mitad de los inscritos son solteros y potenciales ciudadanos. Repito, actores individuales titulares de derechos políticos, paso fundamental en un proceso de modernización política general del país.

El padrón citado suele ser común al país: la masa de la Guardia Nacional provenía del campo y de centros urbanos, era de escasa ins-

---

²² Poder Ejecutivo, *Decreto del Supremo Gobierno de la República, sobre arreglo del ejército*, Querétaro, Imprenta de J. M. Lara, 1847, 48 p. Querétaro, 1° diciembre 1847.

²³ AGNM. Gobernación, vol. 238, leg.156, E.3, fs. 12-16, Vice Gobernador del estado de Sonora a todos sus habitantes: el congreso del estado ha decretado. Con base al *Reglamento para armar, organizar y disciplinar la Guardia Nacional en los Estados, Distritos y territorios* que se observará en todos los estados de la confederación, decreta el Honorable congreso del estado en Ures el 29 de enero 1847 lo particular al estado. En los estados fronterizos del Norte, el servicio sería permanente por ser zona de defensa contra la próxima invasión norteamericana y por las incursiones de los «bárbaros apaches». Biblioteca Nacional colección Lafragua (en adelante LAF 303); Decreto sobre la formación de secciones ligeras de voluntarios de Guardia Nacional. AGNM, leg. de Gob., vol. 183, leg. 113-A, exp. 3, Edo. de México 3 junio 1847; *Reglamento para organizar, armar y disciplinar la Guardia Nacional local del Estado*. AGNM, leg. de Gob., vol. 238, leg. 156 E. 3, f. 89-92, Sonora, 15 diciembre 1847.

Cuadro Hacienda de la Rosa de San Juan, Saltillo, Coahuila
Padrón General de los Habitantes de la comprensión, 1844

Estado Civil		Oficio		Escribir		Promedio de edad
Casado	25					
Soltero	14	Labrador	34	Sabe escribir	2	35,02
Viudo	1	Vaquero	6	No sabe escribir	38	

Presidencia Municipal Saltillo, Padrón General de los habitantes de esta comprensión, Sesión No. 38, Hacienda de la Rosa de San Juan, Selección de documentos, Prefecto político Guardia Nacional, Santiago Vidaurri, 29 de agosto de 1844.

trucción y la mitad de los varones no eran jefes de familia; por lo general, reclutaba los hombres sin empleo fijo. Se establecía una edad similar en todos los estados: de dieciocho a cincuenta años para el servicio, lo que sería un precedente para fijar un criterio único de ciudadanía. Se instituyó que el miliciano no gozaría de fuero y sólo recibiría sueldo cuando estuviera en servicio activo. La elección de los comandantes y oficiales fue de carácter republicano democrático, no obstante, hubo modalidades: en algunos casos el gobernador a propuesta de los jefes de departamento designaba a los jefes y oficialidad de la Guardia Nacional. En otros, sólo ratificaba el nombramiento resultante de una votación en el ámbito municipal. Todavía en otras ocasiones sólo nombraba al comandante y la oficialidad se elegía en el ámbito local.

La Guardia Nacional gozó de popularidad porque exentaba a quien estaba inscrito en ella del servicio regular en el ejército y no establecía discriminación censataria[24]. Registrarse en la Guardia Nacional devino un deber de todo mexicano entre la edad de dieciséis y cincuenta años[25]; por el hecho de registrarse en la Guardia Nacional, para defensa de la

---

[24] Con respecto a que la connotación de ciudadano vecino se define localmente durante el siglo XIX, ver Carmagnani y Hernández Chávez, 1999.

[25] *Ley Orgánica de la Guardia Nacional,* México, Imprenta I. Cumplido, 1848. Artículo 1, La Guardia Nacional se compone de todos los mexicanos hábiles para el servicio militar que no tienen ninguna de las circunstancias por las que la ley fundamental priva de los derechos de ciudadanía o suspende su ejercicio.

patria, el individuo potencialmente adquiría el voto pasivo y activo en las elecciones populares. Es así que adquiere la connotación de un deber-derecho, pues quien no fuera capaz de exponer su boleta de Guardia Nacional se arriesgaba a ser penalizado con la pérdida de sus derechos políticos[26].

La decisión de dotar de tierras y conceder derechos políticos al varón a cambio de servir con las armas a la patria invadida permitió que todo varón soltero o casado adquiriera el rango de vecino ciudadano. Así –como he mencionado ya– se fracturó el antiguo *pater familias* y se inició el paso a una ciudadanía moderna: un ciudadano, un voto.

La idea directriz fue que los *jefes y oficiales se condujeran como ciudadanos que mandan ciudadanos*[27] lo cual nos remite al modo y valor del proceso de elección. El reglamento general de Guardia Nacional estableció que los jefes serían nombrados por los oficiales y sargentos de cada cuerpo a pluralidad absoluta de votos. Así como los oficiales sargentos y cabos lo serían por los individuos de sus respectivas compañías[28]. Una vez electos jefes y oficiales, se daba parte de los nombramientos al gobernador. Hubo casos en que el nombramiento de los jefes y oficiales correspondió exclusivamente al gobierno con base en la Constitución del particular estado[29].

El proceso fue así: las autoridades municipales abrían el registro en todas las poblaciones y, concluido el alistamiento, se componía en presencia de alguna autoridad del ayuntamiento cada compañía, enseguida sus miembros procedían, mediante voto secreto, a la elección de oficiales, sargentos y cabos. Pasada esta primera selección, los elegidos se reunían bajo la presidencia del mayor de edad y elegían –también en escrutinio secreto– a tres personas como comandante de Guardia. Esta terna se remitía al gobernador para que de ella se nombraran los jefes. Cada dos años se procedía a nueva elección de jefes y oficiales pudiendo ser

---

[26] *Reglamento para armar, organizar y disciplinar la Guardia Nacional en los Estados*, 1847, artículo 3.

[27] *Reglamento para armar, organizar y disciplinar la Guardia Nacional en los Estados*, 1847, artículo 55.

[28] *Reglamento para armar, organizar y disciplinar la Guardia Nacional en los Estados*, 1847, artículos 37 y 38.

[29] AGNM Gobernación, vol. 238, leg.156, exp. 3, fojas 89-92.

reelectos los antiguos[30]. En caso de no estar completos los mandos de los regimientos, la autoridad estatal procedía a llenar los cargos; cuando la penuria de la región exigía apoyo, solicitaban al miliciano presentarse con fusil, caballo y pertrechos[31]. Los ciudadanos tenían el derecho de elegir el arma en que deseaban servir; dichas listas las remitían al gobierno del estado[32]. En los estados más ricos como el de México y en caso de tener que salir de la entidad, se organizaron secciones ligeras de voluntarios donde sargentos, cabos y soldados fueron montados y armados por cuenta del estado[33].

Del análisis de las hojas de servicio de la Guardia Nacional republicana se puede decir que *fue el sostén de las libertades políticas inherentes a las instituciones republicanas del país*. Y que se consolidó en distintas coyunturas: la primera en 1847-48 en combate contra el ejército invasor norteamericano; la segunda fue en los años de 1855 cuando combaten los liberales las guerras de Reforma: es decir, por la desamortización de bienes incorporados, la separación Iglesia-Estado y, por fin, en 1861-1862 cuando defienden la república contra el ejército imperial francés, finalmente en 1876 por su apoyo a Porfirio Díaz y el plan de Tuxtepec.

En el decenio de 1880 se suprime la Guardia Nacional y sus miembros pasan a formar –previo examen– parte de las fuerzas auxiliares de

---

[30] Ver *Ley Orgánica de la Guardia Nacional*, 16 de julio de 1848, en Dublán y Lozano, 2004, t. V, p. 417, artículos 32-35.

[31] AGNM Gobernación, vol. 238, leg.156, E.3, fojas 12-16. Vicegobernador del estado de Sonora a todos sus habitantes: el congreso del estado ha decretado. Con base al *Reglamento para armar, organizar y disciplinar la Guardia Nacional en los Estados, Distritos y territorios* lo siguiente se observará en todos los estados de la confederación cumplir con lo dispuesto, decreta el Honorable congreso del estado en Ures el 29 de enero 1847 lo particular al estado, artículo 7 el ciudadano que no preste servicio a la Guardia Nacional debe pagar por la contribución de exentos.

[32] AGN, Legajo Gobernación, vol. 183, leg. 113-A, exp. 3, Francisco M. Olaguíbel gobernador del estado de México abril 22 1847. Con base a *Reglamento para armar, organizar y disciplinar la Guardia Nacional en los Estados, Distritos y territorios*, y con motivo de la ocupación norteamericana se levanta seis mil tropas de infantería y cuatro mil de caballería. Firman Tomás Ramón del Moral diputado presidente. Mariano Ariscoreta, Diputado presidente Ignacio Ramírez.

[33] AGNM, Gobernación, vol. 183, leg. 113-a, exp. 3, Secciones ligeras de voluntarios de Guardia Nacional decretos particulares del estado de México del 3 de Junio de 1847, Artículo 14.

la federación, como cuerpo de ejército permanente[34]. Los dos cuadros siguientes expresan en porcentajes los años en que ocurre el mayor número de ingresos, así como los años en que de la Guardia Nacional se alista para pasar al ejército permanente, que se divide en dos: fuerzas auxiliares de la federación y ejército permanente de la federación. Las guerras de reforma y la invasión francesa, los momentos culminantes de ingreso y los periodos que destacan por la mayor afiliación al ejército permanente son precisamente durante las guerras de reforma, con la república restaurada y con el triunfo de Porfirio Díaz. En efecto, lo que me interesa aquí es que marcan los momentos en que se consolidan las redes políticas republicanas con base en la Guardia Nacional.

La Guardia móvil –que estaba siempre en condición de salir del Estado– no aceptaba el reemplazo, inscribirse y cumplir el servicio que consideró una obligación ciudadana. Ésta se garantizó en la medida que no se podía extender pasaporte ni licencia de armas a aquel que no estuviera inscrito en el padrón de la Guardia Nacional. Tampoco podía el ciudadano, no inscrito, obtener empleo público, votar ni ser votado o prestar demanda ante un tribunal. Estos requisitos bastaron para que los ciudadanos se hubieran encontrado en la necesidad de inscribirse en dichos padrones[35].

El financiamiento de la Guardia Nacional nace a partir del municipio y su ayuntamiento. En un primer momento el ayuntamiento mediante nuevos arbitrios y con las contribuciones de los exceptuados paga su servicio. Fue común el que cada principio de mes el juez local acompa-

---

[34] De la Guardia Nacional y su objeto Artículo 1 en *Reglamento para armar, organizar y disciplinar la Guardia Nacional en los Estados, Distritos y Territorios*. Expedido en palacio de gobierno el 11 de septiembre de 1846 firmado por José Mariano Salas, general en jefe del ejército libertador republicano y en ejercicio del poder supremo mexicano. Firman Manuel Crescencio Rejón. La Ley Orgánica de la Guardia Nacional es de 1848. Cuando en 1880 pasan a formar parte del ejército permanente o auxiliar, el presidente les concede el derecho de sumar los años de servicio en Guardia Nacional para su edad de retiro.

[35] Ver AHDN Cl504 y l4l08. Organización de la Guardia Nacional. Jurisdicción estado de Coahuila y Archivo Municipal de Saltillo. Presidencia Municipal C. 91 e. 30 109 fojas. Registro de la Guardia Nacional por orden alfabético y Reglamento para el alistamiento de la Guardia Nacional. Agosto 1º. de 1848 en Dublán y Lozano, 2004, t. V, p. 430.

CUADRO 2
Porcentaje de ingreso a la Guardia Nacional

		Porcentaje
s/d	0	1.6
	1829	1.6
	1846	1.6
	1848	1.6
	1851	1.6
	1853	1.6
	1854	1.6
	1855	**9.4**
	1856	**6.3**
	1857	**17.2**
	1858	3.1
	1859	1.6
	1860	**7.8**
	1861	**14.1**
	1862	**6.3**
	1863	**6.3**
	1864	**3.1**
	1866	**4.7**
	1867	**6.3**
	1869	1.6
	1875	1.6
	Total	100.0

FUENTE: Archivo del Senado de la República. Comisión de Guerra. Hojas de servicio.

CUADRO 3
Porcentaje de egreso de la Guardia Nacional

		Porcentaje
s/d	0	3.1
	1860	**6.3**
	1861	3.1
	1862	**7.8**
	1863	**6.3**
	1864	1.6
	1865	1.6
	1866	**6.3**
	1867	**17.2**
	1868	**6.3**
	1870	4.7
	1872	3.1
	1874	1.6
	1876	**10.9**
	1877	**12.5**
	1878	1.6
	1881	1.6
	1884	1.6
	1885	1.6
	1887	1.6
	Total	100.0

FUENTE: Archivo del Senado de la República. Comisión de Guerra. Hojas de servicio.

ñado de un Guardia Nacional y otros vecinos recogieran la contribución ciudadana. Tampoco se les abonaría sueldo a las personas de la guarnición que tuvieran con qué subsistir; en cambio, debía cubrirse un real diario a la clase menesterosa; a los tambores, cabos y soldados dos reales: a los sargentos segundos tres reales y a los sargentos primeros sólo en caso de que cayeran en el rango de los citados[36].

En segunda instancia si el gobernador, como jefe de la Guardia Nacional, solicitaba que saliera de su pueblo o región a servicio, debía proveerla con haberes y pertrechos. Y como se dijo, de ser movilizado bajo mando federal el gobierno central, es decir, la secretaría de Guerra, asumía su financiamiento. Hubo otra retribución: el dejar que después de la batalla procediera el saqueo: «lo que tomaren al enemigo se distribuirá por mitad entre el Estado y los aprehensores y éstos se dividirán con igualdad la parte correspondiente»[37]. El que el sostén de la Guardia Nacional fuera responsabilidad del poder público fue un cambio radical a los periodos previos en donde los particulares y las corporaciones de comerciantes o de la ciudad aportaban al sostén de la Guardia Nacional[38].

La velocidad de ascenso en cada coyuntura también expresa otro fenómeno, el alto grado de movilidad. De 135 militares censados en el archivo de la comisión de guerra del Senado, cuya carrera militar inicia en la Guardia Nacional en el periodo 1846 con el rango de soldado para alcanzar el de coronel –antes de pasar al ejército permanente–, se registra un promedio de ascenso de uno cada 5.3 años y una media de 3.3 cargos de mando importante entre 1855-1870. Es evidente que algunos militares se mueven con lentitud y otros pueden ascender hasta diez veces en el periodo. Es así que la defensa de la patria y la guerra civil impulsó fuertemente la movilidad y el recambio generacional. Otra cosa fue la afinidad política de la Guardia Nacional que, al irse depurando políticamente en cada enfrentamiento, se pudo consolidar como partido político regional y nacional en defensa de la república federal liberal. Cada coyuntura fue

---

[36] AGNM Gobernación, vol. 238, leg.156, E.3, fojas 12-16, Vicegobernador del estado de Sonora, 29 de enero 1847, lo particular al Estado, ver Artículo 6.
[37] AGNM Gobernación, vol. 183, leg. 113-A, exp. 3, Secciones ligeras de voluntarios de Guardia Nacional decretos particulares del estado de México del 3 de junio de 1847, artículos IX y X.
[38] Magallanes.

fundamental, la invasión norteamericana y la consecuente pérdida de un tercio del territorio nacional 1847-1848; las guerras de reforma y el peligro del retroceso en derechos políticos de triunfar los conservadores y la Iglesia, y frente a la amenaza de un gobierno monárquico en 1861. Es decir, entre 1840 y el decenio de 1860 se vivieron continuas guerras civiles entre mexicanos y dos ocupaciones extranjeras, traumas que sin duda impulsaron a la ciudadanía armada y al ejército republicano en su conjunto y –por vez primera– hacia un sentido de identidad nacional y agrupamiento entre *correligionarios* como solían denominarse.

3. CONCLUSIÓN

Los federalistas pensaron fortalecer el municipio mediante la adjudicación de tierras, aguas, bosques y pastos como fuente de ingresos propios para el ayuntamiento. Por otra parte, en 1846, mediante decreto se faculta al Archivo General de la Nación, para expedir copias certificadas de títulos de bienes de los pueblos, lo que desató un proceso de reconstrucción de una memoria histórica que vinculó el movimiento autonomista por derechos históricos de los pueblos con las nuevas leyes liberales. A esta demanda por restitución se suma un recambio de autoridades y de ciudadanía armada de los pueblos que explica la cuantía de litigios en tribunales en esos decenios.

Concluida la guerra contra el ejército invasor norteamericano, se expresan con fuerza las demandas sociales de amplios sectores de la sociedad: es la mal llamada guerra *de castas*. El miliciano de Guardia Nacional, una vez que regresa a la vida pacífica, exige derechos de ciudadanía y la abolición del sistema electoral indirecto, a doble turno y la dotación de tierras. Esto tuvo un doble efecto: se fortaleció la ciudadanía en la medida en que se dotó de bienes y derechos políticos a un sector de los soldados-ciudadanos. Pero quienes no recibieron lo que esperaban dieron vida a una tendencia importante en México y que no se ha estudiado: me refiero a un republicanismo popular o populista, vertiente que aquí no analizo.

Es, sin embargo, importante establecer que los liberales, al movilizar las comunidades mediante la Guardia Nacional, conectaron entre sí a líderes, comunidades y regiones. La interrelación y los roles múltiples de los habitantes de pueblos en cargos de representación como soldados-campesinos tuvieron justamente su mayor apogeo entre 1840-1860. Con tales nexos y experiencia se potenció el derecho a una representación política más democrática, por la restitución o dotación de bienes patrimoniales de la comunidad, por autonomía municipal y una soberanía compartida entre estado y gobierno federal.

Cuando los movimientos rebasaron los límites debido a su radicalismo, el gobierno actuó con dureza, reprimió y encarceló a diversos dirigentes de los pueblos y a los abogados que los asesoraban: «el gobierno ha tomado providencias para impedir que los apoderados de los pueblos, abusando de su encargo comprometan a sus ponderantes en pleitos injustos y creen en ellos odios reconcentrados con sus contrarios que les inclinan a ejercer crueles venganzas con detrimento de la paz y tranquilidad pública»[39].

De lo aquí explicado se deduce que hubo diversas expresiones de la ciudadanía en armas. La que aquí analizo es la que consumó el proceso de representación del republicanismo liberal y federal, una posición liberal de centro que dio orden al país. Los mecanismos descritos muestran que la Guardia Nacional se transformó en la primera organización laica nacional y republicana con base en pueblos, villas y ciudades capitales que en oposición a la Iglesia; forja al nuevo ciudadano mediante el ejercicio de las armas; difunde una cultura cívica donde el soldado-ciudadano elige directamente, defiende de toda amenaza al país y por esta acción es merecedor de plenos derechos de ciudadanía, rompe así con una sociedad tradicional organizada por cuerpo donde el *pater familias* es cabeza del *domus* para individualizar a la sociedad política y consecuentemente al tejido social global.

En cuanto órgano electivo ciudadano e institución político-militar, se configura como defensora y forjadora de una nueva idea de patria. El nexo entre la organización política laica: el municipio y sus ayuntamientos y Guardia Nacional gestó una nueva forma de representación política que desgastó inexorablemente las viejas formas jerárquicas. En síntesis, la difusión y expansión de la ciudadanía y de los derechos políticos impulsó el cambio más significativo del periodo. Cambio que se sinteti-

---

[39] Ver «El Siglo XIX», Hemeroteca Nacional (HN), 19 de julio de 1849, f. 76.

za así: de la Guardia Nacional nació la nueva práctica política de la elección directa. En virtud de esta nueva práctica política, la votación directa, los ciudadanos reivindican derechos plenos en las elecciones municipales, en las de diputados (estatales y federales) e incluso en las elecciones de gobernadores.

La correlación entre ayuntamientos –aproximadamente dos mil– cuerpo de electores unos –diez mil en todo el país– y otro par de centenares de comandantes de Guardia Nacional nos indica la extensión de la organización formal ciudadana con capacidad de entrelazar movimientos sociales en alianzas regionales y nacionales de modo institucional y efectivo. Fue mediante este proceso de construcción de los goznes intermedios, con base en el municipio en relación con el cuerpo de electores y la Guardia Nacional coordinada por los poderes constitucionales estatales y federales, que la república y su gobierno se hicieron presentes y lograron imponer su creciente fuerza. Nexos fundamentales para la comprensión de los mecanismos políticos subyacentes a la construcción de las nuevas instituciones republicanas que permitieron la gran transformación en 1857 al aprobarse la constitución federal y liberal y el triunfo definitivo de la república en 1867.

EL RECLUTAMIENTO PARA LA GUARDIA NACIONAL EN LA PAMPA CENTRAL ARGENTINA, 1884-1902

Marisa Moroni y José Manuel Espinosa Fernández
Escuela de Estudios Hispanoamericanos-CSIC

LA UNIFICACIÓN TERRITORIAL

La etapa de incorporación de tierras que permanecían al margen del dominio estatal nos remonta al momento en que se concreta el proceso de formación del Estado nacional[1]. Se trataba de construir una imagen homogénea y unificada de la Argentina en la que las fronteras debían coincidir con el ámbito de poder real del Estado.

La frontera interior para la elite gobernante simbolizaba un espacio cuyo rasgo característico era la ausencia o escasez de blancos; era la zona no civilizada: el desierto[2]. Se negaba, así, cualquier tipo de propiedad de las comunidades indígenas sobre las tierras en las que estaban asentadas.

La frontera argentina pasó a formar parte de un vasto cuerpo de riqueza, una extensión de «tierra vacía» cuya adquisición por parte del Estado-nación generaría una oleada de prosperidad y progreso gracias a la multiplicación de los recursos productivos y a la llegada de mano de obra destinada a su aprovechamiento.

Las regiones geográficas a incorporar comprendían importantes extensiones de tierras ubicadas en el sur, sudoeste y en el nordeste del país. En total, sumaban un espacio mayor que la superficie ocupada por

---

[1] Un análisis de esta temática en Auza Néstor, 1966; Cortés Conde y Gallo, 1972; Etchepareborda, 1978, pp. 127-134; Ferrari y Gallo, 1980.

[2] El término «desierto» comienza a utilizarse en escritos del siglo XVIII como adjetivo o sustantivo que implica una metáfora. Es atribuido al desconocimiento geográfico y por tradición se le siguió utilizando aun después de comprobar las aptitudes productivas de las regiones a las que hacía referencia. Algunos autores indican que debe emplearse únicamente para designar a las tierras que habitaban los indígenas e identificarse con morada o escenario de despoblación, y específicamente a la inexistencia de población blanca. Ver Castellán, 1980, p. 293.

las catorce provincias fundacionales. Por tanto, la cuestión del desierto imponía una solución inmediata que debía ser ratificada por los distintos sectores sociales del país y especialmente por los encargados de autorizar la operación militar que integraría millones de kilómetros de frontera a la soberanía nacional[3].

La definitiva apropiación de las tierras llegó de la mano de la organización administrativa y judicial de los espacios extra-provinciales. El carácter provisorio que adquirió el estatus jurídico-legal de los territorios fronterizos respondía a la urgencia en ocupar, poblar e iniciar la producción de los nuevos espacios, denominados: territorios nacionales. En el año 1884, una vez finalizada la Campaña al Desierto, se sancionó la ley que dividía a los territorios en nueve gobernaciones: Chaco Chubut, Formosa, Misiones, Neuquén, La Pampa, Río Negro, Santa Cruz y Tierra del Fuego, llamadas a constituir futuras provincias argentinas dentro de un nuevo contexto territorial que era preciso asegurar mediante el apoyo de la Guardia Nacional.

ESTADO, EJÉRCITO Y FRONTERAS

La sociedad argentina vivió con las luchas de independencia un auténtico proceso de «militarización». En la medida que se intentaba consolidar el Estado nacional se necesitó un contingente militar cada vez mayor. Se buscaron compulsivamente reclutas para los ejércitos revolucionarios, y la presión reclutadora se dirigió entonces hacia las capas más bajas de la sociedad[4].

A nivel local fueron los agentes públicos los encargados de «señalar» a los soldados en potencia. Jueces de paz, comisarios de policía y alcaldes de jurisdicción confeccionaron las listas de los vecinos destinados al

---

[3] La expedición militar a la frontera pampeana, iniciada en el año 1879 y dirigida por el general Julio Roca, incorporó los territorios correspondientes al noreste y centro-este de la actual provincia de La Pampa. En 1880, Roca fue elegido presidente de la República en una posición de gran fortaleza y apoyo de la opinión pública, lo que le permitió emprender una política de consolidación estatal y cerrar el capítulo de la unificación territorial.

[4] Halperín Donghi, 1978, pp. 137-144.

«contingente» o tropa reclutada. En la medida que fue aumentando la necesidad de soldados, el papel de los comisarios y jueces de paz cobró mayor relevancia a través de los reclutamientos forzosos[5].

A pesar de los continuos enfrentamientos armados y la guerra exterior, el Estado no había conseguido organizar totalmente sus fuerzas armadas décadas después de haber conseguido la independencia. El gobierno nacional y las provincias habían mantenido un difícil equilibrio. No fue hasta 1862 que, bajo el mandato presidencial de Bartolomé Mitre, se organizó un ejército regular. Los problemas más acuciantes a resolver entonces fueron; primero, la simultaneidad o sucesiva alternancia de los frentes de lucha, que obligaban a un permanente desplazamiento de tropas siempre insuficientes; segundo, la falta de profesionalización, derivadas de las dificultades de reclutamiento, la ausencia de reglamentos, etc.[6]

Dentro del complejo panorama argentino, los territorios fronterizos eran especialmente conflictivos. No es de extrañar, por tanto, que fuese en ellos donde las carencias organizativas del ejército se mostraran más evidentes y difíciles de atender. Se vivía en una situación de violencia latente y las deficientes obras de fortificación junto a la escasez de fuerzas para defender las poblaciones fueron un problema constante.

Además de los criterios económicos, pues la milicia estaba conformada por civiles que sólo percibían paga durante el tiempo de servicio, la falta de una ley de conscripción obligatoria –problema arrastrado prácticamente desde las guerras de independencia– forzaba al gobierno al empleo generalizado de milicianos en las fronteras[7].

Tras la batalla de Caseros (1852), se aplicó el nombre de Guardias Nacionales a los milicianos. La función que sobre el papel inspiraba su existencia era la de:

> [...] prestar su apoyo a las leyes y autoridades que estas han creado; la sumisión á la ley y el respeto á la autoridad, tan indispensables para la organización de un país, son virtudes cívicas que no se aprenden en un día; los pueblos necesitan

---

[5] Garavaglia, 2003, pp. 167-170.
[6] Oszlak, 1999, pp. 104-106.
[7] Oszlak, 1999, p. 106.

tiempo para habituarse aun á su propio bienestar, tócale, pues, á la guardia nacional el notable rol de sostener y hacer respetar las leyes y las autoridades[8].

Después de esta refundación de las milicias –ahora Guardia Nacional– este servicio se convertiría en una de las cargas más pesadas que recaería sobre la población. Según la ley de reclutamiento de la Guardia Nacional de 1865, debían prestar servicio en ella todos los argentinos con edad comprendida entre los 17 y los 45 años, si fuesen casados, y hasta 50, los solteros. Quedarían exceptuados de la llamada a las armas: la clase política nacional y provincial, legisladores y miembros de la judicatura; además de aquellos ciudadanos que tuviesen alguna imposibilidad física legalmente probada. Del servicio activo, estaban exceptuados los directores y preceptores de las universidades, escuelas y colegios, los jefes de oficina de la Nación y de las provincias, los maestros de posta, los médicos y practicantes al servicio de los hospitales, los que no hayan cumplido 18 años de edad, el hijo único de madre viuda o aquel de los hijos que atienda a la subsistencia de ésta o de un padre septuagenario o impedido. Los capataces estaban exonerados provisoriamente del servicio activo. Los alcaldes y tenientes alcaldes sólo podrían ser citados para el servicio en caso necesario. Aquellos que teniendo la obligación de enrolarse no lo hicieran serían destinados al ejército de línea[9].

Este supuesto «ejército de reserva», que protegía las fronteras y la integridad del país, fue percibido por sus integrantes como un castigo del que debían librarse. El propio parlamento nacional dudaba de su efectividad y resistía su mantenimiento, aunque cedía a las presiones de los jefes militares que requerían de la Guardia para suplir las deficiencias del ejército de línea[10]. La Guardia Nacional estaba perdiendo su papel de «milicia cívica» y sobre todo en los regimientos de la frontera, donde los guardias debían estar de servicio permanente, independiente-

---

[8] Mensaje del presidente de la Confederación Argentina, Justo José de Urquiza, Sesiones del Congreso Legislativo Federal, 25 de mayo de 1855 en Mabragaña, 1910, pp. 102-103.

[9] Ley 129, promulgada el 5 de julio de 1865.

[10] Si bien desde ciertos círculos militares también se compartía esa misma visión negativa: «La guardia nacional es una institución arbitraria y desmovilizadora que solo se explica en medio de las agitaciones febriles que la hicieron nacer», diría en 1869 el militar José Hernández, recogido en Garavaglia, 2003, p. 184.

mente de las agitaciones políticas. La línea entre soldados regulares y guardias se fue haciendo cada vez más borrosa[11].

Durante la segunda mitad del siglo XIX, y aún en medio de intensas polémicas, el Estado nacional continuaría apelando a contingentes de guardias nacionales (reclutados por las provincias) para cubrir la defensa de las fronteras. Paralelamente, intentaría sin mucho éxito una suerte de conscripción obligatoria, al solicitar a los gobiernos de provincia contingentes de reclutas para remontar los cuerpos de línea. Posteriormente, por Ley del 21 de septiembre de 1872, se dispondrían innovaciones en el sistema de reclutamiento que, en líneas generales, se ajustaban al mismo principio aunque, como en el caso anterior, tampoco tendrían vigencia efectiva.

No obstante, al constituirse prácticamente en una institución permanente, su existencia posibilitó y aceleró la capacidad de penetración del Estado nacional en todo el ámbito territorial[12].

GUARDIA NACIONAL TERRITORIAL

Para concretar la pretendida unificación nacional se necesitaba una importante concentración de recursos materiales y de poder. Este proceso requirió la existencia y desarrollo de instituciones estatales bajo un esquema institucional y normativo para la definitiva presencia del Estado en todo el territorio.

Un recién estrenado ejército nacional afrontaba la defensa y mantenimiento de la línea de frontera pampeano-patagónica mientras avanzaba la ocupación y colonización de las tierras, ahora nacionales. Al mismo tiempo, se encargaba de sofocar los continuos levantamientos producidos en el interior. Por lo tanto, fue imprescindible mantener en servicio activo a los efectivos de la Guardia Nacional y aumentar el número de reclutas con enrolamientos en los territorios.

Entonces, la creación de los territorios nacionales en 1884, vino a aliviar el peso del reclutamiento en las provincias, ya que la población que

---

[11] Garavaglia, 2003, p. 184.
[12] Oszlak, 1999, pp. 107-108.

comenzaba a arribar se destinaba a mantener la línea de fronteras. En ellos, la convocatoria para integrar el cuerpo militar se sostenía sobre bases diferentes a las que regían para los habitantes de las provincias argentinas. Si bien el interés por impregnarles un fuerte sentido de pertenencia al Estado-nación estaba presente, el servicio de armas no se concebía como un paso hacia la obtención de la ciudadanía política por efecto del aprendizaje cívico que suponía la defensa de la patria y la lealtad nacional.

La constitución de la Guardia Nacional en los territorios adquirió las características especiales y particulares del proyecto político que moldeó su creación como *embriones de futuras provincias argentinas*[13], y terminó por forjar un tipo de servicio de armas que combinaba rasgos de la organización militar del tipo provincial, con otros nuevos aplicados únicamente en los territorios nacionales.

Los habitantes de los espacios extra-provinciales poseían idénticos deberes y obligaciones constitucionales que sus compatriotas, pero no ocurría lo mismo con sus atribuciones y libertades políticas; pues el derecho a «elegir y ser elegido» estaba restringido por el lugar de residencia. De acuerdo con la ley orgánica, los territorianos[14] no podían participar en comicios locales ni en los nacionales y les estaba vedada la representación en el parlamento nacional, si antes no superaban una etapa de aprendizaje tutelado de las virtudes cívicas y morales necesarias para integrarse a la «nación de ciudadanos»[15]. Por ello, la tesis de la conformación del «ciudadano armado» como escuela de formación de ciudadanos políticos no puede extenderse a los territorios nacionales. En este caso, la motivación para ingresar en el servicio no fue la adquisición de la ciudadanía política, pues esta prerrogativa permanecía vedada por la ley orgánica de los territorios nacionales[16]. Sólo cuando se superaran los ensayos supervisados de gobierno local y las exigencias legales de población, sus habitantes estarían autorizados a participar como electores en el ámbito local y el nacional.

---

[13] Mabragaña, 1910, t. IV, p. 110.
[14] Término aceptado para designar a los habitantes de los territorios nacionales.
[15] Expresión utilizada por Mónica Quijada en Quijada, Bernard y Schneider, 2000, p. 16.
[16] Para el estudio de la formación y el papel de la Guardia Nacional en las provincias ver Sábato, 1998; Macías, 2003.

Un año después de sancionada la ley 1532, el ministro del Interior exhortaba al gobernador del Territorio de la Pampa Central a iniciar el reclutamiento para la Guardia Nacional. Al mismo tiempo, adjuntaba el decreto del presidente Julio Roca que estipulaba los plazos legales y la forma en que se debía realizar: «Los ciudadanos avecindados en las ciudades y pueblos formarán batallones de infantería, y los de la Campaña, regimientos de caballería, divididos según los varios departamentos y distritos»[17]. El decreto especificaba que el criterio para efectuar las levas se ajustaría a las modificaciones necesarias «[...] en función de los Departamentos o Distritos donde se instale la población», y aclaraba que: «Los gobernadores de los Territorios Federales propondrán al Estado Mayor General de la organización que sea conveniente dar á la Guardia Nacional, según el resultado que dé el enrolamiento en ellos»[18].

A pesar de los intentos de extender la incorporación al servicio activo a todos los territorianos legalmente aptos para hacerlo, relevar y reclutar los posibles candidatos para cumplir con este «deber cívico» no resultó una tarea sencilla. Uno de los principales escollos que enfrentaban los encargados de las levas fue la escasa población que reunía los requisitos de la ciudadanía argentina para cumplir con el servicio, puesto que la política nacional de fomento inmigratorio comenzaba a dar resultados y se hacía notar más en los territorios que en otras regiones[19]. Por otra parte, el alto nivel de movilidad de la población que se trasladaba a diferentes lugares del territorio para desempeñar labores estacionarias y de duración variable fue una importante traba para el sistema de reclutamiento diferenciado, que contemplaba alistamientos en áreas urbanas y en zonas rurales. Esta última problemática estaba asociada a la necesidad de mano de obra en las estancias de la región y a la negativa de los empleadores de afectar a una parte de su plantel de jornaleros para el servicio de armas. La situación se complicaba cuando las condiciones climáticas perjudicaban los resultados del proceso productivo;

---

[17] Archivo Histórico Provincial, La Pampa, Argentina (en adelante AHP), Fondo Gobierno, caja 1, (1872-1886) E1-B1, nota 428, exp. 2305-G, 26 de junio de 1885.

[18] AHP, Fondo Gobierno, caja 1, (1872-1886) E1-B1, nota 428, exp. 2305-G, 26 de junio de 1885.

[19] *Segundo Censo Nacional de la República Argentina*, año 1895, Buenos Aires, Imprenta El Siglo, 1898.

así lo confirma el comunicado que el gobernador pampeano Eduardo Pico enviaba en 1894 al inspector general de milicias justificando el escaso número de reclutas de ese año:

> Mui deficiente se hizo el enrolamiento en este Territorio por haberse practicado en los momentos de una gran seca que hacia difícil, no solo el abandono de los establecimientos, sino también el trasporte de las Guardias Nacionales por falta de caballos para recorrer las inmensas distancias que las separan de las comunidades [...]. Cuando se practique nuevamente esa operación la totalidad de los enrolados alcanzara a 5 mil hombres. En el actual tomaron papeleta tres mil ciento treinta y siete (3137) ciudadanos [sic] ciudadanos. Con ello se ha organizado 2 batallones de infantería de 6 regimientos de caballería[20].

En un intento desesperado por mitigar el déficit de hombres en la Guardia Nacional Territorial y la necesidad de ella para acompañar el proceso de ocupación y la puesta en producción, el primer gobernador, el general Juan Ayala, recurrió a la inclusión de indios destinados a tierras marginales del territorio para formar parte de la Guardia. Así mismo, solicitaba una prórroga de dos meses para completar los cuerpos de infantería y caballería[21]. El primer enrolamiento realizado en el territorio de la Pampa central estaba a cargo de los comisarios de los departamentos y del jefe de policía del Departamento Capital. El registro final arrojó 1224 inscritos en todo el territorio, aunque el gobernador señalaba que: «[...] es un número que conceptuo inferior al existente, tanto por haberlo hecho los Comisarios de Policía en su mayor parte, como por las grandes distancias á recorrer, habiendo quedado algunos Departamentos mas lejanos y con poca población sin llevarlo á cabo, por la premura con que se procedió, estando ya terminado en el resto de la República»[22].

Una vez finalizado el enrolamiento, se ordenaba la creación de los batallones de infantería, en las localidades de General Acha y Victorica,

---

[20] AHP, Fondo Gobierno, exp. núm. 1035, año 1894, Memoria presentada al Ministro del Interior por el Gobernador General Eduardo Pico.
[21] AHP, Fondo de Gobierno, caja 1, (1872-1886) esp. 32-G, 16 de mayo de 1886.
[22] AHP, Fondo Gobierno, caja 1, (1872-1886) 21 de agosto de 1886.

y regimientos de caballería en los departamentos con población rural. El sueldo mensual que cobrarían los gendarmes sería de 20 pesos moneda/nacional[23]. Los jefes de los batallones fueron propuestos por el gobernador y elevados al Ministerio del Interior que ratificó los nombramientos[24]. El decreto gubernamental de 1886 anunciaba la definitiva conformación de los batallones y la denominación que correspondía a cada cuerpo[25]. Dos años después del primer reclutamiento, se reabría el enrolamiento: «[...] á objeto de que cumplan con ese requisito los ciudadanos que por estar ausentes o no tener la edad requerida, no fueron comprendidos en el enrolamiento que terminó el 30 de Setiembre de 1885»[26].

La jefatura de los regimientos y de los batallones quedaba en manos de los hombres que gozaban de la confianza del gobernador y su círculo cercano de relaciones. En torno a ellos se formaban las redes de poder local, afianzando de esta manera su legitimidad como jefes locales que terminaban por reproducir un patrón de jerarquías sociales, característico de las pequeñas comunidades territoriales. La prerrogativa de organizar la fuerza y proponer la oficialidad otorgaba a los altos mandos del cuerpo militar un poder añadido que unido a su condición de *pioneers* facilitaba el acceso a los espacios de poder político local[27].

Altos mandos militares como Pedro Saavedra, Sebastián Berón, Telmo Andreu, Guillermo Boer, Antonio Álvarez, Víctor Corbalán eran hombres que en sus comunidades representaban y se mostraban como auténticos caudillos locales que manejaban a discreción la normativa oficial destinada al funcionamiento y control del contingente militar a su cargo. El jefe del regimiento de caballería del Departamento 2° informaba al gobernador que por iniciativa propia poseía «un listado de llama-

---

[23] AHP, Fondo de Gobierno, marzo de 1886.
[24] La ley 1532, en su art. 7, inc. 9 indicaba: «el gobernador es el comandante en jefe de la gendarmería y guardia nacional», en Anales de Legislación Argentina, (1881-1888), legs. 1074-2440, p. 142.
[25] AHP, Fondo Gobierno, caja 1, (1872-1886) esp. 4526, 31 de agosto de 1886.
[26] AHP, Fondo Gobierno, caja 2, (1887) E1-B1, 8 de octubre de 1887.
[27] En este sentido, el jefe del Regimiento de Caballería del Departamento II, Tomás Mason y el inspector general de Milicias, Florencio Bonahora, fueron un claro ejemplo de concentración de poder y prestigio en el territorio pampeano, en Moroni, 2005, pp. 253-274.

miento para ejercicios de la Guardia Nacional para el disciplinamiento y la práctica militar»[28]. Se trataba de una especie de reserva de movilización dirigida por terratenientes, comerciantes y líderes políticos locales. De esta forma, tanto los jefes de la Guardia Nacional como su círculo de relaciones cercano fueron capaces de acumular un importante capital simbólico para forjarse una imagen propia: la del «vecino respetable». Si trazamos la trayectoria política de estos líderes locales, podemos establecer que la jefatura de la Guardia Nacional fue el primer peldaño para una carrera dentro de la estructura estatal, que en algunos casos, terminaba con la postulación al puesto de gobernador del territorio[29].

Nombre	INSTITUCIONES					
	Guardia Nacional	Registro Civil	Juzgado de Paz	Comisión Municipal	Intendencia	Gobernación
Tomas Mason	Sí	Sí	Sí	Sí	Sí	Sí
Alfonso Capdeville	Sí		Sí	Sí		
Antonio Álvarez	Sí	Sí	Sí			Sí
Telmo Andreu	Sí	Sí	Sí			
Ernesto Tomkinson	Sí				Sí	
Gregorio Silvera	Sí	Sí			Sí	

FUENTE: AHP, Fondo Gobierno, caja 1 a 6, 1876-1892.

Esta capacidad de distribuir poder y recursos otorgaba un nivel de autonomía que el Estado no estaba en condiciones de recortar, pues no podía suplantar la estructura montada desde la dimensión territorial para mantener el orden social en los espacios extra-provinciales. De esta forma, la esfera del poder público y la del poder privado se solapaban y la inacción estatal para regular la Guardia Nacional Territorial será un rasgo característico en todo el proceso y terminará por desvirtuar el

---

[28] AHP, Fondo Gobierno, caja 1, (1876-1886) legs. 1-2.
[29] Ver tabla 1.

objetivo de la militarización como instrumento de disciplinamiento y orden social[30].

Durante la presidencia de Juárez Celman (1886-1890), se introdujo un sistema de sorteos para la conformación de la Guardia Nacional, aunque fue rápidamente abandonado como consecuencia de las irregularidades que se producían para eludir su cumplimiento. Éstas iban desde el pago a reclutas sustitutos, hasta el pago a intermediarios que oficiaban de interlocutores con los encargados del reclutamiento. En esta etapa, la presión reclutadora se hizo sentir con mayor fuerza sobre los pobladores de los territorios, quienes a su vez intentaban evitar por todos los medios su cumplimiento a través de una serie de estrategias y negociaciones, en las que participaban los agentes del gobierno local y, especialmente, los jueces de paz que realizaban los sorteos y firmaban las excepciones al servicio activo.

La inclinación de los altos mandos militares y de los jueces de paz por intervenir en el ordenamiento político territorial no los eximía de una vinculación a los beneficios y a la evaluación de riesgos que su apuesta les podría acarrear. La clase política y socialmente dominante podía acumular recursos suficientes para modificar o sortear antojadizamente las disposiciones nacionales a la hora de constituir la fuerza militar. Estas decisiones no siempre beneficiaban a todos los sectores de la sociedad pampeana; sino, más bien, a los propios involucrados en los espacios de poder local o del grupo con el que interactuaban. La mayoría de los reclutas, peones, jornaleros o pequeños arrendatarios, que no poseían conexiones ni relaciones con la pequeña dirigencia territorial y tampoco recursos económicos suficientes para presionar, fueron los menos favorecidos para eludir el servicio de armas.

---

[30] El presidente de la Nación, intentando reglar la elección de los jefes de regimiento, comunicaba al gobernador territorial: «[...] es de necesidad y alta conveniencia, que proceda V.S. á proponer de Gefes y oficiales de los distintos cuerpos de la Guardia Nacional, encareciendo á V.S. que sean personas que demuestren aptitudes y vocación, y que por su edad y situación sean aptos para marchar á campaña al frente de sus cuerpos, caso de que ellos fuese necesario y á fin de poderse ordenar para el próximo otoño los ejercicios doctrinales de la Guardia Nacional para que las fuerzas de la Nación se encuentren en actitud de responder á los fines de su institución». AHP, Fondo de Gobierno, caja 6, (1892-1893) E-1 B-1, 24 de diciembre de 1892.

En el espacio pampeano, las denuncias por corrupción contra jueces de paz fueron recurrentes. En la mayoría de ellas, se descartaban del servicio a familiares y desconocidos mediante el pago de sumas elevadas de las que no todos disponían. El amplio margen de maniobra del agente judicial para decidir quién ingresaba a la Guardia Nacional Territorial, sumado al escaso control de los mandos militares nacionales, convirtió el sistema de reclutamiento en una práctica que dependía más de la arbitraria conducta del juez de paz, que de los criterios de control social que el Estado nacional intentaba implementar en una sociedad que aún se estaba conformando.

La prensa territorial fue la que mayor tratamiento le brindó al tema de las excepciones irregulares, cuya consecuencia inmediata fue el enriquecimiento fraudulento de los funcionarios que se retiraban de la función pública con «fortunas considerables». Los editoriales se hacían eco del escándalo de las exenciones y de la valoración negativa que había adquirido el cumplimiento del servicio militar, y se advertía:

> El número de los exceptuados del Territorio Militar aumenta de año a año de una manera escandalosa y de no ponerle un pronto y enérgico remedio llegará un día en que solo irán al servicio los que carezcan de los fondos necesarios para pagar a los corredores de excepciones militares los precios que fijan en sus tarifas, que aumentan en relación a la posición financiera de la familia del conscripto que se va a exceptuar del servicio [...]. En nuestro número anterior nos ocupamos de este asunto, refiriéndonos a ciertas denuncias de sus manejos ilegales llevados a cabo en el juzgado de paz local al respecto de las excepciones militares, por el juez de Paz N. S. por intermedio de su hermano, secretario *ad honorem* del Juzgado [...] de cada diez conscriptos que se presentan a solicitar su excepción, ocho por lo menos, son bajo base falsa, acomodada por algún negociante en excepciones que valiéndose de uno u otro medio, presenta al ciudadano fuerte y robusto, hijo de familia como un tuberculoso o un sifilítico en último grado, como un hernioso o quebrado o como un hijo que es el encargado de la subsistencia de sus ancianos o achacosos padres y de una numerosa prole de hermanos menores[31].

Estas acciones no hacían más que aumentar el ya desprestigiado nombre de la Guardia Nacional y del sistema de defensa fronteriza. Las

---

[31] Colección privada Diario *El Heraldo*, Victorica, 29 de enero de 1901.

excepciones fueron una de las estrategias para evitar ingresar a la Guardia Nacional; posiblemente la más denunciada por los personajes que involucraba, aunque no debemos perder de vista que no todos fueron capaces de disponer de los recursos que esta operación demandaba. Por lo tanto, la deserción, la huida, la falta de comparecencia a las oficinas reclutadoras, o negarse a regresar después de un permiso, fueron los otros mecanismos disponibles para la mayoría de los hombres en condiciones de reportar servicios militares. Estas formas de eludir el deber de «servir a la patria» se reflejaban en los partes de los Libros de Guardia de la policía territorial y en las denuncias que los agentes estatales realizaban de la «conducta peligrosa» de los huidos[32].

Tanto la oficialidad como las autoridades civiles exigían castigos ejemplares para los soldados que deambulaban sin retornar al regimiento correspondiente, así por ejemplo leemos que el jefe de policía de la Capital informaba que:

> [...] el soldado Aurelio Aguilera que se encuentra en esta Gefatura, de servicio, se salio ayer sin el correspondiente permiso, y embriagado al mismo tiempo, al que se le mandó á traer á lo que contesto por primera vez que no quería venir, y por segunda vez se le mando á traer y se presento, insolentandosé con las clases y al mismo tiempo atropellándolas como para agarrarlos, y desarmarlas, falta como esta debe castigarse, como también, pido sea relevado[33].

Los jueces de paz se quejaban frecuentemente de que los miembros del ejército desafiaban la autoridad civil por considerarla de inferior jerarquía. Por ello, en los pueblos donde existía un batallón de infantería de la Guardia Nacional, fueron comunes las quejas por la entrada de la milicia en la zona urbana sin previo aviso o autorización. Los agentes legales denunciaban el comportamiento violento de oficiales y comandantes que amedrentaban a los vecinos, como respuesta los jefes del regimiento se negaban a colaborar cuando se los requería para una dili-

---

[32] Los años consultados forman la serie completa de abril de 1886 a mayo de 1889 y la de noviembre de 1888 a enero 1892, que son las únicas que se encuentran en buen estado de conservación. AHP, Libro de Guardia, serie 3, 1886 a 1892.

[33] AHP, Libro de Guardia, serie 3, abril de 1886 a mayo de 1889, 13 de abril de 1886.

gencia judicial o utilizaban la fuerza para neutralizar al juez de paz. Como ocurrió, por ejemplo, con el jefe de regimiento de Victorica cuyo cese se reclamaba, puesto que: «este jefe se encuentra todos los días completamente ebrio, y a mas que ya son dos veces que se ha puesto loco, y así es que una cosa y otra pueden influir para que me haga o cometa una arbitrariedad»[34]. El juez no sólo temía la reacción de un irascible militar en su contra, sino la que podían provocar sus subordinados, y más aún en ocasión de la celebración de fiestas locales o en lugares de divertimento en los que abundaban grescas y agresiones. En todos estos enfrentamientos el uso de armas que los propios soldados huidos se llevaban fue un elemento que estuvo presente[35].

La situación de aparente desventaja del poder del juez frente al de los miembros de la Guardia Nacional no debe cerrar el análisis de la contradictoria relación entre guardia e institución judicial. Se debe tener en cuenta un recurso que poseía el juez que afectaba a la formación de los cuadros militares: la dirección y control del proceso de reclutamiento. Como se ha adelantado, la gran dificultad de la Guardia Nacional Territorial fue su incapacidad de reclutar y equipar las fuerzas. Mediante las exenciones, los jueces poseían la facultad de recortar el personal del regimiento manteniéndolo con un escaso número de reclutas.

Paulatinamente, el carácter obligatorio, los escasos recursos y la nula formación militar que recibían convirtieron a la Guardia Nacional en la cárcel para los delincuentes de los territorios nacionales, en el castigo de los pobres sin trabajo y finalmente, en el destino de los inmigrantes que fracasaban en la ciudad y a quienes les quedaba como último recurso el ingreso a la milicia.

No se debe descartar que en los antagonismos entre el ejército y la justicia menor también fuese habitual la unión de fuerzas para resolver los conflictos que desestabilizaban el orden territorial. En su mayoría,

---

[34] AHP, Fondo Justicia, exp.360, letra S, 8 de julio de 1887.
[35] En el Libro de Guardias de 1886, se daba cuenta de que: «[...] anoche como á las 10 p/m el Sargento distinguido del Regimiento 1° de Caballería de Línea Hipólito Rueda que estaba de guardia en esta repartición, abandonó la guardia que estaba á sus ordenes para la custodia de los presos, llevándose la carabina y dejando el sable que fué remitido al Regimiento. Lo que comunico á V.S. para su conocimiento a fines que convengan». AHP, Libro de Guardia, serie 3, abril de 1886 a mayo de 1889, 25 de febrero de 1889.

los roces entre la burocracia local estaban originados en la escasa delimitación de las funciones y atribuciones de los cargos, por lo que veían fácilmente cómo se tambaleaban su poder e influencia en la comunidad. La ausencia de un reglamento o ley nacional de reclutamiento favoreció este clima de corrupción a la hora de determinar quiénes serían los encargados de mantener y defender las nuevas tierras, resultantes del proceso unificación territorial.

CONCLUSIONES

Las milicias ciudadanas habían sido las encargadas de trasladar a la población los idearios nacionales y liberales, cumpliendo una importante misión de adoctrinamiento e incorporación del vecino a la ciudadanía política. Sin embargo, los habitantes de los territorios nacionales, aunque poseían idénticos deberes y obligaciones constitucionales que sus compatriotas, carecían del derecho a «elegir y ser elegidos». Es por ello que la idea de la Guardia Nacional como escuela de formación del «ciudadano armado» no puede aplicarse a los territorios nacionales, en tanto que la adquisición de la ciudadanía política estaba vedada por la Ley 1532.

No obstante, la pertenencia a la Guardia Nacional facilitaba a las elites territoriales formar redes de poder, afianzando de esa manera su legitimidad como jefes locales. Su participación en el mando militar les permitía iniciar una ascendente carrera dentro de la administración estatal. También los agentes del gobierno involucrados en el proceso de selección de los guardias sabían aprovechar las imprecisas leyes de reclutamiento para obtener fraudulentos sobresueldos, debido a las elevadas sumas que se pagaban por eludir el servicio militar. Y como el recurso a este tipo de estrategias no estaba al alcance de todos, la Guardia quedaría integrada en su mayoría por peones, jornaleros o pequeños arrendatarios, que no poseían relaciones con la pequeña dirigencia territorial, ni recursos económicos suficientes que los eximieran de la carga.

DE «CÍVICOS» A «GUARDIAS NACIONALES». UN ANÁLISIS DEL COMPONENTE MILITAR EN EL PROCESO DE CONSTRUCCIÓN DE LA CIUDADANÍA. TUCUMÁN, 1840-1860*

Flavia Macías
Universidad Pablo de Olavide (Sevilla)

Luego de la declaración de la constitución nacional de 1853, el servicio de armas en la Argentina comenzó a plantearse como un deber cívico e individual de todos los «ciudadanos»[1] con la nación, para la defensa y preservación de sus instituciones republicanas y de sus leyes. La institución que decididamente canalizó estos principios fue la Guardia Nacional, creada a partir de ese año por decreto del poder central. Este componente militar atribuido a la ciudadanía y a la noción de patriotismo a partir de 1853 se evidenciaba ya en el «habitante»[2] provincial de la primera mitad del siglo XIX rioplatense, donde el Estado nacional aún no se encontraba definido como tal en el marco de una realidad políticamente fragmentada en entidades provinciales autónomas y soberanas, vinculadas mediante una tenue unidad confederal[3]. La fuerte militarización de

---

* Agradezco las sugerencias y comentarios de Alicia Hernández Chávez, María Celia Bravo y Paula Parolo.

[1] Tanto la Constitución de 1853 como la Ley de Ciudadanía de 1857 demostraban un concepto de ciudadanía amplio y aglutinante que igualaba a los individuos ante la ley: «...son ciudadanos los mayores de 21 años o antes si fuesen emancipados y (...) los extranjeros que el 9 de Julio de 1853 eran ya reputados ciudadanos en cada provincia». Se rechazaban las prerrogativas de sangre y de nacimiento, los fueros personales y los títulos de nobleza La ciudadanía podía perderse por delitos de traición a la patria, falsificación, bancarrota fraudulenta, y por merecer pena infamante o de muerte según sentencia judicial. También podía suspenderse por enjuiciamiento criminal y por inhabilidad mental». *Registro Oficial de la República Argentina,* Buenos Aires, Imprenta «La República», t. III, p. 66.

[2] En la documentación consultada se suele utilizar esta referencia para definir al individuo que «habita» o está domiciliado en el territorio de la provincia y que por lo tanto está afectado al servicio militar en la milicia, destacándose una íntima relación entre domicilio y servicio de armas. Sin embargo, esta categoría no refiere específicamente a ningún tipo de derecho político o «status» social.

[3] A partir de 1830 y hasta la declaración de la Constitución nacional en 1853, la solución institucional adoptada por las provincias rioplatenses fue la de una Confedera-

la vida social y política derivada de la década revolucionaria definía al «habitante» no sólo mediante referentes territoriales (el Estado provincial y su domicilio en él) sino también a través del servicio de armas entendido como un deber «patriótico». Esta noción de patriotismo se definía en términos provinciales, militares y hasta personales (lealtad al jefe militar y al gobernador). Sin embargo, no todos los «habitantes» sirvieron en un mismo tipo de cuerpo militar. En Tucumán, la milicia «cívica» urbana, a diferencia de los regimientos departamentales y de los cuerpos de línea, se configuró como espacio exclusivo de los «ciudadanos», concepto que en la primera mitad del XIX presentó importantes vinculaciones con el de «vecino»[4].

En el marco del estudio de las relaciones entre «servicio de armas» y «ciudadanía»[5], este trabajo tiene por objetivo analizar las similitudes y contrapuntos desarrollados entre el servicio de armas de etapas previas a la organización nacional y el estipulado luego de la puesta en funcionamiento de la Guardia Nacional en la provincia. En primer lugar, se estudian las formas de configuración de las milicias cívicas tucumanas de la primera mitad del siglo XIX, las características de sus integrantes y sus

---

ción regida por los principios del Pacto de 1831 que estipulaba la articulación de los estados provinciales autónomos y soberanos con plenas atribuciones militares. El pacto concebía una alianza entendida como provisoria (aunque duraría 20 años) y estipulaba una reunión de las provincias para promover la declaración de una constitución. Chiaramonte, 1993, pp. 91-93 y Chiaramonte, 1997.

[4] La noción de «ciudadanía» expresada en la documentación provincial posterior a la independencia y hasta la Constitución nacional incluye dimensiones territoriales, sociales y políticas que la vinculan más con la noción de vecino. Según el Estatuto de 1815 era ciudadano todo hombre libre nacido o residente en el territorio del Estado, mayor de 25 años o antes si fuese emancipado, que no haya sido naturalizado en país extranjero y no posea empleos, pensiones o distinciones de nobleza de nación extranjera, pena infamante ni deudas, que tenga propiedad u oficio útil al país y que no sea ni doméstico ni asalariado. Las reglamentaciones provinciales posteriores a la organización de los estados provinciales reformularon algunos aspectos de esta noción de ciudadanía. Para el caso de Buenos Aires, a partir de la ley electoral de 1821, eran requisitos para poder votar sólo el nacimiento y el domicilio en la provincia. Para un análisis de las vinculaciones entre los conceptos de vecino y ciudadano en el Río de la Plata y en América Latina ver Sábato, 1999; Irurozqui, 2005; Tío Vallejo, 2000.

[5] Hilda Sábato analiza la relación entre «servicio de armas» y «ciudadanía» en el siglo XIX en períodos previos y posteriores a la organización nacional de la Argentina en su trabajo: Sabato, 2006.

formas de participación en la vida política local. Específicamente, se toman como períodos de análisis dos momentos: el de la «Coalición del Norte» (1840-41) y el gobierno de Celedonio Gutiérrez (1841-53), enmarcados en el período de la Confederación rosista. Se pone especial atención en las asociaciones desarrolladas entre «servicio de armas», «guerra» «patriotismo» y «deber cívico» en gran medida determinadas por los vínculos configurados entre los «cívicos» y la vida política provincial. En segundo lugar, se retoman las características de la Guardia Nacional durante la primera década constitucional (1853-1862) analizadas desde una perspectiva provincial[6]. Se estudian sus fundamentos discursivos, la centralidad otorgada a la noción de «ciudadano-armado» y las relaciones desarrolladas con las milicias cívicas y departamentales preexistentes así como con el poder político provincial en proceso de construcción y con la vida política local.

La organización de la milicia cívica y el deber militar del «ciudadano-vecino»

La década revolucionaria y las guerras de independencia tuvieron como resultado una fuerte militarización de la sociedad y política rioplatense, donde las armas y las insurrecciones acompañaron los procesos de organización e institucionalización de los Estados provinciales, que más tarde se vincularían mediante una estructura política de tipo confederal[7]. Hasta la definición de las mencionadas unidades políticas, los ejércitos revolucionarios se mostraron como una de las instancias «articulantes» de la sociedad, en el marco de los cuales se estructuraron lealtades, facciones, liderazgos político-militares y ascensos sociales y políticos que se proyectaron a las décadas posteriores[8].

Para el caso tucumano, a partir de la década de 1820 el ejército provincial se estructuró sobre la base de la organización de dos tipos de milicias: las cívicas o urbanas y las departamentales. Estas últimas, con-

---

[6] Un estudio pormenorizado de estas pautas en Macías, 2003, pp. 137-153.
[7] *Registro Oficial de la República Argentina,* Buenos Aires, Imprenta «La República», t. III, p. 66
[8] Ver Halperín Donghi, 2002.

formadas por los «habitantes» (domiciliados) del interior de la provincia y al mando de un comandante departamental, eran cuerpos de existencia permanente organizados en cada distrito de la provincia y conservaban la estructura, escalafones y armas de los Ejércitos de la Independencia[9]. Las milicias cívicas, según su reglamento de organización de 1818 emitido por el Cabildo y vigente por lo menos hasta la década constitucional, se conformaban por los «vecinos» de la ciudad capital que contaran con una finca o una propiedad de cuanto menos el valor de 1.000 pesos, los «dueños de tienda abierta» o cualquiera que ejerza «oficio útil y lucrativo». Así, debían alistarse los considerados «ciudadanos» y electores por los estatutos de 1815 y reglamentaciones siguientes y por la posterior ley lectoral provincial de 1826 vigente sin modificaciones hasta 1856[10]; es decir, todo hombre libre nacido o residente, con oficio útil y lucrativo o propiedad conocida, que no se haya naturalizado en país extranjero y que no posea pena infamante, principios que también excluían a los domésticos y asalariados[11].

Los cuerpos cívicos con sus emblemáticos uniformes y armas y organizados de forma corporativa se constituyeron en espacios distinguidos

---

[9] Cada regimiento debía integrarse por cuatro escuadrones de dos compañías cada uno con 62 individuos. Más allá de la fragmentada información para el período, puede estimarse una composición aproximada de 200 a 300 individuos por regimiento en cada año. AHT, SA, *Revista de la Guardia Nacional*, 7 Tomos, (1816-1880). Hasta 1832 la provincia estuvo dividida en seis partidos. A partir de 1832 pasaron a denominarse departamentos y se constituyeron ocho agregándose unos más en 1843. Esta división política se mantuvo hasta el año 1888.

[10] La vida política provincial hasta 1852 se desarrolló sobre la base de la vigencia de aspectos de los estatutos de 1815 y de 1817 y de la declaración de leyes y decretos posteriores como la ley de elecciones de 1826, sin llegar a declarar y a poner en vigencia una constitución provincial (a excepción de la efímera experiencia constitucional de 1820 con Bernabé Aráoz).

[11] Si bien la ley de elecciones de 1826 no especifica la restricción de votar para domésticos y asalariados, sí refiere a la necesidad de «oficio útil y lucrativo o propiedad conocida» para constituirse en elector, sin considerarlos insertos en estas categorías. Esto demuestra que teóricamente en Tucumán hasta la década de 1850 el electorado presentaba características menos amplias que en el caso de otras provincias como Buenos Aires a partir de 1821; ver Ternavasio, 2002. Sin embargo, la no especificación concreta de «domésticos y asalariados» en la ley de 1826 dio margen de acción para que ellos actuaran en algunos comicios del interior de la provincia donde en varios padrones figuraban votando largas listas de jornaleros. Ver Parolo, 2003.

y paradigmáticos de la milicia provincial, donde los considerados «ciudadanos» cumplían con su deber patriótico. Sin embargo, la fuerte reticencia de muchos vecinos tucumanos a ejercer sus tareas militares implicó la constante actualización de sistemas de excepciones en la milicia cívica que implicaban el alejamiento de muchos de ellos (por lo general los más ricos o los imposibilitados físicamente) del servicio militar y el pago de personeros para cumplir con este servicio:

> en oposición a que la fuerza cívica de esta ciudad se había constituido (...) incluyéndose toda clase de habitantes en perjuicio del vecindario que por sus cualidades, años y circunstancias debía estar exento de este deber como así también por la mezcla de sirvientes asalariados y europeos prisioneros que se advierten incorporados en dicha fuerza (...) acordó oficiase al gobernador de la provincia se sirviese por sus conocimientos militares proceder a un nuevo arreglo de regimientos, batallones y compañías[12].

Más allá del régimen de excepciones que circunscribía al servicio militar en la guerra al pequeño y mediano comerciante o propietario, la pertenencia a la milicia cívica se mostraba como una distinción de los ciudadanos que definía al deber militar no sólo en términos patrióticos sino también en clave cívica. De todas maneras, esta emergente «ciudadanía armada» provincial estaba aún asociada a los registros de la vecindad y si bien presentaba connotaciones más amplias respecto de los referentes coloniales, no incluía a los dependientes, es decir, a los habitantes asalariados o jornaleros que debían alistarse en otros cuerpos del ejército provincial así como tampoco a aquellos que vivieran fuera del radio urbano.

Además de la guerra (con las excepciones ya especificadas), los pronunciamientos cívico-militares y las insurrecciones fueron ámbitos de frecuente acción político-militar de los cuerpos cívicos tucumanos. A diferencia del caso de México[13], los pronunciamientos desarrollados en la provincia se mostraban como golpes de fuerza de naturaleza más bien

---

[12] Archivo Histórico de Tucumán, Actas capitulares del cabildo, 7 de enero de 1820, f. 210.
[13] Sobre los pronunciamientos en México y el «derecho de insurrección» como derecho ciudadano ver Hernández Chávez, 2005.

facciosa cuyo objetivo era, en general, deponer e imponer un gobernador. La milicia sublevada era reunida por un jefe militar quien se erigía mediante sus proclamas en portavoz de la «voluntad del pueblo» manifestada a través de sus armas. Posteriormente se organizaba una asamblea en general compuesta por un grupo selecto de vecinos, que tenía la función de labrar un acta con la voluntad del pueblo y elevarla a la Sala de Representantes para que desde allí fuera institucionalizada[14]. De esta manera, los gobernadores llegaban al poder con un fuerte apoyo militar que contrapesaba y reducía de hecho las posibilidades de acción de la Sala cuyas decisiones estuvieron sometidas por largos años a los vaivenes de las disputas facciosas y militares provinciales. Los pronunciamientos cívico-militares se extendieron incluso hasta la década constitucional cuando la Sala comenzó a reactivar sus atribuciones deliberativas y su centralidad en la vida política[15]. En el marco de estos pronunciamientos se destacó la presencia de importantes comerciantes o hacendados de la ciudad, ya que la milicia cívica también se constituyó en espacio de configuración de alianzas, lealtades y facciones políticas, de donde surgieron destacadas figuras que luego ocuparían importantes cargos de gobierno.

La noción de «ciudadano-vecino», que asociaba al electorado con los integrantes de la milicia cívica, presentó importantes diferencias en períodos posteriores de guerra. Es el caso de los años de conformación y puesta en marcha de la Liga del Norte contra Rosas donde, desde la óptica de la ciudadanía, las características del electorado se mantuvieron, aunque la obligación de integrar la milicia cívica se constituyó en un deber igualitario de todos los habitantes de la ciudad, incluyendo a los jornaleros.

---

[14] Más allá del pronunciamiento, había conciencia de que era la Sala la que elegía y legalizaba el nombramiento de un nuevo gobernador mediante sufragio indirecto, considerándose a esta vía como fuente de legalidad y como fundamento del sistema representativo manifestado en la legislatura. Para un análisis de la acción conjunta de asambleas de ciudadanos y de pronunciamientos militares en Tucumán en el período constitucional, ver Bravo y Macías, 2005.

[15] En el año 1856 se explicitó la inconstitucionalidad de este tipo de prácticas cívico-militares: «cualquiera disposición adoptada por el gobierno o la Sala de Representantes, a requisición o influencia de fuerza armada, o de una reunión de pueblo, es nula de derecho, y no debe llevarse a ejecución». Ver Bravo y Macías, 2005.

La reorganización de la milicia tucumana durante la Confederación rosista: la Coalición del Norte (1840-1841) y el posterior gobierno de Celedonio Gutiérrez (1841-1853)

El gobernador que integró a Tucumán a la órbita rosista fue Alejandro Heredia (1832-1838). Su gobierno se caracterizó por un poder ejecutivo provincial dotado de «facultades extraordinarias», la existencia de una Sala de Representantes que se mostró prácticamente eclipsada por el poder omnímodo del gobernador, sobre todo en los últimos años de su gobierno[16], y en un destacado poder militar sostenido sobre todo en el estricto control de los regimientos departamentales[17]. Como brigadier y capitán general de la provincia, Alejandro Heredia reorganizó la milicia provincial y terminó de definir la estructura de los regimientos del interior; mediante el recambio de los jefes militares, garantizó la lealtad de los comandantes departamentales respecto de su persona y de su inves-

---

[16] Durante el período de la Confederación rosista (1829-1852), las legislaturas provinciales delegaron gran parte de sus prerrogativas en el ejecutivo provincial a través del otorgamiento de las «facultades extraordinarias» y de la «suma del poder público», actuando a la sombra del poder de los gobernadores. A pesar de esto, existía consenso en torno al sufragio como fuente de legalidad y como fundamento del sistema representativo expresado en las legislaturas provinciales. Ver Ternavasio, 2002. Sin embargo, Georgina Abbate destaca un importante papel deliberativo de la Sala durante los primeros años del gobierno de Heredia. Abbate, 2004.

[17] Una de las estrategias institucionales que Heredia puso en marcha para lograr la unanimidad fue la aceptación de una Sala de Representantes que en su primer bienio, luego de su restitución en 1833, se compuso por un variado grupo de integrantes de la elite tucumana (abogados, curas, pequeños, medianos y grandes comerciantes, hacendados, militares) para garantizar de esta manera el apoyo de todas las fracciones. Sin embargo, los debates sobre la Constitución de 1835 (nunca puesta en vigencia) las discusiones en torno a las leyes protectoras de las producciones internas (especialmente azúcar y harina) que decretó el gobernador en 1834 y la implementación de la «expatriación» como forma «legal» de alejar a los actores disolventes (a pesar de la evocación discursiva de la «fusión de partidos») generaron fuertes tensiones en el seno de la Sala, abandonada por varios abogados y comerciantes que lideraron desde el exilio pronunciamientos contra el gobernador tucumano y su asociación con provincias de la región que repudiaban el creciente poder de Heredia, expresado a través de la organización de su «Protectorado», avalado y reconocido por Rosas. El otorgamiento de «facultades extraordinarias» en 1836, pero con la particularidad de que esta vez sería por todo el bienio de gobierno, dio armas a Heredia para concentrar su lucha contra estos actores disolventes.

tidura. Esto redefinió la faccionada milicia provincial proveniente de los años '20, rearticulándola alrededor de la persona del primer mandatario, situación que otorgó a Heredia una amplia estabilidad y un destacado poder[18]. El discurso que fundamentó la organización, funcionamiento y enrolamiento de los habitantes mostró importantes connotaciones republicanas[19] además de exaltar la lealtad al gobernador. Más allá de esta particularidad, las referencias cívicas del servicio de armas siguieron siendo un atributo casi exclusivo de las milicias cívicas y urbanas reorganizadas a partir de 1836. Estos cuerpos «decentes» siguieron mostrándose como ejemplo y estímulo del perfil cívico y patriótico que debían asumir los soldados de la provincia en tanto «custodios» de las leyes y de las libertades individuales. La milicia cívica, que conservó las connotaciones corporativas tradicionales, se organizó en dos cuerpos: uno de infantería (Cazadores de la Guardia Provincial) compuesto sólo por comerciantes, mercaderes y todo «joven decente» de la ciudad que hubiera cumplido los 15 años; y otro de caballería (Volantes de San Miguel) integrado sólo por hacendados o sus hijos desde los 15 hasta los 60 años de edad. De esta manera, la milicia cívica siguió concentrando de forma exclusiva a los «ciudadanos-vecinos» en armas[20].

Tras el asesinato de Alejandro Heredia y en un clima de oposición a Rosas que crecía en el norte, Bernabé Piedrabuena asumió la primera magistratura provincial quien, elegido por la Sala de Representantes en 1838 y no por un pronunciamiento militar o golpe de fuerza, comenzó a detentar las facultades extraordinarias recién en el año 1840, una vez

---

[18] En la guerra contra Bolivia, Heredia logró movilizar un contingente provincial de 5000 soldados mientras que para el período de la Coalición, Lamadrid sólo llegó a garantizar la conformación de un contingente de 915 tucumanos.

[19] «Esta fuerza física, al paso que debe imponer respeto al que de fuera se disponga a ollar los derechos de la provincia y a las autoridades que la presiden, en ningún sentido se ocupará en restringir las libertades públicas ni las garantías individuales». Citado en Abbate, 2004, p. 64.

[20] En los debates en torno a la constitución de 1835 se discutió la posibilidad de restringir el voto a «criados a sueldo», «peón jornalero», «simple soldado de línea» o persona «notoriamente vaga» aunque se explicitó que la prohibición de votar no debía extenderse a todas las clases de tropa, específicamente sargentos y cabos. Sin embargo, tanto la coyuntura política como la guerra truncaron el desarrollo de estos debates y la puesta en vigencia de la mencionada constitución. Estas son cuestiones que forman parte de una investigación en curso.

declarada la guerra al gobernador bonaerense. Particularmente, la Sala de Representantes provincial mostró en estos años destacados comportamientos deliberativos y un amplio poder de decisión política, de hecho, actualizó la división de poderes y su contrapeso respecto del ejecutivo provincial. La Sala se compuso en su mayoría, a partir de 1838, por miembros de la fracción opositora a Heredia. Muchos de ellos, como abogados y diputados, habían participado de los debates de la constitución de 1835 y de las discusiones sobre la Ley de Protección al azúcar y harinas provinciales decretadas por el gobernador Heredia y que habían generado fuertes divisiones en los sectores comerciantes representados en la Sala. A su vez, muchos de los ahora diputados se habían asociado a las oposiciones surgidas de provincias como Salta, Catamarca, y La Rioja, respecto del creciente poder regional del gobernador Heredia materializado en su «Protectorado» avalado y reconocido por Rosas. Algunos de ellos como Ángel López, Javier López o Pedro Garmendia, refugiados en Salta y en Bolivia, lideraron pronunciamientos para destituir al gobernador, aunque todos fueron sofocados. La Sala que inició el bienio 1838-1840, con una composición que se mantuvo casi inamovible en la renovación de 1840, lideró la política de estos años, eligió a los gobernadores sin previo pronunciamiento militar y sus miembros más destacados encabezaron la organización y puesta en marcha de la Coalición del Norte contra Rosas.

El posterior otorgamiento de las facultades extraordinarias al gobernador tuvo claras reservas y un notable control por parte de la Sala, que se diluyó recién avanzada la guerra contra Rosas en 1841, cuando la institución legislativa, al igual que en el resto de los casos provinciales, actuó a la sombra del ejecutivo provincial hasta el período constitucional. El poder del gobernador durante los años de la Coalición se sostuvo ante todo en sus vínculos con la Sala y en el apoyo de las milicias cívicas. Sólo el departamento de Monteros, comandado por el hermano del gobernador Máximo Piedrabuena, fue expresión de constante apoyo militar a la primera magistratura.

En febrero de 1840, Gregorio Aráoz de Lamadrid, general tucumano exiliado en Buenos Aires, fue enviado por Rosas a Tucumán junto a una escolta de 50 voluntarios con el pretexto de traer el armamento de aquella provincia (así como el de Salta y de Jujuy) para sostén de la guerra contra los franceses. El objetivo real de esta misión era apoderarse del gobierno de Tucumán y reinsertar esa provincia –así como al resto de las norteñas– en la órbita rosista. Frustrado por su infructuosa acción, en primera instancia «diplomática», y ante rumores de posibles represalias contra él, Lamadrid decidió reunir su escolta en el cabildo de la ciudad y establecer presión. Esto fue entendido por las instituciones de la provincia como una «amenaza de revolución» que, sumado al manifiesto desacuerdo de las autoridades locales respecto de los usuales e «ilegales» avances de Rosas sobre las autonomías provinciales amparándose en la necesaria «defensa y mantenimiento del orden interno», desencadenó el pronunciamiento de Tucumán contra el gobernador bonaerense. Basaron sus fundamentos en los obstáculos promovidos por Rosas para el dictado de una constitución –tal como se lo había convenido en el pacto de 1831–, los abusos cometidos respecto de las soberanías provinciales amparándose en la necesidad de salvaguardar la seguridad interior, y también en sus indebidas intervenciones en la administración de las provincias desconociendo su plena capacidad para darse leyes y gobernarse. Este proyecto de ley fue aprobado por la Sala de Representantes el 7 de abril de 1840[21].

A su vez, la decisión de la Sala contó con un respaldo de tipo cívico-militar. Primero, la milicia cívica se presentó en la plaza pública como expresión del «pueblo en armas» que de forma consensuada y unánime exteriorizaba su «libre y espontánea voluntad» vinculada a terminar con la llamada «tiranía» rosista y que, en este sentido, apoyaba el pronunciamiento institucional a través de sus armas. A su vez, el hecho político se completó con un enfrentamiento militar, la posterior guerra declarada a Buenos Aires, que sería secundada por el resto de las provincias del norte. ¿Qué papel desarrollaron las milicias cívicas en el marco del pronunciamiento y en la posterior instancia bélica?

En la mañana del 7 de abril de 1840, el primer mandatario y máxima autoridad militar provincial convocó con sus «uniformes y armas» a las milicias cívicas para apoyar su proyecto de ley enviado a la Sala de Representantes y a su vez para hacer frente al posible alzamiento de la escolta de Lamadrid. En ese momento fueron convocados cuatro batallones cívicos y el regimiento departamental n° 2 de Monteros para

---

[21] Coviello, 1938, pp. 112 a 114.

reforzarlos, los que –según las «Memorias» del general Lamadrid– sumaron un total de ochocientos hombres[22]. Se presentaron el Escuadrón de Coraceros-Escolta del gobierno, cuerpo de caballería con amplia experiencia militar; el Batallón de Cazadores del Orden y el Regimiento nº 1 de la ciudad, integrados por artesanos y proletarios y el Batallón de Cazadores de la Guardia, cuerpo de infantería compuesto por comerciantes, hacendados y jóvenes «decentes» de la ciudad. La convocatoria realizada a los ciudadanos, vecinos o habitantes de la ciudad indistintamente a través de sus correspondientes cuerpos cívicos y urbanos reveló la implementación de un recurso cívico-militar para promover el respaldo del pueblo y sus armas a la decisión de la Sala. Se incluyeron en las milicias cívicas de forma indistinta a todos los «habitantes de la ciudad y sus suburbios» a los que también se los convocó como «ciudadanos» y como «patriotas», ampliándose la noción de «ciudadanía en armas» asociada a los cuerpos cívicos. Las milicias cívicas, la figura del gobernador, la de los jefes militares y un discurso cívico y republicano asociado al servicio de armas actuaron como referentes aglutinantes que garantizaron el apoyo armado de los sectores urbanos que se manifestaron como «pueblo» en armas.

Todo esto contrastó con la aún vigente ley de elecciones de 1826, donde el electorado expresaba una noción teóricamente menos amplia que la de «ciudadanía en armas» configurada en tiempos del pronunciamiento. En este corto período, no fueron las distinciones socio-profesionales las que determinaron la pertenencia a la milicia cívica sino simplemente el hecho o no de estar domiciliado en la «ciudad capital y sus suburbios». En este caso, milicia cívica y pronunciamiento se mostraron como instancias ampliadas de participación y acercamiento a la política. A su vez, la presencia de los cívicos convocada por el gobernador expresó la implementación de una estrategia plebiscitaria que no sólo aseguró el respaldo cívico-militar a la decisión de la Sala; también fue demostración de apoyo a la investidura de Piedrabuena, frente a una legislatura que entre los años 1838 y 1840 demostró un destacado contrapeso respecto de las funciones del ejecutivo provincial y frente a un ejército provincial, cuyos comandantes departamentales hacían tibias demostracio-

---

[22] Aráoz de Lamadrid, 1968, p. 110.

nes de fidelidad al nuevo mandatario[23]. En este contexto, y a diferencia del período de Heredia, fueron la milicia cívica urbana junto con algunos regimientos departamentales como el de Monteros y el de Graneros los que constituyeron el apoyo militar de Piedrabuena.

El 24 de septiembre de 1840 se firmaron los tratados de alianza entre las provincias del norte mediante los «Agentes» enviados por cada una, quedando obligadas «a concurrir con sus fuerzas y recursos en la guerra contra Rosas». La Liga expresaba la conformación de un ejército común con contribuciones militares de todas las provincias que debía defender su integridad político-institucional así como llevar la guerra al gobernador bonaerense. El ministro general tucumano, Marco Avellaneda, tuvo un destacado papel en la configuración y promoción de la Coalición. Mediante un discurso de carácter republicano, cívico y patriótico plasmado en los decretos y mensajes emanados desde el ejecutivo, el ministro resaltó de forma contundente los fundamentos institucionales, legales y hasta morales de la «guerra contra la tiranía». Respetuoso de las atribuciones del cuerpo legislativo, sus discursos resaltaron la soberanía inherente a «los pueblos» y su capacidad de armarse en defensa. Las referencias discursivas a una idea nacional en términos modernos como móvil de la contienda armada fueron más bien difusas, resaltándose a la guerra como estrategia de reivindicación de la autonomía y soberanía de los pueblos en tanto derechos inherentes a ellos y vía de derrocamiento del rosismo para dar lugar, a partir de allí, a una unidad política de las provincias autónomas sobre la base de un pacto constitucional[24].

A pesar de la reivindicación del cuerpo legislativo desde el ministerio general de la gobernación, la guerra contribuyó al robustecimiento del ejecutivo provincial ante la ampliación de su poder en el área de defensa y luego por la delegación por parte de la Sala de las facultades extraordinarias[25]. Como consecuencia, el gobernador actuó con gran soltura en el área civil y militar utilizando los decretos como medios de acción, promoción y coacción respecto de la organización de las milicias, del enro-

---

[23] Una aproximación a las relaciones entre la Sala y el Poder Ejecutivo en Macías, 2005.
[24] AHT, Archivo de la Legislatura, caja 2, leg. 173, octubre de 1840.
[25] Sesión del 27 de abril de 1840 en Coviello, 1938, p. 124.

lamiento de los individuos y de la colaboración económica de los ciudadanos en la guerra. Los castigos por deserción, evasión del enrolamiento y traición a la Coalición fueron atribuciones exclusivas del gobernador de la provincia. Sin embargo, estas acciones se mostraron muchas veces atenuadas en términos discursivos por un lenguaje de clara tendencia republicana, cívica y persuasiva procedente del ministro general Avellaneda que, refiriéndose a las milicias cívicas, exaltaba el servicio de armas como un compromiso moral del ciudadano con su «patria» (provincia) que bajo ninguna circunstancia debía olvidarse o evadirse[26].

A pesar del discurso diseñado en torno al servicio de armas de los cívicos en la guerra y del primer enrolamiento realizado a todos los batallones sin excepción[27], se actualizaron los regímenes de excepciones, planteándose diferencias en las formas de acción de los ciudadanos en la guerra. Si bien fue destacable la presencia de importantes comerciantes a través de su batallón en la plaza pública durante el pronunciamiento, su participación fue diferente en la guerra desarrollada fuera de los límites locales. Allí, su accionar se canalizó mediante fuertes contribuciones económicas o mediante la subvención de «personeros». De hecho, una vez declarada la guerra, fueron exceptuados del enrolamiento en los cuerpos cívicos aquellos individuos que tuvieran un capital mayor a 500 pesos, por tanto se enroló en su mayoría a jornaleros y pequeños pulperos y tenderos o almaceneros[28]. Esto expresa la reproducción de un principio claramente clasista respecto de la participación en la guerra según la situación socio-económica y profesional. De igual forma, se planteaba

---

[26] AHT, SA, vol. 56, 1841, f. 114.
[27] AHT, SA, vol. 55, 23 de junio de 1840, fs. 201 a 203.
[28] «...quedan exceptuados del enrolamiento (en los cuerpos cívicos) los escribanos, abogados, panaderos, los que tengan a su cargo establecimientos públicos, los médicos, boticarios, hijo único de padre anciano o madre viuda y todo aquel que maneje un capital que no baje de los 500 pesos». AHT, SA, vol. 56, 1841, fs. 43 y 44. En consecuencia, se exceptuaban importantes pulperos, tenderos y hacendados con destacada participación en la economía provincial de esos años, quienes sostuvieron económicamente la mayor parte del enfrentamiento mediante un importante empréstito demandado por el Ejecutivo y autorizado por la Sala. A esto se sumaron las contribuciones forzosas y las requisas de ganado y de armas. AHT, SA, vol. 55, fs. 348- 349. Agradezco los datos cedidos por María Paula Parolo para el estudio del padrón de contribuyentes al empréstito y para el análisis de los padrones de cívicos.

una diferenciación entre aquel que servía en el ejército a través de los cuerpos cívicos o aquel que lo hacía a través de los cuerpos de línea integrados por regimientos de origen departamental[29].

Respecto de los castigos por deserción o traición, un soldado de un cuerpo de línea podía ser condenado a muerte o sometido a trabajos forzosos, mientras que un integrante de la milicia cívica (o un jefe militar) que desertara o traicionara a la causa provincial podía ser castigado con la pérdida de la condición de «ciudadano», con multas, prisión, expatriación, confiscación de bienes o envío al ejército de línea[30].

Si bien la promoción del enrolamiento de los habitantes de la provincia en general implicó acciones concretas decretadas desde el ejecutivo provincial, las deserciones del ejército fueron un problema de difícil solución. Como estrategia de atracción, el gobierno exoneró a los soldados y a sus familias del pago de deudas contraídas de forma previa a la guerra, incluso quedaron exentos de pagar arriendo de tierras. Los jefes de departamentos debían auxiliar con carne a las familias más pobres, así, los hacendados del lugar asumían los costos de esta tarea[31].

Sin embargo, las deserciones, las traiciones y el incumplimiento del enrolamiento fueron comportamientos comunes tanto de batallones cívicos como de los regimientos departamentales constitutivos de los cuerpos de línea, y explican la profundización de estrategias coactivas decretadas por el ejecutivo provincial. La composición del contingente enviado a la guerra demuestra la importancia numérica de los cuerpos cívicos sobre las colaboraciones departamentales[32]. La falta de compro-

---

[29] «El Batallón Constitucional, que se formará de los cívicos de Córdoba y de los cívicos de Tucumán que hicieron la guerra hasta Córdoba y de todos aquellos que se hallen enrolados y de los que se enrolen en adelante, no será en ningún modo considerado un batallón de línea y si como un cuerpo cívico, que estará obligado a servir en todo o en parte en la campaña que debe abrirse». AHT, SA, vol. 56, 1841, fs. 43 y 44

[30] AHT, SA, vol. 56, 1841, f. 97.

[31] AHT, SA, vol. 56, 1841, f. 103.

[32] La avanzada militar contra Rosas se organizó mediante dos «Ejércitos libertadores», el primero al mando del General Lavalle y el segundo al mando de General Lamadrid. En cuanto al segundo, Tucumán colaboró con un contingente de 915 individuos aproximadamente entre cívicos y soldados de regimientos de línea. En este caso, se destacó la presencia de los cívicos a través de los Batallones «Libertad», «Constitucional», «Legión Sagrada» (integrada por los Batallones Mayo y General Paz) Escuadrón de Coraceros y Cazadores del Orden, con un total de 562 ciudadanos. A su vez, 251 solda-

miso de muchos de los comandantes del interior de la provincia con el gobernador implicó la disgregación de contingentes provinciales, la traición de muchos de ellos, y la posterior desarticulación de la milicia tucumana conformada para la guerra.

Comandantes y milicias departamentales: el servicio de armas permanente durante la década gutierrista (1842-1852)

La derrota de la Coalición así como el nuevo liderazgo provincial asumido por Celedonio Gutiérrez (comandante de Medinas, Dpto. de Chicligasta, que había traicionado la Liga) implicaron la reinserción de las provincias del norte en la órbita rosista. En este contexto, los puntos de apoyo del ejecutivo provincial se configuraron en la articulación de un elenco estable de representantes que dominaron por casi diez años la legislatura provincial mostrándose a su vez como fuente de financiamiento del «estado de guerra permanente» contra el unitarismo[33]; la escolta personal del gobernador, los regimientos departamentales y la íntima relación con los comandantes de cada distrito. La novedad estuvo puesta en la organización de un cuerpo cívico permanente en la ciudad capital para garantizar su dominio y fidelidad.

Durante el gobierno de Gutiérrez en Tucumán, las connotaciones cívicas atribuidas desde el discurso político al servicio de armas de las milicias urbanas se tornaron difusas. La integración en la milicia cívica así como la participación en la guerra no se plateó como un deber moral y cívico en clave republicana sino como una coacción del gobierno pro-

---

dos participaron de la derrota vivida por los aliados en la Jornada de Machingasta, al mando del Gral. Mariano Acha. Paralelamente, la provincia colaboró con un piquete de veteranos de 60 individuos, un Ejército de Reserva de 57 individuos y una Maestranza de Artillería de 42 individuos.

[33] Durante la gestión de Gutiérrez, la Sala de Representantes estuvo integrada por un reducido grupo de la elite que respaldó al Ejecutivo Provincial ocupando cargos durante tres o más períodos en la Legislatura, en el lapso comprendido entre 1843 y 1852. Se integraba por comerciantes exportadores, propietarios de tropas de carretas y que tenían tiendas mayoristas en la ciudad. Se invocaban la defensa del «orden público» amenazado y se propugnaba la unanimidad como principio rector del funcionamiento político.

vincial expresada mediante una noción de «patriotismo» concebida como «lealtad a la persona del gobernador y a la provincia». A su vez, se formuló un discurso político sostenido sobre fuertes referentes belicistas en beneficio del mantenimiento del orden interno y de la causa federal, fuertemente asociada a la figura de Rosas y de Gutiérrez. La imagen del jefe militar se vinculó a la del patriota ejemplar en constante servicio de armas en beneficio de la lucha contra los «salvajes unitarios». En consecuencia, el enrolamiento en el ejército provincial en general se entendía como un acto patriótico que definía la pertenencia del habitante a la comunidad política provincial. Oponerse a estos criterios implicaba fuertes y «justificados» castigos para todos los habitantes de la provincia sin distinción, que eran determinados desde el ejecutivo provincial. Una pena muy común en estos años consistió en la colaboración forzosa de los «traidores» con la «causa» defendida desde las instituciones políticas y militares provinciales[34]. La ejecución de este tipo de castigos gozaban de una importante exposición pública ya sea en espacios comunes como la plaza o por medios de divulgación escritos.

Entonces, ¿qué lugar ocupó la milicia cívica en el servicio de armas y en el desarrollo de la política provincial durante el gobierno de Gutiérrez? El declarado «estado de guerra permanente» así como la necesidad de control de los cuerpos militares implicó la preferencia por un servicio regular de armas que no sólo se canalizó a través de los regimientos departamentales y de la escolta del gobernador (connotación que por su parte estos cuerpos ya tenían) sino en la existencia de una milicia cívica y urbana regular.

La escolta del gobernador (Regimiento n° 10 de Granaderos–Escolta del Gobierno) estaba conformada por jóvenes de diferentes departamentos de la provincia y de la capital, de comprobada fidelidad al gobernador y amplia experiencia militar. Estaba integrada por un número aproximado de 55 individuos cuyos nombres se repetían casi con exactitud año a año[35]. A su vez, se organizó el cuerpo cívico denominado Bata-

---

[34] «...si han prestado su apoyo y voto, para encender lo que esa infamia que los salvajes unitarios han hecho a la Republica, justo es que costeen los gastos para su tranquilidad y aún con esto deben considerarse felices». AHT, SA, vol. 56, año 1841.
[35] AHT, SA, vol. 68, año 1849, f. 121.

llón de Federales de la Guardia Tucumana[36], compuesto por los habitantes de la ciudad, que residía en la capital de la provincia y, al igual que las milicias departamentales, realizaba regularmente ejercicios doctrinales.

Los ámbitos de acción política de la milicia cívica observados en períodos anteriores (pronunciamientos o manifestaciones en espacios públicos de la ciudad) prácticamente desaparecieron durante estos años, si bien algunos testimonios demuestran su participación en algunos actos conmemorativos[37]. El enrolamiento en la milicia cívica se mostraba como ejemplo de «patriotismo». Si bien no se encontraron registros sobre las características socio-profesionales de los enrolados en ella y sobre la proyección o no de los parámetros de organización corporativos, se exceptuaron del servicio a los hijos únicos de madre viuda, a los capataces o dueños de hacienda y a los que pudiesen demostrar enfermedad inhabilitante, aunque muchas veces estos criterios no fueron respetados[38]. Los importantes comerciantes vinculados al gobierno de Gutiérrez asumieron el papel de financiar la actividad militar regional desarrollada en este período, exceptuándose en general del enrolamiento.

En la conformación de la milicia provincial y del poder del gobernador, los comandantes departamentales desempeñaron un papel central, cuyas lealtades provenientes del período de Heredia se reorientaron en función de Gutiérrez, ampliamente apoyado por Oribe e Ibarra. Además de liderar el enrolamiento, la organización y el funcionamiento de

---

[36] Se componía de cuatro compañías, ente ellas una de granaderos, una de fusileros, una de boltígeros y otra de cazadores, reuniendo un total de 274 individuos, aproximadamente AHT, SA, vol. 60, año 1844, f. 340.

[37] Es el caso del desfile de los «federales» en la fiesta del 9 de julio de 1844 citado en Wilde, 2005.

[38] «Don Medina, vecino e hijo único de Juan Bautista Medina hace honor a la bondad de vuestra excelencia y digo, que los encargados de hacer cumplimento del bando publicado ordenando el enrolamiento han atropellado mis excepciones y aprovechándose me han conducido al cuartel a las órdenes del Coronel organizador. No tenía papeleta de enrolamiento en el cuerpo cívico. V.E. dispuso que no eran incluidos en el enrolamiento los hijos únicos y capataces y cuando yo era no sólo hijo único sino capataz de Don Nicolás en el establecimiento de caña... me a conducido al cuartel confundiéndome con los inobedientes y atacando el derecho que el mismo bando me declara». AHT, SA, vol. 64, año 1846, f. 577.

sus regimientos, los comandantes podían levantar sumarios y procesos a los que no cumplieran con el servicio de armas o a aquellos que se rebelaran contra la autoridad política y militar e incluso tenían la capacidad de proponer al gobernador los futuros jueces de distrito[39].

La deserción y el ocultamiento de jornaleros en las haciendas siguieron siendo prácticas comunes lideradas por los propios dueños o capataces que obstaculizaron la tarea del enrolamiento en la provincia, y profundizaron aún más las arbitrariedades de los comandantes[40]. En este aspecto los comandantes también cumplieron un papel central. Estos jefes militares locales eran elegidos por el gobernador así como el resto de los escalafones militares del departamento, previa propuesta del jefe militar. A su vez, tuvieron una destacada inserción en la vida política provincial, situación que se demuestra, por ejemplo, a través de su participación de las mesas escrutadoras en períodos de elecciones[41].

La erosión de la robusta figura política del gobernador y la desarticulación de un sistema de lealtades fuertemente personal, local y militar, encarnada en la figura del primer mandatario provincial y reproducida en cada departamento por los comandantes comenzó a desarrollarse a partir de varios sucesos. A saber, se inició una vez vencido Rosas en Caseros, puesto en marcha el proyecto de organización nacional sobre la base del pacto constitutivo de 1853, con el consecuente regreso a la política de la mayoría de los exiliados o «emigrados» a partir de la fracasada Coalición del Norte y con el cambio en el papel de la legislatura. A partir de la constitución de 1853 y de la organización de la Guardia Nacional no sólo se definió a nivel nacional un concepto de ciudadanía amplio y aglutinante que igualaba a los individuos ante la ley. También se definió al elemento militar en un componente central de la ciudadanía, entendiéndose la toma de las armas no sólo como un deber moral y cívico sino también como un compromiso con la nación e incluso como un derecho ciudadano en beneficio de la defensa de las instituciones y de las leyes.

---

[39] AHT, SA, vol. 71, año 1851, fs. 661 y 662.

[40] Don Pedro Miguel al Gobernador sobre ocultamiento de jornaleros en la finca de Don Anacleto Gramajo. AHT, SA, vol. 57, año 1842, f. 190.

[41] Durante el período de Gutiérrez las elecciones se desarrollaron con absoluta regularidad.

CIUDADANÍA ARMADA, GUARDIA NACIONAL Y ESTADO PROVINCIAL.
EL SERVICIO DE ARMAS EN LA PROVINCIA DURANTE LA PRIMERA DÉCADA
CONSTITUCIONAL (1853-1862)

La derrota de Celedonio Gutiérrez, que se mantuvo en el gobierno luego del triunfo de Urquiza[42], fue liderada por los sectores liberales, quienes mediante actos legislativos y finalmente a través de las armas lograron marginar la preponderancia de los «gutierristas» en la Sala de Representantes y apartar al propio Gutiérrez de la gobernación provincial. La guerra civil fue sostenida durante los años 1852 y 1853 mediante la reunión de antiguos cuerpos cívicos y de algunos de sus viejos líderes[43]. A partir de 1854, la creación de la Guardia Nacional liderada por el gobernador de signo liberal, José María del Campo, se planteó no sólo como una estrategia de reformulación del servicio de armas en la provincia en clave cívico-nacional. Según el decreto nacional de enrolamiento, debían integrarse a ella «todos los ciudadanos (nacidos o naturalizados y domiciliados) de la confederación entre los 17 y los 60 años, cualquiera fuese su profesión»[44]. Esto por un lado la planteaba como una institución militar asociada al servicio de armas de los «habitantes de la ciudad», como lo fue en las antiguas milicias cívicas, por el otro implicaba que el enrolamiento se hacía extensivo a los habitantes de los departamentos del interior de la provincia. En este sentido, se mostraba como posible vía de recomposición de los sistemas de lealtades constituidos a través de los regimientos departamentales durante período de Celedonio Gutiérrez.

Se constituyó una nueva fuerza militar que, aunque se organizó en cada provincia, en teoría respondía al poder central. El objetivo central

---

[42] Urquiza, como nuevo Jefe de la Confederación hasta la reunión del Soberano Congreso Constituyente para garantizarse el apoyo de las provincias, aceptó la continuidad de la mayoría de los gobernadores provinciales.
[43] Sobre el proceso de destitución de Gutiérrez, ver Bravo, 2003, pp. 243-259.
[44] Según el decreto nacional de enrolamiento emitido por Urquiza en el año 1853, quedaban dispensados del servicio los miembros del poder político y los jueces nacionales y provinciales así como los que tenían imposibilidad física legalmente aprobada, dispensándose del servicio a los directores y rectores de las universidades, los jefes de oficina de la nación y de la provincia, maestros de Posta, médicos y practicantes, boticarios, los que aún no habían cumplido los 18 años, y el hijo único de madre viuda.

del presidente Urquiza fue contar con fuerzas armadas que respondieran a las autoridades nacionales para defender las fronteras aún no consolidadas y enfrentar eventualmente a la provincia escindida (Buenos Aires). El servicio de armas alcanzó una nueva dimensión expresada en términos nacionales e igualitarios desde donde se intentaba desdibujar el viejo esquema de servicio militar que había caracterizado a las provincias y que a partir de ahora se expresaba como un deber «individual» y «directo» del ciudadano con la nación. Mediante la Guardia Nacional se exaltaba una noción de patriotismo reformulada en términos cívicos y nacionales.

Dado que el enrolamiento era obligatorio para todos los individuos, la nueva institución militar se presentaba como una vía clave para llevar a cabo la tarea de promoción de los deberes, comportamientos cívicos y de la identidad nacional[45]. El enrolamiento implicaba tanto el compromiso con ejercicios doctrinales periódicos para el entrenamiento en el terreno de las armas, como además la constante asistencia a rituales cívico militares en los que se exaltaban el patriotismo y el servicio de armas como un deber moral con la nación por parte de los individuos. Todos los guardias nacionales en servicio estaban obligados a asistir a estos actos con sus uniformes y armas, comportamientos con los que se buscaba proyectar en la sociedad el perfil del ciudadano-patriota.

A su vez, el requisito de estar enrolado en la Guardia Nacional para poder votar terminaba de definir al elemento militar como uno de los componentes centrales de la ciudadanía[46]. «Ciudadanía política» y «ciudadanía en armas» se vincularon estrechamente a través de la Guardia Nacional: una de las características fundamentales que dio la pauta al concepto de ciudadanía a partir de la firma del pacto constitutivo[47]. La Guardia se mostró, entonces, como un espacio de control del electorado y de promoción de la asistencia a los comicios.

Todo ciudadano que no se enrolaba a la Guardia Nacional, a pesar de contar con la capacidad para hacerlo, era destinado a servir tres años en el ejército de línea, reactivándose la distinción entre el servicio de

---

[45] Macías, 2003.
[46] Recordemos que el voto no fue obligatorio en la Argentina hasta la ley electoral de 1912.
[47] Macías, 2003.

armas de los «ciudadanos» y el del simple soldado de línea. El servicio de frontera era presentado como un castigo para los ciudadanos que evadían el enrolamiento, aunque se trataba de una función indispensable tanto de los soldados del ejército de línea como de los guardias nacionales. Sin embargo, para estos últimos el servicio era provisorio, complementario y respondía a un deber cívico. Aunque en términos discursivos era evidente la distinción entre un guardia nacional (ciudadano) y un soldado de línea («vago» y «malentretenido»), en el servicio de frontera esto se tornaba difuso[48].

En Tucumán, la Guardia Nacional fue organizada a partir del año 1854. La nueva fuerza pública constituida por los ciudadanos debía asumir la responsabilidad de proteger el nuevo orden constitucional y nacional en cada provincia, dejando de lado referentes locales y personales analizados para años anteriores. Desde esta óptica, el «ciudadano-armado» integrante de la Guardia Nacional expresaba una alternativa a la imagen estudiada del «miliciano» o del «cívico». Si bien el decreto de organización nacional expresaba criterios igualitarios de enrolamiento sostenidos en el nacimiento o el domicilio, en un principio, el decreto provincial concebía como «título de honor» el enrolamiento en ella, por lo cual se exigían requisitos como la posesión de un «oficio útil y lucrativo o propiedad conocida», no pudiendo integrarse ningún individuo sobre el que hubiese recaído sentencia infamante[49]. Este recorte de la Guardia como espacio exclusivo de la elite liberal recién reinsertada en la vida política provincial se reformuló una vez que los «no emancipados y los jornaleros» pasaron a considerarse legalmente como electores según la reforma implementada a la constitución de 1856 el 17 de octubre de ese año[50]. En concordancia con estos principios constitucionales y electorales, se ampliaron los criterios de integración de la Guardia a toda la ciudadanía, destacándose el domicilio, el nacimiento, la edad y

---

[48] «...Librar al... (guardia nacional) del servicio de frontera... (le propiciará) estabilidad en el hogar, garantías en la vida de ciudadano y la esperanza cuanto menos de proporcionarse un porvenir por medio del trabajo honrado». *El Nacionalista*, Tucumán, 27 de enero de 1870. Los escasos guardias nacionales tucumanos que asistían a este servicio eran en su mayoría jornaleros, dependientes o pequeños comerciantes.

[49] Cordeiro y Viale 1915, p. 220.

[50] Constitución de 1856 y su reforma. Cordeiro y Viale, 1915, pp. 384 y 395.

«una clara relación con la justicia» como principios rectores del enrolamiento. En los cuerpos activos eran enrolados los ciudadanos desde 20 hasta 50 años de edad, y en los cuerpos pasivos los que poseían más de esta edad. Sin embargo, aunque *todo ciudadano es guardia nacional*, los principios corporativos como estrategia y promoción del enrolamiento también se mantuvieron por algunos años[51]. El primer batallón de Guardias Nacionales de la ciudad capital se constituyó por sectores propietarios, comerciantes y hacendados; el segundo, por artesanos y el tercero por jornaleros, peones y todos aquellos que no poseyeran caballo[52]. Este batallón fue anulado en el año 1860 mediante un decreto del gobierno provincial para liberar de los ejercicios doctrinales a los peones jornaleros durante su etapa de servicio en la industria azucarera, constituida en un rasgo central de la economía tucumana de esos años. Con el tiempo, los criterios de organización grupal y socio-ocupacional también se modificaron, asimilándose el domicilio como principio de enrolamiento[53].

Sin embargo, aunque se evidenció una clara flexibilización en cuanto a las diferencias internas entre los guardias nacionales, en la realidad provincial estos cambios se evidenciaron mucho más lentos. El Batallón Belgrano siguió recortándose como cuerpo urbano de individuos ejemplares, al seguir integrándose por el sector más distinguido de la población de la ciudad. Éste se componía de notables que militaban en los círculos liberales. Las familias Posse y Frías así como políticos de envergadura como Salustiano Zavalía aparecían ocupando sus filas. Evidentemente, la facción liberal reinsertada en la vida política provincial a partir de 1852 buscó reafirmar y garantizar su presencia pública mediante el dominio de los altos rangos de la Guardia Nacional y de su emblemático Batallón Belgrano, adjudicándose de esta manera un respaldo militar que a su vez expresaba su alineación con los objetivos de gobierno nacional. En el resto de los batallones de la ciudad y de los departamentos se conformó en su mayoría por artesanos, empleados y sobre todo

---

[51] Decreto del Gobierno de la Provincia. *Eco del Norte*, 16 de septiembre de 1859.
[52] Los individuos de tropa de la Guardia Nacional eran en su mayoría jornaleros. AHT, SA, *Revista de la Guardia Nacional*, t. VII.
[53] Cordeiro y Viale, 1915, t. IV, pp. 79-81.

jornaleros. Sin embargo, los altos rangos estuvieron siempre en manos de individuos vinculados a la política o con una fuerte tradición militar.

En contraste con las antiguas milicias cívicas, la Guardia Nacional pretendía ser una expresión de nociones modernas de «representación» al albergar en su normativa formas democráticas para la elección de la estructura de mando de los batallones. Según el decreto fundacional de la provincia «todo guardia nacional era elector y elegible», dejando al gobernador el nombramiento de los grados de teniente coronel y de coronel, este último con acuerdo a la Sala. La elección al interior de la Guardia era secreta por medio de boletas depositadas en las urnas, el escrutinio era realizado por el juez civil del más alto rango del departamento o localidad correspondiente. Todo cargo podía durar sólo un año luego del cual el individuo podía ser reelecto por un año más o, en su defecto, volver a las filas como un simple guardia nacional[54]. Se manifestaban aquí no sólo criterios democráticos de representación que colaboraban con el proceso de aprendizaje de la ciudadanía sino también principios de igualdad entre los ciudadanos para detentar puestos de alto rango.

De todas maneras, la documentación analizada demuestra que en general se siguieron las antiguas prácticas ya que en la gran mayoría de los casos era el propio comandante del batallón quien enviaba las listas de los candidatos considerados «idóneos» al gobernador, que por decreto los nombraba en los respectivos cargos[55]. Sólo los altos rangos como el de jefe provincial de la Guardia Nacional era emanado desde el gobierno nacional. A esto se agrega la íntima relación entre la esfera política y la esfera militar al observarse que eran muchos de los individuos de la elite provincial los que actuaban oportunamente en uno u otro espacio de poder. Así, pertenecer a la estructura de mando de los batallones de la Guardia Nacional otorgaba prestigio, reconocimiento social y amplias posibilidades de ascenso político a nivel provincial.

La destacada respuesta de los sectores de la elite urbana capitalina respecto de la organización de la nueva institución militar y nacional contrastó con las acciones desarrolladas por los «cívicos» de Monteros,

---

[54] Cordeiro y Viale, 1915, t. I, pp. 197, 198.
[55] AHT, SA, vol. 82, f. 330, año 1857.

que habían participado activamente en el derrocamiento de Celedonio Gutiérrez en beneficio del ingreso y de la preponderancia de la facción liberal en la legislatura y en la política provincial, a partir de los años '50. Dado que la organización de batallones de guardias nacionales en cada departamento provincial implicaba la desarticulación de las tradicionales milicias cívicas y de los regimientos departamentales, los «cívicos» de Monteros (única localidad del interior de la provincia con destacadas características urbanas que registra esta clase de cuerpos militares) argumentaban que era innecesario organizar la nueva institución militar existiendo otra fuerza que «por su tradición y acción efectiva» merecía tener a su cargo la «garantía del orden interno» y su apoyo al poder provincial[56]. Los cívicos, fuertemente arraigados a la tradición militar local y por lo tanto resentidos por la creación del Batallón «Fidelidad» de Guardias Nacionales de Monteros, intentaron boicotearlo incorporándose a él para luego generar disturbios internos, obstruyendo su exitosa organización y funcionamiento. Pese a todo, la organización del nuevo batallón logró imponerse y constituirse en la única fuerza militar del departamento[57]. El recambio de comandantes departamentales, la disminución de sus poderes y la organización de la Guardia apuntaba a desarticular por completo la dinámica interna tradicional de la milicia cívica y de las milicias departamentales así como sus sistemas de lealtades. Esto explica las tensiones desarrolladas entre los milicianos monterizos, la Guardia Nacional y el gobernador. La situación se resolvió en beneficio de los dos últimos aunque la lenta organización de los batallones de guardias nacionales en el interior de la provincia expresó la proyección de dificultades por varios años[58].

A partir de las elecciones provinciales de 1860, comenzó a evidenciarse la impronta facciosa que modificó notablemente en la práctica las funciones originales atribuidas a la guardia, situación que se profundizó hacia fines de esa década[59]. A pesar de esto, la Guardia Nacional y su

---

[56] Carta del juez departamental al gobernador. AHT, SA, año 1854, vol. 78, f. 49.
[57] AHT, SA, año 1858, vol. 84, f. 18.
[58] Recién en el año 1875 se encuentra registros de batallones de guardias nacionales organizados en todos los departamentos del interior. Hasta ese momento la mayoría mantuvo sus antiguas milicias departamentales.
[59] Ver Macías, 2003.

discurso cívico militar originario expresaron con el transcurrir de la década de 1850 la reformulación del servicio de armas provincial en clave republicana y nacional donde el «ciudadano armado» adquirió un papel central. El nuevo Estado nacional lo definió como un individuo activo partícipe de la vida pública y a su vez moralmente comprometido con la defensa armada de la nación y de sus leyes. El componente militar gravitó la noción de ciudadanía, pero esta vez definida en términos nacionales, republicanos y liberales. Asimismo, a nivel provincial se uniformaron los criterios de definición de la ciudadanía tanto en el área civil como política y militar, donde el «nacimiento» y el «domicilio» pasaron a jugar un papel central.

Conclusión

Luego de la década revolucionaria, el servicio de armas, organizado de forma corporativa, no sólo se asoció con los deberes de los habitantes de la provincia sino también con los de los «ciudadanos-vecinos». Éstos, centrados en la milicia cívica y urbana, cumplían con un servicio de armas eventual y complementario en el ejército provincial, situación que se proyectó al período rosista. La guerra regional, canalizada en este caso a través de la «Liga del Norte contra Rosas», redefinió las asociaciones entre ciudadanía política y ciudadanía armada en Tucumán, donde el electorado, circunscrito teóricamente a partir de 1826 a aquellos que detentaran «oficio útil y lucrativo o propiedad conocida», presentó límites más estrictos que los atribuidos a los integrantes de la milicia cívica convocada para la guerra. Los distanciamientos coyunturales entre los componentes políticos y militares de la considerada ciudadanía provincial así como la fuerte asociación entre el concepto de ciudadanía y los principios de la vecindad nos hablan de una noción de ciudadano aún fluctuante, cuyos componentes o alcances variaban influenciados por las circunstancias políticas y militares.

Para el período de la Coalición del Norte, el servicio militar se manifestaba como un deber de los habitantes que se encontraban «moralmente» comprometidos con la defensa de su «patria» (provincia) y con las instituciones provinciales y republicanas. La vinculación entre las armas y la política así como la proyección de parámetros de tipo antiguos llevaron a que especialmente la milicia cívica compuesta por los ciudadanos, vecinos de la ciudad o habitantes de la ciudad y sus suburbios se mostrara también como vía de participación corporativa, grupal y militar en la vida pública. El pronunciamiento analizado evidencia la articulación de una lógica puramente institucional y legal con otra de tipo militar que remite a estrategias de «consentimiento» o de respaldo popular demandadas desde las instituciones provinciales.

Sin embargo, y a pesar de las referencias cívicas al servicio de armas y las excepciones y diferenciaciones derivadas de la participación en la guerra demostraban la existencia aún de ambigüedades en el concepto de ciudadanía, donde el elemento militar no terminaba de definirla con exactitud y claridad. Durante el período de Celedonio Gutiérrez, las milicias se expresaron como instituciones claves en la configuración de sistemas referenciales locales y personales, reforzando una noción de patriotismo en clave provincial y circunscrita a la figura del gobernador. La participación en la milicia reflejaba más que un acto ciudadano, un acto de lealtad personal y territorial.

Mediante la Constitución de 1853 y la creación de la Guardia Nacional se define una clara vinculación entre el servicio de armas y la ciudadanía. El discurso fundacional y sostenedor de la Guardia Nacional reformuló el servicio de armas en clave cívica, igualitaria, liberal y nacional. A su vez, fue expresión de íntima relación entre «ciudadanía-política» y «ciudadanía armada», por destacarse como requisito central para poder votar estar enrolado en la Guardia, en el marco de una noción de ciudadanía amplia y aglutinante que igualaba a los individuos ante al ley. Más allá de esto, la organización de la Guardia Nacional en Tucumán no estuvo exenta de conflictos y no dejó de vincularse a situaciones de estricta índole provincial. La proyección de muchos de los criterios de enrolamiento tradicionales de las antiguas milicias provinciales se vinculó, por un lado, con las arraigadas tradiciones militares provinciales difícilmente eludibles y, por otro, con su implementación como estrategia para garantizar una rápida organización de la Guardia. Ello supuso la superposición de principios liberales, igualitarios e individuales con criterios corporativos y de privilegios.

La Guardia Nacional, como espacio integrado por ciudadanos electores y con un discurso fundacional configurado en clave cívica y nacional, puede concebirse como espacio constructor y de acción ciudadana.

Sin embargo, como puede observarse en Tucumán, su asimilación al «faccionalismo» provincial, su participación privilegiada en los conflictos bélicos regionales fuertemente teñidos por la lógica facciosa local y la reticencia de los sectores de la elite provincial a cumplir con su deber militar en la guerra dieron la pauta al funcionamiento de la Guardia por lo menos hasta la década del 1870. Sin embargo, el mantenimiento de su discurso original garantizó el constante contacto de sus integrantes con una retórica cívico-militar y republicana predominante en el discurso político nacional y su asociación con los deberes electorales la configuró como instancia de promoción aunque también de control de la participación de los individuos en las elecciones provinciales.

LA NACIONALIZACIÓN DE LAS FUERZAS ARMADAS EN MÉXICO, 1750-1867

Juan Ortiz Escamilla
Universidad Veracruzana

No podemos desvincular la consolidación del estado nacional mexicano, en los años setenta del siglo XIX, sin considerar el papel tan importante que desempeñaron las fuerzas armadas para lograrlo. Pero ¿de qué fuerzas estamos hablando? ¿Del ejército permanente? ¿De la guardia nacional? ¿De las milicias provincial, activa o cívica? Éste es precisamente el asunto que nos ocupa al analizar el origen, evolución y desempeño de los diversos cuerpos armados existente en esta época. Esta preocupación es compartida por los trabajos recientes de Josefina Zoraida Vázquez, Ariel Rodríguez Kuri y María Eugenia Terrones, José Antonio Serrano, Manuel Chust y Conrado Hernández por citar algunos[1].

LOS REFERENTES DOCTRINARIOS

Los referentes filosóficos que inspiraron la razón de ser de las distintas fuerzas armadas del México independiente provienen de tres vertientes: los modelos franceses de la época de la Revolución, de la gaditana también resultado de acciones revolucionarias y de las estructuras propias mexicanas resultado de la guerra civil de 1810. Por ejemplo, la «guardia nacional» nació en Francia en plena revolución[2]. De hecho, la primera

---

[1] Rodríguez Kuri y Terrones, 2000, pp. 175-224; Vázquez, 2005, pp. 219-232; Chust, 2005b, pp. 179-198 y Serrano Ortega, 2005, pp. 341-354; Hernández López, C., 2006, pp. 129-153.

[2] «La guardia nacional francesa es en sustancia el censo o empadronamiento de todos los ciudadanos que están en aptitud de hacer algún servicio armado en defensa de los grandes intereses sociales. Es como si dijéramos la fuerza entera de la sociedad organizada y dispuesta para ponerse en acción siempre que no baste para esa defensa la fuer-

Constitución (1791) dedicó algunos artículos para definirla como una institución conformada por ciudadanos para la defensa de sus pueblos e independiente del ejército regular. Pero las guerras internacionales impidieron a las guardias atender los asuntos puramente civiles y fueron utilizadas para la defensa de la nación. De hecho, la Constitución del 24 de febrero de 1793 ni siquiera hizo referencia a la guardia nacional y, en cambio, convirtió a todos los varones en soldados.

La Constitución francesa del 22 de agosto de 1795 dividió a las fuerzas armadas en ejército o «guardia nacional activa» y en la «guardia nacional sedentaria», compuesta por los ciudadanos que debía proteger sus hogares. Por su parte, las constituciones de 1799, de 1804 y la carta de 1814 no hicieron referencia alguna a la guardia, sólo al ejército. Sin embargo, en 1812, Napoleón, que había desdeñado este tipo de organización militar, cuando ya no hubo más conscriptos que reclutar, solucionó el problema convocando otra vez a la guardia nacional, la cual sobrevivió hasta su caída, dos años después. Más tarde, el rey Luis XVIII no desmovilizó estos cuerpos armados, pero tampoco los incorporó en el marco jurídico como había sucedido en el pasado, sino que los reguló por medio de ordenanzas y reglamentos. Finalmente, la guardia nacional recuperó su vigor por la ley de 22 de mayo de 1831, la cual fue utilizada en España como modelo para reorganizar a su milicia urbana, tres años después[3], y para la formación de la guardia nacional mexicana en 1846.

En la organización de las fuerzas armadas del México independiente no podemos ignorar las «Ordenanzas de su Majestad para el regimiento, disciplina, subordinación y servicio de sus ejércitos» de 1767, las cuales definieron tres tipos de cuerpos armados: el ejército, la milicia provincial y la urbana o local[4]. Dichas formas de organización militar también se implantaron en América. Así funcionaron las fuerzas armadas en toda la monarquía hasta la invasión napoleónica de 1808. Las primeras fuerzas milicianas organizadas tanto en España como en México partieron

---

za creada y regulada permanentemente por las otras instituciones». Biblioteca Nacional de España, (en adelante BNE). VC. 2702-43, *Ley orgánica de la guardia nacional francesa, promulgada en 22 de mayo de 1831*, Madrid, Imprenta de Jordán, 1834, p. 67.

[3] BNE, VC. 2702-43, *Ley orgánica de la guardia nacional francesa, promulgada en 22 de mayo de 1831*, Madrid, Imprenta de Jordán, 1834, p. 67. Ver Chust 1987.

[4] Ver cuadro 1.

de un mismo principio, todavía alimentadas por el espíritu del Antiguo Régimen. Por ejemplo, la Ordenanza dictada por la Junta Suprema en 1808 para la conservación del orden y la defensa del puerto de Cádiz no convocó para el alistamiento a toda la población, sólo a los «distinguidos voluntarios honrados» de la ciudad. Más tarde, las Cortes Generales, por los decretos de 10 y 20 de abril de 1810, crearon los cuerpos de guardia o milicia cívica. En dichos decretos se establecía la obligatoriedad del alistamiento de todos los hombres útiles para el servicio y la defensa de sus respectivas ciudades, villas o pueblos, ante los ataques de las tropas napoleónicas. La milicia cívica fue una invención del proceso revolucionario gaditano español. La Constitución de 1812 simplificó las estructuras de la «fuerza militar nacional» y la dividió en dos: «las tropas de continuo servicio» y las milicias nacionales. Mientras el ejército continuaba bajo los lineamientos de 1767, las milicias dejaban de llamarse provinciales, urbanas o locales para constituirse nacionales, principales pilares de la nación, las cuales se regirían bajo una ordenanza particular. El 14 de abril de 1814 se emitió este reglamento, pero sólo contempló a las milicias de la península e islas adyacentes[5].

Cuando se inició la guerra civil en México, el virrey Venegas no impulsó la creación de la milicia cívica para hacer frente a la insurgencia, más bien se inspiró en el primer modelo de milicias para la defensa de Cádiz y formó los batallones de «Patriotas distinguidos de Fernando VII»[6]. Para el caso mexicano, la participación popular en los planes de defensa realistas tampoco se hizo bajo el reglamento de milicias cívicas establecido en Cádiz, Sevilla, Córdoba, Jaén, Granada, Málaga y Jerez[7], sino a través del «Reglamento político-militar» diseñado por el jefe de

---

[5] Ortiz Escamilla, 1991, vol. 2, p. 264.
[6] Biblioteca Nacional de México (en adelante BN). Fondo Reservado, Colección Lafragua, núm. 180, «Ordenanza militar provisional que debe observar el Cuerpo de Patriotas distinguidos de Fernando Septimo de México, mandada observar en el presente año de 1810 por su Coronel el Excmo. Sr. Virey y Capitan general de esta N. E. Don Francisco Xavier Venegas, adaptando en la parte conveniente la que se publicó en el año de 1808 para el distinguido Cuerpo de Voluntarios honrados de Cádiz», México, oficina de D. Manuel Antonio Valdés, 1810, 7 pp.
[7] BNE, ref. 771377, «Instrucción para la organización, gobierno y servicio de la milicia cívica en el distrito del ejército de Mediodía», Sevilla, Imprenta Real, 1812, pp. 78.

operaciones contrainsurgentes, Félix María Calleja, del 8 junio de 1811[8]. Si bien el plan de Venegas, de octubre de 1810, se había caracterizado por excluir a los no propietarios, ahora toda la sociedad tenía la obligación de tomar las armas para defenderse de los rebeldes[9].

Entre las innovaciones destacaban cuatro aspectos. En primer lugar, la incorporación de la población indígena en los planes de defensa. Por primera vez se permitía que todos los pueblos, sin distinción alguna, formaran una fuerza militar para la defensa de su territorio. En segundo lugar, se puso punto final a la separación étnica que en el pasado había dividido a los blancos de los morenos y pardos: ahora todos quedaban unidos en un mismo cuerpo. En tercer lugar, el reglamento establecía claramente que la elección de los oficiales debía hacerse de una manera democrática entre los miembros del propio cuerpo. El cuarto aspecto se relaciona con la creación de un «fondo de arbitrios provisionales» en cada localidad para cubrir los gastos de la fuerza armada. Fue así como el gobierno se desentendió del costo de la guerra y con ello perdió el control de la mayor parte de las fuerzas armadas novohispanas.

Con el restablecimiento en 1820 de la Constitución gaditana, de las leyes, órdenes y reglamentos, y de las Cortes Generales, se inició un nuevo proceso para la reorganización de las fuerzas armadas tanto en la península como en México. Fue así como, el 31 de agosto de 1820, se revisó en las Cortes el reglamento para la milicia nacional de 1814. Mes y medio después, las mismas Cortes dictaron un reglamento provisional para la habilitación de la milicia nacional en las provincias de Ultramar. Por esa época se puso a discusión de la asamblea el «Proyecto de Ley Constitutiva del ejército permanente español», el cual dividía a la milicia nacional en dos organismos: la milicia activa y la local[10]. En esencia, dicho proyecto retomaba el aplicado en Francia en 1795, ya explicado

---

[8] Archivo General de la Nación (en adelante AGN), ramo Operaciones de Guerra (en adelante OG), t. 186, fs. 107-110, de Félix María Calleja, Aguascalientes, 8 de mayo de 1811, «Reglamento político-militar que deberán observar, bajo las penas que señala, los pueblos, haciendas y ranchos, a quines se comunique por las autoridades legítimas y respectivas, en el entretanto que el Excelentísimo señor virrey de estos reinos, a quien doy cuenta, se sirva hacerlo extensivo a todas las provincias si lo tuviere a bien».

[9] Ver cuadro 2

[10] Ortiz Escamilla, 1991, p. 264.

con anterioridad. Si bien en la península la iniciativa no tuvo mayor trascendencia, en México el término de «milicia activa» se utilizó para rebautizar a las antiguas milicias provinciales borbónicas.

Sobre tácticas y estrategias para la defensa de plazas también influyeron las ideas francesas. Por ejemplo, para la construcción de las casamatas sobre los caminos militares durante la guerra civil se tomó el modelo Montalembert en forma de polígonos. Luego, en la década de los años treinta, para la defensa de las plazas fuertes se utilizó el manual de Carnot[11].

LAS FUERZAS ARMADAS DEL MÉXICO INDEPENDIENTE

La historia de las fuerzas armadas en México, desde su formación a partir de los años sesenta del siglo XVIII hasta 1867, en que finalmente alcanzaron los verdaderos propósitos de su razón de ser en cuanto a disciplina, espíritu de cuerpo y como defensoras de la nación y de la seguridad pública, estuvo impregnada de fallidos intentos para su organización. Durante este tiempo, las diversas corporaciones aparecieron en los escenarios políticos nacionales y locales enfrentadas entre sí, haciendo frente a las agresiones extranjeras, reprimiendo rebeliones de habitantes inconformes o destituyendo a autoridades políticas y/o militares.

Mientras no se aclaró y definió el modelo de Estado para México, la organización y el funcionamiento de las fuerzas armadas fueron erráticos e indefinidos, más aún cuando éstas fueron utilizadas para resolver asuntos políticos internos. Para la primera mitad del siglo XIX puede resultar complicado explicar su evolución si no se hace una precisa separación entre una corporación y otra. Por ejemplo, el ejército o milicia permanente, las compañías de patriotas, la guardia nacional y las milicias provincial, urbana, local, cívica, auxiliar y activa –por citar algunas– no contaban con los mismos fueros y privilegios, que fueron usados para diferenciar cuerpos armados, cuya razón de ser expresaba objetivos e intereses políticos y militares distintos. Se ha puesto un mayor énfasis en el «ejército», que a veces se confunde con el resto de los cuerpos armados, y todavía carga con la leyenda negra decimonónica de ser el respon-

---

[11] Carnot, Mr., 1835.

sable de todos los desastres de la nación, y se le ha visto como un cuerpo estático, con la casaca bien puesta y sin la posibilidad de cambiar de color o de corporación.

Como se puede apreciar en los cuadros que acompañan este escrito, antes de la invasión norteamericana a México, las unidades pocas veces conservaron sus hombres por tiempos prolongados. Tras cada pronunciamiento e intento de reforma militar, soldados y oficiales cambiaban de cuerpo y por disposición gubernamental eran refundidos en las nuevas organizaciones. En la medida en que fue definiéndose y resolviéndose el problema del Estado, hubo una mayor congruencia ideológica, política y participativa de las fuerzas armadas.

Si centramos nuestra atención en los momentos de reforma, mutación o ruptura de las mencionadas fuerzas, será menos difícil comprender lo anteriormente expuesto. Antes de la reforma borbónica de 1767, en el antiguo virreinato de Nueva España hubo cuatro tipos de fuerza: los reducidos cuerpos regulares subordinados al gobierno virreinal, las compañías presidiales, las milicias de negros y mulatos (dependientes de corporaciones como los comerciantes y los ayuntamientos de los principales centros urbanos) y las compañías de indios flecheros en las fronteras territoriales. Con la creación del ejército hispanoamericano, los Borbones disolvieron o reagruparon estas unidades y refundieron a sus miembros en los nuevos cuerpos armados, ahora subordinados a las autoridades reales, los cuales fueron organizados en tres agrupaciones: el ejército y las milicias provincial y urbana o local. Fue la época que en Nueva España se intentó aristocratizar al recién creado ejército hispanoamericano y a la milicia provincial, pero la guerra civil de 1810 suprimió los privilegios de la oficialidad que la Ordenanza había reservado para las oligarquías. Por la guerra, las autoridades debieron reclutar a cualquier individuo con habilidades, liderazgo independientemente del color de la piel, del estrato social y de la corporación a la que estaba asociado.

A partir de la guerra civil se desdibujaron las fronteras que separaban una fuerza de la otra según las diversas legislaciones y ordenanzas, y se relajó el espíritu de cuerpo que supuestamente debía mantener cada unidad. Por ejemplo, en el primer pronunciamiento militar encabezado por los antiguos enemigos, a Agustín de Iturbide y Vicente Guerrero, que ahora hacían las paces en pos de la independencia nacional de México, se les adhirieron todo tipo de grupos armados; es decir, oficiales y tropas realistas del ejército permanente, de las milicias provinciales, de un sinnúmero de milicias locales y, por supuesto, los antiguos insurgentes del Sur.

Después de la consumación de la independencia, antes que resolver el modelo de Estado nacional, hubo que atender las peticiones de oficiales y soldados para el reconocimiento de grados y pensiones por su participación durante la liberación de los territorios. Las agrupaciones militares fusionadas en el llamado «Ejército Trigarante» que dieron el triunfo al Plan de Iguala no participaron en acciones bélicas porque no las hubo; las tropas expedicionarias realistas (salvo contadas excepciones) no dieron batalla, simplemente bajaron las armas con la condición de que su honor fuese reconocido.

Si bien la consumación de la independencia fue resultado de una «revolución tersa» con miles de actores unidos por los acuerdos y alianzas tácitas a partir de la jura del Plan, éstos pronto mostraron su fragilidad desde el momento en que el líder de la revuelta (Iturbide) no satisfizo a la mayor parte de sus antiguos aliados. Con la misma rapidez como se hizo con el poder, llegando al extremo de proclamarse emperador de México, fue expulsado del país como resultado de un nuevo pronunciamiento (Casamata). En este último, oficiales y tropas de las diversas corporaciones mantuvieron su postura de reclamar un lugar más privilegiado al momento de refundar las nuevas jerarquías castrenses del nuevo gobierno. Como se puede apreciar en los cuadros que acompañan este escrito, ésta fue la tónica que mantuvo la formación de las fuerzas armadas en México. Tras el triunfo de un plan militar seguía la reorganización de las fuerzas armadas.

Bajo el régimen republicano, un selecto grupo dio pie al primer ejército mexicano, otro pasó a formar parte de la llamada «milicia activa» o ejército de reserva y el resto permaneció en las denominadas «milicias cívicas». El resultado fue nefasto para el naciente Estado, pues le fue imposible conciliar los intereses políticos y territoriales de cada fuerza para encauzarlos hacia un mismo fin: el de garantizar la defensa de la nación y la paz interior. El ejército quedó subordinado al poder ejecutivo federal, la milicia activa a las comandancias militares de los estados y las cívicas primero a los ayuntamientos (de 1820 a 1825), luego cada estado dictó leyes particulares para su funcionamiento, y fue hasta diciembre de 1827 en que se dictó una ley nacional que subordinaba dichos cuerpos a los gobernadores de los estados.

De 1810 a 1857 en México fue moneda corriente la recurrente creación de unidades, la desmovilización de regimientos, la habilitación de otros y el licenciamiento de los mismos. En todos los casos las decisiones fueron consecuencia y reacción de las crisis políticas internas y no una respuesta a las necesidades de las fuerzas armadas. De esta manera, la gran cantidad de disposiciones, ordenanzas y reglamentos para la refundación, una y otra vez del ejército, milicias y guardia nacional, demuestra la existencia de un problema no resuelto desde la guerra civil de 1810, en la que ni insurgentes ni realistas salieron victoriosos. Ninguna fuerza se vio fortalecida; en cambio, para la mayoría de los mexicanos fueron años de zozobra y pérdida de familiares, de amigos y de propiedades.

Como lo ha señalado Josefina Zoraida Vázquez, la guerra con los Estados Unidos significó para los mexicanos una verdadera tragedia, pero al mismo tiempo les permitió tomar conciencia de su razón de ser como parte de la nación. En medio del conflicto internacional el gobierno mexicano nacionalizó las fuerzas armadas y las reorganizó en dos organismos: el ejército permanente y la guardia nacional[12]. Ya no se trataba de un sinnúmero de cuerpos armados con reglamentos específicos, sólo de dos y con objetivos claramente definidos. Pero la polarización ideológica y política que se venía dando en la sociedad, controlada hasta entonces por la diversidad de cuerpos armados, que permitía una cierta movilidad entre uno u otro bando, se intensificó al existir sólo dos corporaciones armadas. Los cuerpos armados debieron tomar partido. Cada uno por su cuenta defendió su modelo de Estado. Mientras el ejército se mostró como el garante de la supervivencia de la dictadura del general Santa Anna, las guardias nacionales de los estados le declararon la guerra por medio del Plan de Ayutla en 1855. Después, la Constitución de 1857 provocó un choque frontal entre las dos estructuras castrenses: la mayor parte del ejército la desconoció y las guardias nacionales la defendieron. Desde entonces, sus posiciones serían irreconciliables hasta que el ejército conservador fue destruido y las guardias nacionales pasaron a formar parte del ejército liberal mexicano.

---

[12] Ver Hernández Chávez, 1992, pp. 207-241.

La organización corporativa

Uno de los principales problemas que enfrentó el gobierno de Agustín de Iturbide tras el triunfo del Plan de Iguala fue la reorganización de las fuerzas armadas, además de atender las exigencias de la gran cantidad de hombres armados en busca de fueros y pensiones por servicios prestados en acciones de guerra. Los había de todo tipo: oficiales y soldados peninsulares y americanos del antiguo ejército español, miembros de las milicias provinciales, compañías de patriotas realistas y auxiliares e insurgentes. De acuerdo con el Plan jurado en el pueblo de Iguala, el 24 de febrero de 1821, los cuerpos que se uniesen al «Ejército Trigarante» serían considerados como de «línea» o ejército permanente, y los paisanos que en los pueblos se alistasen en defensa del mencionado Plan formarían parte de la milicia nacional[13]. Tras la ocupación de la Ciudad de México, los primeros en organizarse fueron los cuerpos del ejército permanente tanto de infantería como de caballería de la administración iturbidista[14].

El acomodo de oficiales y soldados en los principales cuerpos armados del naciente ejército mexicano, lejos de calmar los ánimos, los incrementó al quedar fuera la mayor parte de los insurgentes y muchos jefes regionales que no se conformaban con los puestos de milicianos. Para resolver tales problemas, en enero de 1822, se formó una comisión conformada por Diego García Conde, Pedro Celestino Negrete, Juan de Orbegoso, Pedro Arista, Antonio Valera, Francisco Barrera Andonegui y Nicolás Cosío, para hacer una selección de los jefes, oficiales y soldados más preparados en el ejercicio de las armas, y eliminar como «desecho» a los no calificados. A éstos, en recompensa por los servicios prestados a la nación, se les otorgaría tierras de cultivo. El proyecto fracasó junto con el gobierno monárquico de Iturbide. Bajo el régimen republicano, aunque hubo intentos por mantener la estructura moderna de las fuerzas armadas, es decir, dividida en ejército permanente y milicia nacional, en esencia se mantuvieron las estructuras del Antiguo Régimen, ahora divididas en ejército perma-

---

[13] Tena Ramírez, 1997, p. 115.
[14] Ver cuadros 3 y 4.

nente, milicia activa, cívica, cuerpos de guardacostas y compañías presidiales[15].

El nuevo ejército ahora sí incorporó a la oficialidad y tropas insurgentes y a las fuerzas armadas regionales más importantes[16]. Por lo que se refiere a la milicia provincial, como todos los cuerpos se unieron al Trigarante, durante el gobierno de Iturbide no hubo fuerzas armadas en esta modalidad. El héroe de Iguala se resistía a formarlas porque era consciente del peligro que representaban para su gobierno. Pero en diciembre de 1822, ante la insubordinación de Santa Anna, al ahora emperador no le quedó más remedio que convocar el alistamiento de algunos de sus cuerpos de caballería[17]. En cambio, las antiguas compañías de patriotas, ahora convertidas en milicias cívicas, subsistieron subordinadas a los ayuntamientos recién fundados en todo el territorio nacional.

Desde sus orígenes, la milicia activa se concibió con la misma filosofía de las provinciales borbónicas, es decir, crear un tipo de fuerza armada, disciplinada e intermedia entre la vida militar y la doméstica. Se buscaba que sus miembros, sin abandonar de una manera definitiva sus actividades económicas, apoyaran al ejército en caso de emergencia. Además de disponer de una fuerza no gravosa para el erario nacional, el gobierno pretendía disponer de elementos preparados en el arte de la guerra para cubrir las vacantes del ejército. Desde su formación, la milicia activa se constituyó en un ejército de reserva habilitado. En 1825, el ministro de Guerra se sentía satisfecho por los logros alcanzados en su organización[18].

Si bien la milicia activa vino a ser la heredera de una forma tradicional de organización militar, al mismo tiempo tuvo un trasfondo político: en ella se albergó a todos los oficiales que no tuvieron cabida en la permanente, es decir, a los expulsados del ejército, los considerados con menos preparación, los que no tenían prestigio y, por lo tanto, no conta-

---

[15] Sobre el ejército, ver los cuadros del número 1 al 11; para la milicia activa del número 12 al 13; sobre las compañías de guardacostas los cuadros 14 y 15, y sobre las compañías presidiales los números 16 y 17.
[16] Ver cuadros 5 y 6.
[17] Ver cuadro 12.
[18] Ortiz Escamilla, 1991.

ban con una fuerza bajo su mando. Con esta medida, lo que el gobierno pretendía era mantener ocupados a estos oficiales y soldados pero que vivieran «quietos en sus casas» y que no representaran una carga excesiva al erario, ya que sólo las planas mayores (jefes y oficiales en activo) disfrutarían de un sueldo permanente.

Con el desarrollo de los acontecimientos políticos, la milicia activa, por ser una fuerza armada subordinada a los comandantes militares de cada estado de la federación, se convirtió en un verdadero problema para la gobernabilidad en los lugares donde hacía plaza, incluso llegó a desestabilizar a gobiernos estatales y federales. El ministro de Guerra, general Manuel Gómez Pedraza, aseguraba que el fracaso de la milicia activa se debía a un cambio en la mentalidad y costumbres de los pueblos, para quienes el servicio en la milicia activa ya no era atractivo como en el pasado. Los gobiernos estatales se quejaban del sistema de reclutamiento porque sólo se practicaba en los pueblos y distritos donde se habían organizado durante la época colonial, por lo que se excluía de cooperar a muchas poblaciones, y tal obligación recaía en unos cuantos. Por su parte, otro ministro, el general Manuel Mier y Terán, aseguraba que el único medio para remediar este mal era otorgar libertad a los estados para que sus gobiernos levantaran la fuerza que les correspondía, aplicando arbitrios que ellos considerasen convenientes[19]. Sin embargo, los cuerpos subsistieron y en la mayoría de los casos pasaron a formar parte del ejército permanente[20].

Por su parte, la milicia cívica se organizó de acuerdo con el *Reglamento provisional para la milicia nacional en las provincias de Ultramar, Plan de milicias*, dictado por las Cortes en 1820. Cuatro años después, el ministro Lucas Alamán consideraba a la milicia nacional o cívica como la «más firme garantía del orden y seguridad interior». Sin embargo, el gobierno federal no había logrado ponerla en pie de acuerdo con lo dispuesto por las leyes y reglamentos. En la mayor parte de los estados la milicia nacional era un desastre, «en muchos parajes no sólo es de utilidad alguna, sino que es perjudicial, tanto por la clase de individuos que la componen como por los abusos que ha habido y las violencias que a

---

[19] Mier y Terán, *Memoria del Secretario de Estado y del Despacho de Guerra*, México, Secretaría de Guerra y Marina, 1825.
[20] Ver cuadros 9, 10, 12, 13 y 14.

su formación ha dado lugar»[21]. Para el ministro Juan José Espinosa de los Monteros el principal problema para formar una milicia única en todo el país eran las distintas modalidades de reglamentos que se habían adoptado en cada estado, el que no todos los gobiernos contaran con la fuerza señalada por aquéllos y la indisciplina de la mayoría de los cuerpos[22].

Como se ha podido apreciar ninguno de los cuerpos armados cubrió las expectativas depositadas en ellas. Tras el triunfo de cada pronunciamiento armado, que fueron muchos, había una reorganización de las fuerzas armadas que implicaba el reacomodo y ascenso de los triunfadores, y el licenciamiento, destierro, indulto o eliminación de los adversarios[23]. Por lo tanto, la gran movilidad y ascenso de los oficiales y soldados, así como los cambios en las nomenclaturas y reorganización de los cuerpos no eran resultado de hechos heroicos relacionados con acciones de guerra sino de los acuerdos políticos entre las cúpulas militares que llegaban al poder. ¿Cómo formar un ejército, ya no digamos moderno, a partir de las fuerzas armadas existentes en cada estado o departamento, partido, municipio y pueblo, sobre todo cuando el Estado no contaba con recursos necesarios para proveer de lo más mínimo a sus propias tropas? Aunque no lo quisiera, por lo general forzosamente tenía que depender de las formas tradicionales de organización militar. Durante la guerra con los Estados Unidos el ejército permanente prácticamente fue destruido y vuelto a reformar con los sobrevivientes de los diversos cuerpos.

En un trabajo sobre el ejército de la segunda mitad del siglo XIX, Conrado Hernández diferencia los proyectos militares tanto de conservadores como de liberales. Los primeros pensaban en un ejército profesional, uniforme, disciplinado, bien armado y dispuesto para defender al

---

[21] Lucas Alamán, «Memoria presentada a las dos cámaras del Congreso General de la Federación, por el Secretario de Estado y del Despacho de Relaciones Exteriores e interiores, al abrirse las sesiones del año de 1825, sobre el estado de los negocios del ramo», citado en *Memorias de los ministros del interior y del exterior. La primera República Federal, 1823-1835*, 1987, pp. 104-105

[22] Juan José Espinosa de los Monteros, «Memoria del Ministerio de Relaciones interiores y exteriores de la República Mexicana. Leída en la Cámara de Diputados el 10 y en la de Senadores el 12 de enero de 1827», citado en *Memorias de los ministros del interior y del exterior. La primera República Federal, 1823-1835*, 1987, p. 218.

[23] Vázquez, 1987, pp. 7-70.

país y conservar el orden interior. En cambio, los liberales pensaban que el mejor guardián de la nación era el «ciudadano armado». Según este autor, la mayor parte de las reformas que se intentaron aplicar al ejército fueron impulsadas por oficiales educados en el Colegio Militar, los cuales más tarde militarían bajo la bandera conservadora[24]. En cambio, los militares liberales formados en las guardias nacionales tuvieron una visión más apegada a sus propias costumbres y a sus formas tradicionales de organización más efectivas en un territorio como México, tan amplio, despoblado y de difícil desplazamiento.

Durante la llamada Guerra de Reforma y la intervención francesa, las tropas y formas tradicionales de hacer la guerra se impusieron a unas tropas supuestamente modernas. De esta manera, se resolvió un problema que estuvo presente desde la reforma militar borbónica, a mediados del siglo XVIII, sobre el tipo de fuerza más efectiva para la defensa de los territorios, es decir, el ejército permanente o la milicia provincial, y en su

---

[24] Hernández López, 2001.

momento la guardia nacional.

CUADRO 1
Fuerzas armadas novohispanas anteriores a 1810

Tipo de fuerza	Número de elementos
Ejército permanente de infantería	7,842
Ejército permanente de caballería	965
Milicias provinciales de infantería	6,599
Milicias provinciales de caballería	3,896
Compañías de milicias sueltas	1, 320
Milicias urbanas de infantería de C. México y Puebla	930
Milicias urbanas de caballería de C. México	149
Cías. Fijas de blancos y pardos libres de las costas	7,310
Compañías presidiales	1,755
Total	**21,959**
Compañías de indios flecheros de Tanjuco y Colotlán	Indeterminadas

FUENTES: «El ejército de Nueva España en 1780», en *Boletín del Archivo General de la Nación*, t. VIII, núm. 2, abril-mayo de 1937, pp. 210-216; «El ejército de Nueva España a fines del siglo XVIII», en *Boletín del Archivo General de la Nación*, t. IX, no. 2, 1938, pp. 236-240; «Organización del ejército en Nueva España», en Boletín del Archivo General de la Nación, t. XI, núm. 4, octubre-diciembre de 1940, pp. 617-663.

CUADRO 2
Nuevas fuerzas realistas habilitadas durante la Guerra Civil de 1810

Distinguidos patriotas defensores de Fernando VII*   Compañías de patriotas defensoras de Fernando VII*   Compañías sueltas*   Compañías auxiliares*   Compañías de indios flecheros*

* A partir de 1820 formaron los cuerpos la milicia cívica.

CUADRO 3
Primera organización de los cuerpos de infantería
7 de noviembre de 1821

Cuerpo de granaderos imperiales	Granaderos imperiales, piquete de Guadalajara y granaderos del comercio
1er Regimiento	Celaya, Guanajuato y Santa Rita, Moncada, Sierra Alta, compañía suelta de Guanajuato, compañía de seguridad y fusileros del comercio
2° Regimiento	Depósito, Imperio, Tres Villas y Santo Domingo
3er Regimiento	Fernando 7°, Libertad, Compañías de Puebla, Compañías del comercio de Puebla y provincial de México
4° Regimiento	Corona, Voluntarios de la Patria y primero americano (antes Nueva España)
5° Regimiento	Tropas de Vicente Guerrero
6° Regimiento	Cazadores de Valladolid, Constancia, Zamora y Ligero de Querétaro
7° Regimiento	Fijo de México y de Oaxaca
8° Regimiento	Unión y cazadores del imperio

FUENTE: Orden de 7 de noviembre de 1821, en Ramírez y Sesma, *Colección de decretos, órdenes y circulares expedidas por los gobiernos nacionales de la federación mexicana. Desde 1821 hasta 1826 para el arreglo del ejército de los Estados Unidos Mexicanos*, México, Imprenta de Martín Rivera, 1827, p. 2.

CUADRO 4
Primera formación de los cuerpos de caballería
24 de diciembre de 1821

Granaderos	Los regimientos provinciales de México, las compañía de Vargas, González, Márquez, Chalco y granaderos imperiales con sede en Villa del Carbón y Jilotepec
1er Cuerpo	Regimientos: de la Reina, del Rey, América, piquete de México, Zitácuaro y compañía del Río
2° Cuerpo	Regimiento de Moncada, Defensores de la Patria, Frontera de Nuevo Santander y compañía de América o dragones de España
3er Cuerpo	Regimiento de San Luis
4° Cuerpo	Príncipe, el primero y segundo escuadrón de La Unión, dragones de Tulancingo y los de Jonacate
5° Cuerpo	Fieles del Potosí, Dragones de la Libertad, y patriotas de Guanajuato
6° Cuerpo	Dragones de Toluca
7° Cuerpo	Dragones de Puebla, Flanqueadores, escuadrón de Tehuacan, Santo Domingo y compañía de Perote
8° Cuerpo	Regimiento de Querétaro y el de Sierra Gorda
9° Cuerpo	San Carlos, Partida de Jonacate de Rivera, Fieles de Apam y el de Tlaxcala
10° Cuerpo	Dragones de Pátzcuaro
11° Cuerpo	Dragones de México, escolta de Vicente Guerrero y los del Sur

FUENTE: «Relación histórica de los cuerpos de caballería de la Nación Mexicana, partiendo desde que en su independencia se hizo la primera formación por la ley de 24 de diciembre de 1821, con las fuerzas que se expresa y bajo la numeración que consta al margen, y continuando las alteraciones, reformas y refundiciones que han sufrido hasta el día de la fecha», 5 de diciembre de 1839, en Secretaría de Guerra, *Apéndice al tomo primero de la recopilación de leyes, decretos, circulares, reglamentos y disposiciones expedidas por la Secretaría de Guerra y Marina*, México, pp. 21-22.

CUADRO 5
Arreglo de los batallones de infantería permanente
11 de octubre de 1823

Primero	Batallón de granaderos y el segundo del regimiento número 3
Segundo	Se mantiene con el mismo regimiento (compañías de Veracruz, Oaxaca y Puebla) y se le agregan las dos compañías de Vicente Filisola
Tercero	Conserva su 1° batallón y se le suman los del 4° regimiento.
Cuarto	Se forma con el antigua 1° Regimiento
Quinto	Conserva su fuerza y se le agrega parte del regimiento número 13°
Sexto	Conserva su fuerza
Séptimo	Conserva las fuerzas que tiene (6 de la ciudad de México, 2 de Oaxaca y una comisionada con Filisola)
Octavo	Fuerza de Nicolás Bravo, conocida con el nombre de «Libres de Veracruz»
Noveno	Formado con los restos de los diferentes cuerpos existentes en la provincia de Veracruz
Décimo	Conserva su fuerza
Decimoprimero	Conserva su fuerza
Decimosegundo	Se forma con seis compañías de San Luis Potosí y tres de Durango

FUENTE: Orden del 11 de octubre de 1823, en Ramírez y Sesma, *Colección de decretos, órdenes y circulares expedidas por los gobiernos nacionales de la federación mexicana. Desde 1821 hasta 1826 para el arreglo del ejército de los Estados Unidos Mexicanos*, México, Imprenta de Martín Rivera, 1827, p. 198.

CUADRO 6
Segunda formación de los cuerpos de caballería
4 de septiembre de 1824

Granaderos	Los regimientos provinciales de México, las compañías de Vargas, González, Márquez, Chalco y granaderos imperiales con sede en Villa del Carbón y Jilotepec
1er Cuerpo	Regimientos: de la Reina, del Rey, América, piquete de México, Zitácuaro y compañía del Río
2° Cuerpo	Regimiento de Moncada, Defensores de la Patria, Frontera de Nuevo Santander y compañía de América o dragones de España
3er Cuerpo	Regimiento de San Luis
4° Cuerpo	Príncipe, el primero y segundo escuadrón de La Unión, dragones de Tulancingo y los de Jonacate
5° Cuerpo	Fieles del Potosí, Dragones de la Libertad, y patriotas de Guanajuato
6° Cuerpo	Dragones de Toluca
7° Cuerpo	Dragones de Puebla, Flanqueadores, escuadrón de Tehuacan, Santo Domingo y compañía de Perote
8° Cuerpo	Regimiento de Querétaro y el de Sierra Gorda
9° Cuerpo	San Carlos, Partida de Jonacate de Rivera, Fieles de Apam y el de Tlaxcala
10° Cuerpo	Dragones de Pátzcuaro
11° Cuerpo	Dragones de México, escolta de Vicente Guerrero y los del Sur
12° Cuerpo	Lanceros de Veracruz, dragones de Oaxaca y Xalapa. Formado por orden de 4 de septiembre de 1824
13° Cuerpo	Dragones de Nueva Galicia. Formado por orden de 4 de septiembre de 1824

FUENTE: «Relación histórica de los cuerpos de caballería de la Nación Mexicana, partiendo desde que en su independencia se hizo la primera formación por la ley de 24 de diciembre de 1821, con las fuerzas que se expresa y bajo la numeración que consta al margen, y continuando las alteraciones, reformas y refundiciones que han sufrido hasta el día de la fecha», 5 de diciembre de 1839, en Secretaría de Guerra, *Apéndice al tomo primero de la recopilación de leyes, decretos, circulares, reglamentos y disposiciones expedidas por la Secretaría de Guerra y Marina*, México, pp. 21-22.

CUADRO 7
Reorganización de los cuerpos de infantería
19 de noviembre de 1833

Vieja nomenclatura	Nueva nomenclatura
Batallones 1° y 4°	Batallón Morelos
Batallón 2°	Batallón Hidalgo
Batallón 3° Reorganizado	Batallón Allende
Batallón 5°	Batallón Guerrero
Batallón 6°	Batallón Aldama
Batallón 12°	Batallón Jiménez
Batallón 9°	Batallón Landero
Batallón 10°	Batallón Matamoros
Batallón 11°	Batallón Abásolo
Batallón 13°	Batallón Galeana

NOTA: los batallones 3, 7, 8 se disolvieron por insubordinados.
FUENTE: «Noticia histórica de los cuerpos de infantería permanente y activa que actualmente existen en la República con expresión de las variaciones que en ellos ha habido de 1821 al presente año», 6 de diciembre de 1839, en Secretaría de Guerra, *Apéndice al tomo primero de la Recopilación de Leyes, decretos, circulares, reglamentos y disposiciones expedidos por la Secretaría de Guerra y Marina*, pp. 26-29.

CUADRO 8
Cuerpos de caballería
Reforma del 19 y 22 de noviembre de 1833

Vieja nomenclatura	Nueva nomenclatura
Tercero y sexto	Dolores
Cuarto y Décimo	Iguala
Decimoprimero y decimosegundo	Cuautla
Quinto y noveno	Veracruz
Segundo, séptimo y activo de México	El Palmar
Primero y octavo	Tampico

FUENTE: «Noticia histórica de los cuerpos de caballería permanente activa que actualmente existen en la República con expresión de las variaciones que en ellos ha habido de 1821 al presente año», 31 de diciembre de 1840, en Secretaría de Guerra, *Apéndice al tomo primero de la Recopilación de Leyes, decretos, circulares, reglamentos y disposiciones expedidos por la Secretaría de Guerra y Marina*, pp. 47-49 y 53.

CUADRO 9
Reorganización de los cuerpos de infantería

Antiguos cuerpos	Nueva nomenclatura 8 de julio de 1839	Destino final
Morelos y el activo de Guadalajara	Regimiento 1°	Septiembre 8, 1847 destruido en Molino del Rey
Hidalgo y el activo de Tres Villas	Regimiento 2°	Enero de 1848, se refundió en el 6° batallón de línea
Allende y el activo de Querétaro	Regimiento 3°	Diciembre 20, 1847 se refundió en el 5° Batallón de línea. El 18 de abril de 1847 fue destruido en Cerro Gordo
Guerrero y el Activo de San Luis	Regimiento 4°	El 18 de abril de 1847 fue destruido en Cerro Gordo

CUADRO 9 (Cont.)

Antiguos cuerpos	Nueva nomenclatura 8 de julio de 1839	Destino final
Aldama y el 1° activo de México	Regimiento 5°	Se refundió en el 1° Regimiento ligero de infantería
Jiménez y el de Seguridad pública de México	Regimiento 6°	El 18 de abril de 1847 fue destruido en Cerro Gordo
Matamoros y el activo de Puebla	Regimiento 7°	Después de las acciones de Sacramento y Huamantla se refundió en el 9°
Landero y el auxiliar de Yucatán	Regimiento 8°	El 27 de marzo de 1847 capituló en Veracruz
Abásolo y el activo de Chiapas	Regimiento 9°	Sin pena ni gloria
Galeana y el Activo de Yucatán	Regimiento 10°	La mayor parte de su fuerza se perdió en Padierna, Molino del Rey y Chapultepec
Los activos de Toluca y de Mextitlán	Regimiento 11°	Buena parte de la tropa se perdió en Cerro Gordo, Padierna, Molino del Rey y Valle de México. El 24 de noviembre de 1848, sus restos se refundieron en el 5°
Los activos de Tlaxcala y el 2° de México	Regimiento 12°	La mayor parte murió en Padierna. El 15 de enero de 1848 sus restos pasaron al 9° batallón de línea

FUENTE: «Noticia histórica de los cuerpos de infantería permanente y activa que actualmente existen en la República con expresión de las variaciones que en ellos ha habido de 1821 al presente año», 6 de diciembre de 1839, en Secretaría de Guerra, *Apéndice al tomo primero de la Recopilación de Leyes, decretos, circulares, reglamentos y disposiciones expedidos por la Secretaría de Guerra y Marina*, pp. 26-28 y 30.

CUADRO 10
Cuerpos de caballería
Reforma del 8 de julio de 1839

Antiguos cuerpos	Nuevos cuerpos	Sede	Reforma	Acciones
Tampico y activo de San Luis	1er Regimiento	San Luis Potosí	1° diciembre de 1847 se fusionó al de Húsares y formaron el 1er Regimiento	Combatió en Angostura
Regimiento de Veracruz y escuadrón activo de Zacatecas	2° Regimiento	Zacatecas	Abril de 1846 se le sumó el activo de Querétaro. 1° de diciembre de 1847 se sumó al 3°	Combatió en Padierna y en el Valle de México
Dolores y tropa del escuadrón activo de Durango	3er Regimiento	Durango	1° de diciembre de 1847 se sumó al 2°	Combatió en Angostura, Padierna y Valle de México
Iguala y «auxiliares de Tierra Fría»	4° Regimiento	Querétaro	El 1° de diciembre de 1847 se le sumaron los restos del 5°	Perteneció a la brigada del norte con asiento en Buenavista
Palmar y primero y segundo activo de Jalisco	5° Regimiento	Jalisco	El 1° de diciembre de 1847 se fusionó al 4°	Combatió en Angostura, Cerro Gordo, Amozoc, Huamantla y valle de México
Cuautla y activo de Morelia	6° Regimiento	Guanajuato	El 1° de diciembre de 1847 se convirtió en el 5° Regimiento	

CUADRO 10 (Cont.)

Antiguos cuerpos	Nuevos cuerpos	Sede	Reforma	Acciones
Regimiento activo de México, escuadrón de Cuernavaca, auxiliares y partidas de Ayotla, Chalco, Texcoco y Tulancingo	7° Regimiento	México	El 1° de diciembre de 1847 se convirtió en el 6° Regimiento	Combatió en Palo Alto, Resaca, Monterrey, Angostura, Padierna y valle de México
Regimiento activo, escuadrón y partidas auxiliares de Puebla y el activo de Tlaxcala	8° Regimiento	Puebla	El 1° de diciembre de 1847 se convirtió en el 7° Regimiento. Después se le sumaron los restos del 9°	Combatió en Angostura, Cerro Gordo, Churubusco y valle de México
Escuadrón de Yucatán y compañía de Tabasco	Sin número	Yucatán		
Húsares de la guardia de los supremos poderes	Cabeza del ejército y formado el 3 de diciembre de 1841	Ciudad de México	Enero de 1848 Primer escuadrón del 1er cuerpo	Combatió en Angostura, Cerro Gordo, Amozoc, Huamantla, Churubusco, Valle de México

FUENTE: «Relación histórica de los cuerpos de caballería de la Nación Mexicana, partiendo desde que en su independencia se hizo la primera formación por la ley de 24 de diciembre de 1821, con las fuerzas que se expresa y bajo la numeración que consta al margen, y continuando las alteraciones, reformas y refundiciones que han sufrido hasta el día de la fecha», 5 de diciembre de 1839, en *Secretaría de Guerra, Apéndice al tomo primero de la recopilación de leyes, decretos, circulares, reglamentos y disposiciones expedidas por la Secretaría de Guerra y Marina*, México, p. 22.

CUADRO 11
Reorganización de los cuerpos permanentes de infantería en 1849

Cuerpo	Fuerza base	Sede
1er Batallón	Restos del 1° y del 15°	Frontera de Matamoros
2° Batallón	Restos del 2°, del 19° y del 20°	Frontera de Chihuahua
3er Batallón	Restos del 3° y del 12°	Ciudad de México
4° Batallón	Restos del 13° y del 14°	Estado de Sonora
5° Batallón	Restos del 5° y del 11°	Frontera de Durango
6° Batallón	Restos del 6° y del 18°	Mérida
7° Batallón	Restos del 7° y del 16°	Xalapa
8° Batallón	Restos del 8°, del 9° y del 19°	Tampico
Cuerpo de Inválidos	Se mantiene	Ciudad de México
Batallón guardacostas	Reorganizado en 1848	Tampico
Compañía guardacostas de Acayucan		Castillo de San Juan de Ulúa
Compañía guardacostas	En receso	Alvarado, Acapulco, Tuxpan, Tehuantepec, y Jamiltepec

CUADRO 12
Cuerpos de milicia activa de infantería después de la independencia

Nombre	7 de diciembre de 1822	28 de marzo de 1823	Sept. 16, 1823	Destino final
Bat. 1° de México	Se forma	Se disuelve	Se forma	
Bat. 2° de México	Se forma	Se disuelve	Se forma	
Bat. Tlaxcala	Se forma	Se disuelve	Se forma	El 8 de julio de 1839 pasó al 12° Regimiento permanente
Bat. Puebla	Se forma	Se disuelve	Se forma	El 8 de julio de 1839 pasó al 7° Regimiento permanente
Bat. Toluca	Se forma	Se disuelve	Se forma	El 8 de julio de 1839 pasó al 11° Regimiento permanente
Bat. Tres Villas	Se forma	Se disuelve	Se forma	El 8 de julio de 1839 pasó al 11° Regimiento permanente
Bat. Mextitlán	Se forma	Se disuelve	Se forma	El 8 de julio de 1839 pasó al 11° Regimiento permanente
Bat. Guanajuato	Se forma	Se disuelve	Se forma	Junio 12, 1840 se reorganiza
Bat. Celaya	Se forma	Se disuelve	Se forma	Se disuelve el 12 de julio 1840
Bat. Michoacán	Se forma	Se disuelve	Se forma	12 de junio de 1840 se refundió en el 7° de línea
Bat. Guadalajara	Se forma	Se disuelve	Se forma	El 8 de julio de 1839 se refundió en el 1er Regimiento de línea
Bat. Zacatecas	Existía en 1821	No se disolvió	Permaneció	Se mantuvo y defendió Monterrey en 1847

CUADRO 12 (Cont.)

Nombre	7 de diciembre de 1822	28 de marzo de 1823	Sept. 16, 1823	Destino final
Bat. del Sur	No se formó		Se formó por primera vez	Se reorganizó el 12 de junio de 1842 y se disolvió el 1° de diciembre de 1847
Bat. San Luis	Se forma	Se disuelve	Vuelve a formar	El 8 de julio de 1839 pasó al 4° Regimiento permanente
Bat. Querétaro	Se forma	Se disuelve	Vuelve a formar	Disuelto el 17 de noviembre de 1833. Se formó de nueva cuenta el 3 de agosto de 1834. El 8 de julio de 1839 pasó al 3ᵉʳ Regimiento permanente
Bat. Chiapas	No se formó		Se formó por primera vez	Reorganizado el 15 de junio de 1834
Bat. Oaxaca	Se forma	Se disuelve	Se forma	En diciembre de 1847 pasó a las compañías de Jamiltepec y de Tehuantepec
3ᵉʳ Bat. de Yucatán	Existía en 1821		Reorganizados por decreto del 4 de diciembre de 1824	El 8 de julio de 1839 se refundieron en el 10° batallón permanente
Batallón de inválidos de México	Existía en 1821	Se reorganiza el 11 de septiembre de 1829	Se disuelve el 20 de septiembre de 1833	Se vuelve a formar en julio 9 de 1836
Regimiento activo del comercio de México	4 de octubre de 1832	Se disuelve el 21 de marzo de 1834	Se reorganiza el 12 de abril de 1835	Se disuelve el 20 de julio de 1839

FUENTE: «Noticia histórica de los cuerpos de infantería permanente y activa que actualmente existen en la República, con expresión de las variaciones que en ellos ha habido de 1821 al presente año», en Secretaría de Guerra, *Apéndice al tomo primero de la recopilación de leyes, decretos, circulares, reglamentos y disposiciones expedidas por la Secretaría de Guerra y Marina*, México, pp. 28-33.

CUADRO 13
Reorganización de los regimientos y escuadrones de milicia activa de caballería

Nombre	Creado	Disuelto	Reorganizado
Regimiento Príncipe del Imperio/1° Guanajuato	11 de diciembre de 1822		
2° de Guanajuato			20 de julio de 1842
Regimiento de Puebla	1822		
Reg. de San Luis Potosí	11 de diciembre de 1822	Abril 28, 1835	15 de junio de 1835
1ᵉʳ Regimiento de México	14 de diciembre de 1822	Julio 8, 1839. Pasa al 5° Per	
2° Regimiento de México	14 de diciembre de 1822	Julio 8, 1839. Pasa al 12° Per	
Regimiento de Querétaro	28 de abril de 1835		21 de diciembre de 1841
2 Escuadrones del Comercio de México	22 de abril de 1835		
Escuadrón de Cuernavaca	8 de mayo de 1835	Julio 8, 1839 Pasa al 7° Per	
Regimiento de Oaxaca	29 de abril de 1835	Noviembre 30, 1841, se le sumaron los de Jamiltepec y Huajuapan	
Escuadrón de Zacatecas	26 de mayo de 1835	Julio 8, 1839. Pasa al 2° Per	

CUADRO 13 (Cont.)

Nombre	Creado	Disuelto	Reorganizado
1ᵉʳ Escuadrón de Jalisco	1º de mayo de 1835	Julio 8, 1839. Pasa al 5º Per	El 13 de enero de 1842 pasó al 9º
2º escuadrón de Jalisco	3 de mayo de 1835	Julio 8, 1839. Pasa al 5º Per	El 13 de enero de 1842 pasó al 9º
Escuadrón de Chiapas	28 de junio de 1835		
Escuadrón de Tlaxcala	28 de junio de 1835	8 de julio de 1839. Pasa al 8º Per	
Escuadrón de Durango	28 de junio de 1835	8 de julio de 1839. Pasa al 3º Per	Reorganizado el 18 de febrero de 1840
Escuadrón de Michoacán	16 de diciembre de 1835	8 de julio de 1839. Pasa al 6º Per	
Escuadrón de Huajuapan	31 de mayo de 1835		
Escuadrón de Seguridad Pública	28 de abril de 1835		
Compañías de Aguascalientes	30 de diciembre de 1835	12 de julio de 1840	2 de julio de 1842

FUENTE: «Relación histórica de los cuerpos de caballería de la Nación Mexicana, partiendo desde que en su independencia se hizo la primera formación por la ley de 24 de diciembre de 1821, con las fuerzas que se expresa y bajo la numeración que consta al margen y continuando las alteraciones, reformas y refundiciones que han sufrido hasta el día de la fecha», 5 de diciembre de 1839, en *Secretaría de Guerra, Apéndice al tomo primero de la recopilación de leyes, decretos, circulares, reglamentos y disposiciones expedidas por la Secretaría de Guerra y Marina*, México, pp. 23-25.

CUADRO 14
Cuerpos de guardacostas de infantería*

Territorio	Primera formación	Disuelto	Reorganizado	Evolución
Tampico	20 de agosto de 1823			
Tuxpan	20 de agosto de 1823			El 20 de diciembre de 1847 se convirtió en milicia activa
Alvarado	20 de agosto de 1823			El 20 de diciembre de 1847 se convirtió en milicia activa
Acayucan	20 de agosto de 1823			
Tabasco	20 de agosto de 1823	16 de noviembre de 1833	19 de junio de 1834	El 20 de diciembre de 1847 se refundió en el 12° Batallón
Isla del Carmen	20 de agosto de 1823			El 20 de diciembre de 1847. Disuelto
San Blas	20 de agosto de 1823			En marzo de 1846 formó el 3er Regimiento de infantería. El 9 de julio de 1847 su guardia nacional se convirtió en activo
Colima	20 de agosto de 1823	16 de noviembre de 1833	Junio 15, 1836	El 1° de diciembre de 1847 se unió al activo de Morelia
Zacatula	20 de agosto de 1823			El 20 de diciembre de 1847. Disuelto
Acapulco	20 de agosto de 1823			El 20 de diciembre de 1847 se convirtió en milicia activa

* Antes compañías fijas de blancos y pardos libres de las costas.

CUADRO 14 (Cont.)

Territorio	Primera formación	Disuelto	Reorganizado	Evolución
Tehuantepec	20 de agosto de 1823	16 de noviembre de 1833	Junio 19, 1834	El 20 de diciembre de 1847 se convirtió en milicia activa
Jamiltepec	20 de agosto de 1823	16 de noviembre de 1833	Junio 19, 1834	El 20 de diciembre de 1847 se convirtió en milicia activa
Mazatlán	20 de agosto de 1823	15 de enero de 1842		Reorganizado en 15 de enero de 1842. Se disolvió el 3 de abril de 1843
Jalacingo	24 de septiembre de 1840	15 de enero de 1842		Se disolvió el 21 de octubre de 1841

FUENTE: «Noticia histórica de los cuerpos de infantería permanente y activa que actualmente existen en la República, con expresión de las variaciones que en ellos ha habido de 1821 al presente año», 6 de diciembre de 1839 y 31 de diciembre de 1840, en Secretaría de Guerra, *Apéndice al tomo primero de la recopilación de leyes, decretos, circulares, reglamentos y disposiciones expedidas por la Secretaría de Guerra y Marina*, México, pp. 33 y 45-46.

CUADRO 15
Escuadrones de guardacostas de caballería
Agosto 20, 1823

Territorio	Número de escuadrones y compañías	N° de plazas
Tampico	1 compañía	75
Tuxpan	1 compañía	75
Veracruz	1 escuadrón	300
Alvarado	1 escuadrón	300
Acayucan	1 compañía	75
Tabasco	1 escuadrón	300
Isla del Carmen	1 compañía	75
San Blas	2 compañías	150
Colima	1 escuadrón	300
Zacatula	1 compañía	75
Acapulco	1 compañía	75
Ometepec	1 escuadrón	300
Jamiltepec	1 escuadrón	300
Tehuantepec	1 compañía	75
Total		**2,475**

FUENTE: «Relación histórica de los cuerpos de caballería de la Nación Mexicana, partiendo desde que en su independencia se hizo la primera formación por la ley de 24 de diciembre de 1821, con las fuerzas que se expresa y bajo la numeración que consta al margen, y continuando las alteraciones, reformas y refundiciones que han sufrido hasta el día de la fecha», 5 de diciembre de 1839, en Secretaría de Guerra, *Apéndice al tomo primero de la recopilación de leyes, decretos, circulares, reglamentos y disposiciones expedidas por la Secretaría de Guerra y Marina*, México, p. 25.

CUADRO 16
Nuevas compañías permanentes de infantería
16 de octubre de 1826

Acapulco	Infantería	1	El 1º de diciembre de 1847 fue refundido en el 1º batallón de artillería
San Blas	Infantería	1	El 11 de enero de 1848 fue refundido en el batallón 15º
Tampico	Infantería	1	Se fusionó al de guardacostas del mismo lugar. Destruido en Padierna en 1847
Isla del Carmen	Infantería	1	Se disolvieron en 1840 por la guerra de Yucatán
Bacalar	Infantería	2	Se disolvieron en 1840 por la guerra de Yucatán
Tabasco	Infantería	2	Disuelta por conflictos en el estado
Yucatán	Caballería	1	
Isla del Carmen	Caballería	1	

FUENTE: Decreto de 16 de octubre de 1826 en Ramírez y Sesma, *Colección de decretos, órdenes y circulares expedidas por los gobiernos nacionales de la federación mexicana. Desde 1821 hasta 1826 para el arreglo del ejército de los Estados Unidos Mexicanos*, México, Imprenta de Martín Rivera, 1827, pp. 108-109.

CUADRO 17
Compañías presidiales permanentes de caballería

Territorio	Fecha de creación	Número de compañías
Chihuahua	21 de marzo de 1826	5
Sonora y Sinaloa	21 de marzo de 1826	9
Coahuila y Texas	21 de marzo de 1826	7
Punta de Lampazos	21 de marzo de 1826	1
Tamaulipas	21 de marzo de 1826	2
Nuevo México	21 de marzo de 1826	3
Chihuahua	20 de diciembre de 1826	2
Alta California	8 de mayo de 1828	4
Baja California	8 de mayo de, 1828	2

FUENTE: «Relación histórica de los cuerpos de caballería de la Nación Mexicana, partiendo desde que en su independencia se hizo la primera formación por la ley de 24 de diciembre de 1821, con las fuerzas que se expresa y bajo la numeración que consta al margen, y continuando las alteraciones, reformas y refundiciones que han sufrido hasta el día de la fecha», 5 de diciembre de 1839, en Secretaría de Guerra, *Apéndice al tomo primero de la recopilación de leyes, decretos, circulares, reglamentos y disposiciones expedidas por la Secretaría de Guerra y Marina*, México, p. 25.

BIBLIOGRAFÍA

Abbate, G., *Unanimismo y cultura política. Tucumán en tiempos de Alejandro Heredia, (1832-1838)*, Tesis de Licenciatura, Tucumán, Facultad de Filosofía y Letras, Universidad Nacional de Tucumán, 2004.
Acuerdos del Extinguido Cabildo, serie IV, Buenos Aires, 1927.
Aimes, H., *A History of Slavery in Cuba*, New York, Octagon Books Inc., 1967.
Alamán, L., *Historia de México*, facsímil, México, Fondo de Cultura Económica, 1986.
Almanaque Político y de Comercio de la Ciudad de Buenos Ayres para el año de 1826, Buenos Aires, Ediciones de la Flor, 1968.
Amores, J. B. *Cuba en la época de Ezpeleta*, Ansoaín, Universidad de Navarra, 2000.
Andreo, J. «La conformación de las identidades urbanas y procesos de exclusión social: La población de Santiago de Cuba durante el siglo XIX», en *Abarrotes. La construcción social de las identidades colectivas en América Latina*, ed. L. Provencio, Murcia, Servicio de Publicaciones de la Universidad de Murcia, 2006.
Andrews, G., *Afro-Latin America 1800-2000*, Oxford, Oxford University Press, 2004.
Anna, T., «The Iturbide Interregnum», en *The independence of Mexico and the creation of the new nation*, ed. J. E. Rodríguez O., Los Ángeles, University of California, 1989, pp. 185-199.
— *El Imperio de Iturbide*, México, Alianza-CONACULTA, 1991.
Annino, A., «Soberanías en lucha», en *De los imperios a las naciones: Iberoamérica*, dirs. A. Annino, L. Castro Leiva y F.-X. Guerra, Zaragoza, Ibercaja, 1994, pp. 229-250.
Anónimo, *Medios que se proponen al actual Congreso Constitucional del Perú y al Gobierno Supremo, para salvar de su total destrucción la casi arruinada agricultura de la importante provincia de Moquegua, precediendo una sucinta descripción de ella, y la mas veraz historia de sus padecimientos en la guerra de la Independencia, y en las civiles como sus mejores títulos para ser atendida y recompensada*, Arequipa, Imprenta Ibáñez, 1853, pp. 41-42.

Apologia de la Provincia del Socorro, sobre el crimen de cismatica que se la imputa por la erección de obispado, Santafé de Bogotá, en la Imprenta Real de Don Bruno Espinosa de los Monteros, 1811.

Appolis, E., *Les jansénistes espagnols*, Bordeaux, Sobodi, 1966.

Arango y Parreño, F., *Obras*, t. I., La Habana, Ministerio de Educación, 1952.

Aráoz de Lamadrid, G., *Memorias*, Buenos Aires, Editorial Universitaria de Buenos Aires, 1968, t. II.

Archer, C. I., *El ejército en el México borbónico, 1760-1810*, México, FCE, 1983.

Arrangoiz, F. P., *México desde 1808 hasta 1867*, México, Porrúa, 1985.

Arrom, S., «Popular Politics in Mexico City: The Parian Riot, 1828», *Hispanic American Historical Review*, 68, 2, mayo, 1988.

Artola, M., *La burguesía revolucionaria*, Madrid, Alianza Editorial, 1981.

Austria, J., *Bosquejo de Historia Militar de Venezuela*, Caracas, Academia Nacional de la Historia, 1960.

Auza Néstor, T., *Católicos y liberales en la generación del ochenta*, México, Centro Intercultural de Documentación, 1966.

Ávila, A., *Para la libertad. Los republicanos en tiempos del imperio, 1821-1823*, México, UNAM, 2004a.

— «El Partido Popular en México», *Historia y política. Ideas, procesos y movimientos sociales*, 11, 2004b, pp. 35-64.

Barragán, J. F., «La Provincia de San Luis Potosí en el Reino de Nueva España (1814)», en *Descripciones económicas regionales de Nueva España. Provincias del Norte, 1790- 1814*, comps. E. Florescano e I. Gil, México, Instituto Nacional de Antropología e Historia, 1976.

Barreneche, O., *Dentro de la Ley, Todo. La justicia criminal de Buenos Aires en la etapa formativa del sistema penal moderno de la Argentina*, La Plata, Ediciones al margen, 2001.

Basadre J., *La iniciación de la república*, Lima, Rosay, 1929.

— «Ingavi», *Mercurio Peruano*, 325, abril, 1954, pp. 160-209.

— *Historia de la República*, Lima, Ediciones Historia, vol. I, 1962, vol. II, 1963.

Basilien-Gainche, M. L., *État de droit et états d'exception. Étude d'une relation dialectique à partir du constitutionnalisme colombien*, Paris, Tesis de Derecho Público de la Universidad de Paris, III, 2001.

Bataillon, G., *Genèse des guerres internes en Amérique centrale (1960-1983)*, Paris, Les Belles Lettres, 2003.

Belmonte J. L. «Con la plata ganada y su propio esfuerzo. Los mecanismos de manumisión en Santiago de Cuba, 1780-1803», *EA Virtual*, 3, 2005a.

— «Sobre prejuicios dependencia e integración. El liberto en la sociedad colonial de Santiago de Cuba, 1780-1803», *Memorias, Revista digital de Historia y Arqueología desde el Caribe*, 2, 2005b.

Beruti, J. P., *Memorias Curiosas*, Buenos Aires, Emecé, 2001.

Beverina, J., *El Virreinato de las Provincias del Río de la Plata. Su organización militar*, [1ª ed. 1935], Buenos Aires, Círculo Militar, 1992.

Biblioteca de Mayo. Colección de obras y documentos para la historia argentina, Buenos Aires, Senado de la Nación, 1960.

Blanco Valdés, R., *Rey, Cortes y fuerza armada en los orígenes de la España liberal, 1808-1823,* Madrid, Siglo XXI, 1988.

Bolívar, S., «Discurso de Angostura», *Correo del Orinoco*, 19, 20 de febrero, 1819.

Bolívar, S. y De Paula, F, *A los Colombianos. Proclamas y discursos 1812-1840,* Bogotá, Presidencia de la República, 1988, p. 295.

Borah, W., «Un gobierno provincial de frontera en San Luis Potosí: 1612-1620», *Historia Mexicana,* vol. XIII, 4 (52), pp. 532-550, abril-junio, 1964.

Borreguero, C., *El reclutamiento militar por quintas en la España del siglo XVIII. Orígenes del servicio militar obligatorio*, Valladolid, Universidad de Valladolid, 1989.

Bravo, M. C., «La política armada. El proceso de recomposición de la elite política en el norte argentino (1852-1860)», en *La política en la Argentina del siglo XIX, Armas, votos y voces,* comps. H. Sábato y A. Lettieri, Buenos Aires, Fondo de Cultura Económica, 2003.

Bravo, M. C. y Macías, F., «Estado provincial, ciudadanía armada y práctica política militarizada. Tucumán, 1850-1860», ponencia presentada en Jornadas de Trabajo y Discusión: «Problemas y Debates del Temprano Siglo XIX. Espacios, Redes y Poder», Universidad de Mar del Plata, Buenos Aires, 22 y 23 de abril de 2005.

Briceño, A. N., *Plan para libertar Venezuela*, Cartagena, 1813.

Bueno, C., *Geografía del Perú Virreinal,* Lima, Universidad Nacional de San Marcos, 1951.

Buisson, J. y Kahle, G. et. al., *Territorialidad y Federalismo en la Formación del Estado Mexicano* en *Problemas de la formación del estado y la Nación en Hispanoamérica,* Koln-Wien, Bohlau Verlag, 1984.

Burga, M., *De la encomienda a la Hacienda capitalista. El Valle del Jequetepeque del siglo XVI al XX*, Lima, Instituto de Estudios Peruanos, 1976.

Callahan Jr., W. J., «La propaganda, la sedición y la Revolución Francesa en la Capitanía General de Venezuela (1789-1796)», *Boletín Histórico,* V-14, Caracas, 1967.

Campbell, L. G., «A Colonial Establishment: Creole Domination of the Audiencia of Lima During the Late Eighteenth Century», *The Hispanic American Historical Review,* vol. 52, 1, 1972a, pp. 1-25.

— «Black Power in Colonial Peru: The 1779 Tax Rebellion of Lambayeque», *Phylon*, vol. 33, 2, 1972b, pp. 140-152.

— *Racism without Race:Ethnic Group Relations in late Colonial Peru*, Cleveland, The Press of Case Western Reserve University, 1973.

— «The Changing Racial and Administrative Structure of the Peruvian Military Under the later Bourbons», *The Americas*, vol. 32, 1, 1975, pp. 117-133.

— «After the Fall: The Reformation of The Army of Peru, 1784-1818», *Ibero-Amerikanisches Archiv*, 1, 1977, pp. 1-28.

— «The Army of Peru and the Tupac Amaru Revolt, 1780-1783», *Historia, problema y promesa*, 1, noviembre, 1978, pp. 33-51.

— *The Military Reform in the Viceroyalty of Peru, 1762-1800*, Ann Arbor, UMI, 1988.

Cansanello, C., «Domiciliados y transeúntes en el proceso de formación estatal bonaerense (1820-1832)», *Entrepasados*, 6, 1994.

Canter, J., «La revolución de abril de 1815 y la organización del nuevo directorio», en *Historia de la Nación Argentina*, Academia Nacional de la Historia, vol. VI, 1ª sección, 1944.

Carmagnani, M., "Finanzas y Estado en México 1820-188" en *IberoAmericakanisches Archiv*, 9, 1983, pp. 279-317.

Carmagnani, M. (coord.), *Federalismos Latinoamericanos: México, Brasil Argentina*, México, El Colegio de México/Fideicomiso Historia de las Américas/Fondo de Cultura Económica, 1993.

Carmagnani, M. y Hernández Chávez, A., *La ciudadanía orgánica mexicana, 1850-1910*, en *Ciudadanía política y formación de las naciones. Perspectivas históricas de América Latina*, coord. H. Sábato, México, El Colegio de México/Fideicomiso Historia de las Américas/Fondo de Cultura Económica, 1999, pp. 371-404.

Cartas del Libertador, Caracas, Banco de Venezuela, Fundación Vicente Lecuna, 1964-1967.

Cartilla Historial o Método para Estudiar la Historia por el Coronel J. Gómez de la Cortina, individuo de la Academia de la Historia, A los Alumnos del Colegio Militar Tercera Edición, Impreso por I. Cumplido, México, 1840.

Castellán, A., «Nacimiento Historiográfico del término Desierto», en *Congreso Nacional de Historia sobre la conquista del Desierto*, t. IV, Buenos Aires, Academia Nacional de la Historia, 1980.

Castilla, R., *Archivo Castilla*, vol. VII, Lima, Instituto Libertador Ramón Castilla, 1972.

Caycedo, B. J., *Grandezas y miserias de dos victorias*, Bogotá, Librería Voluntad, 1951.

Chiaramonte, J. C., «El federalismo argentino en la primera mitad del siglo XIX», en *Federalismos Latinoamericanos: México, Brasil, Argentina*, coord. M. Carmagnani, México, Fondo de Cultura Económica, 1993.

— *Ciudades, provincias, Estados: Orígenes de la nación Argentina (1800-1846)*, Buenos Aires, Biblioteca del Pensamiento Argentino I, 1997.

Chorley, K., *Armies and the Art of Revolution*, Boston, Beacon Press, 1973.

Christiansen, E., *Los orígenes del poder militar en España 1800-1854*, Madrid, Aguilar, 1974.

Chust, M., *Ciudadanos en armas*, Valencia, Alfons el Magnànim, 1987.

— *La cuestión nacional americana en las Cortes de Cádiz*, Valencia, Fundación Instituto Historia Social-UNAM, 1999.

— «Legislar y revolucionar. La trascendencia de los diputados novohispanos en las Cortes hispanas, 1810-1814», en *La independencia de México y el proceso autonomista novohispano, 1808-1824*, coord. V. Guedea, México, UNAM, 2001, pp. 23-82.

— «Milicia e independencia en México: de la Nacional a la Cívica, 1812-1827», en *Las ciudades y la guerra, 1750-1898*, eds. S. Broseta, C. Corona y M. Chust et alii, Castellón, Universitat Jaume I, 2002, pp. 361-380.

— «Federalismo *avant la lettre* en las Corte hispanas, 1810-1821», en *El establecimiento del federalismo en México, (1821-1827)*, coord. J. Z. Vázquez, México, El Colegio de México, 2003a, pp. 77-114.

— «Legitimidad, representación y soberanía: del doceañismo monárquico al republicanismo federal mexicano», en *Poder y legitimidad en México en el siglo XIX*, coord. Brian F. Connaughton, México, UAM-CONACYT-Porrúa, 2003b, pp. 209-248.

— «Armed citizens: the Civic Militia in the origins of the Mexican national state, 1812-1827», en *The Divine Charter. Constitutionalism and Liberalism in nineteenth century Mexico*, ed. J. E. Rodríguez O., Lanham, Rowman & Littlefield, 2005a, pp. 235-252.

— «Milicia, milicias y milicianos: nacionales y cívicos en la formación del Estado-nación mexicano, 1812-1835», en *Fuerzas militares en Iberoamérica. Siglos XVIII y XIX*, ed. J. Ortiz Escamilla, México, El Colegio de México, 2005b.

Chust, M. (coord.), *Doceañismos, Constituciones e Independencias*, Madrid, Fundación Mapfre, 2006.

Chust, M. y Frasquet, I. (eds.), *La trascendencia del liberalismo doceañista en América*, Valencia, Biblioteca Valenciana, 2004.

Chust, M. y Mínguez, V., (eds.), *La construcción del héroe en España y México*, Valencia, Publicaciones de la Universitat de Valencia, 2004.

Chust, M. y Serrano Ortega, J. A., «Adiós a Cádiz: liberalismo, doceañismo y revolución en México, 1820-1835», en *México y España en el siglo XIX*, ed. J. E. Rodríguez O., Madrid, Fundación MAPFRE. En prensa.

Colección de Constituciones de los Estados Unidos Mexicanos. Régimen Constitucional 1824, Editado por Mariano Galván Rivera, Tres Tomos, México, Miguel Ángel Porrúa, 1988.

Colección de los decretos, circulares y órdenes de los Poderes Legislativo y Ejecutivo del Estado de Jalisco, Guadalajara, Jalisco, Tipografía de Peréz Lete, 1876.

Colección privada Diario *El Heraldo*, Victorica, 29 de enero de 1901.

Coll y Prat, N., *Memoriales sobre la Independencia de Venezuela*, Caracas, Academia Nacional de la Historia, 1960, p. 59

Competencia de jurisdicción provocada por el Capitán de Artillería urbana de la ciudad de Trujillo D. Antonio Quevedo, al Comandante General de las Armas y Costa del Norte del Perú ,el Brigadier de los Reales Ejércitos D. Joaquín Valcárcel,24 de abril de 1795, ARL, Intendencia, Juzgado Militar (1792-1820), Legajo 428, Documento 3146.

Congreso de las Provincias Unidas 1811-1814, Bogotá, 1989.

Congreso Peruano (1830) *Decreto del 23 de Octubre de 1830. Declarando que no se debe derogar el decreto de 22 de Agosto de 1821 sobre guardia nacional.* <http://www.congreso.gob.pe/ntley/Imagenes/LeyesXIX/>.

Congreso Peruano (1834) *Decreto de 6 de Marzo de 1834. Ordenando que se forme en Lima un regimiento de caballería de guardia nacional* <http://www.congreso.gob.pe/ntley/Imagenes/LeyesXIX/>.

Congreso de Huancayo (1839) *Constitución Política de la Republica Peruana. Dada por el Congreso General el día 10 de noviembre de 1839 en Huancayo.* <http://www.congreso.gob.pe/ntley/Imagenes/Constitu/Cons1839.pdf>.

Congreso Peruano (1839) *Decreto del 28 de Febrero de 1839. Sobre organización de la guardia nacional.* <http://www.congreso.gob.pe/ntley/Imagenes/LeyesXIX/>.

Congreso Peruano (1840a) *Decreto 6 de Noviembre de 1840. Organizando el Batallón Comercio.* <http://www.congreso.gob.pe/ntley/Imagenes/LeyesXIX/>.

Congreso Peruano (1840b) *Decreto de 9 de Noviembre de 1840. Disponiendo que se organice la guardia nacional.* <http://www.congreso.gob.pe/ntley/Imagenes/LeyesXIX/>.

Congreso Peruano (1841a) *Decreto de 25 de Febrero de 1841. Que los empleados públicos se alisten en la guardia nacional.* <http://www.congreso.gob.pe/ntley/Imagenes/LeyesXIX/>.

Congreso Peruano (1841b) *Decreto de 15 de Junio de 1841. Señalando los individuos de tropa que deban destinarse a las asambleas de la guardia nacional.* <http://www.congreso.gob.pe/ntley/Imagenes/LeyesXIX/>.

Congreso Peruano (1841c) *Decreto de 14 de Agosto de 1841. Sobre inscripción de propietarios en la guardia nacional.* <http://www.congreso.gob.pe/ntley/Imagenes/LeyesXIX/>.

Congreso Peruano (1841d) *Decreto de 1 de Septiembre de 1841. Exonerando de pago de contribución a los cívicos acuartelados.* <http://www.congreso.gob.pe/ntley/Imagenes/LeyesXIX/>.

Congreso Peruano (1841e) *Decreto de 17 de Septiembre de 1841. Declarando irrenunciables los empleos de la guardia nacional.* <http://www.congreso.gob.pe/ntley/Imagenes/LeyesXIX/>.

Convención Nacional (1834) *Constitución Política de la Republica Peruana. Dada por la Convención Nacional el día 10 de Junio de 1834.* <http://www.congreso.gob.pe/ntley/Imagenes/Constitu/Cons1834.pdf>.

Conversación familiar entre Patricio y Floro en el Boquerón la tarde del 2 de Setiembre de 1811. Sobre si le conviene a Santafé ser la Ciudad federal o centro del Congreso federativo, Santafé de Bogotá, En la imprenta Patriótica de D. Nicolás Calvo, 1811.

Cordeiro, R. y Viale, D., *Compilación Ordenada de Leyes, Decretos y Mensajes de la Provincia de Tucumán que comienza en el año 1852*, Tucumán, Edición Oficial, 1915.

Cortés Conde, R. y Gallo, E., *Argentina. La República conservadora*, Buenos Aires, Paidós, 1972.

Cortina, Coronel José Gómez de la, *A los Alumnos del Colegio Militar* en *Cartilla Historial o Método para Estudiar la Historia* por el Coronel J. Gómez de la Cortina, individuo de la Academia de la Historia, Tercera Edición, Impreso por I. Cumplido, México, 1840.

Coviello, A., *Documentos Tucumanos. Actas de la Sala de Representantes*, Buenos Aires, Imprenta López, 1938, t. II.

Craton, M. *Testing the Chains. Resistence to Slavery in the British West Indians*, Ithaca, Cornell University Press, 1982.

Cuevas, M., *El libertador. Documentos selectos de D. Agustín de Iturbide*, México, Ed. Patria, 1947.

De Madariaga, S., *Bolívar*, México, Hermes, 1951.

De Paula Santander, F., «El General Simón Bolívar en la campaña de la Nueva Granada de 1819 (Santafé, 1820)», *Boletín de la Academia Nacional de la Historia*, 21, 1938.

Decreto del Supremo Gobierno de la República, sobre arreglo del ejército, Querétaro, Imprenta de J. M. Lara, 1847, 48 p. Querétaro, 1° Dic. 184, T. V.

Delbert Cress, L., «Radical Whiggery on the Role of the Military: Ideological Roots of the American Revolutionary Militia», *Journal of the History of Ideas*, 40-1, 1979, pp. 43-60.

Denegri Luna, F., «Protocolos de las conferencias de Vilque y Puno (1842)», *Revista Histórica*, t. XX, 1953, pp. 109-128.

Di Meglio, G., «Un nuevo actor para un nuevo escenario. La participación política de la plebe urbana de Buenos Aires durante la década de la Revolución (1810-1820)», *Boletín del Ravignani*, 24, 2003a, 3ª serie.

— «La consolidación de un actor político. Los miembros de la plebe porteña y los conflictos de 1820», en *La vida política en la Argentina del siglo XIX*.

Armas, votos y voces, comps. H. Sábato y A. Lettieri, Buenos Aires, Fondo de Cultura Económica, 2003b.

Di Tella, T. S., *Política nacional y popular en México, 1820-1847,* México, Fondo de Cultura Económica, 1994.

Díaz, R., *Esclavitud, región y ciudad. El sistema esclavista urbano regional en Santa Fe de Bogotá,* Bogotá, Centro Cultural Javeriano, 2001.

Dictamen de la mayoría de la comisión de constitución y Voto Particular de uno de sus individuos. Presentados al Congreso Constituyente en la sesión del 5 de abril de 1847. México, Imprenta de I. Cumplido, 1847.

Dictamen y ley para el arreglo de la milicia nacional local, México, Imprenta del Supremo Gobierno, 1828.

Documentos para la historia de la vida pública del Libertador [BA], eds. F. Blanco y R. Azpurúa, Caracas, 1875-1877.

Domínguez, J. I., *Insurrection o Loyalty. The Breakdown of the Spanish American Empire*, Cambridge, Harvard University Press, 1980.

Dublán, M. y Lozano, J. M., *La legislación mexicana; Mario A. Téllez G. y José López Fontes, compiladores,* México, Suprema Corte de Justicia de la Nación, El Colegio de México, Escuela Libre de Derecho, Tribunal Superior de Justicia del Estado de México, 2004.

Ducey, M. T., *A nation of villages: riot and rebellion in The Mexican Huasteca, 1750-1850,* Tucson, University of Arizona, Arizona, 2004.

Duharte R., «El ascenso social del negro en Cuba», *Boletín Americanista*, Año XXX, Barcelona, 1988.

Earle, R. A., *Spain and the Independence of Colombia 1810-1825,* Exeter, University of Exeter Press, 2000.

Egaña, J., «Los derechos del Pueblo», 1813, *Pensamiento político de la emancipación (1790-1825),* Caracas, Biblioteca Ayacucho, 1977.

El teniente general Pablo Morillo, primer Conde la Cartagena, Marqués de la Puerta (1778-1837), Madrid, 1908-1910.

Etchepareborda, R., «La estructura socio-política argentina y la generación del ochenta», *Latin American Research Review*, 8 (1), 1978, pp. 127-134.

Fajardo Barragán, A., *Algo más que sables y penachos. Militares y sociedad en las provincias del interior de la Nueva Granada (segunda mitad del siglo XVIII-1819),* memoria de licenciatura de la Universidad Nacional de Colombia, 2005.

Fernández Albaladejo, P., *Fragmentos de monarquía. Trabajos de historia política,* Madrid, Alianza, 1992.

Fernández Bastarreche, F., *El ejército español en el siglo XIX*, Madrid, Siglo XXI, 1978.

Ferrari G. y Gallo, E. (comp.), *La Argentina del ochenta al Centenario,* Buenos Aires, Sudamericana, 1980.

Fisher, J. R., *Gobierno y Sociedad en el Perú Colonial. El Régimen de las Intendencias. 1784-1814*, Lima, PUCP, 1981.

Fisher, J. R., Kuethe, A. J., McFarlane, A., (eds), *Reform and Insurrection in Bourbon New Granada and Peru*, Baton Rouge y London, Louisiana State University Press, 1990.

Fitte, E., *El motín de las trenzas*, Buenos Aires, Fernández Blanco, 1960.

Forbes, J. M., *Once años en Buenos Aires (1820-1831)*, Buenos Aires, Emecé, 1936.

Frasquet, I., *La construcción del estado-nación en México (1820-1824). Del liberalismo doceañista a la república federal*, Tesis doctoral, Universitat Jaume I de Castellón, 2004a.

— «Alteza versus Majestad: el poder de la legitimidad en el estado-nación mexicano, 1810-1824», en *El imperio sublevado*, eds. V. Mínguez y M. Chust, Madrid, CSIC, 2004b, pp. 255-276.

Gaceta de Buenos Aires 1810-1821, Buenos Aires, Junta de Historia y Numismática Argentina y Americana, 1910.

Garavaglia, J. C., «Ejército y milicia: los campesinos bonaerenses y el peso de las exigencias militares, 1810-1860», *Anuario IEHS*, 18, 2003, pp. 167-170.

García del Río, J., *Meditaciones colombianas*, Bogotá, Editorial Incunables, 1985.

Garrigus, J. D., «Catalyst or catastrophe? Saint Domingue´s free man of colour and the battle of Savannah, 1779-1782», *Revista Interamericana*, 1-2, vol. XXII, primavera/verano 1992, San Juan de Puerto Rico, Universidad Interamericana de Puerto Rico, 1992.

— «Blue and brown: Contraband indigo and the rise of a free coloured class in French Saint Domingue», *The Americas*, Academy of American Franciscan History, october 1993.

— «Colour, Class and Identify on the Eve of the Haitian Revolution: Saint Domingue´s free coloured elite as c*olons américains*», *Slavery and Abolition, Special issue: against the Odds: Free Blacks in the Slave Societies of the Americas*, 1, vol. 17, april 1996a.

— «Redrawing the Colour line. Gender and the social construction of race in pre-revolutionary Haiti», *The Journal of Caribbean History*, 1&2, vol. 30, 1996b.

— «New Christians / New Withes: Sephardic Jews, free people of colour and citizenship in French Saint Domingue, 1760-1789», *European Expansion and Global Interaction*, vol. 2, Berghahn Books, 2001.

Gaspar, D., *Bondmen and Rebels. A Study of Master-Slave Relations in Antigua*, Durham and London, Duke University Press, 1985.

Geggus, D., *Slavery, War and Revolution. The British Occupation of Saint Domingue 1793-1798*, Oxford, Clarendon Press, 1982.

Girard, L., *La Garde Nationale 1814-187,* Paris, Plon, 1964.

Gómez, A. E., «Las revoluciones blanqueadoras: elites mulatas haitianas y "pardos beneméritos" venezolanos, y su aspiración a la igualdad, 1789-1812», *Nuevo Mundo/Mundos Nuevos,* 5, 2005, <http://nuevomundo.revues.org/document868.html>.

Gómez Hoyos, R., *La revolución granadina de 1810. Ideario de una generación y de una época. 1781-1821,* Bogotá, Editorial Temis, 1962.

Gómez, C. y Marchena J., *La vida en guarnición en las ciudades americanas de la Ilustración,* Madrid, Ministerio de Defensa, 1992.

Góngora, M., «Estudios sobre el galicanismo y la "Ilustración católica" en América Española», *Revista Chilena de Historia y Geografía,* 125, 1957.

Góngora, M., *Studies in the Colonial History of Spanish America,* Cambridge, Cambridge University Press, 1975.

Gootenberg, P., «North-South: Trade Policy, Regionalism, and Caudillismo in Post-independence Peru», *Journal of Latin American Studies,* 2, vol. 23, 1991, pp. 1-36.

Guardino, P., *Peasants, Politics and the formation of Mexicos National State Guerrero 1800-1857,* Stanford, Stanford University Press, 1996.

Guarisco, C., *Etnicidad y Ciudadanía en México y Perú 1770-1850,* Toluca, El Colegio Mexiquense, 2004.

Guedea, V., «Los indios voluntarios de Fernando VII», *Estudios de Historia Moderna y Contemporánea de México,* 10, 1986, pp. 11- 83.

Guedea, V. (coord.), *La independencia de México y el proceso autonomista novohispano, 1808-1824,* México, UNAM-Instituto Mora, 2001.

Guerra, F.-X., *Modernidad e independencias,* Madrid, MAPFRE, 1993.

— «La identidad republicana en la Época de la independencia», en *Museo, memoria y nación,* eds. G. Sánchez Gómez y M. E. Wills, Bogotá, Museo Nacional de Colombia, 2000, pp. 253-283;

— «"Voces del pueblo". Redes de comunicación y orígenes de la opinión en el mundo hispánico (1808-1814)», *Revista de Indias,* 62-225, 2002, pp. 357-383.

Guerra, F.-X, Lempérière, *et. al. (eds.) Los espacios públicos en Iberoamérica,* eds. F.-X. Guerra, A. Lempérière *et al.,* México, Fondo de Cultura Económica, 1998.

Gutiérrez, J. M. y Corrales, M. E., *Documentos para la historia de la provincia de Cartagena de Indias, hoy estado soberano de Bolívar en la Unión colombiana,* Bogotá, Imprenta de Medardo Rivas, 1883.

Guzmán Pérez, M., «Milicia y poder: las bases del aspirantismo criollo», en *Las ciudades y la guerra, 1750-1898,* eds. S. Broseta, C. Corona y M. Chust *et alii,* Castellón, Universitat Jaume I, 2002, pp. 471-488.

Haigh, S., *Bosquejos de Buenos Aires, Chile y Perú*, Buenos Aires, La Cultura Argentina, 1920.

Halperín Donghi, T., *Revolución y Guerra. Formación de una elite dirigente en la Argentina criolla*, [1ª ed. 1972], México, Siglo XXI, 2002.

— «Militarización revolucionaria en Buenos Aires, 1806-1815», en *El ocaso del orden colonial en Hispanoamérica*, comp. T. Halperín Donghi, Buenos Aires, Editorial Sudamericana, 1978, pp. 137-144.

Hamnett, B., «Royalist Counterinsurgency and the Continuity of Rebellion: Guanajuato and Michoacán, 1813-20», *Hispanic American Historical Review*, 62:1, febrero 1982, pp. 19-48.

Hébrard, V., *Le Venezuela indépendant. Une nation par le discours, 1808-1830*, Paris, L'Harmatan,1996.

Hébrard, V., «¿Patricio o soldado. Qué uniforme para el ciudadano? El hombre en armas en la construcción de la nación (Venezuela, primera mitad del siglo XIX)», *Revista de Indias*, 225, 2002, pp. 429-462.

Hébrard, V. y Verdo, G., «L'imaginaire patriotique au miroir de la Conquête espagnole», *Histoire et societés de l'Amérique latine*, 15-1, 2002.

Helg, A., *Liberty & Equality in Caribbean Colombia 1770-1835*, Columbia, The University of North Carolina Press, 2004.

Heredia, J. F., *Memorias del regente Heredia*, Caracas, Academia Nacional de la Historia, 1986.

Hernández Chávez, A., «Origen y Ocaso del Ejército Porfiriano», *Historia Mexicana*, 1, (153), México, vol. XXXIX, julio, 1989, pp. 257-296.

— «La Guardia nacional y movilización política de los pueblos» *en Patterns of Contention in Mexican History,* ed. J. E. Rodríguez O., Wilmington, Rowman & Littlefield Publishers Inc., SR Books, 1992.

— *La tradición republicana del buen gobierno*, México, El Colegio de México/ Fideicomiso Historia de las Américas/Fondo de Cultura Económica, 1993.

— *México. Una breve historia. Del mundo indígena al siglo XX*, México, Colección Popular, Fondo de Cultura Económica, 2002.

— «From res publicae to republic. The evolution of the republicanism in early Mexico», en *The Divine Charter: Constitutionalism and Liberalism in Nineteenth-Century Mexico*, ed. J. E. Rodríguez O., Wilmington, Rowman & Littlefield Publishers Inc., SR Books, 2005, pp. 35-63.

Hernández López, C., «Militares y conservadores en la Reforma y Segundo Imperio, 1857-1867», Tesis doctoral presentada en El Colegio de México, 2001.

— «"Espíritu de cuerpo" y el papel del ejército permanente en el surgimiento del Estado-Nación, 1821-1860», *Revista Ulúa*, 8, julio-diciembre, 2006, pp.129-153.

Herrera, M., *Ordenar para controlar. Ordenamiento espacial y control político de las Llanuras del Caribe y en los Andes centrales.* Siglo XVIII, Bogotá, Instituto Colombiano de Antropología e Historia, 2002.

Herrero F., «Un golpe de estado en Buenos Aires durante octubre de 1820», *Anuario del IEHS*, 18, 2004.

Hocquellet, R., *Résistance et révolution durant l'occupation napoléonienne en Espagne, 1808-1812*, Paris, Bibliothèque d'Histoire, 2001.

Hocquellet, R., «Les Patriotes espagnols en révolution. La convocación de las Cortes extraordinarias de Cádiz (1808-1810)», *Revue Historique*, 623, 2002, pp. 657-691.

— «Les élites et le peuple face a l'invasion napoléonienne: pratiques sociales traditionnelles et politique moderne (1808-1812)», *Annales historiques de la Révolution Française*, 336, 2004, pp. 71-90.

Ibarra, J. «Castas e integración etno cultural en las Antillas Hispánicas: la población negra y mulata y los señores de haciendas criollos en la región centro oriental de Cuba», *Iberoamericana Pragennia*, 2007.

Instrucciones otorgadas por la Junta General de Electores a los representantes de la ciudad y distrito de México, Diciembre, 1847, México, Tipografía de R. Rafael, Calle de Cadena No. 18.

Iriarte, T., *Memorias*, Buenos Aires, Sociedad Impresora Americana, vol. 1, 1944.

Irurozqui, M., «Las paradojas de la tributación. Ciudadanía y Política estatal indígenas en Bolivia 1825-1900», *Revista de Indias*, 217, Madrid, 1999.

— *A Bala, Piedra y Palo. La Construcción de la ciudadanía política en Bolivia 1825-1952*, Sevilla, Diputación de Sevilla, 2000.

— «De cómo el vecino hizo al ciudadano y de cómo el ciudadano conservó al vecino. Charcas, 1808-1830», en *Revolución, independencias y nuevas naciones de América*, ed. J. E. Rodríguez O., Madrid, Fundación MAPFRE-Tavera, 2005.

Izard, M., «Ni cuatreros, ni montoneros: Llaneros», *Boletín Americanista*, 31, 1981, pp. 82-142.

— «Sin domicilio fijo, senda segura, ni destino conocido: los llaneros del Apure a finales del período colonial», *Boletín Americanista*, 33, 1983, pp. 13-83.

— «Sin el menor arraigo ni responsabilidad. Llaneros y ganadería a principios del siglo XIX», *Boletín Americanista*, 37, 1987, pp. 109-142.

— *Orejanos, cimarrones y arrochelados. Los llaneros del Apure*, Barcelona, Sendai, 1988.

James, C.L.R. *The Black Jacobins: Toissant L'Overture and the San Domingo Revolution*, New York, Vintage Books, 1989.

Jornadas Nacionales de Historia Militar: Sevilla, España. Milicia y sociedad ilustrada en España y América, 1750-1800: actas, XI. Jornadas Nacionales de Historia Militar, Sevilla, 11-15 de noviembre de 2002, Madrid, Deimos, [2003] 2 v.

Kahle, G., *El ejército y la formación del Estado en los comienzos de la independencia de México*, México, Fondo de Cultura Económica, 1997.

Kantorowicz, E. H., *The King's two Bodies. A Study in Mediaeval Political Theology*, Princenton, Princenton University Press, 1957.

Kemner, J. «Libre en fin. Un análisis de las cartas de libertad entregadas en Santiago de Cuba en el último tramo de la esclavitud», inédito.

Klein, H. «The Colored Freedmen in Brazilian Society», Reprint from *Journal of Social History*, 1, vol. 3, 1969.

König, H. J., *En el camino hacia la nación. Nacionalismo en el proceso de formación del Estado y de la Nación de la Nueva Granada, 1750-1856*, Bogotá, Banco de la República, 1988.

Kuethe, A. J., *Military Reform and Society in New Granada, 1773-1808*, Gainesville, University Press of Florida, 1970.

— *Cuba, 1753-1815: Crown, Military and Society*, Knoxville, University of Tennessee, 1986.

— *Reforma Militar y Sociedad en la Nueva Granada, 1773-1808*, Santa Fe de Bogotá, Banco de la República, 1993.

— «Conflicto internacional, orden colonial y militarización», en *Historia general de América Latina. Volumen IV: procesos americanos hacia la redefinición colonial*, Dirs. E. Tandeter y J. Hidalgo, Paris, UNESCO, 2000.

— «Carlos III, Absolutismo Ilustrado e Imperio Colonial», «Imperativos Militares en la Política Comercial de Carlos III» y «Las Milicias Disciplinadas en América» en *Soldados del Rey. El ejército borbónico en América colonial en vísperas de la independencia*, ed. A. J. Kuethe y J. Marchena, Castellón de la Plana, Universidad Jaume I, 2005.

Langue, F., «La pardocratie ou l'itinéraire d'une 'classe dangereuse' dans le Venezuela de dix-huitième et dix-neuvième siècles: les élites latinoaméricaines», *Caravelle*, 67, 1996, pp. 57-72.

Las Fuerzas Armadas de Venezuela en el siglo XIX. Textos para su estudio, Caracas, 1963-1969.

Lecuna, V., *Proclamas y discursos del Libertador*, Caracas, p. 210-211, citado por L. Uprimny, *El pensamiento filosófico y político en el congreso de Cúcuta*, Bogotá, Instituto Caro y Cuervo, 1971.

Leddy Phelan, J., *The People and the King. The Comunero Revolution in Colombia, 1781*, Madison, The University of Wisconsin Press, 1978.

Lempérière, A., *Entre Dieu et le roi, la république. Mexico XVIe-XIXe siècles*, Paris, Les Belles Lettres, 2004.

Leyburn, J., *The Haitian People*, New Haven, Yale University Press, 1941.

Llano Isaza, R., *Centralismo y Federalismo (1810-1816)*, Bogotá, Banco de la República-El Áncora, 1999.
Lombardi, J., *People and Places in Colonial Venezuela*, Bloomington, Indiana University Press, 1976.
Lomné, G., «Les lis et la grenade. Mise en scène et mutation imaginaire de la souveraineté à Quito et Santafé de Bogotá (1789-1830)», Tesis de doctorado, Universidad de Marne-la Vallée, 2003.
Lomné, G., «Una "palestra de gladiadores". Colombia de 1810 a 1828: ¿guerra de emancipación o guerra civil?» en *Museo, memoria y nación*, eds. G. Sánchez Gómez y M. E. Wills, Bogotá, Museo Nacional de Colombia, pp. 285-314.
— «Face a l'averne de la révolution. Le "veritable patriotisme" des Néo-Grenadins», en *Cosmopolitismes, patriotismes. Europe et Amériques 1773-1802*, dir. M. Bélissa y B. Cottret, Rennes, Les Perséides, 2005, pp. 163-181.
Loveman, B., *The Constitution of Tyranny: Regimes of Exception in Spanish America*, Pittsburg, Pittsburgh University Press, 1993.
Loy, J. M., «Horsemen of the Tropics: A Comparative View of the Llaneros in the History of Venezuela and Colombia», *Boletín Americanista*, 31, 1981a, pp. 159-171.
— «Forgotten Comuneros: the 1781 Revolt in the Llanos of Casanare», *Hispanic American Historical Review*, 61-2, 1981b, pp. 235-257.
Loza, E., «Organización militar (1811-1813)», en *Historia de la Nación Argentina desde sus orígenes hasta la organización definitiva en 1862*, Buenos Aires, Academia Nacional de la Historia, vol. V, 2ª sección, 1941.
Mabragaña, H., *Los mensajes,* t. III, Buenos Aires, Compañía General de Fósforos, 1910.
Macías, F., «Ciudadanía armada, identidad nacional y Estado provincial. Tucumán, 1854-1870», en *La política en la Argentina del siglo XIX. Armas, votos y voces,* comps. H. Sábato y A. Lettieri, Buenos Aires, FCE, 2003.
— «Estado provincial, milicias y vecinos en la guerra antirosista. Tucumán y su participación en la Coalición del Norte (1839-1841)», X° Jornadas Interescuelas/Departamentos de Historia, Rosario, 20 al 23 de septiembre de 2005.
Magallanes, M. del R., *Del provincialismo militar a la defensa del federalismo. La milicia cívica en Zacatecas, 1762-1846*, Zacatecas, Universidad Autónoma de Zacatecas.
Manin, B., *Principes du gouvernement représentatif*, Paris, Flammarion, 1996.
Marchena Fernández, J., *Oficiales y soldados en el ejército de América*, Sevilla, CSIC, 1983.
— «Reformas borbónicas y poder popular en la América de las luces. El temor al pueblo en armas a fines del periodo colonial», *Anales de Historia Contemporánea,* 1990-92, pp. 187-199.

— *Ejército y milicias en el mundo colonial americano,* Madrid, MAPFRE, 1992.
— «Capital, crédito e intereses comerciales a fines del periodo colonial: los costos del sistema defensivo americano. Cartagena de Indias y el Sur del Caribe», *Tiempos de América,* 9, 2002.
— *El Ejército de América antes de la Independencia. Ejército Regular y Milicias Americanas, 1750-1815,* Madrid, MAPFRE-Tavera, 2005a.
— «Capital, créditos e intereses comerciales a fines del periodo colonial: los costos del sistema defensivo americano. Cartagena de Indias y el Sur del Caribe» en *Soldados del Rey. El ejército borbónico en América colonial en vísperas de la independencia,* ed. A. J. Kuethe y J. Marchena, Castellón de la Plana, Universidad Jaume I, 2005b.
— «Obedientes al rey, desleales a sus ideas. Las tropas de la expedición de Morillo para la Reconquista de la Nueva Granada», III Congreso sobre las Fuerzas Armadas en Iberoamérica, 14-16 de noviembre, 2005c, Carmona, España.
Marichal, C., *La revolución liberal y los primeros partidos políticos en España (1834-1844),* Madrid, Cátedra, 1980.
Martin, M. y Yacou, A., *De la Révolution française aux révolutions créoles et nègres,* Paris, Editions Caribéennes, 1989.
Martínez Rosales, A., «Del diario de don Pedro de Rivera», *Archivos de Historia Potosina,* 4, 1976, pp. 289-295.
Mattos, H.M., *Escravidão e cidadania no Brasil monarquico,* Rio de Janerio, Jorge Zahar editor, 2000.
Mazzini, G., *Peoples Journal* en *Pensamientos sobre la democracia, en Europa y otros escritos,* Madrid, Tecnos, Clásicos del Pensamiento, 35, 28 de agosto de 1846.
McAlister, L. N., *El fuero militar en la Nueva España. 1764-1800,* México, UNAM, 1982.
Memorias de los ministros del interior y del exterior. La primera República Federal, 1823-1835, México, Secretaría de Gobernación, 1987.
Méndez, C., *The Plebeian Republic: The Huanta Rebellion and the Making of the Peruvian State, 1820-1850,* Durham, Duke University Press, 2005a.
Méndez, C., «Tradiciones liberales en los Andes o la ciudadanía por las armas: campesinos y militares en la formación del estado peruano», en *La Mirada Esquiva: Reflexiones Históricas sobre la interacción del estado y la ciudadanía en los Andes (Bolivia, Ecuador y Perú), siglo XIX,* ed. M. Irurozqui, Madrid, Consejo Superior de Investigaciones Científicas, 2005b, pp. 125-153.
Mesnard, P., *Jean Bodin en la historia del pensamiento,* Madrid, Instituto de Estudios Políticos, 1962.
Mier y Terán, M., *Memoria del Secretario de Estado y del Despacho de Guerra,* México, Secretaría de Guerra y Marina, 1825.

Mínguez, V. y Chust, M. (eds.), *El Imperio sublevado*, Madrid, CSIC, 2005.
Montero J. (ed.), *Constituciones y códigos políticos españoles, 1808-1978*, Barcelona, Ariel, 1998.
Montejano, R., *El Valle del Maíz, San Luis Potosí*, México, Archivo Histórico del Estado de San Luis Potosí, 1989.
Montesquieu, *De l'Esprit des lois*, Paris, GF-Flammarion, 1979.
Mora, J. M. L., *El clero, la milicia y las revoluciones*, México, Empresas Editoriales, 1981.
Morelli, F., *Territoire ou nation? Equateur 1760-1830. Réforme et dissolution de l'espace impérial*, Paris, L'Harmattan, 2005.
Moreno Fraginals, M. *El Ingenio, complejo económico social cubano del azúcar*, t. I, La Habana, Editorial Ciencias Sociales, 1978.
Moroni, M., «La incorporación de los Territorios Nacionales en el proceso de consolidación del Estado argentino. El Territorio Nacional de la Pampa Central», *Revista Andes,* CEPIHA, 16, 2005, pp. 253-274.
Mr. Carnot, *Defensa de las plazas fuertes; obra compuesta de orden del emperador de los franceses para instrucción de los alumnos del cuerpo de ingenieros...traducido literalmente por María Gabriela Escoffié de Aubry*, México, imprenta de Ignacio Cumplido, 1835.
Muecke, U., *Political Culture in Nineteenth Century Peru: the Rise of the Partido Civil*, Pittsburg, Pittsburg University Press, 2004.
Naranjo Orovio, C. «La amenaza haitiana, un miedo interesado: Poder y fomento de la población blanca en Cuba», en *El rumor de Haití en Cuba: Temor, raza y rebeldía, 1789-1844*, eds. M. D. González Ripio, C. Naranjo, A. Ferrer, G. García y J. Opatrn?, Madrid, CSIC, 2004.
Noyola, I., *Insurgentes y realistas en la Provincia de San Luis Potosí: 1808-1821*, México, Instituto Mora (tesis de maestría en historia), 1993.
Núñez, José de J., *La virreina mexicana. Doña María Francisca de la Gándara de Calleja*, México, Imprenta Universitaria, 1950.
Ocampo López, J., *El proceso ideológico de la emancipación en Colombia*, Bogotá, Planeta, 1999
Oficio remitido por el Comandante militar D. Manuel de Torres al Sr.Comandante General D. Joaquín Valcárcel, remitiendo el recurso contra el alcalde de Guadalupe D. Antonio de los Santos; por atropellamiento a los milicianos, mirando a estos con el mayor desaire y desprecio, Archivo Regional de la Libertad (en adelante ARL), Intendencia, Juzgado Militar (1792-1820), Legajo 428, Documento 3144
O'Phelan, S., «El Norte en los movimientos antifiscales del siglo XVIII» en *Histórica*, vol. 1, 2, 1977, pp. 199-219.
— «El Norte y las revueltas anticlericales del siglo XVIII», *Historia y Cultura*, 12, 1979, pp. 1-17.

Oración pronunciada de orden del Exmo. Señor virey, y real acuerdo en la solemnidad de acción de gracias celebrada en esta Iglesia Catedral Metropolitana de Santafé de Bogotá e día 19 de enero de 1809 por la instalación de la Suprema Junta Central de Regencia, Bogotá, En la Imprenta Real Bruno Espinosa de Monteros, 1809.

Organización militar para la defensa y seguridad de la Provincia de Caracas propuesta por la junta de guerra, aprobada y mandada executar por la Suprema Conservadora de los Derechos del Sr. D. Fernando VII en Venezuela, Caracas, Imprenta de Gallagher y Lame, 1810.

Ortiz Escamilla, J., «Las fuerzas militares y el proyecto de estado en México, 1767-1835», en *Cincuenta años de Historia en México*, ed. A. Hernández Chávez, México, El Colegio de México,1991, vol. II, pp. 261-282.

— *El ejercicio del poder durante la guerra de independencia en México, 1810-1823*, México, El Colegio de México, 1992.

— *Guerra y gobierno. Los pueblos y la independencia de México*, Sevilla, Universidad de Sevilla-Universidad Internacional de Andalucía-El Colegio de México-Instituto Mora, 1997a.

— «Michoacán: federalismo e intervención norteamericana», en *México al tiempo de su guerra con Estados Unidos, 1846-1848*, México, Secretaría de Relaciones Exteriores, El Colegio de México, Fondo de Cultura Económica, 1997b, pp. 309-332.

— «Defensa militar, negocios e ideología: Veracruz, 1821-1825», en *Las ciudades y la guerra, 1750-1898*, eds. S. Broseta, C. Corona y M. Chust *et alii*, Castellón, Universitat Jaume I, 2002, pp. 155-196.

Ortiz Escamilla, J. y Serrano Ortega, J. A. (eds.), *Liberalismo gaditano y ayuntamientos constitucionales*, México, Universidad Veracruzana y El Colegio de Michoacán, 2006.

Osante, P., *Orígenes del Nuevo Santander (1748-1772)*, México, UNAM-Universidad Autónoma de Tamaulipas, 1997.

Oszlak, O., *La formación del Estado argentino. Orden, progreso y organización nacional*, Buenos Aires, Planeta, 1999.

Páez, J. A., *Autobiografía*, New York, Elliot & Co., 1945.

Parolo, P., *Estructura socio-ocupacional y sectores populares en Tucumán. Primera mitad del siglo XIX*, Tesis Doctoral, Tucumán, UNT, 2003.

Peralta Ruiz, V., «El mito del ciudadano armado. La "Semana Magna" y las Elecciones de 1844 en Lima», en *Ciudadanía Política y formación de las naciones Perspectivas históricas de América Latina*, ed. H. Sábato, México, Fondo de Cultura Económica, 1999, pp. 231-252.

Pérez Garzón, J. S., *Milicia nacional y revolución burguesa*, Madrid, CSIC, 1978.

Pocock, J. G. A., «States, Republics and Empires: The American Founding in Early Modern Perspective», en *Conceptual Change and the Constitution*, eds. T. Ball y J.G.A. Pocock, Lawrence, The University Press of Kansas, 1988.

Portuondo O., *Santiago de Cuba desde su fundación hasta la Guerra de los Diez Años*, Santiago de Cuba, Editorial Oriente, 1996.

— *Entre libres y esclavos de Cuba colonial*. Editorial Oriente, Santiago de Cuba, 2003.

Powell, P., «La pacificación en la primera frontera de Norteamérica», *Archivos de Historia Potosina*, 3, 1973, pp. 226-269.

— *La guerra chichimeca (1550-1600)*, México, Fondo de Cultura Económica-SEP, 1975.

— *Capitán mestizo: Miguel Caldera y la frontera norteña. La pacificación de los chichimecas (1548-1597)*, México, Fondo de Cultura económica, 1997.

Proyecto de reglamento para la milicia local, México, Imprenta de la Federación Mexicana, 1825.

Puell de la Villa, F., *Historia del ejército en España*, Madrid, Alianza, 2000.

Quijada, M., Bernard C. y Schneider, A., *Homogeneidad y Nación con un estudio de caso: Argentina, siglos XIX y XX*, Madrid, CSIC, 2000.

Ragas, J., «El Discreto encanto de la milicia. Ejército y Sociedad en el Perú Borbónico», en *El Virrey Amat y su tiempo*, eds. C. Pardo-Figueroa Thays y J. Dager Alva, Lima, Pontificia Universidad Católica del Perú PUCP, Instituto Riva Agüero, 2004, pp. 209-228.

Recopilación de leyes, reglamentos, decretos y circulares expedidos en el Estado de Michoacán formada y anotada por Amador Corominas, Morelia, Imprenta de Aragó, 1876.

Registro Oficial de la República Argentina, Buenos Aires, Imprenta «La República».

Reglamento para armar, organizar y disciplinar la Guardia Nacional en los Estados, Distritos y Territorios. Expedido en palacio de gobierno el 11 de septiembre de 1846 firmado por José Mariano Salas, general en jefe del ejército libertador republicano y en ejercicio del poder supremo mexicano. Firman Manuel Crescencio Rejón.

Restrepo, I., *Souveraineté et représentation en Nouvelle-Grenade, 1810-1816*, Paris, DEA de la Université de Paris I, 1999.

— «La soberanía del "pueblo" durante la época de la Independencia, 1810-1815», *Historia Crítica*, 29, 2005, pp. 101-123.

Restrepo, J. M., *Documentos importantes de Nueva Granada, Venezuela y Colombia*, Bogotá, Imprenta Nacional, 1969a.

— *Historia de la Revolución de la República de Colombia*, Medellín, Imprenta Nacional, 1969b.

Revillagigedo, Conde de, *Informe sobre las misiones, 1793 e Instrucción reservada al Marqués de Branciforte, 1794*, México, Jus, 1966.
Rieu-Millán, M. L., *Los diputados americanos en las Cortes de Cádiz*, Madrid, CSIC, 1990.
Rivers Rodríguez, M., «¿Una revolución pigmentada? La rebelión de Vicente Ogé y la insurrección de esclavos en los inicios de la revolución haitiana», en *Abarrotes. La construcción social de las identidades colectivas en América Latina*, Ed. L. Provencio, Murcia, Servicio de Publicaciones de la Universidad de Murcia, 2006.
Rodríguez Kuri, A. y Terrones, M. E., «Militarización, guerra y geopolítica: el caso de la ciudad de México en la Revolución», *Relaciones. Estudios de Historia y Sociedad*, 84, vol. XXI, otoño de 2000, pp. 175-224.
Rodríguez Mirabal, A., *La formación del latifundio ganadero, 1750-1800*, Caracas, Academia Nacional de la Historia, 1987.
Rodríguez O., J. E., «La constitución de 1824 y la formación del estado mexicano», *Historia Mexicana*, vol. XL, núm. 3 (159), 1991, pp. 505 a 535.
— «La transición de colonia a nación: Nueva España, 1820-1821» *Historia Mexicana*, n. 2, 1993, pp. 265-322.
— *La independencia de la América española*, México, FCE, 1996.
— ed., *The divine charter: constitutionalism and liberalism in nineteenth-century Mexico*, Lanham, Md. Rowman and Littlefield Publishers, 2005.
Rodríguez Barragán, N., *Historia de la guerra de independencia en la provincia de San Luis Potosí*, San Luis Potosí, Sociedad Potosina de Estudios Históricos, 1976a.
— *Las misiones de Santa Catarina Mártir*, San Luis Potosí, Sociedad Potosina de Estudios Históricos, 1976b.
Roscio, J. G., *El triunfo de la libertad sobre el despotismo*, Caracas, Biblioteca Ayacucho, 1996.
Ruiz Moreno I. y De Marco, M. A., *Historia del Regimiento 1 de Infantería Patricios de Buenos Aires*, Buenos Aires, Edivérn, 2000.
Sábato, H., *La política en las calles, entre el voto y la movilización. Buenos Aires entre 1862-1880*, Buenos Aires, Sudamericana, 1998.
— *Ciudadanía política y formación de las naciones. Perspectivas históricas para América Latina*, México, Fondo de Cultura Económica, 1999.
— *Pueblo y política,* Buenos Aires, Colección Claves para Todos, 2006.
Sáenz Valiente, J., *Bajo la Campana del Cabildo*, Buenos Aires, G. Kraft Ltda., 1950, pp. 194 y 195.
Salas López, F. de, *Ordenanzas militares en España e Hispanoamérica*, Madrid, MAPFRE, 1992.

Saldías, A., *Buenos Aires en el Centenario*, [1ª ed. 1910], Buenos Aires, Hyspamérica, 1988.

Salinas Sandoval, M. C., «Oposición al imperio de Agustín de Iturbide, 1821-1823», en *El nacimiento de México*, coord. P. Galeana, México, Fondo de Cultura Económica-AGN, 1999, pp. 81-92.

Santoni, P., «El Cabildo de la ciudad de México ante las reformas militares en Nueva España, 1765-1771», *Historia Mexicana*, v. 34, 3 (135), enero-marzo, 1985, pp. 389-434.

— *Los federalistas radicales y la guerra del 47*, México, El Colegio de México, 1987.

— *Mexicans at arms: puro federalists and the politics of war, 1845-1848*, Fort Worth, Texas, Texas Christian University, 1996.

Saugnieux, J., *Le jansénisme espagnol du XVIIe siècle, ses composants et ses sources*, Oviedo, Cátedra Feijóo, 1975.

Schaub, J. F., «El pasado republicano del espacio público», en *Los espacios públicos en Iberoamérica*, eds. F.-X. Guerra, A. Lempérière *et al.*, México, Fondo de Cultura Económica, 1998, pp. 63-99.

Schaub, J. F., «Une histoire culturelle comme histoire politique», *Annales HSS*, 56/4-5, 2001, pp. 981-997.

Schröter, B., «La frontera en Hispanoamérica colonial: Un estudio historiográfico comparativo», *Colonial Latin American Historical Review*, 3, 2001, pp. 351-385.

Scotti Douglas, V., «La guérilla espagnole contre l'armée napoléonienne», *Annales historiques de la Révolution française*, 336, 2004, pp. 91-105.

Sebastiá, E., «Crisis de los factores mediatizantes del régimen feudal. Feudalismo y guerra campesina en la Valencia de 1835», en *La cuestión agraria en la España contemporánea*, ed. J. L. García Delgado, Madrid, Edicusa, 1976, pp. 395-413.

— *La revolución burguesa*, Valencia, UNED, 2001.

Segundo Censo Nacional de la República Argentina, año 1895, Buenos Aires, Imprenta El Siglo, 1898.

Serrano Ortega, J. A., *El contingente de sangre. El reclutamiento del ejército permanente mexicano, 1824-1846*, México, Instituto nacional de Antropología e Historia, 1993.

— *Votos, contribuciones y milicias en Guanajuato, 1810-1836*, Tesis de doctorado en Historia, México, El Colegio de México, 1998.

— «Liberalismo gaditano y milicias cívicas en Guanajuato, 1820-1836», en *Construcción de la legitimidad política en México en el siglo XIX*, México, El Colegio de México, 1999, pp. 169-192.

— «Los virreyes del barrio: alcaldes auxiliares, orden público y ayuntamiento en la ciudad de México», en *Instituciones y ciudad. Ocho ensayos históricos sobre la ciudad de México,* eds. C. Illades y A. Rodríguez, México, Sociedad Nacional de Estudios Regionales- UnioS, 2000, pp. 21-60.

— *Jerarquía territorial y transición política.* Guanajuato, 1786-1836, México, El Colegio de México e Instituto Mora, 2002a.

— «Villas fuertes, ciudades débiles: milicias y jerarquía territorial en Guanajuato, 1790-1847», en *Las ciudades y la guerra, 1750-1898,* eds. S. Broseta, C. Corona y M. Chust *et alii,* Castellón, Universitat Jaume I, 2002b, pp. 381-420.

— «Los estados armados: milicias cívicas y sistema federal en México, 1824-1835», en *La guerra y la paz. Tradiciones y contradicciones,* ed. A. Carrillo Cázares, Zamora, El Colegio de Michoacán, 2002c, pp. 445-456.

— «Liberalismo y contribuciones directas en México, 1810-1835», en *La trascendencia del liberalismo doceañista en España y en América,* eds. M. Chust e I. Frasquet, Valencia, Biblioteca valenciana, 2004, pp. 187-210.

— «Finanzas públicas, centralización política y ejército en México», en *Fuerzas militares en Iberoamérica, siglos XVIII-XIX,* coord. J. Ortiz Escamilla, México, El Colegio de México/ El Colegio de Michoacán/ Universidad Veracruzana, 2005, pp. 341-354.

— «Rumbo al fracaso del primer federalismo, 1829-1835», en *Gran historia de México Ilustrada. El nacimiento de México, 1750-1856,* t. III, México, Planeta Agostini, CONACULTA, 5 tomos, 2001.

— *Igualdad, uniformidad, proporcionalidad. Contribuciones directas y reformas hacendarias en México, 1810-1846,* México, Instituto Mora y El Colegio de Michoacán, (en prensa)

Sobrevilla Perea, N., *Caudillismo in the Age of Guano: A Study Political Culture in Mid-Nineteenth Peru 1840-1860,* Tesis doctoral Universidad de Londres, 2005.

Sordo Cedeño, R., «El Congreso nacional: de la autonomía de las provincias al compromiso federal», en *El establecimiento del federalismo en México (1821-1827),* coord. J. Z. Vázquez, México, El Colegio de México, 2003, pp. 115-153.

Sourdis De La Vega, A., *Cartagena de Indias durante la Primera República, 1810-1815,* Bogotá, Banco de la República, 1988.

Stanley, U., «The Africanization of Cuban Scare, 1853-1855», *The Hispanic American Historical Review,* 1, vol. 37, 1957.

Stoetzer, C., *Las raíces escolásticas de la emancipación en la América española,* Madrid, Centro de Estudios Constitucionales, 1982.

Suárez, S. G., *Las milicias: instituciones militares hispanoamericanas,* Caracas, Academia Nacional de la Historia, 1984.

Tardieu, J.P., «La "culpa de los amos". De la esclavitud a la esquizofrenia. Audiencia de Quito (siglos XVIII y XIX)», *Procesos, revista ecuatoriana de historia* I-II Semestres, 15, 2000.

Tena Ramírez, F., *Leyes fundamentales de México, 1808-1997*, México, Porrúa, 1997.
Terán, M. y Serrano, J. A. (eds.), *Las guerras de independencia en la América Española*, México, El Colegio de Michoacán, Instituto nacional de Antropología e Historia, 2002.
Ternavasio, M., *La revolución del voto. Política y elecciones en Buenos Aires, 1810-1852*, Buenos Aires, Siglo XXI, 2002.
Thibaud, C., «En la búsqueda de un punto fijo para la República. El Cesarismo en Venezuela y Colombia», *Revista de Indias*, 225, 2002, pp. 463-494.
— «"Coupe têtes, brûlé cazes"; peurs et désirs d'Haïti dans l'Amérique de Bolivar», *Annale HSS*, 58-2, marzo-abril, 2003, pp. 305-331.
— «Entre les cités et l'État. Caudillos et pronunciamientos en Colombie», *Genèses. Sciences sociales et histoire*, 62, 2006, pp. 5-26.
Tío Vallejo, G., *Antiguo Régimen y Liberalismo, 1770-1830,* Tucumán, Cuadernos de Humanitas, Universidad Nacional de Tucumán, 2000.
Tone, J. L., *La guerrilla española y la derrota de Napoleón*, Madrid, Alianza Editorial, 1999.
Tornero, P., *Crecimiento económico y transformaciones sociales. Esclavos hacendados y comerciantes en la Cuba colonial (1760-1840)*, Madrid, Ministerio de Trabajo y Asuntos Sociales, 1996.
Un Inglés, *Cinco años en Buenos Aires*, Buenos Aires, Hyspamerica, 1986.
Uprimny, L., *El pensamiento filosófico y político en el congreso de Cúcuta*, Bogotá, Instituto Caro y Cuervo, 1971.
Vargas Machuca, B. de, *Milicia y descripción de las Indias,* Tordesillas, Valladolid, Universidad de Valladolid, 2003.
Vázquez, J. Z., «Introducción: Dos décadas de desilusiones: en búsqueda de una fórmula adecuada de gobierno (1832-1851)», en *Planes Políticos en la Nación Mexicana,* 12 tomos, México, Senado de la República, El Colegio de México, 1987, t. I, pp. 3-120.
— «Iglesia, ejército y centralismo», *Historia Mexicana,* 39:1, julio-septiembre, 1989.
— «Los pronunciamientos de 1832: Aspirantismo político e ideología», en *Patterns of contentions in Mexican History,* ed. J. E. Rodríguez, Wilmington, Delaware, Scholarly Resources Inc., 1992, pp. 163-187.
— «El Federalismo mexicano, 1823-1835», en *Federalismos latinoamericanos: México/Brasil/Argentina,* coord. M. Carmagnani, México, Fondo de Cultura Económica, El Colegio de México, 1993.
— «Milicia y ejército: punto de fricción entre el poder local y el poder nacional», en *Nation building in nineteenth century Latin America,* eds. H-J. Koning y M. Wiesebron, Leiden, Research School CNWS, School of Asian African, and Amerindian Studies, 1998.

— «Reflexiones sobre el ejército y la fundación del Estado mexicano», en *Fuerzas militares en Iberoamérica, siglos XVIII-XIX*, coord. J. Ortiz Escamilla, México, El Colegio de México/El Colegio de Michoacán/Universidad Veracruzana, 2005, pp. 219-232.

Velázquez, P. F., *Colección de documentos para la historia de San Luis Potosí*, vol. 4, San Luis Potosí, Archivo Histórico del Estado de San Luis Potosí, 1987.

Velázquez, M. del C., *El estado de guerra en Nueva España. 1760-1808*, México, El Colegio de México, 1997.

Vega, J., *La institución militar en Michoacán en el último cuarto del siglo XVIII*, Zamora, El Colegio de Michoacán-Gobierno de Michoacán, 1986.

Verdo, G., *Les «Provinces désunies» du Río de la Plata: souveraineté et représentation politique dans l'Indépendance argentine (1808-1821)*, Paris, Tesis de doctorado de la Université de Paris I, 1998.

Villanueva, V., *Cien Años del Ejército Peruano: frustraciones y cambios*, Lima, Editorial Juan Mejía Baca, 1972.

Vinson III, B. «Los milicianos pardos y la relación estatal durante el siglo XVIII en México», en *Fuerzas militares en Iberoamérica siglos XVIII y XIX,* coord. J. Ortiz Escamilla, México, El Colegio de México, El Colegio de Michoacán, Universidad Veracruzana, 2005.

Von Gierke, O., *Teorías políticas de la Edad Media*, edición de F. Maitland, Madrid, Centro de Estudios Constitucionales, 1995.

Wilde, A., «¿Liturgia rosista en Tucumán? Prácticas rituales y de identificación política durante la gobernación de Celedonio Gutiérrez (1841-1852)», ponencia presentada en *X Jornadas Interescuelas/Departamentos de Historia*, Rosario, 20 a 23 de septiembre de 2005, CDRom.

Yacou, A., *L'emigrations a Cuba des colons français de Saint-Domingue au cours de la révolution*, 5 tomos, Bordeaux, Université de Bordeaux, 1975.

Zeuske, M., «Regiones, espacios e hinterland en la independencia de Venezuela. Lo espacial en la política de Simón Bolívar», *Revista de las Américas*, 1, 2003, pp. 39-59.

Zeuske, M., (ed.), *Francisco de Miranda y la modernidad en América*, Madrid, Mapfre Tavera, 2004.

SIGLAS Y REFERENCIAS

ACCM	Actas del Congreso Constituyente Mexicano
ACSDF	Archivo Central Secretaría de la Defensa Nacional
AERED	Archivos Españoles en la Red <www.aer.mcu.es>
AGN	Archivo General de la Nación, Argentina
AGNM	Archivo General de la Nación, México
AGNB	Archivo General de la Nación, Bogotá
AGS	Archivo General de Simancas, España
AGI	Archivo General de Indias, España
AHNE	Archivo Histórico Nacional de España
AHMC	Archivo Histórico «Manuel Castañeda», Morelia, México
AHP	Archivo Histórico Provincial, La Pampa, Argentina
AHPB	Archivo Histórico de la Provincia de Buenos Aires
AHSLP	Archivo Histórico del Estado de San Luis Potosí, México
AHT	Archivo Histórico de Tucumán
AMS,	Archivo Municipal de Saltillo. Presidencia Municipal
ANC	Archivo Nacional de Cuba
AOHOSC	Archivo de la Oficina del Historiador Oficial de la ciudad de Santiago de Cuba
ARL	Archivo Regional de la Libertad
ASDN	Archivo Secretaría de la Defensa Nacional. Secciones Pensionados y Cancelados
BN	Biblioteca Nacional, México
BNE	Biblioteca Nacional de España
HM	Hemeroteca Nacional
LAF	Colección Lafragua
TNA	The National Archives. Public Records: Foreign Office PRO: FO
CMAHIRA	Colección Mendiburu Archivo Histórico Instituto Riva Agüero

www.ingramcontent.com/pod-product-compliance
Lightning Source LLC
Chambersburg PA
CBHW031433230426
43668CB00007B/522